饮食文化旅游开发与设计

冯玉珠 著

浙江工商大学出版社
ZHEJIANG GONGSHANG UNIVERSITY PRESS

图书在版编目(CIP)数据

饮食文化旅游开发与设计 / 冯玉珠著. — 杭州 : 浙江工商大学出版社，2017.1(2020.1 重印)

ISBN 978-7-5178-1893-9

Ⅰ. ①饮… Ⅱ. ①冯… Ⅲ. ①饮食—文化—旅游资源开发—研究—中国 Ⅳ. ①F592

中国版本图书馆 CIP 数据核字(2016)第 262527 号

饮食文化旅游开发与设计

冯玉珠 著

出 品 人	鲍观明
策划编辑	唐妙琴
责任编辑	王　耀　白小平
封面设计	林朦朦
责任校对	穆静雯　张春琴
责任印制	包建辉
出版发行	浙江工商大学出版社 (杭州市教工路 198 号　邮政编码 310012) (E-mail:zjgsupress@163.com) (网址:http://www.zjgsupress.com) 电话:0571-88904980,88831806(传真)
排　　版	杭州朝曦图文设计有限公司
印　　刷	虎彩印艺股份有限公司
开　　本	710mm×1000mm　1/16
印　　张	21.25
字　　数	367 千
版 印 次	2017 年 1 月第 1 版　2020 年 1 月第 3 次印刷
书　　号	ISBN 978-7-5178-1893-9
定　　价	59.80 元

浙江工商大学出版社营销部邮购电话　0571-88904970

前 言

《国务院关于推进文化创意和设计服务与相关产业融合发展的若干意见》(国发〔2014〕10号)指出,“以文化提升旅游的内涵质量,以旅游扩大文化的传播消费”,要求“推进文化资源向旅游产品转化,建设文化旅游精品”,“鼓励文化创意和设计服务进入旅游业,提升文化旅游产品开发和服务设计水平,促进发展特色文化旅游”。

文化旅游是人们为了满足文化需要,前往文化旅游资源地去感知、了解、体验当地特色文化的一种旅游活动。文化旅游是旅游活动和旅游产品中的一个重要类别,是旅游管理学和旅游开发规划学共同的研究范畴。从资源类型来看,文化旅游主要分为山水文化旅游和社会人文旅游两个方面,饮食文化旅游属于后者。

饮食是人类生存和改造身体素质的首要物质基础,也是社会发展的前提。饮食文化是一个国家和民族物质文明和精神文明发展的标尺,是一个民族文化本质特征的集中体现,也是考察一个民族历史文化与心理特征的社会化石。中国饮食文化内涵丰富,源远流长,是中华文明的重要组成部分。

近年来,随着休闲旅游和专题旅游的出现及快速发展,饮食文化作为一种传统文化现象,逐渐成为一种重要的旅游资源,饮食文化旅游日益受到旅游者的青睐,其相关开发设计也越来越为旅游业所重视。本书在综合前人研究成果的基础上,运用饮食文化学、餐饮经济学、旅游规划学、市场营销学等相关学科的理论和方法,对饮食文化旅游的概念、内涵、类型以及资源开发和产品设计等相关理论进行了粗浅的分析和研究,以期能在该领域奉献一砖一瓦。

全书共分十二章,第一章为饮食文化旅游开发设计的理论基础,其后十一章分别为“‘秀’出特色食材”“花样面点惹人馋”“旅游途中品名菜”“为小吃走天涯”“旅游‘酒’时光”“相约寻茶去”“‘有容乃大’食器美”“旅游筵宴啖新意”“多彩食俗如诗画”“饮食节事新常态”“博物馆里的饮食密码”等各专题，依次论述了食材文化旅游、面点文化旅游、菜肴文化旅游、小吃文化旅游、酒文化旅游、茶文化旅游、食器文化旅游、筵宴文化旅游、食俗文化旅游、饮食节事旅游和饮食文化博物馆旅游的开发与设计。

本书在撰写过程中，广泛参阅了国内外饮食文化旅游研究方面的相关理论研究成果和案例，同时还参考了许多相关网站和图书资料，在此对相关作者致以诚挚的谢意。

限于学力和时间，错漏之处，希望得到大家的指正。

冯玉珠

2016年仲秋于石家庄

目 录

第一章　饮食文化的理论基础

第一节　饮食文化的概念和作用

一、文化的本质

文化是一种复杂而广泛的社会现象。研究文化现象角度的多样性，决定了揭示文化本质、界定文化概念的复杂性和多样性。据专家考证，“文化”是中国语言系统中古已有之的词汇。“文”的本义，指各色交错的纹理。《易·系辞下》载：“物相杂，故曰文。”《礼记·乐记》称：“五色成文而不乱。”《说文解字》称：“文，错画也，象交叉。”其中的“文”均指此义。在此基础上，“文”又有若干引申义。其一，为包括语言文字内的各种象征符号，进而具体化为文物典籍、礼乐制度。《尚书·序》所载伏羲画八卦，造书契，“由是文籍生焉”。其二，由伦理之说导出彩画、装饰、人为修养之义，与“质”“实”对称。所以《尚书·舜典》疏曰“经纬天地曰文”，《论语·雍也》称“质胜文则野，文胜质则史，文质彬彬，然后君子”。其三，在前两层意义之上，更导出美、善、德行之义，这便是《礼记·乐记》所谓“礼减两进，以进为文”，郑玄注“文犹美也，善也”，《尚书·大禹谟》所谓“文命敷于四海，祗承于帝”。“化”，本义为改易、生成、造化，如《庄子·逍遥游》：“化而为鸟，其名曰鹏。”“化”指事物形态或性质的改变，同时“化”又引申为教行迁善之义。

“文”与“化”并联使用，较早见于《易·贲卦·象传》：“（刚柔交错），天文也。文明以止，人文也。观乎天文，以察时变；观乎人文，以化成天下。”这段话里的“文”，即从纹理之义演化而来。日月往来交错文饰于天，即“天文”，亦即天道自然规律。同样，“人文”，指人伦社会规律，即社会生活中人与人之间纵横交织的关系，如君臣、父子、夫妇、兄弟、朋友，构成复杂的网络，具有纹理表象。这段话是说，治国者须观察天文，以明了时序之变化，又须观察人文，使天下之人均能遵从文明礼仪，行为止其所当止。在这里，“人文”与“化成天下”紧密联系，“以文教化”的思想已十分明确。

西汉以后，“文”与“化”方合成一个整词，如“圣人之治天下也，先文德而后武力。凡武之兴，为不服也。文化不改，然后加诛”（《说苑·指武》），“文化内辑，武功外悠”（《文选·补之诗》）。这里的“文化”，或与天造地设的自然对举，或与无教化的“质朴”“野蛮”对举。因此，在汉语系统中，“文化”的本义就是“以文教化”，它表示对人性情的陶冶、品德的教养，本属精神领域之范畴。随着时间的流变和空间的差异，现在“文化”已成为一个内涵丰富、外延宽广的多维概念，成为众多学科探究、阐发、争鸣的对象。

文化作为人类社会的现实存在，具有与人类本身同样古老的历史。人类从“茹毛饮血，茫然于人道”（王夫之《读通鉴论》卷二十）的“植立之兽”（《思问录·外篇》）演化而来，逐渐形成与“天道”既相联系又相区别的“人道”，这便是文化的创造过程。在文化的创造与发展中，主体是人，客体是自然，而文化便是人与自然、主体与客体在实践中的对立统一物。这里的“自然”，不仅指存在于人身之外并与之对立的外在自然界，也指人类的本能、人的身体的各种生物属性等自然性。文化的出发点是从事改造自然、改造社会的活动，进而也改造自身即实践着的人。人创造了文化，同样文化也创造了人。举例言之：一块天然的岩石不具备文化意蕴，但经过人工打磨，便注入了人的价值观念和劳动技能，从而进入“文化”范畴。因此，文化的实质性含义是“人化”或“人类化”，是人类主体通过社会实践活动，适应、利用、改造自然界客体而逐步实现自身价值观念的过程。这一过程的成果体现，既反映出自然面貌、形态、功能的不断改观，也反映出人类个体与群体素质（生理与心理的、工艺与道德的、自律与律人的）的不断提高和完善。由此可见，凡是超越本能的、人类有意识地作用于自然界和社会的一切活动及其结果，都属于文化；或者说，“自然的人化”即文化。

长期以来，人们在使用“文化”这一概念时，其内涵、外延差异很大，故文化有广义与狭义之分。广义的“文化”，着眼于人类与一般动物、人类社会与自然界的本质区别，着眼于人类卓立于自然的独特的生存方式，其涵盖面非常广泛，所以又称作“大文化”。梁启超在《什么是文化》中称：“文化者，人类心能所开释出来之有价值的共业也。”这“共业”包含众多领域，诸如认识的（语言、哲学、科学、教育）、规范的（道德、法律、信仰）、艺术的（文学、美术、音乐、舞蹈、戏剧）、器用的（生产工具、日用器皿以及制造它们的技术）、社会的（制度、组织、风俗习惯）等。广义的“文化”从人之所以为人的意义上立论，认为正是文化的出现“将动物的人变为创造的人、组织的人、思想的人、说话的人以及计划的人”，因而将人类社会——历史生活的全部内容统统摄入“文化”的定义域。一般来说，文化哲学、文化人类学等学科的研究工作者多持此类文化界说。狭义的“文化”排除人类社会——历史生活中关于物质创造活动及其结果的部分，专注于精神创造活动及其结果，所以又被称作“小文化”。

二、饮食文化的含义和构成

（一）饮食文化的含义

饮食，是人类生存的第一需要。动物要生存，也必须饮食。然而，只有人类才有饮食文化。因为动物只能靠自身的锐牙利爪，从自然界获取现成的食物；而人类靠大脑和双手，发明制造工具，依靠工具获取自然界的食物，或耕种食物原料，并制造烹饪器具加工食物。这样一来，人类就和动物在饮食原料的获得、加工以及进食上产生了根本的区别，即人通过有意识的劳动，获取或生产食物原料，并建立起与之相适应的饮食方式、制度规范，形成了一定的意识形态、饮食风俗，从而形成了饮食文化。从火的使用到今天的微波炉，人类的吃和服务于吃的工具进步史，可以说是凝聚着人类全部文化的发生发展史。

饮食文化是一种复杂而广泛的社会现象，研究饮食文化现象角度的多样性，决定了揭示饮食文化本质、界定饮食文化概念的复杂性和多样性。赵荣光先生认为，饮食文化是指在食物原料开发利用、食品制作和饮食消费过程中的技术、科学、艺术，以及以饮食为基础的习俗、传统、思想和哲学，即由人们食生产和食生活的方式、过程、功能等结构组合而成的全部食事的总和。[①] 陈苏华认为，饮食文化是人类为了生存，在饮食生活中创造产生的饮食观念、行为、技术及其饮食产品的总和，是人类通过自然选择、约定俗成的与环境最相适应的饮食生活方式。[②]

饮食文化有广义和狭义之分。广义的饮食文化是指人类在社会实践中所创造的与饮食相关的一切物质文化和非物质文化的总和。狭义的饮食文化主要指人类在饮食生活中创造的非物质文化，如饮食风俗、饮食思

---

① 赵荣光：《中国饮食文化概论》，高等教育出版社 2008 年第 2 版，第 2 页。

② 陈苏华：《饮食文化导论》，复旦大学出版社 2013 年版，第 6 页。

想、饮食行为、饮食技术等。饮食非物质文化作为饮食文化中最具活力、最敏感、最重要的组成部分，是饮食文化得以发展的关键，是饮食文化乃至探寻人类科学发展的文化基因。[①]

饮食文化的内容宽泛，可以按国家、地域、民族、宗教、食源、生产工艺、炊饮器皿、消费层次、文化品位等进行分类。

中国饮食文化是指中华民族在饮食活动中，从饮食品的生产、产品到产品消费所创造的一切现象以及现象之间相互联系的总和，是中华文明的重要组成部分。从地域角度讲，中国饮食文化是世界饮食文化的一个组成部分；从民族角度讲，中国饮食文化是世界各民族饮食文化中的一个分支。

（二）饮食文化的内容构成

1.物质层面的饮食文化

物质层面的饮食文化指人们在社会实践中所创造的与饮食相关的一切物质性的东西，如烹调用的炊具、食材，饮食场所使用的设施、设备和器具（包括餐厅、装饰、餐桌、餐椅、台布、餐巾、餐具、茶具、酒器及辅助性器具等），以及制成的产品（包括各种菜肴、面点、小吃、饮料、瓜果、糖果、罐头制品、方便食品等）所体现的文化等，还包括与饮食相关的书法、绘画、雕塑、书报、菜谱等。

2.制度层面的饮食文化

制度层面的饮食文化指影响、制约饮食活动的社会制度、政体制度、家庭制度、生产制度、饮食制度等文化，如一日两餐或三餐的进食制度（食制）、各种宴会制度、中国古代与“礼”紧密结合的“乡饮酒礼”“公食大夫礼”等。

3.行为层面的饮食文化

行为层面的饮食文化包括与饮食有关的各种礼仪、方式、习俗、情趣等以动作行为表现出来的现象，如古代定亲的“吃茶”，民间春节初一吃饺子或年糕，白族迎宾敬“三道茶”，等等；也包括一些由动作行为表现出来的技艺等，如烹调中的刀工、配菜、调味、火候掌握、盛装点缀等；还包括餐厅的上菜、摆台、桌边服务，就餐或餐会的各类礼仪仪规、餐后物品处理及利用等餐饮活动中的各种技艺活动。

4.意识层面的饮食文化

意识层面的饮食文化指人们在饮食活动中产生、发展、形成的价值观

---

① 刘晓芬：《论饮食文化的非物质性》，《社会科学辑刊》2010年第3期，第78页。

念、审美情趣、消费心理、思维方式等纯意识领域的文化。如饮食中反映出的要求、愿望、情趣、风尚等，过去中国人见面先问“吃了没有”，判断食品优劣的标准是“好吃不好吃”等；也包括各种饮食理论、学科体系，以及涉及饮食活动的政治、经济、军事、哲学、宗教、科学、文学、艺术、语言等理论化的意识领域。饮食意识文化是饮食文化体系的核心。

三、饮食文化的特征

(一)地域性和民族性

俗话说：“一方水土养一方人。”不同地域的饮食文化与当地的风土、人情、世态有着密不可分的联系，其自然环境也决定了人们的饮食文化。因此，不同国家、不同民族、不同地域的饮食文化有着明显的特点及差异。饮食文化的民族性主要体现在传统的食物摄取、食物原料的烹制技法及食品的风味特色上。饮食文化的民族性的形成是有不同原因的，包括不同的饮食习惯和饮食礼仪、饮食禁忌等方面。

(二)传承性和交融性

不同国家、不同民族，由于区域文化的长久迟滞及内循环机制下的代代相传，使得区域内的饮食文化代代相因。从食物原料品种及其生产、加工，基本食品的种类、烹制方法，到饮食习惯与风俗，甚至区域内食品的生产者与消费者的心理与观念也长时期重复存在。但饮食生活是动态的，饮食文化是流动的，它与时俱进，又因时、因地、因人而异。不同的时代，又具有不完全相同的饮食文化；不同地域的饮食文化又在一定条件下交互影响，互相借鉴、取长补短。因此，呈现出中西兼容、南北兼容、毗邻兼容及层次兼容等相互融合和拓展的客观现象。

(三)审美性与娱乐性

人类的很多记忆可以说都跟饮食有关，人类审美意识的起源在很大程度上也可以理解为人类对饮食生活“美”的感受和觉悟。这种对饮食生活的审美则可以理解为是人类对饮食生活愉悦的感受。经过漫长的历史过程，饮食文化不断进步，中国古代饮食审美思想逐渐丰富和完善，形成了代表中国饮食文化思想的“十美风格”的审美原则，即“质、香、色、形、器、味、序、境、适、趣”。对饮食文化的审美可以达到李泽厚先生曾在《美学四讲》

中提到的“悦耳悦目”“悦心悦意”“悦志悦神”三境界。

饮食文化的娱乐性是指人们在饮食过程中获得快乐的效用。它作为一种社会现象而存在，有益于社会的发展完善。尤其是现代人，因生活节奏加快、工作压力加大和饮食社会化程度提高，人们在注重“吃得营养、吃得健康”的同时，也追求饮食文化的娱乐性，以求获得享受。

四、饮食文化的地位

（一）饮食文化是人类生存的第一需要，是强身健体的基础

饮食是人类赖以生存的基本条件，同时又是补充营养、防治疾病、美容健体、抗老防衰的重要手段。孙思邈说：“安生之本，必资于食。”人体所需的营养物质，必须依靠饮食源源不断地予以补充。一个人一生中摄入的食物超过自己体重的1000—1500倍，这些食物中的营养素，几乎全部转化成人体的组织和能量，以满足生命运动的需要。现代医学证明，人体如缺乏某些食物成分，就会导致疾病，如钙质不足会引起佝偻病，维生素A缺乏会产生夜盲症等，而通过食物的全面配合，便可预防上述疾病。历代医家都主张“药疗”不如“食疗”，强调“夫医者，当须先洞晓病源，知其所犯，以食治之。食治不愈，然后命药”。此外，合理的饮食有助于秀发、明目、美唇、健齿、丰乳、润肤、减肥、增重、抗老防衰。“食物是最好的药物。”

（二）饮食文化是传统文化的根基、传承文明的纽带

饮食文化是一个国家和民族物质文明和精神文明发展的标尺，是一个民族文化本质特征的集中体现，也是考察一个民族历史文化与心理特征的社会化石。[①] 人类学家、美国科学院院士、哈佛大学教授张光直曾断言：“达到一个文化核心的最佳途径之一，就是通过它的肚子。”[②]“吃”这一最为生物化、物质化的层面，可能是理解一个民族精神气质和精神内核最重要的切入点。如人类交往的主要工具——中国文字的产生源于饮食活动，《周易·系辞下》说：“上古结绳而治，后世圣人易之以书契。”结绳文字主要是

① 姚伟钧：《饮食：中国传统文化的根基》，《南宁职业技术学院学报》2014年第4期，第1—5页。

② 转引自李波：《吃垮中国？——口腔文化的宿命》，光明日报出版社2005年第2版，第309页。

记食物的数量。再如人类的宗教活动亦是从饮食活动中发展起来的,《诗经·小雅·楚茨》云:“苾芬孝祀,神嗜饮食,卜尔百福,如几如式。”还有中国的礼仪风俗也是从饮食活动中发轫的,《礼记·礼运》引用孔子的话说:“夫礼之初,始诸饮食。”一个时代、一个地域的饮食生活,对于其社会生活的各个方面均产生着深刻的影响。

(三)饮食文化是一种生活方式,反映一个人的生活态度

饮食文化像无处不在的空气一样,弥散在每一个人的人生世界里,成为生活方式中的重要组成部分。如果说,社会人生就像一张大网,那么,饮食活动仿佛就像这张大网上的无数个纽结,经纬社会和人生的许多关键环节。[①] 其一,饮食是观察社会分层的一个重要着眼点,一个人吃什么、怎么吃,往往打上了文化传承、身份高下、经济贫富之别的深深烙印。其二,饮食是民俗活动中的重要主题。在长期的历史积淀中,中国各地都形成大量饮食习俗。很难说这些饮食习俗的背后有多少遗传学的因素,多少消化生理学的隐私,多少营养学的因素,又有多少文化学的因素,这些因素又是如何作用的。[②] 自人类诞生以来,在获取食物享受饮食的过程中,也形成和发展了相应的生活方式。

苏格拉底说:“他人为食而生,我为生而食。”在物质生活升华到一定的高度,温饱已经基本解决,吃也就被提高到了对生活态度的角度。现代人很多的疾病都与吃相关,由此也限定了人们对吃的选择。例如,糖尿病、痛风……逼迫人们做出诸多吃的割舍。但无论吃五谷与否,无论素食与否,只要你愿意,都反映出一种生活态度。很多时候我们也就是为活着、为享受而吃,并不需要有多么高尚的理由。[③] 吃什么,怎么吃,已不仅仅是为了生存,更是一种生活态度与品位。懂得美食的人,更懂得享受生活。

(四)饮食文化带动相关产业,推动社会经济和谐发展

“文化就是明天的经济。”饮食文化能够带动餐饮产业、食品工业、旅游业、房地产、商贸业、文化娱乐业、建筑业等行业的发展,给经济发展带来了巨大的空间和发展的潜力。此外,由于美食旅游对其他的旅游类型旅游者的影响,旅游者更重视旅游体验,自觉增加餐饮方面的消费,也使得整个旅

---

① 汪青梅:《作为生活方式的中国饮食文化》,《民间文化论坛》2013 年第 6 期,第 89—92 页。

② 叶舒宪:《耶鲁笔记》,鹭江出版社 2002 年版,第 81 页。

③ 曾鸣:《吃是一种生活态度》,《广州日报》2013 年 5 月 16 日第 B6 版。

游过程的消费上涨。

(五)饮食文化是国家文化软实力的重要组成

在一定程度上说,饮食文化是一个国家和民族物质文明和精神文明发展的标尺,是一个国家软实力建设的重要组成部分。比如,可口可乐、麦当劳、肯德基同好莱坞大片一样,凝聚了美国的文化与价值观,隐含的商业信用、道德理念与经营手法,处处显示了美国的文化与软实力。而建立在中华文化统一道德观、社会观、价值观基础上的中国饮食文化,也是我们最大的文化财富与走遍世界的强大软实力之一。①

第二节　饮食文化与旅游的关系

中国的旅游资源丰富多彩,不仅有优美的自然风景、雄伟的建筑物,还有享誉世界的饮食文化。中华民族的饮食文化源远流长,为旅游增添了无穷的魅力。饮食文化与旅游活动相结合,对于提升民族饮食文化的经济价值,促进旅游业和餐饮业的发展,有着广阔的市场前景。

一、饮食文化是旅游业存在和发展的基础

(一)饮食文化是旅游业的重要组成部分

旅游实质上是一种物质和精神的综合性的活动。一方面,它是物质的,没有饮食,旅游就无法进行,饮食服务业是旅游业重要的构成部分;另一方面,它又是精神的(旅游从本质上可以说是一种以审美为突出特征的休闲活动,是综合性的审美实践)。游赏、娱乐是旅游的目的,以食品为物质形态的饮食文化自然也是游客愉悦的对象。腹中有物,审美才能得以正常发挥,无论从物质的还是精神的角度,饮食文化都是旅游文化不可或缺的重要组成部分。

---

① 蒋梅:《饮食文化是构建国家文化软实力的重要组成》,《中国食品报》2012 年 1 月 31 日第 A2 版。

(二)饮食文化可以丰富旅游活动的内容

游客出门,总希望能多游览些景观,多领略些风情。如果在游览途中的用餐、歇息,仅仅是为填饱肚子、恢复体力,这个过程就是空白;反之,如果引入饮食文化,就既能饱口福,又能饱眼福耳福,既补充了身体需求,又满足了游客的心理愿望,一举两得,从而使游客的旅途生活大大丰富。好多旅游者往往都是美食家,在有条件的地方,把饮食文化作为具体的旅游项目,必定会受到游客欢迎,从而达到招徕更多游客的效果。

(三)饮食文化可以提升旅游活动的品位

旅游是一种较高层次的文化活动,没有文化的旅游是没有生命力的。随着社会的进步和人们素质的提高,旅游对文化含量的要求也越来越高。饮食文化概念的引入和饮食文化事业的加盟,恰好顺应了旅游业发展的趋势。而且与其他文化相比,饮食文化更能普遍引起人们的兴趣并易为人们理解和接受,提升旅游活动品位的作用会更明显。在饮食文化的氛围之下,可使游客在轻松愉快的餐饮过程中,了解和领略到更多的民族特色文化和当地的风土人情,从而提高旅游欣赏的水平,增长见识,陶冶情操。

(四)饮食文化可以增加旅游经营的效益

旅游经营的目的之一是获取经济效益。含有文化内涵的饮食,其附加值则可以大幅度提高,与旅游经营目的相符。比如,旅游地的特色菜肴、风味小吃就比普通食品的价格要高,也更受欢迎。如果配以特定的文化氛围、协调的环境和良好的服务,其附加值又可进一步上升。如果再考虑到饮食文化本身能招徕更多游客的因素,它给旅游经营各个环节所增加的收入将更可观。所以,饮食文化很有可能成为旅游经营效益中新的突出增长点。

二、旅游活动促进饮食文化的交流与发展

(一)旅游能够促进饮食文化的发展

旅游者在旅游中追求饮食的"卫生、便捷、特色、美感",促使当地餐饮业规模扩大,管理水平提高,业态多样化,经营品种丰富,经营理念进步。而且旅游业越发达,这种潜在市场就越大,饮食文化可能发挥的作用也越

突出。

(二)旅游可以刺激餐饮业发展

旅游业的发展对当地经济的促进以及旅游业开放度的增加,也影响了当地居民的生活方式。在外就餐次数、频率的增加和消费水准的提高,反过来又刺激了餐饮业的进一步发展。

(三)旅游能够推动饮食文化的交流

随着大量旅游者的到访,旅游目的地的饮食文化将得到传播,也将使其得到更广泛的认可,成为当地餐饮企业异地经营的文化之基。如随着桂林旅游业的发展,桂林饮食文化的知名度大增,促进了大量桂林餐饮连锁机构在外地的蓬勃发展。

(四)旅游有助于饮食文化的保护和复兴

旅游者前往一地时总希望能了解和体验不同的文化,而饮食文化是一种看得到、品味得着的文化,这促使当地政府、群众自觉或不自觉地挖掘特色饮食文化,保护那些当地特有的饮食文化,使一些已经消失或濒临消失的饮食文化重见天日,并重新焕发出夺目光彩。可以说,旅游业将为饮食文化发扬光大提供最合适的土壤和最佳环境。

第三节 饮食文化旅游的内涵

一、饮食文化旅游的意义

饮食是旅游六大要素中首要的和基本的要素。随着人们生活条件的不断改善,“吃”已不仅仅是满足人类的基本生理需求,而是渐渐成为一种休闲活动、一种丰富生活的象征。如今,旅游者日益成熟,他们已不满足于传统的观光游览,而是希望通过全方位的参与和体验,感受旅游地的内涵与特色,而品味当地的美食成为了解当地生活和文化最便捷的途径。因此,饮食文化旅游成为现代旅游业的重要组成部分。

关于饮食文化旅游这一概念,国内尚无统一定义。傅文伟认为,饮食文化旅游是一种以旅游地的美食佳肴为主要吸引物而开发的一项特殊旅游。李江敏、李志飞认为，饮食文化旅游是指一种将饮食文化与旅游活动相结合，以品尝美食、了解中国饮食文化为主要内容，以游览所在地的自然景观与人文景观为辅助内容的特色旅游。它不仅仅只是简单的饮食特色旅游，更是一种高层次的饮食文化旅游。[①] 卢璐认为，饮食文化旅游是指以独具特色的各色食物规则等为旅游外在吸引物，使旅游者在参与制作、品尝各色食物的同时，得到审美享受的旅游活动。[②] 江波认为，饮食文化旅游是指以独具特色的各色食物、饮食程序、方式、规则等为旅游外在吸引物，使旅游者在参与制作、品尝各色食物的同时，得到审美享受的旅游活动。[③] 朱晓翔认为，饮食文化旅游是将饮食文化与旅游活动相结合，以品尝美食、了解中国饮食文化为主要内容，以游览所在地的自然景观与人文景观为辅助内容的特色旅游。

目前，中国饮食文化旅游尚处于起步阶段，发展并不十分理想，这是由于饮食文化对于一般的大众旅游来说显得过于单薄，很少有人专门为某一种饮食而不远千里花上大把钞票。另外，人们普遍认为，饮食的功能是饱肚，要把它作为一种文化来开发，只能是对一些专门的人开放。但是，我们也不能不认识到旅游本身便带有一定的贵族性质，是人的高层次需求，所以说这其中还是有许多值得挖掘的地方。

随着经济水平和人类文化素养的提高，越来越多的人已不满足传统的旅游活动所带来的消费体验形式，求新求异、参与体验性和趣味性强的旅游商品已成为新一轮的消费时尚。因此，饮食文化旅游资源不应单单局限于美食品尝这一层面，还应当包括由美食所产生的各种附带产品的消费，如探究饮食文化的深刻历史渊源和文化内涵，参与美食的制作过程，享受美食活动氛围，等等。笔者认为，饮食文化旅游首先是饮食文化的寻觅，其次是饮食文化的体验与享受同旅游活动相伴而行。它是以品尝异地美食为主要旅游动机，在美食的品尝过程中参与美食文化的探讨、美食的制作，感受美食文化氛围，利用当地的自然和人文景观来辅助的一种具有文化内涵和参与趣味性的旅游活动。

---

① 李江敏、李志飞：《文化旅游开发》，科学出版社 2000 年版，第 291 页。

② 卢璐：《文化旅游创新后发优势》，湖南人民出版社 2008 年版，第 163 页。

③ 江波：《凤凰历史文化名城文化旅游发展研究》，旅游教育出版社 2013 年版，第 26 页。

二、饮食文化旅游的特点

(一)区域性

中国幅员辽阔,由于地理环境、气候物产、政治经济、民族习惯与宗教信仰的不同,各地区、各民族的饮食特色千姿百态、异彩纷呈。“八大菜系”就是因区域环境的整体差异形成的,以其各具风韵的烹调技艺、不同风格的菜肴特色成为饮食文化旅游重要的吸引物,是旅游资源中不可或缺的部分。也正是这种旅游资源在区域上的差异分布,才形成了饮食文化旅游者的空间流动,是造成人们以旅游形式达到审美和愉悦目的的根本原因。

(二)民族性

生活在不同区域的旅游者,对饮食文化的理解和追求各异。饮食文化旅游是文化与饮食的综合体,饮食与文化相互融合,相互渗透,密不可分,不同国家、不同民族的饮食文化大相径庭。因此不少学者把饮食文化旅游归属在民俗风情、民族文化旅游资源一类中,常常归纳为人文旅游资源的重要组成部分。

(三)经济性

现代旅游是一种社会和文化行为,同时它也是一种经济行为。旅游是综合性产业,它能与其他产业联合发展,或带动相关产业的发展。饮食文化旅游融饮食产业和旅游产业于一体。饮食文化旅游的开发要与饮食产业的发展政策和措施结合起来,与旅游的发展策略结合起来。其开发与发展策略是旅游业和饮食产业谋求发展的一项重要的经济举措。

(四)参与性

饮食文化旅游的参与性相对于其他的旅游类型要强烈得多。首先,饮食文化旅游最主要的旅游经历是品尝,这种来自味觉的美感既是有形的,又是无形的。这种参与直接影响整个旅游时间的长短、旅游质量的高低,故旅游体验对于饮食文化旅游者显得更为重要,对饮食文化旅游本身也提出较高的要求。其次,饮食文化旅游其他的参与性活动,如观看烹饪比赛、茶艺表演和学做中国菜等,都能激起饮食文化旅游者强烈的模仿欲,这些操作性极强、丰富的旅游活动,极易吸引饮食文化旅游者的兴趣。

第四节　饮食文化旅游资源

一、饮食文化旅游资源的类型

饮食文化旅游资源是在饮食文化资源的基础上进行旅游开发的资源。旅游产业的开发者，可以通过饮食文化的各个方面，在满足旅游市场要求的前提下，深层次地发掘饮食文化资源，把握好旅游饮食消费的潮流和趋势，开发饮食文化产品，提高旅游地区的综合吸引力，从而促进旅游业进一步发展。

我国饮食文化旅游资源丰富，类型多样，根据其构成元素，大致可分为以下几种类型。

（一）食材文化资源

食材是饮食中最基础的东西，一切饮食活动都是围绕它而开展的。常言道，内容决定形式。不管是饮食加工技艺、饮食器具，还是饮食艺术、饮食方式，都与食材密不可分。饮食资源的采集、开发和利用自古以来就是人类物质生产活动的重要内容。中国食材品种多、涉及面广，在世界上没有一个国家能与其相比。食材既是制作各种各样饮食品的物质基础，也是旅游购物、观光采摘、农业旅游的主要对象之一。中国食材中蕴藏着丰富的文化内涵。

按照食材的商品学特点及其在烹饪中的运用特点，其分类体系见表1-1。我国食材文化资源旅游资源多样，在此仅介绍几类。

表1-1　常用食材分类一览表

种类			品种举例
植物类食材	粮食类	谷类及制品	稻米、小麦、玉米、米线、面筋等
		豆类及制品	大豆、绿豆、赤豆、豆腐、百页等
		薯类及制品	甘薯、木薯、薯粉丝、木薯淀粉等
	蔬菜类	茎菜类	竹笋、茭白、荸荠、芦笋、山药等
		根菜类	萝卜、根用芥菜、牛蒡、芜菁、甘蓝等

续 表

种类			品种举例
植物类食材	蔬菜类	叶菜类	大白菜、菠菜、芹菜、乌塌菜、豌豆苗等
		花菜类	花椰菜、朝鲜蓟、黄花菜、食用菊、霸王花等
		果菜类	扁豆、刀豆、番茄、辣椒、黄瓜、南瓜等
		食用菌类	香菇、蘑菇、草菇、木耳、银耳、猴头菌等
		食用藻类	海带、紫菜、裙带菜、石花菜、葛仙米等
		蔬菜制品	笋干、霉干菜、清水笋罐头等
	果品类	鲜果	桃、柑橘、荔枝、梅、梨、苹果、菠萝、香蕉、猕猴桃等
		干果	葡萄干、松子仁、核桃仁、腰果、莲子、白果等
		果类制品	苹果脯、蜜桃片、苹果酱、橘饼、山楂糕等
动物类食材	牲畜类	畜类肉	猪、牛、羊、马、驴、兔、肉用犬等
		畜类副产品	心、肝、胃、肠、肾、肺、肉皮、乳等
		畜类制品	火腿、腊肉、肉松、香肠、乳制品等
	禽鸟类	禽类肉	鸡、鸭、鹅、肉鸽、鹌鹑、火鸡、鸵鸟等
		禽类副产品	心、肝、肫、肠、禽血、鸡蛋、鸭蛋等
		禽类制品	板鸭、盐水鸭、腊鸡、风鸡、松花蛋、糟蛋等
	鱼类原料	淡水鱼	鲤鱼、草鱼、鳜鱼、鲫鱼、泥鳅、黄鳝等
		海产鱼	带鱼、黄鱼、鳕鱼、石斑鱼、鲳鱼等
		洄游鱼	大马哈鱼、河豚、鳗鲡、松江鲈鱼等
		鱼类制品	咸鱼、鱼肚、熏鲱鱼、鱼籽酱、鱼罐头等
	其他水产	虾蟹类及制品	对虾、三疣梭子蟹、中华绒螯蟹、醉蟹等
		软体类及制品	贻贝、淡菜、文蛤、鲍、牡蛎、乌贼等
		海参、海胆、海蜇	灰刺参、梅花参、紫海胆、海蜇等
		两栖、爬行类	牛蛙、中国林蛙、中华鳖、食用蛇类等
调辅料类食材		调味料	食盐、食醋、酱油、料酒、味精、花椒、桂皮等
		辅助料	食用淡水、食用油脂、食用淀粉、食品添加剂等

注：本表不含野生的畜禽类原料及使用范围不广的昆虫类、蛛形类、星虫类、沙蚕类等原料。

1.粮食文化

粮食文化，是人们在长期的粮食实践活动中所形成的独具粮食特色的物质财富和精神财富的总和，包括粮食生产方式、物质产品、行为模式、风尚习俗、审美情趣、思维方式、价值观念以及组织制度等。粮食文化作为人类文化的一部分，是一种源远流长的社会历史现象。中国粮食文化是中华文化的一个重要组成部分。粮食文化具有人文性、社会性、历史性、地域性和多元性等主要特征。①

2.蔬菜文化

《说文解字》中对“蔬”的解释为“蔬，菜也”，“草之可食者曰蔬”。菜是一个象形字，有以手指摘取野生植物之意。广义上蔬菜即一切可以用于佐餐的植物。但这个概念似乎不准确，如食用菌属于蔬菜，但在现代分类学中却不属于植物。因此，狭义上将以柔嫩多汁的器官作为副食品的一、二年生及多年生的草本植物、少数木本植物、菌类、藻类、蕨类等统称为蔬菜。② 蔬菜文化就是指以蔬菜为载体的一切文化活动，主要包括蔬菜分类文化、观赏文化，蔬菜营养价值、保健功能和美食文化，蔬菜文学（中国古代蔬菜方面的著作、蔬菜神话与传说、有关蔬菜的婚礼、蔬菜与祭祀、蔬菜谚语、歇后语和谜语、蔬菜与诗词），蔬菜艺术文化（蔬菜与楹联、蔬菜与美术、蔬菜工艺品、蔬菜戏曲、有关蔬菜的歌曲、有关蔬菜的电影），以及蔬菜文化艺术节、蔬菜博物馆、蔬菜主题公园等。

3.果品文化

果品是指木本果树和部分草本植物所产的可直接生食的果实或可制熟食用的种子植物所产的种仁以及它们的加工制品。以前我国栽培的果树分属50多科，300多种。果品资源分布于全国各地，如我国华北、辽宁、山东一带盛产苹果、梨、桃、杏、山楂、银杏、核桃、枣等；亚热带地区的两广、福建、云南、四川一带盛产柑橘、菠萝、香蕉、荔枝、龙眼、杧果、椰子；温带的华东、河南、湖北等地盛产苹果、梨（西洋梨、砂梨）、柿、板栗、山楂、银杏、枣、樱桃、草莓、西瓜等；在西北的新疆、青海、甘肃一带盛产葡萄、杏、核桃、西瓜、甜瓜和哈密瓜等，质量均属上乘。此外，野生的果品资源也很丰富，如刺梨、沙棘、黑加仑、猕猴桃、山枣、山葡萄等，这些野生果品资源由于无污染、营养丰富、风味纯正，在当今更受到消费者的青睐。

---

① 李建成：《中国粮食文化概说》，中国农业出版社2011年版，第8页。

② 成善汉等：《园艺文化》，中国林业出版社2013年版，第10页。

广义的果品文化指人类创造出来的以果品为中心内容的物质文明和精神文明的总和。从物质层面看，果品文化应该包括人类从事果品生产经营活动的整个过程、活动方式及形成的各种产品，如栽培、贮藏、加工、运输、营养等各个环节的设备设施、技术经验、组织形式、行为模式，以及各种鲜食、加工果品等。从精神层面讲，果品文化是把物质实体上升到精神活动，就是说果品引发并形成的思维方式、哲学理念、价值观念、道德规范、审美情趣、文学艺术等。果品文化既包括物质文化层面，如品种分类、观赏价值、营养价值和医疗保健功能，也包括信仰、文学和艺术等精神层面的文化，如与水果有关的名人轶事和典故、水果的文学著作和诗词歌赋、水果绘画和影视及歌曲等。如石榴的食用部分是其种子，果实中种子数量庞大，常象征多子多福。因此，在中国的婚庆中，人们送石榴作贺礼，或者礼品上画石榴图案等，均为表达良好的祝愿。很多著名画家也喜欢画《石榴图》来表达多子多福的象征意义。大人们教育小朋友时，喜欢讲述孔融让梨的故事，以此典故为例，教育小朋友要尊敬长辈和学会礼让。在幼儿园和小学教室或图书室墙壁上常挂《孔融让梨》的图画，用以引导，也使得人们自幼就已对梨有所了解，并形成一种美好的印象。一些依附于水果的文化内容，如上述石榴的多子多福含义和梨的孔融让梨典故均可转化成水果的文化附加值。在旅游开发中，我们应该挖掘水果的文化价值，并探讨如何将其转化为商品价值。

4. 畜类食材文化

畜类食材是指家畜或野畜的肉及其副产品和制品的统称。家畜一般是指由人类饲养驯化并且可以人为控制其繁殖的动物，一般用于食用、劳役、豢养、实验等功能，包括猪、牛、羊、马、骆驼、家兔、狗等。野畜是指尚未经人类长期驯化、处于野生或半野生的哺乳动物，如獐、鹿、羚羊、刺猬、竹鼠、野兔等，这些野生的哺乳动物正在尝试驯化阶段，因此“家畜”是一个发展着的、相对的概念。家畜肉是家畜类食材中最主要的部分。一般含义的“肉”是指能够供人类食用的、构成动物肌体的多种组织的统称。商品学中的“肉”是指家畜经宰杀后，去毛，剥皮（或不剥皮），去头、尾、蹄爪、内脏后所得到的胴体部分，包括肌肉、脂肪、骨、软骨、筋膜、腱、血管、神经等。

5. 禽类食材文化

禽类泛指提供肉食的鸟类以及用其肉作原料加工的食品。禽分家禽与野禽两种。家禽是经过人类驯养、选育的鸟类，野禽是通过狩猎得到的鸟类，禽制品通常是指家禽制品。在中国，家禽主要有鸡、鸭、鹅；在美国和加拿大，火鸡仅次于肉用仔鸡，占第二位。

禽类食材是指家禽的肉、蛋、副产品及其制品的总称，也包括未被列入国家保护动物目录的野生禽鸟类原料。世界上的鸟类资源极为丰富，全世界有 9000 余种，我国有 1100 多种，依据生活方式分为陆禽、水禽和飞禽。然而，随着地球上森林面积的不断缩减，以及过度狩猎和环境污染等因素，某些鸟类的数量急剧减少甚至濒临灭绝。因此并非所有的禽鸟都可作为食材。作为人类食材的仅仅是指少部分饲养的家禽，并且随着饲养技术的不断提高和食品工业的迅猛发展，家禽在动物性食品中的比例越来越高，禽类的养殖也逐渐专门化，同时育种科学的进步使得食用禽类的品种增多，例如人们通过对鸡的长期选育，形成了肉用、蛋用、肉蛋兼用、药用等品种。由于鹅肝食用价值很高，选种杂交已形成了产肝性能优良的鹅。

我国禽类遗传资源 368 个，其中地方禽种遗传资源 185 个(108 个鸡种、35 个鸭种、36 个鹅种、2 个火鸡种和 4 个番鸭种)，培育禽种遗传资源 84 个，国外引进禽种遗传资源 76 个。《国家级畜禽遗传资源保护名录》中确定的鸡、鸭、鹅品种为 41 种(见附录 2)。目前我国饲养的家禽主要包括鸡、鸭、鹅、鹌鹑、火鸡等。近年来，有些地方开始规模化养殖鹧鸪、鸵鸟、孔雀等特禽。①

6. 鱼类食材文化

鱼类是终生在水中生活，用鳃呼吸，用鳍辅助运动与维持身体平衡，大多被鳞片，具有颅骨和上下颌的变温脊椎动物，属于脊索动物门、脊椎动物亚门中最原始和低级的类群。鱼类在全球水域中几乎都有分布，39%的种类(约 8410 种)生活在淡水河流湖泊中，61%的种类(约 13000 种)生活在海洋中。鱼类是人们十分喜爱的食材，也是人们摄取动物性蛋白质的主要来源。

中国鱼文化是中华民族的伟大创造，是中国文化史上光彩夺目的一章。它发轫于旧石器时期，至少在 5 万至 1 万 5 千年以前，鱼类就已成为中华大地上人类先祖的有意识、有心智的劳动实践和艺术想象的对象，并寄托着融合自然、联结生死、壮大族群的信仰观。中国鱼文化作为我国民间最常见的行为模式和象征符号，体现在物质成果、仪礼制度和精神活动的诸多方面，几乎涵盖了生活的所有领域。

从物质文化来说，鱼类作为人类继“天然食物”之后的第二种“食物资

---

① 冯玉珠、陈金标:《烹饪原料》，中国轻工业出版社 2009 年版，第 142 页。

源”，在人类进化史上具有决定性的意义。摩尔根曾强调指出，“鱼类是最早的一种人工食物”，人类有了鱼类食物，才开始火的利用及大规模的迁徙。[①] 应当补充说，鱼类食物的采用还导致了工具的发明和使用，人类的体力与智力第一次得到充分的利用与发展，人类开始步入以生产力改造自然力的伟大时代。[②] 在精神文化方面，鱼类作为人的食物来源、生活资料和劳动对象，构成了“人的无机的身体”[③]，决定了人的观念、意识和幻想的产生。就中国鱼文化而言，它联系着巫术事象、信仰习俗、口承文艺和游乐活动，在精神领域里表现出极大的张力和潜能。

(二)面点文化资源

面点，即面食与点心的总称。面食一般指主要以麦面、米面、杂粮面为原料而制成的系列食物，如常见的面条、馒头、包子、饺子等。点心的旧义最初曾是动词性的，意为“吃点心”，犹如现在所说的“点饥”，即稍微吃点东西解饿，如今主要指正餐之外的小食。点心是一种吃来不求饱的东西，却是饱满的生活不能缺少的东西。很懂得享受生命的周作人有一个极“经典的”感慨：“我们于日用必需的东西以外，必须还有一点无用的游戏与享乐，生活才觉得有意思。我们看夕阳，看秋河，看花，听雨，闻香，喝不求解渴的酒，吃不求饱的点心，都是生活上必要的虽然是无用的装点，而且是愈精炼愈好。”[④]点心的质量最能体现某个民族在某个时段生活的情态。点心整体上呈粗糙状，说明那个社会的人们心中缺乏某种祥和宁静的东西，大家活得慌张，没有心情去耐心精致地做事。而越不用心，也越不快乐。《现代汉语词典》将点心定义为“糕饼之类的食品”。糕点是指以粮、油、糖、蛋等为主料，添加(或不添加)适量辅料，经调制、成型、熟制等工序制成的食品。从概念上理解，糕点是糕点裹食的总称，糕是指软胎点心；点是指带馅点心；裹是指挂糖点心；食是指不带糖又不带馅的点心。[⑤]

在人们的日常生活中，许多主食就是面点，如面条、馒头、花卷、糍粑、糌粑、馕、年糕等。在这些食品的称谓方面，北方人大多称作主食，而在南方往往就叫点心。总之，面点是包括米、麦、杂粮等粮食作物经和面、揉面、

---

① 摩尔根：《古代社会》，杨东莼译，商务印书馆 1977 年版，第 20 页。
② 陶思炎：《中国鱼文化》，东南大学出版社 2008 年版，第 2—3 页。
③ 马克思：《1844 年经济学——哲学手稿》，刘丕坤译，人民出版社 1979 年版，第 49 页。
④ 周作人：《周作人散文选集》，张菊香编，百花文艺出版社 1987 年版，第 92—93 页。
⑤ 黎彩平：《烘焙食品加工与检验》，机械工业出版社 2014 年版，第 127 页。

下剂、擀皮、包馅等技法经过蒸、煮、烤、烙、煎、炸等熟制而成的各种食品。①

面点文化是指与面点相关的地域、民族、宗教、民俗、制作工艺、餐具器皿、消费观念、审美价值等的总和。

(三)菜肴文化资源

"菜肴"是与"面点"相对的一个概念。通常情况下,菜肴是指相对于面点、饮料等而言的用于佐酒、下饭的食品的总称。从餐饮业的生产来看,主要分为两个部分:一是菜肴烹调,行业中俗称"红案";二是面点制作,行业中俗称"面案"或"白案"。菜肴是烹饪的组成部分,面点与之一起构成了烹饪的全部内容。菜肴与面点既密切关联,互相配合,又相对独立,因而菜肴烹调与面点制作是相互作用、相互补充、相互推动、相互促进的。

菜肴文化是饮食文化的重要组成部分。中国菜肴随着中国文明的发展,不断丰富而日臻完美。经过5000年的文化积淀,到现在中国菜肴烹调中可以采用的原料多达数千种,用来调味的调味品也有数百种。而在实际烹调运用中,这些原料和调味品又往往是依据一定的要求调和使用,相互配合,相互渗透,相互融会,千变万化,再加上火候的巧妙运用、刀工的灵活多样,以及烹、炸、煮、烤……数十种各不相同的烹饪方法交替运作,百菜百味,千菜千形,中国菜肴就像一方永远变幻不尽的"魔方"。中国地域辽阔,人口众多,自然条件、风俗习惯、文化传统差异巨大,这使本来已经丰富多彩的中国菜肴"魔方"又多了地域变化这层神奇光环。据粗略的统计,仅目前还活跃在中国人餐桌上的珍馐佳肴就多达2万余种,而有明显特点、鲜明风格的菜肴流派则多达数十个。当然,中国菜肴更让人赞叹的不仅仅是它的丰富,更在于它不仅是以美味满足人们生理的需要,而且作为丰富博大的中国文化的一个重要组成部分浸透在中国文化的方方面面。"菜中有典""菜中有诗""菜中有画",一道传统的佳肴美味,往往还带有一系列美妙的典故和传说,甚至有的还可以体现一种深刻的思想。这些姑且不论,实际上就在这百菜百味、流派纷繁的普通菜肴中也无不折射着中国人的哲学、中国人的审美、中国人的习俗。②

(四)小吃文化资源

小吃,一般指正餐(午餐和晚餐)以外用作点心及夜宵的各种风味食

① 邵万宽:《中国面点文化》,东南大学出版社2014年版,第2页。

② 王子辉:《中国菜肴大典:素菜卷》,青岛出版社1997年版,第10页。

(九)饮食民俗文化资源

我国饮食文化源远流长,民族特色鲜明,成为灿烂民俗文化的重要组成部分。随着旅游业的发展,饮食民俗在旅游业中的地位和作用越来越明显。由于旅游业的带动,各地的饮食民俗得到不断的交流和促进,渐渐成为民俗旅游的主要发展方向。如贵州清水江流域的苗族每年从农历三月十五日开始要吃一种将糯米染成红黄几种颜色的饭,叫姊妹饭。相传古时这里住着一群聪明美丽的姑娘,她们丰衣足食,欢乐愉快,但有一件憾事,就是没有小伙子前来求婚。姑娘们商量,每人都出一些米来打平伙(聚餐),并且唱歌跳舞。米饭的香味和美妙的歌舞引来了住在周围地区的小伙子,他们享受了姑娘的盛情款待之后,也情不自禁地跳起芦笙舞,临别时姑娘们又用自己的手帕包着糯米饭送给他们。小伙子们不久又来到这里,分送姑娘们表示感谢的礼物。一来二去,姑娘们都找到了自己的意中人。如今,吃姊妹饭已成为这里的一项节庆礼仪,人们吃晶莹透亮、香味绵长的彩包饭,小伙子斗牛赛马,姑娘们赛歌跳舞,而受到吸引的则是来自四面八方的游客。

在壮族地区,有的时候饮茶中包含着深意。男青年来相亲时,由姑娘敬他一杯茶,如果是放糖的甜茶,就表示姑娘对他有意,甜蜜的喜事有了几分眉目;如果是没有放糖的淡茶,小伙子就该到此为止,因为这意味着姑娘表示拒绝。像这样的例子俯拾皆是,它使看似平常的饮食带上了生活的酸甜苦辣,令人回味无穷,各地各民族的独特饮食民俗对来自外地的国内游客同样具有巨大吸引力。

(十)宗教饮食文化资源

世界三大宗教佛教、基督教、伊斯兰教在中国都拥有大量信徒,特别是佛教在中国历史上的某些时期一度成为统治者支持的宗教。另外,道教等中国传统的宗教以及数目众多的民间宗教在中国也有很大的影响。宗教饮食文化不仅是人类文化的组成部分,而且是有特色的、有吸引力的人文旅游资源,极具旅游价值。宗教饮食文化资源的利用和开发,有利于形成有特色的旅游产品,开拓新的旅游市场,吸引游客,对旅游业的发展具有重要意义。

(十一)名人饮食文化资源

名人效应是旅游景点的一笔巨大财富。名人也是人,自然也是“饮食男女”。但名人的饮食态度、饮食遭遇、饮食中的言行举止及对食物的好恶，往往反映出他们的人格、品性，流露出他们的价值观念和审美情趣。于是乎，名人与饮食的掌故，便成为老百姓茶余饭后的谈资。更有甚者，名人的饮食直接影响食俗事象的形成和发展，并成为某些食物品种或饮食店铺繁荣昌盛的重要因素。历史名人饮食文化对现实旅游者以及潜在旅游者的文化感召力和吸引力是举足轻重的，是不可多得的社会教育资源和历史文化资源。

（十二）饮食地标文化资源

地标是指每个城市的标志性区域或地点，或者能够充分体现该城市（地区）风貌及发展建设的区域。游客或其他一般人可以根据地标而认出自己身在何方，如同北斗星的作用，例如摩天大楼、教堂、寺庙、雕像、灯塔、桥梁等。地标作为地域性文化景观的代表地，是旅游者必须实地感受的重要区域。美国的著名学者凯文·林奇认为：“一旦某个物体拥有一段历史、一个符号或某种意蕴，那它作为标志物的地位也将得到提升。”这种看法反映出地标的核心是文化，即地标对旅游者的吸引力，源于它本身所透露的艺术特质和文化内涵，源于它的灵魂和深度。

因此，地标性项目对一个区域、一个城市的影响更多地表现在文化上。首先它应该是一个“文化策源地”，建筑本身并不重要，重要的是看它能否改变城市的面貌，能否给区域带来活力。其次，它同时应该是一个“约会中心”。地标区域应该是人们进行各种活动时首先想到的聚集点和活动中心。一个地标性项目并非一栋与大众相割裂、仅有着漂亮外观的高层建筑，而应是能够满足人们商务、爱情、聚会、娱乐等各种活动需求，并且融合于城市之中，能够引领潮流。最后，它还应是一个很好的“城市外景地”。一个地标性项目可以作为一个城市的标签，能够频繁地出现在各类媒体以及影视作品中，成为城市里一道靓丽的风景线。

我国各地都有历史悠久、数不胜数、极具特色的美食地标，如餐饮老字号、饮食名店、饮食文化主题公园（博物馆）、美食街、美食城或是美食圈，以其独具特色的产品和远近闻名的声誉，吸引了国内外众多的消费者，这些都是宝贵的饮食文化旅游资源。

（十三）饮食节庆文化资源

文化是节庆的血脉。饮食节庆活动是一种文化现象，它属于文化旅游的范畴，具有文化旅游的基本特征和要求。节日庆典能高度浓缩多种地方文化内容，以旅游、经济为指向的节事活动必然对当地文化、社会和经济产生影响。这不仅满足广大人民群众的精神和物质需求，还对地方文化形象建设、文化品牌打造和文化产业发展起到全新的作用。比如端午节吃粽子、赛龙舟的习俗源于爱国诗人屈原，吃粽子不单单是一项品尝地方小吃的活动，更蕴涵了一种民族精神和爱国情操。若将端午节这一资源进行打造、包装和宣传，把包粽子到吃粽子等活动设计成一系列旅游参与活动，无疑将增添旅游的乐趣，并能起到教育、陶冶情操的作用。而且借助这种有国际影响力的资源来宣传推销自己，定能吸引更多国际游客的眼球，从而带动整个区域旅游业的发展。

（十四）饮食文化博物馆资源

由于节庆式开发模式往往要受节令和场地等的限制，所以面对一些特殊的旅游资源我们可以采用博物馆式开发模式来加以开发。饮食文化资源具有极强的历史文化性，有时单凭简单的观光和品尝也难以领会其深层次的文化内涵，因此，这需要我们在适当的地点兴建一些饮食文化博物馆。在博物馆内不能只对一些菜品进行简单的陈列，还要将菜品及一些烹饪工具的来龙去脉加以详细的解说和介绍，必要时还要加入影视、动画人物等现代科技手段来演绎饮食所蕴藏的深刻文化内涵，将每种饮食的历史典故以小故事的方式来演绎出来，激发人们对于历史的感悟，从而从文化层面产生对这种饮食的浓厚兴趣。[①]

二、饮食文化旅游资源的特点

（一）历史地理性

地域性是饮食文化旅游资源的一个显著特征，俗话说"一方水土养一方人""十里不同风，百里不同俗"。自然地理、民族文化心理等诸多因素使得饮食文化旅游资源呈现出十分明显的地域性。如不同的地域滋生不同的菜系，其中最有影响和代表性，也为社会所公认的有川菜、鲁菜、苏菜、粤菜、浙菜、湘菜、闽菜和徽菜，即人们常说的中国"八大菜系"。在源远流长的中华饮食文化长河中，八大菜系占有举足轻重的地位，它们的烹调技艺

① 李双莲：《湖北饮食文化旅游资源及其开发研究》，华中师范大学硕士学位论文 2011 年，第 43 页。

各具风韵，其菜肴特色也各有千秋。

我国各少数民族在长期历史发展中形成了各自的饮食文化模式，曾出现不少著名的菜肴风味流派，主要有清真菜、蒙古族菜、满族菜、朝鲜菜等。各民族的饮食多与气候有关，居住在高寒地区的民族喜食高脂肪、高蛋白食物，居住在亚热带地区的爱吃酸味的食物，居住在潮湿地区的，常吃辛辣的食物。从具体食物方面来讲，各个民族都有一些独特的风味食品。例如，苗族、侗族、土家族的酸菜、酸肉、酸鱼，彝族的疙瘩饭、坨坨肉，瑶族的粽粑、油茶，纳西族、普米族的琵琶肉，怒族的“侠辣”，傣族的油炸青苔、香茅草烤鱼、香竹糯米饭等。

（二）文化艺术性

饮食文化在诸多文化中更具包罗性和丰富性，它反映一个地区的自然环境状况、物产丰饶程度、社会经济水平的高低、人们生存的智慧和生活态度，甚至与民俗学、中医学、宗教学、文学、艺术美学等渊源深厚。饮食文化旅游资源可以说是当地群体文化心理的映射，如回民普遍不吃猪肉，并且对奇形怪状、污秽不洁、飞禽猛兽及鱼类都禁食；欧美人不吃狗肉，认为狗像家庭的一分子，感觉吃狗肉犹如残杀家人一样残忍。这些都是民族文化心理对饮食文化的影响，并且饮食也是一个民族文化特征的重要载体和表现方式。其中，中餐饮食是饮食文化属性的一个典型代表。中国人有思乡情结，讲究落叶归根，因此漂泊在外的中国人普遍都对家乡的饮食感到眷恋，总感到母亲做的饭菜最好吃，这一方面跟生活习惯有关，另一方面是乡亲氛围营造的结果。这一点正好可以解释为什么现在的农家乐餐饮方式受到诸多人的欢迎，因为其营造出了一种质朴、真实、和谐的饮食氛围，让游客真正体会到了什么叫“宾至如归”。另外，中国文化里凡事都讲“兆头”，这一点在饮食文化里得到了很好的表现，如祝寿我们要做寿桃，预祝福寿无疆；新婚夫妇要喝甜水，预祝婚后生活甜甜蜜蜜、幸福美满；中秋要吃月饼，预祝团团圆圆。同时，中国的文学家大多兼具美食家的称号，他们把中华文化更好地诠释到饮食文化中，把饮食文化恰当地体现在文学作品里。“美食不如美器，美器不如美名”这句话极好地体现了饮食对艺术审美的极高要求。另外，一些菜肴优雅别致的名字无不给人一种极美的享受，如霸王别姬、贵妃鸡翅、湘妃糕等，不但让人品尝到美食的美味，还让人联想到美人的气息。除此之外，中国人尤其是一些文人墨客更在乎饮食的环境，不但要求进食场所极尽高雅别致，还要求进食时琴瑟相伴，极尽浪漫儒雅。

(三)参与体验性

饮食具有十分复杂的工艺流程,从食品原料的种植、采摘、储藏、切配、加工、制作再到饮食成品的品尝,每一个程序都具有很强的参与性与体验性。想体验原始耕作生活的游客可以去近郊的农场参加农场种植,体会春种秋收的自然喜悦,更是一种回归自然、摆脱城市生活压力的减压方式。节假日带上全家大小或与亲朋好友一起去种植园采摘新鲜蔬果,并把它制作成美味菜肴拿来品尝不失为一种追寻健康生活、体验劳动价值的科学生活方式。更有意思的是,与一些有共同美食爱好的旅游者结伴而行,寻访民间美食、开展厨艺大赛,尽情享受创造力带来的生活乐趣。另外,品尝美食本身就是一种体验,品尝美食的五味杂陈,体味人生的生存哲学,感受席间的人情氛围,欣赏美食的艺术文化性,陶冶情操,娱乐其中,不失为人生的一大乐趣和享受。

(四)不可移植性

饮食文化旅游资源的不可移植性是指饮食文化旅游资源所营造的文化氛围不可再创造。民族文化总是与其地域环境、民族历史氛围、民族文化心理相伴而生的,需要特定的文化土壤来滋养,尤其是一些体现民族特征的文化事项,一旦离开了其生长、滋润的文化土壤,就失去了其原始的韵味甚至失去生命力。比如满汉全席,只有在大中国古典文化的背景下、在北京故宫皇宫文化的映衬下才能得以保有原创性的健康发展,假如把它搬到充满现代气息的沿海地带来开发,首先会失去那份神秘威严的皇廷气氛,其次与当地的气候、物产状况、民族文化心理极度不协调,这样不但会造成资源的浪费,还会阻碍民族文化的健康可持续发展。[①]

三、饮食文化旅游资源的层次

(一)品尝美食

一边旅游,一边品尝当地的美酒佳肴,可以说是饮食文化旅游资源开发的最基础层次。近年来,随着人们消费水平的提高和休闲时间的延长,

① 李双莲:《湖北饮食文化旅游资源及其开发研究》,华中师范大学硕士学位论文 2011 年,第 10—13 页。

外出旅游就餐的机会增多，消费增加。旅游者不再仅仅满足于吃饱，而更是希望尽情地享受各地的佳肴美食，满足求新、猎奇的心理和审美观念等多方面的需求。为适应人们新的消费需求，我国各地的传统风味菜肴纷纷上市，除北京的仿膳菜外，西安、杭州、开封、济南、扬州等地还挖掘研制了仿唐菜、仿宋菜、孔府菜和红楼菜等。目前，基础层次的饮食文化旅游产品开发出来的已经比较多，各个地方都有，呈现出一番欣欣向荣的景象。如西安德发长饺子宴、浙江湖州全鱼宴、广州蛇菜宴、北京全聚德“挂炉烤鸭”，都已成为名闻海内外的特色产品，为旅游者所钟情。

(二)食养保健

用食物防病治病、保健强身、美容养颜在中国有着悠久的历史。其最大的特点就是具有有病治病、无病强身、延年益寿等功能。目前已开发出一些较浅层次的饮食医疗保健游产品，如南京双宝楼宾馆推出的“时珍苑”药膳品尝游，药膳种类多达300余种，菜、粥、点、饮无一不由南京中医学院养生康复系的专家学者精心搭配，再通过名厨的精心烹调，形成了中国目前为数不多的药膳系列，满足了人们在心理上更高层次的需求，受到国内外旅游者的广泛欢迎。

(三)文化享受

开发饮食文化旅游资源，关键不在于饮食和旅游，而在于“文化”。于吃中讲求文化，于旅游中弘扬文化，令旅游消费者真正达到以吃为方式、以精神享受为目标的愿望。开发饮食文化旅游产品的最终目的还是要弘扬文化。中华饮食文化可以看成是具体而微的中国文化。中国文化中的诸如“天人合一”说、“阴阳五行”说、“中和审美”说以及重“道”轻“器”、注重领悟、忽视实证等特征都渗透在饮食心态、进食习俗、烹调原则中。可以说，追求饮食文化旅游开发，是生活的艺术，是对中国文化的肯定。饮食文化旅游的发展意在突出饮食生活给人们带来的物质上和精神上的双重享受。中国目前饮食文化旅游尚处于起步阶段，有许多值得发掘的地方。①

---

① 樊玲、洪锋：《浅议饮食文化旅游资源的开发》，《南宁职业技术学院学报》2007年第1期，第5—8页。

第五节 饮食文化旅游存在的问题和对策

一、饮食文化旅游存在的问题

(一)饮食文化旅游开发没有引起足够重视

由于对“旅游”概念的理解不同,有相当一部分旅游者和旅游开发者还将旅游的重点放在景区景点的风景欣赏方面,而将旅游消费中的饮食置于次要地位。随着人们收入的稳步增长和旅游观念的改变,旅游中忽视饮食文化的现象必将得到改变。可以预期,以旅游为主、饮食为辅的旅游模式,将逐渐转化为旅游和饮食并重的发展趋势。①

(二)饮食文化旅游的参与性与文化性不强

大多饮食文化旅游开发只是为“食”而“制”,旅游者对此所获得的信息亦是通过“食”而“解”。事实上,“酒食者,所以合欢也”,不仅体现在进食中,而且体现在饮食的制作过程中。如果在饮食文化旅游中提供一个让游客尝试做一些名菜名点名茶的项目,人们不仅不会感觉到累,而且还会觉得富有情趣。许多旅游开发案例已经证明,在当代旅游产品中,参与性的旅游产品总是保持一种旺盛的生命力。

目前,饮食文化旅游基本上以品尝佳肴为主,开发者往往忽视了对中国几千年来深厚的饮食文化传统的发扬。旅游者所看到的往往只是菜肴表面的色、香、味、形,因此,他们在用完这些菜之后,留在印象中的只是一时的美味,并没有对一道菜有个根本了解。事实上,全国各地酒楼饭店卖的绝不单纯是一种餐饮、一种美食,而是一种风情、一种民族的风韵和美丽。随着文明的进步、文化的积淀,人们对于因进餐而带来的精神上的愉悦与需求越来越急切。我们开发饮食文化旅游的目的应该是让旅游者在品尝美味的同时,更深地为中国饮食的传奇色彩、深厚的文化底蕴所折服,而不单单是为了刺激消费而开发。

---

① 黄成林:《安徽旅游文化研究》,安徽师范大学出版社2011年版,第300页。

(三)忽视地方特色,缺乏新意

有些旅游开发者为了追求市场效应,没有深入考察发掘地方饮食文化特色,互相模仿,盲目地追求多而全,这固然满足了旅游者多种口味的消费需求,但是却有更多的弊端。其一,盲目跟风必然导致产品口味不纯正,使饮食文化旅游资源在无形中被转移和被破坏,降低饮食文化旅游的吸引力。其二,由于外地饮食文化的大量涌入,本地的产品被外来产品所代替,不知不觉中流失了当地宝贵的饮食文化旅游资源。其三,由于本地的饮食文化旅游资源没有在广度和深度方面开发,致使一些民间美食"藏在深闺人未知",没有引入旅游市场。

二、饮食文化旅游开发与设计的意义

(一)旅游开发的概念

"开发"在《汉语词典》中的解释是"通过垦殖、开采等劳动来利用资源"。"开发"一词在文献中最早见于《汉书·孙宝传》,是指"垦殖土地"的意思。在现代,我们可以把"开发"理解为将资源转变为产品的社会劳动过程。

所谓"旅游开发",可以解释为"根据当地条件,运用适当的资金、技术、文化手段,通过科学的调查、评价、规划、建设、经营管理等,使未被利用的资源得以利用,已被利用的资源在深度和广度上得到加强,并对资源、市场、产品、人力资源、经营管理等进行综合研究,确定旅游发展方向,搞好相应的设施配套,创造更佳的效益"。简言之,旅游开发是将旅游资源转变成为旅游产品并形成旅游产业的社会劳动过程。①

旅游开发的核心(或对象、基础)是旅游资源。旅游资源只有经过开发才能转化成为对旅游者产生吸引力的旅游产品,旅游资源可以说是旅游开发最重要的物质前提与自然基础。目标是市场或旅游消费者。旅游市场是旅游开发的先决条件,忽视目标市场的旅游开发是盲目的开发。

旅游开发既是一个技术过程,也是一个经济过程,还是一个文化过程(文化可以说是旅游开发的灵魂),并应兼顾相关产业。旅游开发是一项综合性的开发,是"点子工程"。

---

① 曹诗图、王衍用:《新编旅游开发与规划》,武汉大学出版社2012年版,第1页。

（二）饮食旅游文化开发设计的含义

饮食展现着文化，文化体现在饮食之中。千百年来，中华饮食文化不断发展，使得饮食旅游资源具有了深厚的文化内涵，蕴藏着巨大的开发空间。在开发旅游产品时，要特别注意把握其文化特色，使旅游者在饱尝美味的同时，更多地了解当地的风土人情、文化传统，品味到不同的文化特色，获得更丰富的审美体验。

旅游设计是面对旅游活动中所涉及的主体、客体、介体的全系统策划、解构、导演、筹谋，它涉及旅游活动的方方面面，具有前置性、技术性和创意性的特征，是旅游产业中“产品研发”的专业实现。

饮食文化旅游开发设计，是指旅游经营者，以饮食文化旅游为依托，以市场需求为导向，从饮食文化旅游实际出发，进行策划、设计的理念、做法和过程。饮食文化旅游开发设计，包括自然旅游景观商品的开发设计、社会人文旅游景观商品的开发设计、人造旅游景观商品的开发设计、旅游景观商品线路的开发设计等。

三、饮食文化旅游开发设计的原则

（一）遵循市场导向

旅游业具有典型的市场经济特征，旅游需求是旅游产品产生和发展方向的直接决定性因素。因此，开发设计饮食文化旅游，必须以旅游者需求为中心，遵循市场导向原则，引导人们从不同角度欣赏饮食文化。市场导向原则要求：一方面在市场分析和市场定位时遵循市场经济规律；另一方面，要根据市场的变化和旅游产品的生命周期理论，不断开发新产品和增加现有产品的新功能来满足旅游者的需求。

（二）彰显文化特色

文化是旅游业的灵魂和旅游发展的根基所在，人们对不同的文化具有新鲜感和奇异感。饮食文化旅游开发关键在于“文化”，于吃中讲究文化，于旅游中弘扬文化，让旅游者获得生理满足和精神享受。首先要立足于当地，保持本土化，突出地方特色。其次要从美学、艺术、文学、史学和社会学等方面全面详实地挖掘饮食文化旅游资源的文化背景、历史渊源、民间传说、神话故事、风土人情、文物特产等资料。最后，饮食环境设计要与人文需求相协调,增强文化内涵,为游客创造舒适雅致美观的就餐环境和氛围。

(三)追求综合效益

饮食文化旅游开发设计的最终目的是求得效益,包括经济、社会和生态三方面协调一致的综合效益。饮食文化旅游开发要讲究经济效益,从目前国内餐饮业的发展来看,我国各地的旅游餐饮都处于一种蓬勃发展的态势。由于国人对吃的注重,许多餐饮企业在开发新的特色饮食文化产品后,往往会取得意想不到的收获。由于饮食文化不可避免地要涉及生物资源的利用,这就对饮食文化旅游提出了更高的要求。手艺高超的厨师完全可以利用一些极为普通的配料做出诸如熊掌、猴脑之类的山珍美味,而无须去破坏原有的生态平衡链,为饮食文化旅游的可持续发展创造了条件。

四、饮食文化旅游开发设计的基本要求

(一)保证餐饮食品安全

《关于进一步加强旅游景区餐饮服务食品安全监管工作的意见》(国食药监食〔2010〕353 号)要求全面落实旅游景区餐饮服务食品安全责任,扎实做好旅游景区餐饮服务食品安全日常监管,提升旅游景区餐饮服务食品安全水平,保障游客饮食安全,推动旅游业健康发展。饮食文化旅游开发设计首先要考虑到食品餐饮安全,只有提供了安全卫生的食品,不引起这样那样的食源性疾病,旅游者才可以顺利进行旅游活动,达到旅游目的。

(二)引导科学饮食

饮食科学包括三方面内容,即饮食营养、膳食平衡和适度美食。饮食营养是人类摄取食物满足自身生理需要必要的生物学过程。它包括两方面的含意,一是指人类摄入、消化、吸收和利用食物中营养成分的动态过程,二是指人体在生命过程中利用营养成分维持生长发育、组织更新和良好健康状态的动态过程。营养是人类赖以生存并达到健康目的的前提条件和唯一手段。从营养学角度看,旅游者以及旅游饭店的饮食制作者应根据旅游活动的特点,根据旅游者的生理需求和饮食习惯,摄取或提供能量适中、营养素齐全、新鲜优质、口味良好的膳食,以满足旅游者的生理需求,保证旅途顺利,达到旅游目的。

膳食平衡就是在膳食中保持营养素种类和数量的搭配平衡、合理,以

适应机体的生理需要。膳食平衡主要通过对食品的选择来实现。人体对营养物质的需求是多样的，不仅需要蛋白质、脂肪，而且需要各种维生素和矿物质；不仅需要营养性物质，还需要适量的非营养性物质，如水分、食物纤维素。各种营养素在人体内既互相依赖，又互相制约。缺乏营养固然不好，但某种营养素过多也会有害。

旅游活动中的饮食除了为旅游者提供营养成分、满足旅游者的生理需求外，另一个很大的功能是满足旅游者的心理需求和享受要求，即美食的要求。相应于旅游活动中的美食观，旅游活动中的科学饮食也应注意进食环境、器具、气氛和美感，注重菜肴的色、香、味、形、养、净，讲究粗细食品搭配，营养卫生，数量适宜，提倡简单实际，以饱腹、营养为主题，以精神美、物质美、自然美、艺术美、形态美、质地美、意境美为享受。

（三）开发多元化、立体化产品

随着旅游业的发展，不同档次、不同旅游目的、不同客源地、不同旅游方式的旅游者越来越鲜明地表达出其各自独特的旅游诉求。在这种市场需求的推动下，旅游餐饮供应市场也将进一步贴近旅游者的不同需求，细分市场，实现多样化、立体化产品开发。首先，饮食文化旅游开发要与景区特色相结合。例如，满足旅游者保健养生目的，开发佛教资源与佛教美食，道教资源与道教美食以及药膳养生美食相结合。其次，在饮食文化旅游产品开发时，还应更多地考虑产品类型配置问题，实现高、中、低档餐饮产品的开发兼顾。以商务旅游者为代表的高端市场，要重视餐饮品牌、用餐环境、服务水平、菜肴特色。以家庭休闲度假旅游者为代表的中端市场，要重视餐饮的保健养生功能，并且对地方饮食文化、厨艺学习、风俗体验等一系列综合性旅游餐饮产品表现出浓厚兴趣。以大众观光旅游者为代表的低端市场，要求旅游餐饮方便快捷、卫生营养，并适量安排高知名度特色大众菜肴品尝。

第二章 “秀”出特色食材

第一节 食材的概念和特点

一、食材的定义和重要性

(一)食材的概念

食材是指可食用的、可直接用来或经过半加工或加工制作主食、菜肴、面点、小吃等各种食物的可食性原材料、辅配料和佐料。如萝卜、白菜是食材,蚯蚓、蚂蚁可以是食材,水是人体必需的营养物质之一,可直接饮用,又是构成食物的主要成分之一,因此也是食材。食材通常来自动植物,如谷类、果蔬、山野菜、畜类、禽类、鱼类、食用菌藻类等。可用来调味、发酵或腌制食品的食物辅料或配料,如味精、花椒、食盐、小苏打和酒等,都是人类重要的食材。而馒头、米饭、粥、蒸饼、酸奶、奶酪等属于可直接食用的成品食品,因此不属于食材范围。[①]

据本人检索,“食材”这一术语较早见于20世纪晚期。比如1988年,章乐绮等在《台湾营养学会杂志》第3、4期合刊上发表的《住院病患居家早餐选择之调查研究》中有“食材”一词。[②] 1993年,日本地球物理学家竹内均编、徐钧译的《你不必担心没有“话题”第6集——错误的餐桌知识》中提到

① 谷英敏等:《食材内涵古今辨析》,《浙江中医药大学学报》2010年第3期,第301—302页。

② 章乐绮等:《住院病患居家早餐选择之调查研究》,《台湾营养学会杂志》1988年第3—4期。

食材与体温的关系。[①] 1999 年，Adrian Bailey 著、陈系贞译有《大厨食材完全指南》。[②] 21 世纪后，食材一词被广泛应用，2008 年山东画报出版社还出版了《蔡澜食材字典》[③]。

(二)食材的重要性

食材是饮食品加工的物质基础，食品最终质量的优劣，首先取决于食材质量的优劣。要想烹制出美味可口的食物，保证食物的质量，就必须选择品质好的食材。清代袁枚在《随园食单·须知单》中说："物性不良，虽易牙烹之，亦无味也。"一味佳肴，"司厨之功居其六，买办（采购者）之功居其四"，足见食材的重要性。

二、食材应具备的基本条件

(一)食用安全

"民以食为天，食以安为先。"20 世纪 80 年代后期以来，从我国的毒蔬菜、毒大米、"福寿螺"事件至后来的"瘦肉精"中毒、"红心鸭蛋"、"多宝鱼"事件等，这些不断发生的食品安全事件不仅严重影响了人们的身体健康，而且严重影响了人们的消费信心，造成了恶劣的社会影响和经济影响。2007 年 8 月，国家集中开展了农产品专项整治，但是农产品质量安全的隐患仍然存在，粮食、蔬菜、水产食材滥用农药、抗生素、着色剂、膨松剂、防腐剂等，致使许多动植物食材对人体有害。2008 年发生的含三聚氰胺婴幼儿奶粉事件引起党中央、国务院的高度重视，启动了国家重大食品安全事故Ⅰ级响应。因此，凡是含有有毒有害物质且不易去除的食材，都不能用做食材，如腐败变质的食材、劣质食材、病死动物食材、掺假有害食材、有毒害性食材、被污染的食材等。

(二)具有营养价值

作为烹饪利用的食材，必须具有一定的营养价值，即含有一定的营养

---

① 竹内均：《你不必担心没有"话题"第 6 集——错误的餐桌知识》，徐钧译，新雨出版社 1993 年版，第 48 页。

② Adrian Bailey：《大厨食材完全指南》，陈系贞译，猫头鹰出版社 1999 年版。

③ 蔡澜：《蔡澜食材字典》，山东画报出版社 2008 年版。

素。食材中营养物质含量的高低是决定食材食用价值的一个非常重要的方面。不同的食材品种各类营养素的组成和比例差别很大，选择品种和数量可以使食材之间的营养得以互相补充，从而满足人体的正常需要，达到膳食平衡。少部分允许食用的化学调辅料（如糖精、人工合成色素、防腐剂等）不含营养素，但要按规定使用。

(三)口感口味良好

有些食材含有一定量的营养素且对人体无害，但不一定能用于烹饪。有些因组织粗糙无法咀嚼吞咽的食材（如粗劣的老母猪肉、公猪肉），或者因本身污秽不洁、恶臭难闻的食材，将直接影响到烹制出来的菜肴的口感和口味。食材的口感口味越好，其食用价值也越高。

(四)符合法律法规

过去，熊掌、发菜都是名贵的食材，而今已退出了烹饪舞台。熊早已被列为受保护的珍稀濒危野生动物；2000 年 6 月，国务院下达了禁止采集、销售发菜的禁令。中国科学院动物所有关人士指出，滥食野生动物有可能对食用者身体造成危害。由于多数被食用的野生动物直接或间接来自野外，有的甚至来自受到化学或生物污染的地方，并且在被食用前都未经过卫生检疫，多数对人体健康有很大威胁，直接拿来食用，可能会对人体造成一些传染疾病。选择食材必须符合国家和地方的有关法律法规。

三、食材的命名

(一)生物性食材的学名与俗名

按照国际命名法规的规定，已知的每一种生物都被制定了世界统一使用的科学名称，称为“学名”。每种生物只能有一个正确的学名，不管其来源如何，一律用拉丁文处理，在印刷品中均排斜体字，手写时下面画横线。除了学名以外，其余无论是何种语言、何种文字的名称均称为“俗名”。因此，某一种生物不管有多少中文或外文名称，除了拉丁文学名外都是俗名。

由于食材种类繁多，以及地理、历史、民族、时代和社会行业等各方面的影响，大多数食材均存在多个名称。如常见的“鳝鱼”就有多个名称，见表 2-1。

表 2-1　鳝鱼的各种名称及内涵

<table>
<tr><th>各种名称</th><th colspan="3">内　涵</th></tr>
<tr><td>Monopterus albus</td><td colspan="2">拉丁文名称</td><td>学　名</td></tr>
<tr><td>rice field eel</td><td colspan="2">英文名称</td><td rowspan="10">俗　名</td></tr>
<tr><td>タゥナギ</td><td colspan="2">日文名称</td></tr>
<tr><td>护子鱼</td><td>古代俗称</td><td rowspan="7">中文名称</td></tr>
<tr><td>长　鱼</td><td>江苏俗称</td></tr>
<tr><td>淮　鱼</td><td>安徽俗称</td></tr>
<tr><td>海　蛇</td><td>黑龙江俗称</td></tr>
<tr><td>拱界虫</td><td>台湾俗称</td></tr>
<tr><td>黄鳝、鳝鱼</td><td>动物学名称</td></tr>
<tr><td>罗鳝、无鳞公子、蛇鱼</td><td>其他俗称</td></tr>
</table>

由于许多食材的中文俗名较多，常常导致一物多名、多物一名等混乱情况。如镇江名菜“白汁鮰鱼”、安徽的“奶汁肥王鱼”、四川的“清蒸江团”，所用的原料都是“长吻鮠”，学名 Leiocassis longirostris；再如山东将带鱼称“刀鱼”，江苏将刀鲚称“刀鱼”，民间将石斑鱼属的 40 多种鱼均称为“石斑鱼”。

有些食材，单从名称上看，很难知道是什么材料，若望文生义，容易导致错误理解，甚至造成以讹传讹，形成笑话。如西米（不是米，而是一种淀粉加工制品），淡菜（不是蔬菜，而是海产贻贝的熟干品），天鹅蛋（不是天鹅的蛋，而是贝类紫石房蛤），马蹄（不是马的蹄子，而是荸荠），虾油、蚝油（都不是油，而是增鲜调味品），鱼肚（不是鱼的胃，而是鱼的沉浮器官——鱼鳔的干制品）。

（二）外来文化与食材名称

食材名称中也反映出各个历史时期外来文化的影响。如有些以“胡”字命名的原料表明是外来的，像胡瓜（黄瓜）、胡豆（蚕豆别名）、胡桃（核桃）、胡麻（芝麻）、胡椒、胡蒜（大蒜）、胡萝卜等。“番”字开头的原料也有一部分表明是外来的，如番茄又称西红柿。番薯，明代万历年间由吕宋引进，起初仅在福建、广东一带种植，后几乎遍及全国，在不同地区还有红薯、白薯、山芋、地瓜、红苕等名称。番鸭，家禽的一种，也称洋鸭，鸭头及颈部粗红，嘴与眼部有肉瘤，行动迟缓，生长快，容易育肥，原产于南美洲及中美洲，我国华南地区饲养较多。此外还有番杏、番瓜（南瓜）、番椒、番木瓜、番荔枝、番石榴（果肉白色及黄色，胎座肥大，肉质，淡红色；种子多数）等。

“西”字开头的亦有类似情况，如西瓜、西葫芦、西红柿、西芹、西番莲、西梅、西柚等。西番莲属于西番莲科，又名鸡蛋果或百香果，亦有“热情之果”的雅称，它是一种多年生热带藤本攀附果树，果实甜酸可口，风味浓郁，芳香怡人。西番莲约有 400 多个品种，起源于南美洲的亚马逊河热带雨林，被西班牙的探险家、修道士认为是《圣经》中提到的人类始祖“亚当、夏娃”所吃的“神秘果”，故英文称为“passion fruit”，意为“恋情、激情、热情之果”。可食用的约有 60 个品种，但能作为商业经济价值的仅有紫果西番莲、黄果西番莲及紫果和黄果的杂交品种 3 个种类。西番莲果汁中含有菠萝、香蕉、草莓、苹果、酸梅、芒果等 165 种水果香味，是举世闻名的香料水果，果实中含有超过 132 种以上的芳香物质，有“果汁之王”的美誉。它的天然原汁以其自身鲜艳的色泽、独特浓郁的芳香风味、丰富的营养以及对人体的保健作用，在国际市场上享有很高声誉，被称为天然营养浓缩物和热带果后，是补充营养、佐餐待客的最佳饮品。西番莲不仅营养价值高，生津止渴，还有防病健身的功效。据测定，西番莲汁含有 60 多种挥发性化合物，可溶性固物含量高达 10％—14％，有机酸含量为 1.5％—3％。可溶性固物主要是葡萄糖、果糖、蔗糖及微量的甘露酮糖、天庚酮糖等。氨基酸含量也相当丰富，主要有亮氨酸、脯氨酸、苏氨酸、赖氨酸等，还含有多种维生素和矿物质元素，维生素 C、A、B、B_1 以及钙、磷、铁、钠等含量相当丰富。世界许多国家把西番莲作为海员、矿工的保健饮料。

西梅，来自智利，也称为智利西梅。形如杏梅。西梅含有丰富的维生素 A 及纤维素，同时兼含铁和钾等矿物质。

西柚即葡萄柚，约于 1750 年首先在拉丁美洲巴巴多斯群岛的加勒比海岛上被发现，1823 年被引种到美国佛罗里达州作为商业栽培。后来，经植物学家 James Macfadyen 研究，鉴定其为芸香科柑橘属植物的一个新种。约 1940 年前后，葡萄柚被引入我国试种，至今并未推广，仍只有浙江、江西等省有少量零星种植。

“洋”字开头的亦同，如洋面，旧时指从国外进口的机制面粉；洋糖，是指从国外进口的机制糖。洋面、洋糖今天已不这样称名了。然而像“洋葱”“洋芋”“洋葱头”依然流行于百姓的口耳间。

（三）中国食材名称中的文化含义

中国食材的很多名称命名采用了形容、象征、比喻的手法，既表现了中华民族的机智、幽默和风趣，又渗透了民族文化的精神意识，颇显中国饮食文化的“匠心”。如先秦时把牛叫“一元大武”，猪叫“刚鬣”，羊叫“柔毛”，黍叫“芗合”，稻叫“嘉蔬”，韭叫“丰本”，盐叫“咸卤”，等等。南唐有人称蟹肉为“一品膏”，是因为他认为天下美味中蟹肉为第一，故“封”为“一品”。而五代有人又认为以螃蟹下酒，至妙至爽，又加“封”为“爽国公”。唐代把酱叫“八珍主人”，把醋叫“食总管”，以拟人的手法巧妙地概括了这两种调味料的地位和作用。明代宫廷中制作出一种复合调味佐助料，起了个名字叫“一了百当”。从名字可以推知，有了它，其他调料可以都不要。再如菠菜被叫作“红嘴绿鹦哥”，引人联想。

很多食材，一种原料就是一部历史，一种原料就有一个传说，就可形成一种文化。如汉代张骞引进的石榴、葡萄，在唐诗中则引发了“空见葡萄入汉家”“葡萄美酒夜光杯”的历史思绪和悲壮情怀。陕西临潼以盛产石榴著名，留下许多关于石榴的传说，并由此举办了多次“国际石榴节”活动。汉文化利用食材本身的性质、特点，在烹饪中的地位、作用等，创造出了很多富于含义的典故、寓言、成语、熟语等。如献芹、鱼肉百姓、鱼米之乡、巧媳妇难为无米之炊、鱼与熊掌不可兼得、姜还是老的辣、一蟹不如一蟹、滚刀肉、狗肉不上席、离了萝卜不成席等等，简要生动，使汉语言更为丰富多彩。

海南的水果很多，要数漂亮肯定是莲雾。莲雾的外形像一个挂着的铃铛，把它放在地上又像一个莲台，所以被称为莲雾。莲雾种类有很多，种类不同果色也不尽相同，但色彩都较为鲜艳，有清绿色、粉红色、大红色等。不同颜色的莲雾口味不一样，如清绿色的丝丝清甜；粉红色的水分较多，甜中带酸；大红色的水分较少，但香甜可口。

四、食材的来源和种类

（一）食材的来源

1. 天然动植物食材

人类最初的饮食方式，和其他动物一样，是从大自然中索取自然形态的食物和饮料，“茹草饮水，取草木之实”，以解决饥渴。旧石器时代，人类是靠采集或渔猎等手段来获取食物，在生食阶段所取得的食物主要是植物的果实、芽叶、块茎、块根等，以及兽类、鸟类、鸟卵、昆虫和在水边拾取的藻类、螺蚌等。发明熟食以后，狩猎在经济生活中占有重要地位，人们已能猎取鹿、野马等大型动物作为食材应用。在距今1万—5万年的晚期智人遗址中，发现有哺乳动物、鸟类、鱼类以及软体动物化石，捕捞物占的比重逐渐增加，渔业的发展扩大了食物来源。渔猎经济使动物性原料成为旧石器时代主要的食材。从北京人遗址中发现的许多烧过的朴树籽来看，可以认为榛、栗、橡、榧、松等木本植物的果实已经被用于烧食。

2. 野生生物的人工驯化

新石器时代（约4000—1万年前），由于农业和畜牧业的出现，人类开始尝试将野生动、植物驯化，产生了原始的养殖业和种植业。先秦时代农业生产已占主导地位，种植、养殖提供的食材已相当丰富。在周代已有了专门种植蔬菜的“圃”以及专门栽培果品的果园。在秦汉以后的2000多年中，野生食材的资源逐渐减少，但野生原料的人工驯化工作逐渐加强。对野生植物原料的人工栽培和对野生动物原料的人工养殖，都已取得很大的成功。例如野生蔬菜中的荠菜、枸杞苗、马兰等，野生食用菌中的冬虫夏草、木耳、银耳、猴头菌、侧耳、香菇、口蘑、金针菇、草菇等，野生食用藻中的海带、紫菜等，野生鸟类中的鹌鹑、石鸡、野鸭等，野生两栖爬行类龟、鳖、蛇、牛蛙、棘胸蛙等，以及一些野生鱼类、海参、虾、蟹、贝类等。

3. 食材的良种选育

“品种”是由物种进一步培育而来的。“品种”的形成固然与自然适应和选择有一定的关系，但更重要的是人类有意识地进行选育和改良的结果。长期以来，人类致力于对已经运用的食材进行品种改良，积累了丰富的经验，造就了许多优良品种。特别是在20世纪中期以后，生物遗传育种技术的发展与运用，使高产质优的食材品种更加丰富。

目前，在已经运用的粮食、蔬菜、果品、家畜、家禽等食材中，凡是运用历史比较悠久、运用范围比较广泛的原料，例如小麦、稻、甘蓝、白菜、猪、牛、羊、鸡、鸭、鹅等物种，都有成百上千个优良品种。仅以稻为例，我国已收集到的地方品种达3500余个。

4. 食材的引进

在中外交流过程中，我国从国外引进了许多食材，有些原料的名称仍然带有明显的引进痕迹，例如前面提到的以“洋”开头的、以“番”开头的、以“胡”开头的各种食材等。

5. 生鲜食材的再制加工

劳动人民在长期的生产实践过程中，探索出了一些将生鲜食材进行再制加工的方法，例如腌制、干制或发酵等。早在先秦时期，腌制、干制以及酿酒、制醋、制酱技术已有应用。秦汉以后，加工性食材的种类更加丰富。

特别是在近几十年的时间里，随着罐装、速冻和干燥新技术的发展，加工性食材的种类以前所未有的速度增加。

加工，不仅丰富了食材的种类，而且提高了食材的贮藏性能，改善了食材的风味特点。加工的方法有腌、渍、干、腊、熏、发酵等，因此按加工方法分，加工制品有腌制品、干制品、糟制品等。加工的食材有粮食、蔬菜、果品、肉类、水产品等，因此按加工食材分，加工制品有粮食制品、蔬菜制品、果品制品、肉制品、蛋制品、奶制品、水产制品等。

在加工制品中，许多是具有中国民族特色的食材，如豆腐、面筋、粉丝、中式火腿、松花蛋、干制海参、干制鱼翅等；还形成了许多地方名产，例如不同风味的中式火腿地方特产，比较著名的就有十余种。

6.食材的淘汰与替代

食材发展的过程，也是食材不断淘汰与替代的过程。随着食材种类的不断丰富，质量的不断提高，一些过去运用的食材已被逐渐淘汰或极少应用。有些食材是因为资源减少不再运用，如犴(àn)鼻、象鼻、豹胎、单峰驼的驼峰、麋鹿、野马、锦鸡、褐马鸡等。有些食材是因为质量较差而被质优的食材代替，如小麦和稻等粮食取代了先秦时的菰(gū)米、沙蓬米、稗、麻籽等，品质好的蔬菜取代了先秦时的藿(大豆叶)、葵(冬葵)、薤(xiè)等。

调料和辅料也发生了变化，先秦时期，调和五味的调料和现在使用的不完全相同，调酸味主要使用梅，调甜味主要用饴蜜(麦芽糖和蜂蜜)，调辛味主要用姜(辣椒尚未传入)；植物油很少运用，主要运用牛油、猪油、羊油、狗油、狼油等动物脂肪。秦汉以后，醋代替了梅汁，蔗糖代替了蜂蜜，辣椒成为主要辣味调料，植物油取代了动物油的主要地位。

(二)食材的种类

由于对食材分类的角度不同，即采用的分类指标不同，目前出现了多种分类的方法或思路。

按食材的来源和自然属性分类，分为植物性食材、动物性食材、矿物性食材、人工合成食材等。

按照食材是否经过加工以及加工的程度分类，分为鲜活食材、干货食材、复制品食材等。

按照食材在菜点制作中所占的主次地位和作用，分为主料、配料、调味料等。

按照食材在商品流通领域的习惯称呼分类，分为粮食、蔬菜、果品、肉类及肉制品、蛋奶、野味、水产品、干货、调味等。

按照食材的资源分类，分为农产食材、畜产食材、水产食材、林产食材、其他食材等。

按照食材所含的营养成分分类，有多种分类方法。我国的营养学家把各种各样的食物分成了五类，包括谷类，蔬菜和水果，鱼、禽、肉、蛋类，奶类和豆类，油脂类，并设计了一个平衡膳食宝塔。

五、中国食材的文化特点

中国拥有世界上最富戏剧性的自然景观，包括高原、山林、湖泊、海岸线。这种地理跨度有助于物种的形成和保存，任何一个国家都没有这么多潜在的食物原材料。为了得到这份自然的馈赠，人们采集、捡拾、挖掘、捕捞。得天独厚的自然环境提供了丰富的食物资源。

（一）历史悠久

人类为了拓展食源而开始的采集和渔猎劳动，可视为中国食材开发利用的起点。此后，中国人发明了原始农业和原始畜牧业，并逐渐过渡到种植业和养殖业，中国食材的历史实际上已经有100多万年之久。在漫长的历史演进中，中国食材品种不断丰富。与此同时，历史上的中国与域外民族或国家出现过多次文化交流，从域外引进了很多新品种食材。据不完全统计，发展至今的中国食材，其品种可达上万种，已形成了庞大而复杂的体系。

（二）特产丰富

在中国食材中，有很多奇特的种类，如毒蛇、龙虱、蝎子、蚕蛹等，它们共同构成了中国食材新奇的一面。另一方面，在食材开发的历史上，中国人还善于将天然食材再造成新的食材，如豆腐、豆芽、风鸡、腊肉、松花蛋、板鸭、粉条、大酱、酱油等。就同一类食材而论，因加工方式的不同，也可再制成不同的品种，如豆腐可制成鲜豆腐、冻豆腐、老豆腐、豆腐乳、臭豆腐等，酱油可制成老抽酱油、生抽酱油等。此外，因历史的传承、地域的差异、工艺的区别等，有许多再造食材成为闻名全国的地方特产，如南京板鸭、龙口粉丝、金华火腿、湘西腊肉、镇江肴肉、扬州酱菜、山西陈醋等。

（三）医食同源

许多食材在历史上原本被视为药材，后来人们在生活实践中将其分离出来，列入日常食材，如蒜、芹等。随着科学研究水平的提高，人们发现，中国古代所谓的“医食同源”，反映了中国人开发利用食材的另一个历史侧面，食材中含有可以治病的药性，而许多药材本身就是食材，这在孙思邈的《千金食治》、忽思慧的《饮膳正要》、贾铭的《饮食须知》和李时珍的《本草纲目》等文献中均有具体载述。

(四)物尽其用

在世界许多国家和地区，一些食材往往被分为食用部分和废弃部分，如猪、牛、鸡等的内脏就属于不可食的废弃部分。但中国人在长期的生活实践中，往往通过分档用料的方法，尽可能地做到物尽其用，最大限度地降低浪费。如猪的心、肝、肠、胃、皮、血等都可烹制成美味，鱼的皮、肠、鳔、鳍等皆可制成佳肴。

第二节　食材旅游的内涵和种类

一、特色食材的旅游价值

《中国消费者协会 2013 年旅游餐饮调查报告》显示，游客选择餐厅时最为看重的要素依次是食材质量/新鲜度、口味、价格、环境氛围、餐厅服务、地理位置。近年来频频曝光的食品安全问题成为中国社会的焦点，调查中 80.24%的消费者选择最看重食材的质量和新鲜度，直接体现了消费者对于食品卫生安全问题的看重；排名第二位的选择要素是口味，占 61.67%。这表明消费者仍然看重餐饮性价比，但愿意为选择适合自己口味和兴趣的餐厅支付相对高的价格。报告还指出，性别差异对于就餐要素的关注点有所不同，男性更倾向于注重价格和服务，而女性对于食材质量、口味和用餐环境更为在意。①

由于我国自然环境条件复杂多样，食材文化资源的多样性十分突出。丰富的食材文化资源，不仅为人类自身的发展与进步提供了物质保障，而且是人类旅游活动中宝贵的旅游资源，具有重要的旅游开发价值。

---

① 肖丹：《八成游客最关注食材质量》，《北京晨报》2013 年 11 月 27 日第 A08 版。

(一)康体价值

保健康体是食材文化旅游资源最基本的旅游价值。如随着普通百姓生活水平的提高,人们对蔬菜、果品的食用越来越多,食用蔬菜、果品对富裕起来的中国人的康体保健作用十分明显,而且种植蔬菜、果品的乡村田园相对于都市来说,环境优美,空气清新,旅游者置身于生机勃勃的果蔬原野,享受自然沐浴,怡情养性。

(二)欣赏价值

出产蔬菜、果品的生态农业园和生产基地大多地处城郊接合部,山清水秀,空气清新,而种植其中的蔬菜以其形、色等审美要素更造就了田园风光的美妙,旅游者运用感知器官就可以充分领略到大自然的美景,获得赏心悦目的美妙感受。如在山东寿光市蔬菜高科技示范园内,遍地的白色蔬菜大棚覆盖下,憨态可掬的大南瓜、精巧可爱的小萝卜、绿叶掩映的大西瓜……游客置身其中,犹如走进一个美丽的园林世界,而徜徉于各种藤蔓菜果搭成的“蔬菜走廊”,各种鲜活蔬菜和花卉相互映衬,很难分辨出哪些是花哪些是菜,可餐的秀色让人惊叹,令人流连。

(三)体验价值

在旅游过程中,旅游者不仅能欣赏到蔬菜或果品的形色,领略到田园风光,而且能够直接参与蔬菜或果品的种植、采摘、品尝活动,亲身体验蔬菜的生产过程,体味生机盎然的农村生活。如 2009 年 5 月 8 日至 17 日,在中国枇杷之乡仁寿县文宫镇举办的枇杷节,5 万吨产量的枇杷种植林开门迎客,活动内容主要有吃枇杷比赛、游枇杷生态园、评比全县十佳枇杷生产和营销大户、本土美食文化评选、招商推介、枇杷交易、签订枇杷营销协议等。市民可入园观赏及采摘,而枇杷价格则按照品种和成色分别为每斤 5 至 10 元不等。

(四)教育价值

在现代的生活环境下,蔬菜、果品虽说是餐桌上的必备菜肴,可生活在都市中的小朋友,甚至有些年轻人并不一定知道它艰辛的种植过程和复杂的种植技艺,因此都市人常常希望到菜园用身临其境的方式教育后代,由此蔬菜、果品旅游资源本身也成了宝贵的教育素材。旅游者可通过参观菜园、果园,参加蔬菜、果木种植采摘活动,了解我国丰富多彩的蔬菜、果品品种，学习种植技艺，不仅丰富阅历，更增长见识，体会到餐桌上的蔬菜、果品来之不易，使自己更加珍视农民的劳动成果。在蔬菜园里，经常可见很多父母领着孩子参观游览，一边观赏，一边给孩子介绍有关蔬菜的知识，帮助其增进对新农业生产技艺的了解。

（五）经济价值

现代旅游是一种社会行为、文化行为，也是一种经济行为。食材专项旅游的开发应与生态农业的发展政策和措施联合配套，应与农业旅游、乡村旅游的发展策略结合起来。事实上，通过参与食材旅游，旅游者可以在旅游过程中亲眼看见、亲身经历绿色食材的生产和管理过程，甚至在亲自品尝食材后，从而不自觉地增进对绿色食材的信任和依赖，买上一些新鲜的食材带回家与亲朋好友分享，这样就把食材的观"尝"和客人的购买结合起来，食材的销售市场由城市移到农村，在田间地头销售，减少了销售成本和销售环节，农民能够在最短的时间内得到现金收入，这样产生的经济效益是显而易见的。

（六）生态价值

特殊的甚至是独一无二的地理环境造就了部分食材独特的品质及其出众的质量，赢得了消费者的高度喜爱和赞誉。这些特色食材能够美化环境、涵养水土、防风固沙、净化空气等，其质量及其质量变化反映着其生态环境的变化，并已成为当地生态环境的"标志者""自动监测器"和"气象预报员"。特色食材保护能促进生物多样性保护，避免物种的减少和灭失；而地理标志产品保护制度能在不同层次上保存当地的生态系统，促进产区自然生态环境的修复和保护。

（七）商品价值

旅游商品收入是衡量区域旅游业发展成熟与否的重要标志。一个成熟的旅游市场，其旅游商品收入在旅游总收入中所占比重的临界值应在30%以上。而特色食材具有食用、药用、保健、观赏、投资增值等多种价值，具有深厚的历史底蕴和丰富多彩的文化内涵。由于独特的地理环境、与众不同的品质，特色食材具有特殊的品牌效应，足以成为优秀的旅游商品，是旅游商品的亮点、重点和潜力股。我国许多地区都具有特色食材，这些食材大都是经国家质检总局批准保护的地理标志产品，拥有地理标志旅游的条件。当地政府应该把这些食材作为当地的旅游资源加以宣传，把它纳入旅游宣传的总体计划中，围绕该食材做好旅游景区、旅游商品、旅游线路、旅游美食等4篇文章。

（八）文化价值

特色食材的特定质量、信誉或者其他特征，主要由该地区的自然因素或者人文因素所决定。人文因素主要表现为：食材生产历史；县志、市志等历史文献记载；诗词歌赋、传记、传说、轶事、典故等记载；民间流传的该类食材民风、民俗、歌谣、饮食、烹饪等；名人的评价与文献；荣获省级以上名牌产品的获奖情况；媒体宣传、报道、图片等；在生产、加工、储运、包装甚至是销售、消费过程中应遵守的生产工艺、生产流程、生产标准、消费环境、使用程序、消费方式；等等。[①]

二、食材旅游的概念和意义

（一）食材旅游的概念

食材是人类饮食生活的物质基础，从来源看，涉及农、林、牧、副、渔等农村经济各业和酒、醋、方便面等食品工业。食材旅游是以特色食材资源为主要依托，把食材与旅游业结合在一起，利用自然环境、食材工农业景观和文化，结合食材生产经营活动、民俗风情等内容，吸引游客前来游览、品尝、体验、参与、购物、休闲度假为一体的新型旅游方式。

食材旅游的兴起，从世界经济发展的历史进程来说时间不长。早在19世纪初，旅游开发者们就注意到了食材的观光旅游价值。19世纪30年代欧洲就已开始了农业旅游。旅游者到农村去，与农民同吃、同住、同劳作，或者在农民土地上搭起帐篷野营，或者在农民家中住宿。旅游者骑马、钓鱼、参与农活，食用并购买新鲜的粮食、蔬菜、水果等食材。[②] 20世纪五六十年代，在西方发达国家出现了集生产、游乐为一体的多功能观光农场，或称“大自然乐园”，纷纷利用区域性的特色农业种植园、特色农业养殖场，建起旅游设施，通过广告策划，吸引大批城市居民全家前往休假、游乐，吃放心

---

① 翟玉强：《地理标志产品的六元价值研究》，《洛阳理工学院学报（社会科学版）》2015年第6期，第41—46页。

② 严贤春：《生态农业旅游》，中国农业出版社2004年版，第39页。

菜、尝无污染果，并留宿农场与庄园。[①]

在我国台湾，食材旅行的兴起，是民间社会力的一种展现。20世纪60年代，台湾开始发展观光茶园、观光菜园和观光渔场等。2011年“行政院农业委员会”利用台北国际旅展（Taipei ITF）的机会，设置“休闲农业”专题馆并规划“访食材、趣旅行”主题旅游行程，提出消费者应“从餐桌走向产地”，尝试拉近产地与消费者之间距离与感情，希冀透过农友亲自解说，让实地生活和动人故事来鼓励消费者认识食材，进而走入农村实践在地消费。翌年，更建议消费者在认识食材的动机驱动下，亲身体验农产采收与制作过程，让双脚、双手碰触厚实的土壤，直接与土地、农村、农友接触，并从食材背后的故事和当地农村的人文特色，与台湾土地产生更为深厚的情感联结。2012年高雄市政府农业局推出一项政府购买性服务，名称是“推广在地食材响应绿色环保与节能减碳”，内容除了推动食材旅行之外，还有编辑出版物与推动各项食育活动；指定美浓作为食材旅行项目的首批试点。这是由于美浓是高雄辖区内著名的稻米谷仓与农业大镇，更是台湾重要的客家文化与行政区。[②] 2014年，台湾景文科技大学颜建贤、林育辰进行了“食材旅游游客动机、满意度及再参与意愿之研究”，高雄师范大学洪馨兰研究了“台湾当代乐活风潮下的食材旅行”。

我国大陆地区的食材旅游，直到20世纪80年代才开始萌芽，北京、武汉等城市先后出现了观光旅游型农业生态园，但食材旅游作为一种独特的旅游形式，一直未受到深入的研究和应有的重视。

（二）食材旅游的意义

食材旅游是休闲农业旅游的重要组成部分。休闲农业旅游是以农业为主题，利用农村自然环境、农事活动、农村生活等农业自然与文化资源吸引游客前来游览、观赏、体验、休闲、品尝、购物等活动的一种旅游形式。农业旅游包含茶、酒、米、花、果、蔬、养殖、畜产等，休闲包含食、育、乐、购等服务，这些都跟食材有关。

食材旅游让消费者直接到食材产地，从认识食材到农业体验（食材采收方式、农民耕种方式），从菜点烹饪到美食特产、纪念品制作，体验当地人生活方式，了解土地与农村的人文风情，不但能让旅人用心体会食材背后

① 程道品、梅虎：《农业旅游研究综述》，《改革与战略》2004年第10期，第28—31页。

② 洪馨兰：《台湾当代乐活风潮下的食材旅行：一个案例的分析》，《青海民族研究》2015年第4期，第89—93页。

的点滴故事,也能以最直接的方式和农民、农村以及这片滋养我们的土地产生更深厚的感情。

食材旅游还有一项很重要的意义,就是和农民沟通,无论去休闲农场、农民市集或农会经营的农特产展售中心,皆可借由互动、品尝、采买,了解农业也了解农民的理念,绝对有助于消费者认识食材与食材的价值,也令农民因掌握消费需求而审视栽培理念,进而改良栽培方式等,对农产品的质量确保、安全维护,都有实际帮助。食材旅游可以通过农业旅游以非观光发展模式,建立消费者与生产者之间的互信机制。

食材旅游也是极符合节能减碳且能够提供产地消费、体验学习与食农教育的一种方式。游客直接到食材产地通过亲自到农村体验,了解农业的自然、农家的文化与生命的价值,感受农业特色。

在参与食材旅游当中亦能享受当季、当地的特色美食料理,不只满足现代人对食物的生理需求,还能提升幸福感。

三、食材旅游的类型

(一)按食材的来源分类

1.种植业食材文化旅游

利用现代农业技术,开发具有较高观赏价值的作物品种园地,或利用现代化农业栽培手段,向游客展示农业最新成果。如引进优质蔬菜、绿色食品、高产瓜果,组建多姿多趣的农业观光园、自摘水果园、农俗园、果蔬品尝中心等。

2.林业食材文化旅游

利用具有观光功能的林果园,为游客提供观光、采摘、避暑等活动。

3.牧业食材文化旅游

利用具有观光性的牧场、养殖场、狩猎场、森林动物园等,为游人提供观光和参与牧业生活的风趣和乐趣。如奶牛观光、草原放牧猎场狩猎等各项活动。

4.渔业食材文化旅游

利用滩涂、湖面、水库、池塘等水体,开展具有观光、参与功能的旅游项目,如参观捕鱼、驾驶渔船、水中垂钓、品尝海鲜、参与捕捞活动等,还可以让游人学习养殖技术。

5. 工业食材文化旅游

利用粮油工业、制盐工业、屠宰及肉类加工工业、水产工业、罐头工业、制糖工业和酿酒工业生产的食材文化资源开展旅游。

(二)按食材文化旅游的功能分类

1. 参与体验型

现代旅游者已经不再满足于单纯的展示性旅游，人们更加趋向于有别于惯常生活的充满情趣的体验。目前，随着生态旅游、农业旅游、乡村旅游等旅游市场的发展，旅游者开始逐渐热衷于回归自然、返璞归真的参与体验式旅游。参与采摘蔬菜、果品，认种一片菜地等活动内容，就是一种体验式旅游，是旅游者对乡村田园自然环境和人文环境的一种感受和探索，一种心理上的彻底释放。

2. 观赏展示型

在菜园、果园，特别是在一些蔬菜高科技示范园内，色彩和形状的组合令人眼花缭乱：色泽斑斓的五彩椒、晶莹剔透的樱桃番茄、姿态各异的大小南瓜……加以恬静的田园风光、独具特色的乡风民俗和农耕文化，形成优势互补、极具观赏性的旅游资源，开发观赏展示型的蔬菜旅游产品将对旅游者产生极大的吸引力。

3. 参观学习型

通过旅游增长知识、增长见闻也是现代旅游者的追求，参观学习型的蔬菜旅游、果品产品能满足旅游者的这种愿望。都市人通过参观蔬菜园地，知晓蔬菜的品种、形式、种植技艺。而随着农业新技术、新品种的推广运用，希望寻求致富真经的广大农民满怀着对农业新知识的渴望，到大棚蔬菜园、蔬菜高科技示范园里“零距离接触”，可以实实在在地学习到绿色蔬菜、有机蔬菜的生产过程和最新技术。城里人瞧景长见识，农民取经学科技，各取所需，各奔所爱。

4. 节庆型

“蔬菜是文化，种菜是艺术”。目前在很多省市为了配合乡村旅游、农业旅游的开展，举行了诸如蔬菜博览会、蔬菜文化艺术节、瓜菜果王大赛、厨艺菜果雕刻大赛等活动，全力打造蔬菜旅游节庆型旅游活动产品，为蔬菜旅游增加了诸多精彩看点。美国有的农场举办诸如西红柿节、甜洋葱节、土豆装袋节等活动。

四、开发食材旅游应注意的问题

(一)形成主次分明的食材结构

一般情况下,开发食材旅游应主打一种或一类食材,其他食材为辅,形成主次分明的食材结构,便于推广,如台湾屏东黑鲔鱼旅游节。

(二)将食材与其他旅游要素有机结合

食材旅游是休闲旅游的重要组成部分。食材旅游以食材为主题,但也要与食材原产地自然环境、生产活动等自然与文化资源相结合,吸引游客前来进行游览、观赏、体验、休闲、品尝、购物,营造食材文化气息。

(三)避免“特产不特”

外出旅游,人们习惯带些当地的特色食材,宣告“到此一游”。可当你买回的某地特产“五香干”,品尝后,感到不香不脆,味道苦涩,与市场上的一般产品质量差不多,只是名字不同,恐怕顿生烦恼:难道所谓的特产就是名字不同而已?

众所周知,一个地方的特色食材往往是当地旅游产业的一个重要组成部分,很多地方正是以品质优良、地方风味浓郁等特色产品吸引游客前来旅游观光。针对“特产小特”、旅游商同质化、低端化现象,有媒体表示,单单着眼于门票暴利,无视景区资源保护,无视旅游服务质量,无视特色产品保护和创意产品开发,注定不会是可持续发展之路。要想将这一短板补齐,相关景区、地方政府就应在开发地方特色旅游上多想点子、猛下功夫。[①]

第三节 食材旅游资源的开发和保护

一、食材旅游资源开发的内容

名特食材文化旅游资源必须在保护生态环境的前提下搞好开发利用,

---

① 钟瑜:《“特产不特”显旅游短板》,《今日海南》2014年第11期,第23页。

内容包括从田间采收、贮藏保鲜、品质鉴定、烹饪应用、营养功效以及食用以后对人体的影响等方面。

(一)食材历史

每一种食材都有其不平凡的历史。比如,黍子这种大约八千年前的食物为何会同时出现在中国和欧洲?是什么原因将相隔万里的史前食物生产者们联系起来?又是什么原因将他们的文化和社会联系在一起?[①]

(二)食材的分类体系

对各类食材进行科学的、充分的、系统的认识,以便在烹饪活动中能正确区分和选用,充分发挥食材的最佳性能奠定基础。

(三)食材的形态结构

了解特定食材的自然生长形态、生理特征、组织结构以及烹饪分档情况等,以及如何正确地认识食材、区别食材和使用食材,确保发挥食材的最佳性能。

(四)食材的产时与产地

了解其生产情况,即从食材种植或养殖的角度,对该食材的生产特点进行学习和认识;同时对食材的消费市场动态和流通概况有一个基本把握,它关系到食材的保障性和经济性,影响一方民众的生存、生活质量及餐饮生产。

某一类食材的原产地或最佳产地以及使用原料的最佳时令,不包括当今的反季节原料或科技农业原料,为更好地介绍和使用地方特色性原料、特产原料及加工品奠定基础;另外,还为人们根据不同季节或时令来选择适时品种提供基础性资料。

台湾洪震宇先生所著的《旅人的食材历二十四节气里的台湾味道》(光明日报出版社 2013 年版)以二十四节气作为时间轴,以宝岛台湾作为基底,通过对食材背后风土人情的生动描绘,以轻松快捷的叙述节奏和精巧细腻的绘图,向读者展示了台湾地区的日常饮食流变,和在饮食中积累的丰富经验,千差万别的饮食习惯和独特的味觉审美,以及上升到生存智慧层面的东方生活价值观。

---

① 马丁·琼基斯:《宴飨的故事》,山东人民出版社 2009 年版,第 2 页。

(五)食材的化学组成

某种或某类食材化学成分及其理化特点,为人们进一步了解这些食材在烹饪过程中发生的理化变化,选择合理的烹饪方法和科学的烹饪加工控制提供理论依据,从而指导人们如何去保护有益成分,去除不利或有害成分。

(六)食材的质量标准和品质检验

针对不同类别的原料,介绍其国家标准、地方标准或行业标准,并结合操作实际情况介绍不同的品质检验的方法,方便人们在选择食材的同时能够准确地判断其品质,或者根据不同的品质选择相应的加工方法,为提高烹饪产品的质量提供依据。

(七)食材的贮藏保鲜

了解影响食材贮藏保鲜的因素,贮藏保鲜的原理和方法,为烹饪过程中原料的使用、保管以及贮藏保鲜工作提供依据,对于延长食材的使用期、货架期,对于减少和避免浪费具有十分重要的意义。

(八)食材的烹饪应用

弄清某一类或某一种食材在初加工、烹制和调味过程中的一般规律,可以合理地利用食材,使菜点达到最佳风味效果。

(九)食材的营养及功效

营养是食材的一个基本属性,要使饮食达到全面、均衡、适度的营养,就必须研究食材的营养价值,认识对人体有保健功能的食材。只有这样,才能在使用时正确选择和组配食材,烹制出营养合理的菜点,充分发挥营养保健功能。

二、食材旅游资源开发现状

我国是地球上生物多样性最丰富的国家之一,有高等植物3万多种、脊椎动物6347种,分别约占世界总数的10%和14%。有药用植物11000多种,家养动物有1938个品种和类群。许多生物类群具有丰富的种类资源,可作为食材使用,具有很大的开发利用潜力。如人类利用最多的、年总产量超过1000万吨的主要粮食农作物只有7种,即小麦、水稻、玉米、大麦、马铃薯、甘薯和木薯;我国已报道的食用菌有981种,仅云南省境内已发现850种食用菌,约占全国已发现食用菌种类的85.7%。但是,目前人工栽培的食用菌仅60余种,形成大规模商业性产业化生产的仅20种左右;已报道的可食用的野菜有400余种,目前已开发利用的仅占蕴藏量的3%左右;豆科植物约有1万种,是植物世界最大的蛋白质来源,我们利用的仅仅是其中的大豆、花生等少数几种。人类进一步开发利用植物,有助于解决世界粮食问题。

动物性食材的开发利用前景也十分广阔。全世界95%的畜禽产品肉、奶、蛋来自猪、牛、羊、鸡、鸭这5种动物;全世界已经记载的鱼类共有24618种,占脊椎动物的一半以上,但目前人类利用的只有500多种。新资源开发利用方面有蛇、蝎子、蜗牛、牛蛙、蝉的幼虫等。昆虫也是一种食材,某些食用昆虫含有许多人体必需氨基酸,是优质动物蛋白质来源。如利用蚕蛹制备蚕蛹复合氨基酸;蚂蚁体内微量元素硒和锌含量较高,还含有高能磷酸化合物、草体蚁醛及蚁酸等,因而蚂蚁具有双向免疫调节和明显的抗衰老作用。目前,我国可供食用的昆虫就有370多种,这方面的研究工作也急需加强。

以微生物菌体制作人类新型的食品材料也已经引起人们的关注。自然界微生物资源十分丰富,酵母、霉菌、微型球藻以及其他微生物,含蛋白质约50%—70%,营养价值较高,是几乎原封未动的“蛋白质仓库”,能够生产出多种自然界资源十分匮乏的食品新材料。

此外,沿海各省市的海洋资源特别丰富,各种海产品的生理活性物质、海洋动植物原料的进一步合理开发,具有良好的前景。

三、地理标志类食材旅游资源

(一)地理标志产品的经济价值

地理标志是一种知识产权,同时也是一种融自然、人文于一体的旅游资源。旅游资源的本质属性是吸引功能,地理标志完全具备这种功能。目前经国家质检总局批准保护的地理标志产品有上千个,也就是说我国有上千个地方拥有地理标志产品,拥有地理标志旅游的条件。地理标志和旅游相辅相成,是弘扬民族文化、保护国家文化遗产、促进地方经济发展的有效途径。

1.提高产品附加值

龙井茶、茅台酒的价格远远高于同类产品，原因就是品质，消费者愿意为这种品质支付溢价。

2.发展区域经济

地理标志给当地带来收入，解决当地就业，把农民留在土地上。由于地理标志产品的高回报，生产地理标志产品的农民不会流到城市去打工。他们留在土地上劳作，为国家留住了一笔文化遗产。

3.农业的支柱

法国农业的出口顺差主要靠两大地理标志：干邑酒和波尔多葡萄酒。法国拥有400多个地理标志产品，占其农业总收入的80%。而法国农产品出口仅次于美国，农产加工品出口远远超过美国。

4.重要的旅游资源

地理标志产品名称往往就是当地的地名。地名的第一功能是指称一个地方，但当产于该地的产品是地理标志时，地名会有第二功能，就是被用于指称该产品。当这个产品是驰名地理标志时，这个地名的第二功能往往超过第一功能。很多人知道茅台酒，但不太清楚茅台在哪儿；喝过“大红袍”，但不知道“大红袍”具体产自什么地方。

有地理标志产品的地方一定要充分利用好这一资源，当地政府应该把它纳入到旅游宣传的总体计划中。地理标志本身有知名度，宣传中一点就明。到贵州还可以去仁怀看看茅台酒，到杭州可以去看看龙井茶。地理标志产品是当地旅游宣传的一个很好的亮点。

一方水土养一方产品。人到了旅游目的地，很自然会想到去品尝当地的特产，了解产品背后的故事，购买当地产品作为礼物回去送人。如果我们把地理标志产品当作当地一个重要的旅游资源，正确引导，配套相应设施，有序地组织旅游者参观产地，地理标志游就可以给当地带来以下好处：无形价值提升，了解当地文化、传播当地文化。了解产品和产品背后的故事，对产品从慕名到爱慕；产品和地方的知名度因此得到提升；广告效应，旅游者通过购买地理标志产品，带回去与朋友、家人分享，讲述产品的故事；口碑相传，其效应超过专门的广告投入；知识产权保护，消费者通过旅游了解了地理标志产品，有助于更好地保护地理标志产品的知识产权和经济效应，消费者慕名前来，通常都会购买。这属于直销，避免了流通环节，利润空间可观。法国这样的地理标志产品大国，每年夏天旅游者的“直购”是一笔不菲的收入，加上它的葡萄酒专线游、奶酪专线游，真是名利双收。

(二)地理标志类食材的种类

1.粮食类

截至2012年6月30日,原国家质量技术监督局、国家质检总局对123种粮油及其制品实施了地理标志产品保护,其中有粮食61种(见表2-2)、粮食制品41种、食用油原料11种、食用油10种。

表2-2　我国粮食国家地理标志产品(截至2012年6月30日)

种类	种数	国家地理标志产品
大米	39	盘锦大米、五常大米、原阳大米、马坝油黏米、增城丝苗米、京山桥米、万年贡米、方正大米、长赤翡翠米、洋县黑米、桓仁大米、仪陇大山香米、河横大米、梅河大米、延边大米、响水大米、姜家店大米、珍宝岛大米、河龙贡米、东海大米、射阳大米、鱼台大米、兴化大米、蕲春珍米、竹溪贡米、朱湖糯米、太子米、黎平香禾糯、泰来大米、丹寨硒锌米、建三江大米、米城大米、茅贡米、武陟大米、清水大米、法泗大米、黄龙贡米、通河大米、洋县红米
小米	4	广灵小米、安塞小米、武安小米、蔚州贡米(蔚州小米)
黄米	2	沁州黄小米、乾安黄小米
小麦	1	兴化红皮小麦
燕麦	1	白城燕麦
荞麦	2	环县荞麦、定边荞麦
苦荞	1	左云苦荞
豆类	4	宝清红小豆、白城绿豆、巴哈西伯绿豆、木垒鹰嘴豆
薯类	6	红安苕、讷河马铃薯、定边马铃薯、围场马铃薯、胶河土豆
玉米	1	汉南甜玉米

目前经国家质检总局审批的粮食类地理标志产品主要有山西广灵小米、沁州黄小米,辽宁桓仁大米、盘锦大米、黑山花生、傅家花生,吉林白城燕麦、梅河大米、延边大米、扶余四粒红、白城绿豆、姜家店大米,黑龙江响水大米、珍宝岛大米、方正大米、宝清红小豆,江苏河横大米、东海大米、射阳大米,浙江新昌花生(小京生),福建河龙贡米、龙岩咸酥花生、浦城薏米,山东鱼台大米,河南正阳花生,陕西安塞小米、洋县黑米,四川仪陇大山香米,新疆木垒鹰嘴豆,等等。

我国粮食制品国家地理标志产品主要有安徽的八公山豆腐、五城茶干,福建的连城红心地瓜干、清流豆腐皮、湖头米粉,广东的河源米粉、清化粉，广西的桂林腐竹，贵州的清镇黄粑、兴义饵块粑、镇宁波波糖，河北的卢龙粉丝，河南的许昌腐竹，湖北的木子店老米酒、武穴酥糖、云梦鱼面，湖南的武冈卤豆腐，江苏的阜宁大糕，江西的高安腐竹、弋阳年糕、丰城冻米糖，辽宁的龙潭绿豆粉丝，山东的龙口粉丝，山西的太谷饼，陕西的榆林豆腐、流曲琼锅糖，四川的丹棱冻粑、郫县豆瓣、南溪豆腐干，浙江的龙游发糕等。

2. 蔬果类

我国是世界上蔬果第一资源大国和种植大国，丰富的地理生态人文环境及悠久的栽培历史，产生了许多有地方特色的蔬果产品和品牌，并且这些蔬果产品和品牌在人们的日常生活中发挥了重要作用，有巨大的社会效应和经济效应。表 2-3 是我国部分蔬果类地理标志产品。

果蔬类地理标志旅游资源开发主要以传统观光采摘型、“农家乐”型为主。观光采摘园适宜近郊或景点附近的果蔬类地理标志产品，开发特色果园和菜园，让旅游者入内参观并能够参与采摘，亲身体验并享受收获的喜悦。开花时间较长、具有观赏价值的果蔬，在花开季节开展赏花活动可以吸引游客的观光。“农家乐”型一般以家庭出游为主，以体验农村生活为主要特色，在地理标志产品较丰富的地区，将原有的菜园和果园环境稍加装饰，以农家自然风情吸引游客观光游玩。

表 2-3 我国部分蔬果类地理标志产品

省份	产品名称
北京	平谷大桃、昌平苹果、房山磨盘柿、大兴西瓜、燕山板栗等
天津	茶淀玫瑰香葡萄、盘山磨盘柿等
河北	京东板栗、宣化牛奶葡萄、宁晋鸭梨、魏县鸭梨、容城绿芦笋等
山西	永济芦笋、太谷壶瓶枣、左权绵核桃、祁县酥梨、汾州核桃等
辽宁	丹东板栗等
吉林	集安板栗等
黑龙江	五营黑木耳、板子房西瓜、梅里斯洋葱、宝清大白板南瓜子、挠力河毛葱、孙吴大果沙棘、中国北极蓝莓、讷河马铃薯等
上海	练塘茭白等
江苏	兴化香葱、邳(pī)州白蒜等
浙江	海盐大头菜、姚庄蘑菇、瓯柑、丁岙杨梅、长兴吊瓜子、宁波金柑等
安徽	涡阳苔干等

续 表

省份	产品名称
福建	永春芦柑、建莲、永安莴苣、尤溪金柑、天宝香蕉、连城红心地瓜干、云霄枇杷、永泰李干、闽笋干、明溪肉脯干、莆田枇杷、莆田桂圆、尤溪绿竹笋、永安鸡爪椒等
江西	寻乌蜜橘、南康甜柚等
山东	无棣金丝小枣、冠县鸭梨、在平圆铃大枣、青州蜜桃、潍县萝卜、安丘大姜、苍山大蒜、马家沟芹菜、烟台大樱桃、大泽山葡萄、峄城石榴、陈集山药、新城细毛山药等
河南	宁陵金顶谢花酥梨、河阴石榴、西峡香菇、泌阳花菇、中牟大白蒜、淮阳黄花菜、西峡猕猴桃等
湖北	窑湾蜜橘、洪山菜薹、秭归脐橙、蔡甸莲藕、罗田板栗、利川山药、襄阳大头菜、来凤凤头姜、黄州萝卜、罗田甜柿、房县黑木耳等
湖南	湘阴藠头、雪峰蜜桔、黔阳冰糖橙、湘西猕猴桃等
广东	平远脐橙、徐闻良姜、南山荔枝、埔田竹笋、普宁蕉柑、陆河青梅、新会柑、梅州金柚、龙门年橘、水东芥菜、星子红葱、惠来荔枝、清新冰糖橘、郁南无核砂糖橘、罗定肉桂、新兴香荔、西牛麻竹笋、连南无核柠檬、张溪香芋、普宁青梅、金玉三捻橄榄、北乡马蹄等
海南	琼中绿橙等
广西	融水糯米柚、阳朔金橘、天等指天椒、玉林香蒜、广西肉桂等
重庆	酉阳青蒿、南川方竹笋、合川桃片、奉节脐橙等
四川	双流冬草莓、南江山核桃、金阳青花椒、金阳白魔芋、温江大蒜、会理石榴、朝天核桃、新店七星椒、双流枇杷、都江堰猕猴桃、彭州大蒜、苍溪雪梨、雁江蜜柑等
贵州	沙子空心李等
云南	洱源梅子、程海螺旋藻等
陕西	延安酸枣、临潼石榴、延川红枣、周至猕猴桃、富平柿饼、临潼火晶柿子、府谷海红果、清涧红枣、岚皋魔芋、黄龙核桃等
甘肃	庆阳黄花菜、平凉金果、静宁苹果、花牛苹果、秦安蜜桃、临泽小枣、康县黑木耳等
宁夏	灵武长枣、香山压砂西瓜等
新疆	伽师瓜、英吉沙色买提杏、木垒鹰嘴豆、阿克苏核桃、阿克苏红枣、哈密瓜等

3. 茶类

中国是闻名世界的茶的故乡，不同的地域孕育出多样的茶叶，而这些茶叶有许多是地理标志产品（表 2-4），不可随意生产、命名与销售。茶产品地理标志旅游主要以观光休闲型、游客体验型两类为主。观光休闲型指观赏茶园风光、参观特色茶馆和博物馆等以观赏为主要内容的旅游活动。游客体验型即让游客亲身参与，接触和了解茶文化，围绕当地独特的采制工艺，开发以采茶、制茶为主的体验旅游产品，让游客亲身参与茶叶的采摘和制作，在优美的茶园里领略别样的劳动乐趣。[①]

表 2-4 部分受中国地理标志保护的茶叶

地标产品	注册人	地域范围
洞庭山碧螺春	苏州市吴中区洞庭山碧螺春茶业协会	围吴中区洞庭东西山“碧螺春”种植区域内
永春佛手	永春县茶叶同业公会	永春县
日照绿茶	日照市东港区茶叶技术协会	港区（原日照县）区域内的两城镇
蒙顶山茶	名山县茶叶协会	四川省名山县蒙顶山镇等 20 个乡镇，以及雅安雨城区地处蒙山的碧峰峡镇、陇西乡 2 个乡镇
武夷山大红袍	武夷山茶叶科学研究所	福建武夷山景区东至骆驼峰，西至凌霄峰、虎啸岩、揽石峰，南至武夷宫，北至三仰峰
福鼎白茶	福鼎市茶业协会	福鼎白茶原产于福鼎太姥山
霍山黄芽	霍山县茶叶产业协会	霍山县里山区大化坪、白莲岩、太阳、漫水河、磨子潭等地
余姚瀑布仙茗	余姚市余姚瀑布仙茗协会	限于四明山脉名茶生产基地
安溪黄金桂	安溪县茶业总公司	安溪县西坪、虎邱、大坪、芦田、龙涓、祥华、长坑、蓝田、感德、剑斗、湖上、金谷、凤城、城厢、官桥乡

① 宗敏丽等：《茶文化旅游模式研究及开发策略》，《中国农学通报》2012 年第 3 期，第 315—320 页。

续　表

地标产品	注册人	地域范围
崂山茶	青岛崂山茶协会	崂山
昭平银杉	昭平县茶叶协会	昭平县
北川茶叶	北川羌族自治县茶叶产业协会	四川省绵阳市北川羌族自治县
开化龙顶	开化县特产局(茶叶局)	浙江省开化县
石门银峰	石门县茶叶产业协会	石门县
安溪铁观音	安溪县茶业总公司	安溪县
江山绿牡丹茶	江山市经济特产技术推广站	江山市
太平猴魁	黄山区茶业协会	安徽省黄山市北麓的黄山区
婺源绿茶	婺源县茶叶协会	江西婺源
天山绿茶	宁德市蕉城区茶业协会	闽东天山
马边绿茶	马边彝族自治县茶叶行业协会	四川省乐山市马边彝族自治县
华安铁观音	华安县茶叶协会	安溪泉州安溪境内
伍家台贡茶	宣恩贡茶产业协会	湖北省宣恩县万寨乡
安化千两茶	安化县茶业协会	湖南省益阳市安化县
径山茶	杭州市余杭区径山茶业管理协会	杭州市余杭区
莫干黄芽	德清县莫干山镇农业综合服务中心	浙江省德清县莫干山
云龙绿茶	云龙县农村合作经济经营管理站	云南省大理州云龙县
开县龙珠茶	开县龙珠茶叶协会	重庆市开县
岳西翠兰	岳西县茶业协会	安徽省大别山腹部的岳西县
普陀佛茶	舟山市普陀区茶业协会	浙江普陀山
政和工夫	政和县茶叶技术推广总站	福建东北部

续 表

地标产品	注册人	地域范围
天目青顶	临安市茶叶产业协会	临安市东天目山的太子庙、龙须庵、溪里、小岭坑、朱家村及森罗坪等地
正山小种	武夷山市茶叶科学研究所	武夷山中所产的茶，均称作正山
舒城小兰花	舒城县茶叶产业协会	舒城、桐城、庐江、岳西一带生产兰花茶
安吉白茶	安吉县农业局茶叶站	安吉
安化黑茶	安化县茶业协会	湖南省益阳市安化县
筠连红茶	四川省筠连县农业局茶叶站	筠连县
屏山炒青	屏山县茶叶协会	四川省屏山县
大悟绿茶	大悟县茶叶产业协会	湖北省大悟县
蒲江雀舌	蒲江雀舌茶业协会	四川蒲江县
凤凰单丛	潮安县凤凰茶叶专业协会	广东省潮州市凤凰镇乌岽（dóng）山茶区
武平绿茶	福建省武平县茶叶协会	福建省武平县
信阳毛尖	信阳市茶叶学会	信阳
大佛茶	新昌县名茶协会	浙江省新昌县
金坛雀舌	坛市茶叶协会	江苏省金坛市方麓茶场
坦洋工夫	福安市茶业协会	福安
临海蟠毫	临海市特产技术推广总站	临海市
建德苞茶	建德市质量计量监测中心	建德市
松溪绿茶	松溪县茶叶管理总站	福建省南平市北部松溪县
千岛玉叶	淳安县茶叶行业协会	淳安县
宁强雀舌	宁强县茶叶产业开发中心	陕西省宁强县
桃源大叶茶	桃源县茶叶产业协会	湖南省桃源县
天台山云雾茶	天台县特产技术推广站	天台山
福鼎白琳工夫	福鼎市茶业协会	福鼎市中部
诸城绿茶	诸城市茶叶协会	山东省诸城市

续 表

地标产品	注册人	地域范围
东至云尖	东至县茶业协会	东至县
普洱茶	云南省普洱茶协会	云南省临沧地区的86个乡镇，云南省思茅地区的120个乡镇，云南省西双版纳州景洪市的36个乡镇
都匀毛尖	贵州都匀毛尖茶集团有限公司	贵州省黔南境内以都匀为中心
龙井茶	浙江省农业厅经济作物管理局	浙江杭州西湖一带的绿茶
恩施富硒茶	恩施市茶业协会	恩施市
连云港云雾茶	连云港市新浦区茶叶产业协会	连云港云台山的云雾茶
政和白茶	政和县茶叶技术推广总站	福建省北部政和县
南江大叶茶	南江县茶叶产业发展中心	四川南江县
紫阳富硒茶	紫阳县茶业协会	陕西省紫阳县
福鼎大白茶	福鼎市茶业协会	福鼎市
六安瓜片	六安市裕安区茶叶产业协会	六安
平武绿茶	平武县农业技术推广中心	四川省平武县境内
古丈毛尖	古丈茶叶发展研究中心	湖南省武陵山区古丈县
桐庐雪水云绿茶	桐庐县雪水云绿茶产业协会	浙江省西北部桐庐山区
湄潭翠芽	贵州省湄潭县茶业协会	湄潭县
英德红茶	英德市茶叶发展推广中心	广东省英德市
庐山云雾茶	九江市庐山区茶叶协会	江西庐山
苍南翠龙茶	苍南县农学会	浙江省最南端苍南县
嵊州珠茶	嵊州市茶叶产业协会	浙江东部嵊州市
胶南绿茶	胶南市茶叶协会	山东胶南市
岳阳银针	岳阳市茶叶协会	湖南省北部岳阳市
尤溪绿茶	尤溪县茶叶协会	福建省尤溪县

续 表

地标产品	注册人	地域范围
弋阳多穗石栎	江西省弋阳县农副产品流通协会	江西省弋阳县
宜都天然富锌茶	潘家湾土家族乡天然富锌茶叶协会	湖北省宜昌市
邵武碎铜茶	邵武市进士茶树良种推广专业合作社	闽西北邵武市
固始云雾	固始县茶叶协会	河南省东南隅
永春闽南水仙	福建省泉州市茶叶同业公会	福建省泉州市永春县
磐安云峰	浙江省磐安县茶业协会	浙江省磐安县
靖安白茶	靖安县白茶协会	江西省西北部靖安县
福鼎白毫银针	福鼎市茶业协会	福建省东北部福鼎市

4.酒类

如贵州茅台酒、五粮液酒、郎酒、剑南春酒、西凤酒、牛栏山二锅头酒、枝江酒、口子窖酒、国窖·1573、山庄老酒、沱牌酒、水井坊酒、泸州老窖特曲、古井贡酒、酒鬼酒、烟台葡萄酒、绍兴黄酒、张裕葡萄酒、沙城葡萄酒、昌黎葡萄酒、贺兰山东麓葡萄酒、罗城野生毛葡萄酒等。

5.畜禽蛋类

文昌鸡、清远鸡、崇仁麻鸡、泰和乌鸡、固始鸡、临武鸭、皖西白鹅、高邮鸭蛋、汉中白猪、巴彦猪肉、陆川猪、环江香猪、荣昌猪、富源大河乌猪、科尔沁肥牛肉、延边黄牛、锡林郭勒羊肉、乌珠穆沁羊肉、苏尼特羊肉、沛县狗肉等都是地理标志产品。

6.水产品类

如荣成海带、旅顺海带、大连裙带菜、庄河杂色蛤、兴化大闸蟹、阳澄湖大闸蟹、盱眙龙虾、盘锦河蟹、洪湖大闸蟹、固城湖螃蟹、三门青蟹、洪泽大闸蟹、桂平黄沙鳖、长岛海参、长海海参、兴化大青虾、乐清泥蚶、胶州湾蛤蜊、乳山牡蛎等。

7.药膳食材

如青海冬虫夏草、滨海白首乌、芍药、金银花等。

更多地理标志产品请查询中国国家地理标志产品保护网（http://www.cgi.gov.cn/）、中国地理标志产品服务中心（网址 http://www.chinapgi.org/）、中国国家地理标志网（http://www.gjdlbz.com/）和国家地理标志网（http://www.npgi.com.cn/）、中国产地特色之乡_产地网（http://www.chandi.cn/tesezhixiang.html）等。

四、食材旅游资源的保护

在人类居住的地球上，不仅动植物，而且农作物的品种也在日益减少。古代先农们种植过多达数千种的农作物，而只有大约150种被广泛种植，成为人们主要的食物来源。其中，玉米、小麦、水稻约占60%，而大多数其他农作物品种已处于灭绝的边缘。

据统计，自16世纪以来，地球上就已灭绝了哺乳动物150余种，鸟类150余种，两栖爬行动物80余种。这些生物个体较大，更引人注目一些，至于灭绝的植物和个体微小的生物究竟有多少，恐怕难以统计。还有许多本来资源较丰富的烹饪原料，由于人类无节制地利用，超过了自然再生能力，导致资源濒临枯竭。

20世纪六七十年代我国“四大经济海产”中大黄鱼和小黄鱼产量现已锐减；民间所说的“长江三鲜”中的鲥鱼在长江已绝迹，刀鱼和河豚濒临绝迹；云南高原滇池特产的两种螺蛳，它们的肉和雄螺生殖腺（俗称“螺黄”）味道鲜美，经济价值高。近年来，由于湖水严重污染和过度捕捞而濒于灭绝；而米虾属中葛氏米虾、喻氏米虾和滇池米虾原来产量都很高，是当地人民食用的经济虾类，但近年来均已绝迹。

由于绝大多数脊椎动物的肉、卵可食，毛皮可衣，并且其中许多种具有很高的药用价值，所以它们历来是人类捕杀的对象。过去，北大荒（东北的沼泽湿地）上“棒打狍子瓢舀鱼，野鸡飞到饭锅里”的情景已随着大规模的农垦而消逝。中国在历史上是多虎的国家，虎在许多文学著作中常被生动地描述，但如今不仅昔日的景阳冈，就是整个华北、西北和西南都已失去了虎的踪迹。我们祖先生活中不可缺少的许多大型草食兽类，如麋鹿早已从野外灭绝，野生的马鹿、梅花鹿也已从许多地方绝迹。其他因食用价值而受威胁的物种还有穿山甲、果子狸、雉类、龟鳖、大鲵、蛙类、蛇类、鲨鱼（翅）、燕（窝）等，因药用而受到严重威胁的种类如虎、豹（骨）、熊（胆）、麝（香）、鹿（茸）、羚羊（角）、黑叶猴、大壁虎等。

一些野生食用和药用菌，由于过度采收造成资源日益枯竭的状况也较严重。例如冬虫夏草，仅分布在中国青藏高原高海拔地区，20 世纪 50 年代前后年产在 20000 千克以上，国际贸易额居世界第一位，由于过度挖采，并破坏生态环境，使产冬虫夏草的蝠蛾属昆虫数量急剧下降，产量也逐年下降，且真品少，掺杂不少霍克斯虫草或其他虫草。口蘑为著名草原野生食用菌，分布于河北北部、东北西部和内蒙古等地，曾大量出口。近年来，由于过度放牧和乱采滥收，此菌在其分布南界张家口地区已基本不见踪影，在重要产地呼伦贝尔草原，产量也急剧下降，1991 年内蒙古口蘑几乎没有收购。松茸分布于中国长白山、小兴安岭及西南地区，产品远销日本，近年来由于过量采收，数量日趋减少。药用马勃类真菌如紫色马勃，主要出产于北方草原，同样也出现了自然资源日益枯竭的现象。

目前全世界濒于灭绝的野生哺乳动物有 300 余种，鸟类 1000 余种，两栖爬行动物 138 种，鱼类 193 种。因此，对自然资源的保护已成为全球关注的问题，许多国家包括我国已制定了野生动植物保护条例或法规，公布了保护动物名录，建立了野生动物自然保护区，这些都是保护野生动物的重要举措。但是，在餐饮旅游行业，违禁将珍稀动物或濒危动物作为烹饪原料使用的情况仍时有发生。烹饪工作者应增强动物保护意识，坚决杜绝捕杀、销售和烹制国家保护动物的行为。①

第四节 食材旅游的开发方式

一、开发特色食材旅游商品

一般认为，旅游商品收入占整个旅游行业的收入，国际标准是 30%，而我国却仅占 20%左右，可见我国旅游商品市场状况远远落后于国际旅游业的平均发展水平。从游客的要求来说，好的旅游商品应具有以下特点：具有特色，具有纪念意义，具有一定的实用价值，具有比较优势，即产品与客源地相比，具有质量出众或同等质量下价格低廉的特点。食材类地理标志所标识的产品具有特殊的品牌效应，产品独特的地理环境、气候条件、制作方法，与众不同的品质和人文底蕴；等等，都反映了食材地理标志产品是优秀的潜在旅游商品。

① 冯玉珠、陈金标：《烹饪原料》，中国轻工业出版社 2009 年版，第 16 页。

食材店要突出特色食材的地方性和文化性，建筑风格应与其他百货商店销售点风格迥异，体现当地特色文化，店面布置可以结合食材的历史典故、名人传记等相关题材，也可以展出目前生产企业的状况。

要依托酒店、机场、火车站等附属购物商店。与大众旅游景点相结合的模式相似，酒店、机场、火车站等附属购物商店也应尽可能证明销售产品的原真性，让消费者更多地了解其地域文化。有条件的地方酒店可以每周或每月举办本地地理标志产品的展销会。地理标志持有者现场演示或销售时，产品的原真性得以加强，可以使购买行为更容易发生。

二、开展特色食材之乡游

特色食材之乡是指具有一种、一类或几种特色食材，获得较高的经济效益，在国内或国际具有较高知名度的县（区）、乡。中国特色食材之乡的命名由多个部门参与发布，如中国果品之乡（中国果品流通协会），中国食品之乡（中国食品工业协会），中国中药材之乡和中国中药材产业之乡（中国药文化研究会），中国中药材之乡（中国中药协会），中国水生野生动植物之乡（农业部水生野生动植物保护办公室），等等。

特色食材之乡的共同特点是一业带来百业兴，带动了种植业、养殖业、加工业及交通、运输、邮电、旅游等服务行业的全面发展。[①] 发展特色食材产业，已成为发展区域农村经济和乡村旅游，实现农民增收、农村稳定的新思路、新举措。开展特色食材之乡旅游，必须以市场为导向，以区域优势资源为依托，突出特色，实施种养加、产供销、农工商一体化经营，带动相关产业或其他产业，推动整个区域经济的发展。

发展特色食材之乡旅游，一要因地制宜，紧紧结合当地的优势资源，选择具有特色的食材项目进行培育、发展；二要积极开辟销售渠道，立足于市场，创造市场，开拓市场，占领市场；三要保护和传承传统名特食材产品，切忌“挂羊头，卖狗肉”。

三、举办食材旅游文化节、食材博览会、食材博物馆等

特色食材旅游，可以开发食材旅游文化节、食材博览会、食材博物馆、食材市场等。如“中国食材节”始创于 2008 年，是围绕“新菜、招标、订货、

---

① 李崇科：《“三农”问题研究：以玉溪为例》，云南大学出版社 2013 年版，第 63 页。

论坛”为核心的专业食材供应链集成服务性展会。“2016 第四届中国食材电商节”于 2016 年 3 月 28 日—30 日在武汉国际博览中心举行。本届“中国食材电商节”汇聚来自国内外 800 家顶级食材企业参加，同期还举办“餐饮力量高峰论坛”“首届中国餐饮数据运营论坛”“点食成金——2016 百度糯米餐饮生态峰会”“中国好菜式颁奖盛典”等系列活动。

中国(广州)国际食品食材展览会(GIFMS)，是由中国国际贸易促进委员会广州市委员会主办，由广州市国际展览公司承办的专业食品食材展览会，被誉为“华南地区国际化和专业化程度最高的食品食材展览会”。GIFMS 每年 6 月在广州举行，汇聚国内外最优质展商，吸引全球各地专业买家前来采购。展商与买家需求的高度匹配，展务专业优质的服务，专业活动对产业的有效促进，都在不断为 GIFMS 赢得更高的人气。

作为餐饮食材行业发展的风向标，2015 第六届上海国际餐饮食材展览会于 8 月 26 日—28 日在上海新国际博览中心顺利召开，来自国内外的参展企业有近千家，观众三万多人次。展出面积及观众数量都再创新高，展会规模的迅速扩大不仅显示出餐饮食材行业强劲发展趋势，更体现出本展会对企业宣传起到了积极作用。“2016 第七届上海国际餐饮食材展览会”于 2016 年 8 月 25 日—27 日在上海新国际博览中心举行。

“大德敦化·大蒲柴河第二届特色食材文化节”于 2016 年 5 月 28 日在敦化市大蒲柴河镇隆重举办。此次活动是继“2015 年吉林敦化·大蒲柴河首届特色食材文化节”后，又一次展示敦化市自然资源、旅游特色的一次重要活动，对当地旅游业、特产业、餐饮业发展具有深远意义。

现代人对美食的追求，已经不仅仅体现在味道、形式上，还开始讲究食材的营养与健康。食材博物馆能够为大家带来最全面的食材资讯，了解食材背后有趣的故事，让我们在享受美食的同时也更加注重食材品质的追求。

比如，中国、美国、德国、加拿大等国家都建有马铃薯博物馆。我国首个马铃薯博物馆于 2010 年在北京西北延庆县建成。该馆位于北京延庆希森马铃薯产业集团，建筑占地面积约 3000 平方米。内蒙古的乌兰察布马铃薯博物馆是一座汇集了马铃薯起源、历史、发展、文化以及马铃薯在中国乃至乌兰察布发展现状的专业化博物馆。博物馆分为四个展区，即“关怀与支持”“文化与产业”“平台与企业”“创新赢未来”，展区通过文字、图片、图表、实物、标本、模型、影像等综合表现手段，全面展现了马铃薯的起源与历史、传播与发展，展现了乌兰察布市马铃薯在产业发展、技术创新、企业主体、人才建设、社会经济效益等方面所取得的丰硕成果。

加拿大马铃薯博物馆坐落于爱德华王子岛省的西部，于1993年开馆，被马铃薯种植园包围着。马铃薯博物馆的主要标志就是位于门口的巨大马铃薯雕塑，这个雕塑由玻璃纤维制成，高17英尺，直径为7英尺，是众多游客选择拍照的地方。博物馆分为三部分，即马铃薯历史展区、机械展览和马铃薯名人堂，马铃薯历史展区讲述了马铃薯工业的历史和发展，机械展览区收集了大量的与种植、收获和加工马铃薯的农具和机器，马铃薯名人堂则介绍了那些为马铃薯产业做出重大贡献的人物。

四、参观食材生产过程

如何捕猎、采掘、加工自然馈赠的食材，也是一项重要的旅游内容。2012年，央视热播的纪录片《舌尖上的中国》，带热了查干湖旅游，该片在第一集中提到了查干湖冬捕。查干湖渔业资源丰富，每年12月下旬都会举办声势浩大的冬捕活动，查干湖冬捕也是吉林八景之一。嘉鱼珍湖莲藕在《舌尖上的中国》开篇亮相后，广为人知，备受追捧。在珍湖挖藕季，游客可以在《舌尖上的中国Ⅰ：自然的馈赠》中的挖藕地珍湖，现场观摩600名职业挖藕人的劳作场景，亲身体验挖藕的感觉，品尝莲藕大餐。

五、体验食材烹饪技艺

学习、体验特色食材的烹饪技艺，如马铃薯的多种烹调方法，海参的烹饪诀窍等。

第五节　食材旅游开发案例

一、台湾屏东县东港黑鲔鱼文化观光季

黑鲔(wěi)鱼属产卵洄游的族群，被誉为鱼肉中的劳斯莱斯“黑瓮串”，它和樱花虾、油鱼子号称“东港三宝”。每当4月中至6月的鱼汛期，就会有大量的黑鲔鱼群往台湾游来，捕捞海域大部分位于台湾南端的巴士海峡，主要捕获的地区为屏东东港及宜兰苏澳等，因此也被称为黑鲔鱼的故乡。全盛时期东港黑鲔鱼捕获量不仅是全台第一，还是全世界第一。俗称“黑

瓮串"的黑鲔为北方黑鲔，系世界最大型的鲔类，由于在海中运动量大，肉质结实鲜美，营养丰富，被视为生鱼片中的极品，具有很高的经济价值。一年可创造数十亿元的商机。故有人贴切地形容黑鲔鱼是东港人的黑金。

黑鲔鱼原本是种默默无名的鱼类，直到 2001 年的夏天，才声名大噪。借由屏东"黑鲔鱼文化观光季"的举办，它的名号成功地在全台湾打响。屏东县主办的"黑鲔鱼文化观光季"活动内容兼具知性、感性与玩兴，以著名的东港特产黑鲔鱼为主题，开始推广起县内产业、观光旅游以及文化等，推出数日游的套装行程，即使黑鲔鱼价格不菲，仍有许多人前来品尝它的美味。

结合屏东县自然景观资源、农渔特产文化，以推广"观光休闲、文化创意、轻松慢活、生态保育"，兼具"幸福屏东"高质量观光旅游，推广在地特色，也让黑鲔鱼季更添丰富性。通过系列活动，加上在地文化与人文发展，屏东县不仅成立了黑鲔鱼纪念馆，更整合在地的观光资源，推广美食、休闲、文化、保育兼具的观光旅游。

周边顺游景点主要包括东港鱼市场、大鹏湾国家风景区、"国立海洋生物博物馆"、南湾、白砂湾、小琉球乘船处、乌鬼洞、屏东阿猴城遗迹、社顶自然公园、四重溪温泉、砂岛贝壳展示中心、双流国家森林游乐区、小琉球白沙观光港、山猪沟、花瓶石、恒春出火等。

一年一度的美食盛事，结合美食、休闲、文化、保育的屏东黑鲔鱼观光季，已成为本县发展观光吸引游客最重要的资源之一。2016 年，盛会于 5 月 7 日—30 日举行。

二、手植之旅：为生活，探寻原生食材

"手植之旅"是由原生农产品电商品牌手植记组织发起的在全国探寻原生食材的一个寻访活动。手植记招募有共同生活理念的顾客成为"寻食员"，并招募熟悉当地农产品信息的地陪以及手植记工作人员，组成原生食材寻找团队，致力于走遍中国的阡陌乡间，将最优质的食材提供给顾客。

"手植之旅"对食材有严格的标准。要求这些食材营养、口感、品相都是个中佳品，更看中其生长过程的无公害无污染，这就要求手植之旅的参与者深入原产地，亲眼见证食材的种植、生长、收货、加工过程。只有这样的食材，才能通过手植之旅队员和手植记评审会的审查。

"手植之旅"第一季选地于山东丘陵，前线寻食团队由 4 名职业不同的人组成，历时 10 天，途经章丘、茶叶口、蒙阴、沂水、库山、莒县、临沭、苍山

等地。在4个人精挑细选尝试了50多种食材后，只挑选出了其中10款作为手植记的备选商品，推荐给有同样生活理念的人们。

第二季中，4位主人公跋山涉水，来到食材原产地，精挑细选，直至发现真正好吃和健康的食材。他们用心倾听普通农民的故事，记录每一样食材的来源，最终呈现给顾客的是一份份充满了人情味的礼物。

三、长白山：天然的野生食材库

传统的“东北三宝”是人参、貂皮、靰鞡草；在长白山，则有新“三宝”人参、林蛙、鹿茸角。在长白山开发区管委会池北区开有一家东北特产行，里面有各种长白山特产，从野山参到各种山蘑。

在长白山，不同等级的人参价格千差万别。上好的野山参价格上万元，普通的园参则几块钱一根。现在真正的野山参已经很罕见了。市面上常见的野山参其实是林下参，把参籽撒到山林里，完全模拟野山参的生长环境，生长年限25年以上并且经过国家认定的就可以叫作野山参了，其功效几乎和真正的野山参相仿。便宜一点的是移山参，就是先家养，再在野外生长，一般需要10年以上才可以出售。最便宜的是园参，完全人工种植。

野山参的辨别需要“五行”。所谓“五行”指的是：芦、艼、体、须、珍珠点。芦头可以看年限，人参的芦上长芦碗，通常一年长一个，如同树木的年轮，芦碗密集程度越高，人参的年龄越长。野山参的芦头大体上分为三段，而最底端的圆芦是野山参的典型特征，需要30年以上的生长期才能显示出形状。人参的艼上通常是不会有环纹的，只有年龄特别长的人参，艼上才会长纹，因此，艼上如果长出环纹，可以判断人参的年限不短。参体上的铁线纹也是野山参的特征，它形状似铁线匝扎，又细又密又深，圈圈相对，互不相连，这种铁线纹越密越多，人参也就越老。参须上有许多小疙瘩，这就是珍珠点，珍珠点越多，人参也就越值钱。

进山采参也有众多讲究。进山不语，默默找参，一旦在草丛中寻找到野山参，就要“喊山”，大呼“棒槌”。做一系列类似巫术的程序之后，需要用一个红绳将参芦头拴住。在当地山民的习俗中，人参娃娃有灵气，可以逃跑，只有将它拴住才可以慢慢挖掘。这个习俗由来已久。清初学者王士祯就曾记载：“辽东采参时，见参苗不语，急以纬帘覆其上，然后集人发掘，则得参甚多，否则苗不见，发之无所得。”时代在变迁，许多古老的习俗不再，然而采参的种种仪式得以传承，当几个采参人面对着广袤的长白山时，正是这些仪式给他们带来了勇气。

林蛙是生长在长白山周边冷水里的一种蛙类。林蛙最名贵的部位是雌蛙的林蛙油，在香港被称作雪蛤，是滋补上品；然而，其实它是雌蛙的输卵管。每年都有大量的南方客人来到长白山寻找林蛙油，慢慢地，当地人也习惯将林蛙油称作雪蛤。

在市场上，一斤林蛙油的价格在2000—3000元。林蛙油闻上去有点腥，小小的一坨，打理不易，需要经过反复泡发，才能食用。最家常的做法是雪蛤蒸蛋，把林蛙油与鸡蛋一起隔水蒸熟，可以当成早餐，是滋补美容上品。

鹿茸是梅花鹿雄鹿刚刚长出具有蜡质的幼角。如果完全长成，则已经骨化，成为鹿角，药用价值大大下降。所以茸片有所谓蜡片（真正的鹿茸片，滋补药效最高，最为珍贵）、血片（鹿茸最后部分，带有少量梅花鹿血，价值下降）、角片（实际是完全骨化的鹿角切片，价格便宜）之分。鹿茸中最好的是“二杠”（鹿角刚刚分出两个叉），为了防止商家作假，许多精明的顾客都选择购买整个鹿头。

长白山真是个有魅力的地方，这里好吃的东西野生天然，就是个天然的食材库。长白山的老百姓日常选择的食材很多，光野菜就有许多种，夹带着长白山的天然气息：大叶芹、广东菜（荚果蕨）、猴腿（蹄盖蕨）、刺老芽（龙芽葱木）、牛毛广（薇菜）、猫爪子（唐松草）、驴蹄草……数不胜数。[①]

---

① 赵子云：《长白山的口感与滋补秘密》，《新京报》2012年11月21日第D08版。

第三章 花样面点惹人馋

第一节 面点的概念和文化特色

一、面点的概念

面点是面食,也是糕点、点心,是面食与糕点或点心的复合词,一般指以粮食类面、粉为主要食材加工制作的食品。从面点演变规律看,先有主食,后有点心、糕点。在面点制作中,各种面点的制作,在基本操作的表现形式上是相同或基本相同的,如在面粉制品制作中,几乎都需要和面、揉面、搓条、下剂等基本操作技术;在包馅制品制作时,又都需要制皮、上馅、包捏成形等;不论哪一类的面点品种都需要熟制(烤、炸、蒸、煮及复合加热法等形式);每一个面点品种几乎都需要进行配色装饰,盛器美化等工艺。任何面点品种的制作,都离不开基本的操作程序。所以,面点品种的基本操作程序可概括为坯皮加工工艺、馅心调制工艺、品种成形工艺、成品成熟工艺、配色装饰工艺及盛器美化工艺。

"面食""糕点""点心"这三个词(图 3-1)既有相近之义,又有区别。一般而言,"面食"指用麦面粉制作的食品。迟至宋代,"面食"一词已经出现,当时临安就开设有不少"面食店",其品种多为各种面条、棋子。明代的《宋氏养生部》中,也列有"面食制"一节,所收品种均为麦面制作,品种已不限面条、棋子,馒头、包子、卷子、馄饨、角子(饺子)等均已包括进来。

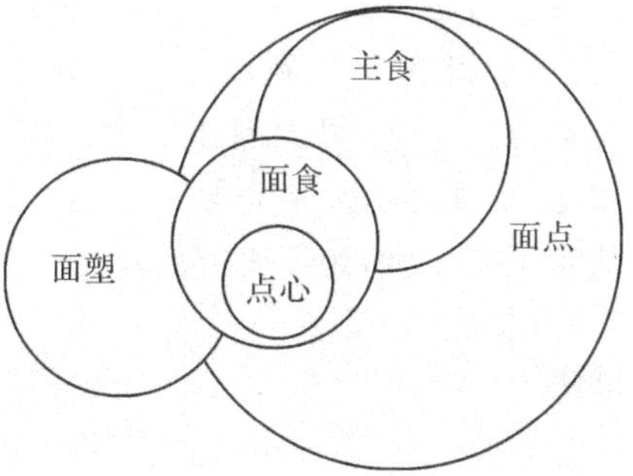

图 3-1 面点相关概念关系

糕点是一种营养丰富、色香味美的方便食品。所谓"糕"，是指用米、面、豆类等粮食或粮食制品为原料，经加工制作而成的片、块、条等形状的食物。所谓糕点的"点"，它含有人们日常生活中常说的"点心"的意思，也还含有"早点"或"小吃"的内容。其主、辅料更是多种多样，形制丰富多彩。总的说来，糕点是以糯米、面粉、食糖、油脂、蛋品、乳制品以及花生仁、芝麻仁、核桃仁、果仁和果脯、蜜饯等多种主、辅料，经过调制加工和熟制加工而成的食品。糕点依国家、民族，地区的物产、气候、风俗习惯、嗜好特点的不同，有各种制作方法和品种花样，在我国还形成了不同的风味。全国著名的糕点风味有京式、广式、苏式、扬式、闽式、宁式、潮式等。

"点心"一词唐代已经出现，初为动词，指在正餐之前吃一点食品以充饥。唐代《幻异志板桥三娘子》一书中记有："三娘子先起点灯，置新作烧饼于食床上，与客点心。"南宋吴曾撰写的《能改斋漫录》记载了唐代的一个故事："郑傪为江淮留后，家人备夫人晨馔，夫人顾其弟曰：'治妆未毕，我未及餐，尔可点心。'其弟举瓯已罄。俄而女仆请饭库钥匙备夫人点心。"这里的"点心"显然指早餐，已演变成名词，指正餐之外用以垫饥、品味的用面粉、米以及莲子、栗子、枣子、银耳等制作的食品。把专门制成的面食称点心始于宋代。周密《癸辛杂识》记载："阜陵谓赵温叔曰：'闻卿健啖，朕欲作小点心相请。'"这儿的"点心"一词说明古代面食个体小巧、质量上乘、做法多样，且是正餐以外的食品。

我国地域辽阔，语汇丰富。从广义上说，"糕点"与"点心"虽然是类称，也可以互称，但是个别地区"吃糕点"和"吃点心"的含义却是不同的。如福建、广东沿海个别地区，人们所说的吃"糕点"大都是指从商店里买来的糕点，而吃“点心”则是指待客时特意制作的“非正餐”食品。[①]

点心的含义在南方要比北方更加宽泛。北方人一般视糕点为调剂口味的零食，常常是临时补充的小吃，很少当作主食。南方人则不同，点心的概念已远远超出“点点心意”的意思，经常与主食相互混同，点心也可当成主食吃。比如，天津的包子是主食，到了南方就可视作精致的小点心了。

二、面点的种类

面点因地区差异较大，品种繁多，花色复杂，分类方法较多，见表3-1。

表3-1　面点分类表

依　据	分　　类
使用原料	麦类面粉制品（如包子、馒头、面包等）、米类及米粉制品（如八宝饭、汤圆、年糕等）、豆类及豆粉制品（如绿豆糕、豌豆黄等）、杂粮和淀粉类制品（如小窝头、黄米炸糕、玉米煎饼等）、其他原料制品（如荔芋角、薯茸饼、南瓜饼等）
面团性质	水调面团（冷水面团、温水面团、开水面团）、膨松面团（生物膨松面团、化学膨松面团、物理膨松面团）、油酥面团（层酥面团、松酥面团）、米粉面团（糕类面团、团类面团）和其他面团
熟制方法	煮制品、蒸制品、炸制品、烤制品、煎制品、烙制品以及复合熟制品等
馅料	有馅制品和无馅制品
口味	甜点、咸点、甜咸味和本味类制品
成品形态	糕类、团类、饼类、饺类、条类、粉类、包类、卷类、饭类、粥类、冻类、羹类等
成品干湿	干点制品、湿点制品和水点制品等
食用形式和制作规模	主食、小吃和糕点等

① 吴孟等：《中国糕点》，中国商业出版社1989年版，第1页。

三、面点的文化特色

(一)名称典雅

中国面点大多起自民间,为广大劳动人民所喜爱。对于民间自古流传的故事、典故、神话、传说,常常应用到面点的名称之中,寓意吉祥如意的心愿。无论是民间流传的,还是面点师创造发展的,很多品种在名称上都引人入胜,富有诗情画意。诸如"百子寿桃"象征长寿多子;"花篮糕点"象征欣欣向荣;"朝霞映玉鹅"呈现生动可爱之趣等。"穆桂英挂帅""嫦娥奔月"等,名称是取用自历史故事;许多品种是含有纪念意义的,如粽子表示人民对屈原的永远纪念;光饼、征东饼表示人们对戚继光的纪念;"大救驾"标志宋太祖的征战业绩;等等。祝寿糕点如寿桃、寿糕、寿面、"麻姑献寿"、"鹤鹿同春",都借喻长寿。寿桃做成桃形,寿糕做成九层糕、八仙糕,寿面取长寿命之意。正如"发菜"被很多海外华人看重,是因为谐音"发财"一样,许多面点也靠谐音"福""禄""寿""喜""财"而走红,许多印糕的模具上也直接刻成了有关这类的字样,用以表达人们美好的愿望。另外,从外形美好命名而寓意的,像"开口笑""元宝酥""四喜饺""喜鹊登梅""花好月圆""鸳鸯戏水"等,都给人以吉祥如意、诗情画意的美好感觉。

传统京味糕点"京八件"是从清宫里传出来的著名糕点,原本是皇室王族在重大节日典礼中要摆上餐桌的点心,也是他们之间互相馈赠的必不可少的礼品。不但用料考究,而且蕴涵着儒雅的文化色彩和皇室的高贵气派。

传统的"京八件"共分八种(图 3-2),分别为福、禄、寿、喜、富、贵、吉、祥等,即象征幸福的福字饼,象征高官厚禄的太师饼,象征长寿的寿桃饼,方形带有双"喜"字的喜字饼,象征财富的银锭饼,是椒盐咸酥馅,像一卷书的卷酥饼,也是椒盐咸酥馅,谐音"吉庆有余"的鸡油饼和枣花饼,寓意年轻的夫妇早生贵子,而且要有花生。京八件既文雅又形象地把当时人们生活中的八件喜事展现出来,这就是"京八件"名称的来历。

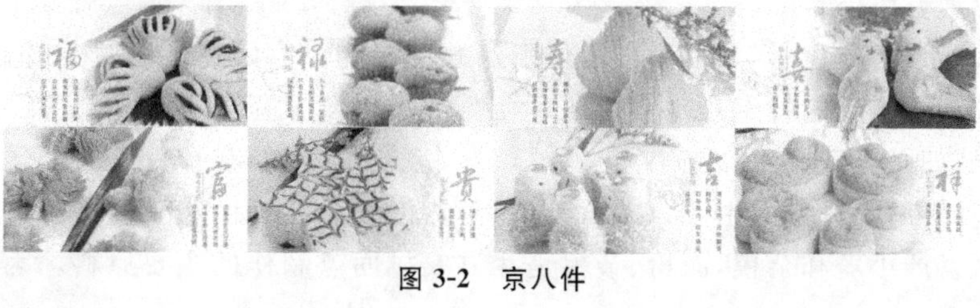

图 3-2　京八件

(二)传说生动

我国面点食用方便,许多品种由于种种历史传说,而增加了传奇色彩,从而吸引了大批品尝者,这也是一种文化现象。如清宫的肉末烧饼、小窝头就因慈清太后的喜爱而闻名,便成为宫廷风味的著名食品,吸引着中外人士;天津的"三绝",各有绝活,更有绝妙的传说。

(三)形象优美

中国面点艺术性强,技艺精湛,色、香、味、形俱佳,强调给人视觉、味觉、嗅觉、触觉以美的享受,而不是追求单一的果腹目的。中国面点自古以来,注重内在美与外在美的和谐统一,始终坚持馅心的味美可口与面点色、形美观生动,特别注重外表形态的变化,讲究一饺十变、一包十味、一酥十态、一卷十样的特色,运用多种造型制作技法,使中国面点既形象生动、朴实自然,富有时代气息和民族特色,又能食用好吃、充饥饱腹。注重形态的变化是面点制作独特的个性。如 1983 年全国烹饪名师技术表演鉴定会的面点,像绿茵白兔饺、莲茸荷花酥、椰茸南瓜脯、荷花莲藕酥、硕果粉点、三鲜海星饺等色彩、造型、质地都很优美,给人一种美的享受。中国面点具有制作别致、技法巧妙、色彩鲜明、神形兼备、小巧玲珑、味美可口的特点,并能真正达到"观之者动容,味之者动情"的美妙艺术境地。

四、面点的风味流派

我国幅员广阔,面点有"十里不同味"的说法。从地域看,我国面点大体可以长江流域进行分界,分为北味、南味和广味。在风格上,我们一般称为京式、苏式、广式三大流派。

(1)京式面点。京式面点以北京为中心,由于北京是金、元、明、清的古都城,同时是北方广大地域的文化中心,在民俗上涵盖我国北方农村的所有特征,因此京式面点一方面带有浓厚的宫廷色彩,另一方面却民风淳朴,富有地方风俗特征。

所谓宫廷色彩,是由于宫廷仿膳点心的影响。宫廷仿膳的服务特性决定了京式面点的特点是制作精致、形状美观、用料考究,以宫廷仿膳点心为代表,如豌豆黄、芸豆卷、小窝头、银丝卷、盘丝饼、木樨糕、枣糖糕、金丝卷、小包酥等;另一方面由于京式面点在地域上涵盖我国北方广大农村,这一地区盛产小麦和杂粮,面粉、杂粮是北方农村面点制作的主要原料。因此,京式面点有既是点心又是主食的特征，其取材广泛，粗粮细做，品种繁多，五光十色，经常食用的面点有锅贴、花卷、馒头、包子、烧麦（烧卖）、烧饼、烙饼等，蕴含浓厚的地方气息，令人目不暇接。也由于这种民间背景的特征，北方面点在不同季节还有相应的应时小吃，如春天有艾窝窝、年糕、豌豆黄，夏天有杏仁豆腐、凉糕，秋高气爽时有糯米藕、栗子糕，冬天有热乎乎的清油饼、羊肉饼、炸元宵等，熟制方法蒸、炸，冷、热，咸、甜俱全。另外，北方地区还有不少清真区域，清真食品有另外特别的食制，尤好奶酪、乳酪、羊酪、牛酥酪等，更是广集天下精湛技艺，质量精美、脍炙人口。京式面点质感较硬实，强调筋度，制品外形精细美观，表面多有印纹，富有传统的民族特色，口味以咸鲜为主，咸甜分明，咸馅多用姜、葱、黄酱、香油等，口感鲜咸而香，柔软鲜嫩，别具风味；甜馅多用蜜饯，常夹着芝麻、干果、果仁等。

(2)苏式面点。苏式面点是指长江中下游以江、浙、沪一带为中心的面点风格。江、浙一带经济繁荣，民风细腻，故苏式面点具有制作精巧、造型美观、手工精细、花色繁多的特点，有近百种的经典点心面食。特别是由于江、浙一带是我国著名的鱼米之乡，时令蔬果和河鲜鱼产丰富，因此苏式面点用料广泛，强调馅心，注重浆汁，历来有皮薄馅大之称。馅心既有芝麻、鲜果等甜馅，又有鱼鲜、海虾等咸馅，到了大闸蟹季节，甚至用蟹肉蟹粉作馅子的点心更是脍炙人口。苏式面点中皮馅类面点品种最多，如三丁包子、蟹黄包子、翡翠烧卖、糯米烧卖、淮扬汤包等。另一方面，由于苏、杭一带民风细腻，与北方面点相比，苏式面点的馅心注重细节，强调辅料，如甜馅用料比北方面点独特，不但用糖、花生、芝麻、果仁、蜜饯为主要的馅料，还常常辅以桂花、玫瑰花香料等，使味道更加细腻持久。值得一提的是，苏式面点中的面团用油酥方式成形的品种很多，各式酥饼独具特色，有甜酥饼、油酥饼、麻酥饼等。有意思的是，后来随着革命战争年代出现的民间食品“黄桥烧饼”也是油酥类点心。苏式面点熟制方法往往综合使用，蒸、煮、炸、煎、烤、烙均有。

苏式面点中特别要说一下上海面点。鸦片战争后，列强割据，租界林立，上海与外国的接触日见频密，在饮食上相应地受到西方的影响，在传统的点心中渗入了英、法、俄风味，如上海的奶油包、生煎包子、奶油蛋糕等等。

(3)广式面点。虽然点心最早并不是在珠江流域起源，但毋庸置疑，广州人把面点艺术发扬光大，故以珠江流域及南部沿海地区为中心的面点风格，称广式面点。

由于近代广州是我国的对外口岸，广州人性格兼容，容易接纳外来事物，勇于创新，因此，在面点制作上中西兼容，亦点亦菜。面点工艺不但深化了我国传统技术，还吸收了西点的制作方法。更有意思的是，还吸收了中华传统菜肴制作技术，形成独特魅力。广式面点一方面有西方甜点的甜滑细腻，如奶黄包、流沙包、马蹄糕，另一方面又有中华菜肴的鲜咸浓腴，如叉烧包、虾肠粉、肉粉果等，又有独特地域特征的盲公饼、老婆饼，形成了独特的地方风味，有“食在广州”之称。

另外，广式面点取料广博，擅于探索和变化，讲究原汁原味，口味清淡鲜嫩。特别是善于运用马蹄、芋头、椰丝、榄仁等土特产原料制作多种面点，并且充分利用珠江流域盛产大米的特点，以米制品制作面点是广式面点的另一特征，如芋头糕、马蹄糕、娥姐粉果、莲茸酥、鲜蛋挞等。

除了多样多变外，广式面点还讲求精美和珍贵馅料，以传统的菜肴原料为主料的面点独具风采，如传统的菜肴原料鱼翅、燕窝、鲍鱼、龙虾等，经过粤港厨师的灵活运用，在本来已是珠玉纷呈的广式面点中，更添缤纷色彩的风景线。

第二节　面点旅游开发

面点在饮食形式上呈现出多种多样，有作为正餐的米面主食，有作为早餐的早点、茶点，有作为筵席配置的席点，有作为旅游和调剂饮食的糕点，以及作为喜庆或节日礼物的礼品点心等。面点在我们日常生活中占有重要地位，也是人类重要的文化景观之一。如何挖掘和开发地方面点饮食文化这一特殊的旅游产品，促使其健康发展，为地方旅游经济可持续发展发挥更大的作用，是值得我们深入研究和探讨的问题。

一、面点旅游资源的主要种类

(一)米食类

1. 饭食类

饭，这一概念在中国习惯上有四种理解。一种是广义的食品，如俗语所说“人生万事，吃饭第一”；二是狭义的主食品，如俗语所说“看菜吃饭，量体裁衣”；三是粒食，泛指各类谷米所制的主食品；四是稻米粒食，特指用稻米所制的主食品，又称作“大米”，是相对于粟米即“小米”而言。此外，西北传统面食区还习惯将麦粉食品称为“饭”，把稻米（粳、糯）、粟（粘或不粘两种）、高粱（红、白两色，粘与不粘两种）、玉米（粘或不粘两种）、麦（小麦、大麦、荞麦、燕麦等多种）等各种谷类颗粒用煮、蒸、焖等方法制成的食品，也统称为饭。其中最普泛的便是用稻米制作的米饭，或称“大米饭”“白米饭”。明代科学家宋应星《天工开物》（1637）中称当时中国谷物食料结构是：“今天下育民人者，稻居十七，而来（小麦）、牟（大麦）、黍、稷居十三。”自12、13世纪稻米主产区的江南人口超过北方人口形成定势之后，历史上中国人的大部分即以米饭为主食大宗。这些谷米用来烧饭，既可单一品种制作，也可两种或多种混合制作，如北方人习惯的大米、小米合烧的“二米饭”，许多少数民族尚食的“五色米饭”。以大米、高粱米、玉米、乌米、麦等合煮，而所有这些谷米，又都可以与红豆、绿豆等许许多多的豆类合煮成豆饭，如大米与红小豆合煮，玉米与芸豆合煮，等等。以上多种方法烧成的又称为“干饭”，那是相对于“稀饭”或“粥”而言的。而粽子、糍饭团等虽属粒食，但可视为变异品种。

2.粥食类

粥的用料与饭基本相同，烹制方法一般是煮，即用较多的水，烧成流质的主食品，也以谷米的粒状为基本形态。由于谷米充分与水融合，粥的特点是黏稠、柔滑，且易消化吸收。故中国传统饮食观颇重视粥，尤其老人和病弱者。

历代本草及养生等类书中多记有各类粥谱。其中又以清乾隆年间（1736—1795）成书的曹庭栋《粥谱》（《养生随笔》卷五）和光绪七年（1881）出版的黄云鹄《粥谱》较集中。曹氏《粥谱》按上、中、下三品记录了100种粥品，黄氏《粥谱》则记录粥品制作方法200余种。两书所录粥品，原料广泛涉及谷米、干鲜果、菜蔬、花卉、中草药、禽畜、乳、鱼等。曹氏云：“粥能宜人，老年尤宜。”黄氏说：“都邑豪人会饮继以粥，索粥不得主客皆不停。”粥以大米粥、小米粥等为代表，大米亦可配肉、松花蛋等原料成有名的“精肉皮蛋粥”，小米与绿豆煮制的“小米绿豆粥”为北方人传统的夏季食品。此外，以玉米粉煮制的苞谷粉粥或玉米面粥，也是北方人曾习食的主食品种。

自古以来，粥是人们喜爱的主食形式之一。早在《周书》中就有“黄帝始烹谷为粥”的记载，虽为附托之词，但也表明中国人民食粥的历史十分久远。

粥，俗称稀饭。古时凡粳、粟、粱、黍、秫、麦等都可以煮粥，现在一般是以粳米、粟米（小米）、糯米熬粥。粥有两种类型，一种是单纯用米煮的粥，另一种是用中药和米煮的粥。这两种粥基本上都是营养粥，后者因加进中药,所以又叫药粥。粥有稠厚、稀薄之不同,在古代其名称也有别。《广雅》称粥之厚者为"鬻",唐代经学家孔颖达则认为"稠者曰糜,淖者曰鬻"。食粥之益处,清代黄云鹄《粥谱》说:一省费,二津润,三味全,四利脑,五易消化。其实,从更宽广的角度来看,食粥至少有六方面的意义和作用,即敬老、节约、救荒、疗疾、养生、美食。

食粥不仅能疗疾,还可养生,这是中国古人的又一宝贵经验。南宋著名诗人陆游曾作《粥食》诗一首:"世人个个学长年,不悟长年在目前,我得宛丘平易法,只将食粥致神仙。"将世人对粥的认识提高到了一个新的境界。

3. 粉食类

各类谷米皆可加工成粉,而后制食。如滇、桂、粤等南方省区早餐可食的"米粉",即以稻米为原料所制。又如西南地区许多少数民族习尚的饵、粑,江浙等广大地区的年糕等,均是以稻米(糯或不糯)加工而成。但粉食以麦粉为主,其中又以小麦粉为大宗。小麦粉用为食物原料因其面筋特性而具形制充分发挥的性能,它适宜煮、蒸、焙、烤、炸等多种烹饪方法。中国传统的粉食类食品,如面条、饼、馄饨、饺子、馒头、包子、糕等,是其典型代表。所有上述粉食品种,又因形制、组配原料、制作方法等的不同而变化出难以计数的花色。

(二)面食类

1. 包子类

包子是中国传统食品之一,价格便宜、实惠。包子通常是用面做皮,用菜、肉或糖等做馅儿。不带馅的则称作馒头。在江南有些地区,馒头与包子是不分的,他们将带馅的包子称作肉馒头。包子一般是用面粉发酵做成的,大小依据馅心的大小有所不同,最小的可以称作小笼包,其他依次为中包、大包。从形状看,还可以分秋叶形、月牙形、菊花形、三角形、佛手形、道士帽形等。从馅心口味上看,也有甜、咸之别。甜馅包子有豆包、果馅包,还有包入白糖或红糖的糖三角,糖腌猪油丁的水晶包以及芝麻馅、油酥馅等品种包子;咸馅包子有肉馅包子、素馅包子。

2. 饺子类

饺子是我国面食的一种重要形态。据古籍记载,饺子已有1400多年的历史。据推测,早时的饺子煮熟后,是连汤带饺子一块儿盛在碗里,因而当时人们把饺子叫作"馄饨"。大约到唐朝的时候,才时兴饺子煮熟后捞在盘里。关于饺子的名称，自古有许多别称，如“角子”“扁食”“饺儿”“水点心”“煮饽饽”等。经过一千多年的发展，我国饺子形成了形态各异、馅料多样、熟制方法不同、品种众多、食用方法多样的特色。

3. 面条类

面条是我国传统的面食品，多将面粉加水制成细长条、宽条、长薄片等形状。古代将面条称为汤饼、索饼、水引饼等。《齐民要术》记有一种长一尺，“薄如韭叶”的水煮面食，类似阔面条。唐代出现了称为“冷淘”的过水凉面；宋代，市场上出现的面条有炒面、煎面、燠(yù)及多种浇头面；元代出现了可以久贮的“挂面”；明、清时期，除面条的花色品种更加丰富外，出现了“抻面”“刀削面”等制法特殊的品种。

如今，面条遍及全国，南北各异。论及风味独特者，有起源于宋代、有八百年历史的四川中江的银丝面，有始传于清朝道光年间湖北云梦县的鱼面，还有福州的线面、山西的刀削面、上海的阳春面、扬州的裙带面、山东的百合面、湖南怀化向矮子的原汤面、河北的杂面、北京的炸酱面、东北的驳面、百林延边的狗肉冷面等，不计其数。按风俗礼仪，过生日贺诞辰吃长寿面，拜天地入洞房吃鸳鸯面，佛门寺院僧侣尼姑吃素斋面，农历九月九重阳节吃茱萸面，等等。

4. 饼类

饼，今人专指蒸烤而成的扁圆形的面食，或其他饼状食物。在我国古代，饼是一切面食的总称。宋代黄朝英说：“凡以面为食具者，皆谓之饼。故火烧而食者，呼为烧饼；水瀹而食者谓之汤饼，笼蒸而食者谓之蒸饼，而馒头谓之笼饼，宜矣。”(《缃素杂记》卷 2《汤饼》)。古时各种面食的名称很多，根据烹调方式不同，大致说来，分为三类：一是水煮类，有“汤饼”“水引饼”“索面”等实心的面条类，有“馄饨”“水饺”等有馅的饺子类。二是笼蒸类，有“蒸饼”“笼饼”“炊饼”等实心的馒头类；有“馒头”“包子”等有馅的蒸包类。三是火烤类，有“烧饼”等有馅的肉烧饼或菜饼类，有“胡饼”“麻饼”等实心的烙饼类。至清代，饼才开始指扁圆或长方或扁形的面食品。沿袭至今，饼已成为人类一种主要食物。有蒸、煮、烙、烧、炸、扒、煎等方法制作的，有水面、酵面、酥面、蛋面、米面等制作的各种风味的饼食。

二、面点旅游产品开发的主要措施

(一)以各地的特色为基础,推广各地的面食品牌

中国面点历来以丰富繁多的品种而著称,它同中国菜肴一样,各地区都有自己独特风格的品种,并且形成了浓郁的地方风味和民族特色。以包子为例,因馅心不同,包子品种达数十种之多,如鲜肉包、菜肉包、干菜包、三丁包、素菜包、叉烧包、豆沙包、蟹黄包等;同是馄饨,有三鲜馄饨、鲜肉馄饨、虾仁馄饨、菜肉馄饨等;同属烧卖,又有糯米烧卖、翡翠烧卖、虾肉烧卖、鲜肉烧卖、羊肉烧卖等。北京"都一处烧卖馆"专门经营烧卖,烧卖品种有数十种。至于北方的饺子,其品种就更不胜枚举。所以各地都应以特色面点为代表,推出各自的面点品牌,让游客无论到了任何地方,都有意外的惊喜。

(二)推出面点旅游一条街,专营风味面点

各地都有自己的特色,但仅仅是零散的面点或许难以满足游客的要求,所以各地可根据市场需求在旅游地段开设当地面点风味美食一条街,除经营当地特色外,也可兼营其他地方面点,形成专营面点的格局。

(三)以现吃型为主,同时推出便携式面点

一般面点主要以现吃型为主,但为了满足游客馈赠亲朋好友的需求,应想方设法推出一些便携式、有一定保质期的面点,这样既能满足游客的需求,同时也起到了宣传当地面点、增加面点旅游收入的作用。

(四)举办面点美食节

举办面点美食节,可以让游客更多地了解本地丰富的面点旅游资源。如2016年8月26日—28日,2016中国(山西)食品餐饮旅游博览会暨首届中国山西面食文化节在中国(太原)煤炭交易中心举行。此次博览会采取互联网思维,市场化运作,全新展现山西商会特色。山西千姿百态的面食、美味飘香的晋菜、风味万种的小吃、琳琅满目的农特产品,给当地人民奉献上丰盛美味的大餐。有直径10米大锅,100人削面,1000人吃面的宏大场面,有高10米、直径15米的面塑鹳雀楼,这两项已申报世界吉尼斯纪录;还有很重的大醋篓子、大酒坛子、大丰收囤等凸显山西特色。同时,展会还邀

请全国各地著名书画家、诗人、摄影家，对山西面食进行专业宣传。

三、面点旅游产品开发实例

（一）华生园金色蛋糕梦幻王国

华生园金色蛋糕梦幻王国是重庆华生园食品有限公司旗下的3A国家级旅游景区，位于重庆市大渡口区凤翔路123号，占地面积170亩，景区东、南、西三面环山，北面紧邻上界高速公路，与华岩、龙门阵、巴国城等景区相邻。由中央工厂、中央广场、游客中心、欧洲小镇、博物馆、旗舰店、梦幻生态园、购物休闲中心等组成。游客可参观现代化中央工厂、蛋糕DIY、真人CS镭战等，系集旅游观光、康体娱乐、科普教育、亲子乐园、实作体验于一体的特色文化旅游景区。

华生园金色蛋糕梦幻王国是培养儿童动脑、动手的理想场所，它专为儿童设计、打造。其中央工厂为现代建筑，共6层楼，每层楼都有2.4—3.6米宽的参观廊道；中央工厂大楼前门两侧的雄狮各持利剑和盾牌，中间的雄狮卧伏在一块硕大的面包上，尊显着王者风范；大厅内的八根罗马立柱和四副风格各异的浮雕，体现着异国风情；大厅内的咖啡厅、侧边的儿童体验中心即蛋糕"DIY"制作中心和廊道的卡通塑像，营造了欢乐的儿童乐园——金色蛋糕梦幻王国。2、3、4层楼分别是中央工厂的干货、面包、蛋糕生产车间，其产品有面包、蛋糕、生日蛋糕、法式蛋糕、西点、干货等六大类500多个品种的糕点食品。"百年华生园"品牌的知名度和美誉度香飘海内外。在风景如诗如画的华生园园林中央工厂，儿童们参加华生园工业旅游，参观面包、蛋糕是怎样生产的，亲身体验并开动脑筋，动手做蛋糕，从小培养儿童热爱劳动的品质和审美的能力。华生园金色蛋糕梦幻王国，能促进儿童心理健康，精神舒畅，给他们带来锻炼体魄的机会。

（二）全国首家糕点博物馆

2009年8月28日，中国圣心糕点博物馆在广东省东莞市茶山镇正式开馆。作为中国第一个糕点博物馆，该博物馆不仅是一个静态的展区，更是一个融合了古典与现代文明的旅游观光型综合动态展区。

该馆重点展示了我国各种传统经典的糕点食品及其制作工艺、知名艺术家与食品相关的各类作品。目前，已搜集了糕点类制作器具、机械、包装、仿真品、实物、与糕点相关的民俗物件及图片1000多件，展出300多件。

博物馆分古代展区、现代展区及圣心展区等几大展区，各展区由相关文物、资料与实物、图片组成。古代展区供奉着月饼鼻祖诸葛亮的青铜像和糕点制作品，再现当年的食品制作情景；现代展区及圣心展区的布置色彩亮丽、别致新颖，展品丰富多样、琳琅满目。

整个博物馆是食品、民俗、文化有机结合，展品陈列井然有序、错落有致，简洁的文字、丰富的图片、珍贵的实物，让参观者一下就能充分地体会到糕点文化的传承与发展。

2011 年 1 月，中国圣心糕点博物馆获评“国家 3A 级旅游景区”，并进行了正式揭牌。此次挂牌，既进一步丰富了东莞工业旅游经典景区的内容，也为茶山文化旅游产业发展注入新的动力。

（三）徽州糕饼博物馆

徽州糕饼博物馆，是国内目前第一家糕饼主题文化博物馆。馆区面积约达 9600 平方米，馆内分为 3 层，共七大展区，它是集徽州一年四季糕饼文化展示、徽州人一生一世糕饼文化展示、透明观光生产线、手工 DIY 糕饼体验、糕饼展售、休闲水吧为一体的大型主题文化观览体验中心，是徽州糕饼文化的大观园。徽州糕饼文化是徽文化宝库中一枚夺目的瑰宝，为保护和弘扬徽州糕饼文化，黄山市委市政府高瞻远瞩，提出由“政府牵头、企业参与”的形式，挖掘、整理、保护、传承徽州糕饼文化遗产，并将其发扬光大。目前徽州糕饼博物馆已申报成为国家 3A 级旅游景区，在充分展示徽州糕饼文化的同时，为黄山文化旅游产业注入了新元素。

徽州糕饼博物馆于 2013 年 12 月 11 日正式开馆，年对外接待游客达 14 万人次。徽州糕饼博物馆下设办公室、导览部、旅游接待部、保卫部、财务部、企划部等 6 个部门，附设黄山烧饼观光工厂、徽州糕点旅游卖场、糕饼 DIY 体验中心、徽州糖艺面塑工作室。

徽州糕饼博物馆由导览区、烧饼观光工厂区、糕饼 DIY 体验区、徽州糕点展售区、企业展史区、办公区、中庭休息区组成。导览区由徽州人的“一生一世”与徽州的“一年四季”两个主题展区组成，糕饼 DIY 体验区主要为国内外游客提供形式多样的西式烘焙制作与中式糕点制作体验。徽州糕点展售区主要展示和销售徽州名点（徽墨酥、交切片、红茶酥、毛峰酥、顶市酥）与黄山烧饼及徽州茶干等徽州特产。2 楼烧饼观光工厂区为透明生产线，借鉴台湾旅游观光工厂模式，为众人揭示徽饼诞生的全过程，从原料配制，到制皮制馅，到包制成型、烘烤、冷却、包装及检验，每一道工序明确展示，让所有参观者成为徽州糕饼诞生的见证人。

徽州糕饼博物馆导览极具特色，1 楼展区紧扣徽州人的“一生一世”主题，围绕启蒙、婚嫁、求子、经商、祝寿等情境，充分展示了纯正的徽州人传统习俗，通过徽州糕饼博物馆的文化集大成平台，让游客体验一次穿越时空的文化之旅，身临其境感受徽州人的“一生一世”与徽州糕饼的不解之缘。2 楼企业展史区，主要展示胡兴堂作为徽州糕饼百年老字号的企业兴衰史，同时诠释徽州糕饼与徽商的悠久历史渊源。3 楼展区以徽州人的“一年四季”为主题，向众人展示徽州传统节令习俗以及敬神祭祖、趋吉避凶与徽州地理环境和作物等自然条件的密切关系。

徽州糕饼，是徽州城乡居民祖祖辈辈家常制品和食品，是徽州非物质文化的重要组成部分。因此，胡兴堂文化公司前后历时 5 年，深入徽州民间广泛采集，由专家团队开展系统整理研究后，形成了徽州糕饼博物馆的文化集大成平台，该平台借“声、光、电”等高科技全视听手段，让人们身临其境地感受徽州古今糕饼文化的博大精深，并领略徽州特有的风土食俗及人文风貌。先进的技术，以及场景模拟、实景再造等生动布展方式，营造出浓郁的徽州糕饼文化特色，为广大公众提供了详尽的徽州糕饼历史和徽州民俗文化科普教育资源。

(四)西安饺子宴

西安饺子宴由西安饺子宴饭店(原西安解放路饺子馆)独创，它与著名的仿唐菜点和牛羊肉泡馍，一并被誉为“西安饮食三绝”。

西安饺子宴饭店位于西安市解放路北段，有着近 50 多年的历史。他们制作的饺子一向出名，玲珑剔透，形似元宝，软嫩可口，味道鲜美，常使食客久别而不忘其味，买卖颇盛。为了适应旅游事业的发展，满足广大群众的要求，该店从 1984 年起着手研制饺子宴。他们派出名厨师走遍京、津、沪、杭以及沈阳、青岛等南北大城市，认真学习各地饺子的式样、特点、制作工艺和各地群众的口味，还深入省内一些市县了解民间饺子的做法。其中，仅为学习一种丁香饺子，就去了三次虢镇。他们还研究古代唐宋宫廷饺子的制作工艺。据说，唐玄宗的贵妃杨玉环，有一天想吃一种带馅的食品，而且要蒸的，聪明的厨师知道她爱吃鸡翅肉，就用鸡翅肉给她做成蒸饺，杨贵妃吃了很高兴，所以“贵妃蒸饺”便成为宫廷佳肴而留传下来。此外，他们还研究清朝宫廷的饺子。史料记载，慈禧太后逃难到西安，想吃一种水饺，要当面煮熟吃。厨师们就把鸡脯肉包成小巧玲珑的珍珠饺，火锅里盛着鸡汤，端到太后面前，随吃随煮。这种饺子，后人就叫“太后火锅”。经过反复试验，上百次试制，该店终于研制出色、香、味、形令人耳目一新、口味特异的饺子宴。

西安饺子宴之绝，首先在于用料多样，味型各异，造型美观。馅料既有时令鲜菜和一般鸡、鸭、鱼、肉，还有猴头菇、海参、鱼翅、发菜等山珍海味。因此有“百饺百味”，茄汁、麻辣、鱼香、五味、鲜咸、糖醋、咖喱、蚝油、椒麻、红油等味型无所不包。其次是烹制技术多样，基本的制法分蒸、炸、煎、煮四种，但由于各种饺子的馅料不同，其制作方法也不完全一样，热菜的烹、炒、爆、熘、焖、酿等方法也兼而用之。最后是造型奇妙，既有泡眼朝天、修尾轻摇、栩栩如生的金鱼形，又有状若杏核、精巧玲珑的珍珠形；有的是鸳鸯形、蝴蝶形、元宝形，有的又如燕窝、海螺、花卉，真是千姿百态，巧夺天工。

西安饺子宴，分为百花宴、牡丹宴等 5 个档次。每宴由 108 种不同馅料、形状和风味的饺子组成。宫廷宴主要是以燕丝、熊掌、甲鱼等为主料的饺子；八珍宴主要以八珍为主料的饺子；龙凤宴和牡丹宴，则是以猴头菇、鱿鱼、海参等为主料的饺子；百花宴稍次一等，为普通型，除部分海味外，多数是肉类和素馅。其上桌程序亦颇有讲究。从烹制方法上讲，先上炸、煎类饺子，后上蒸、煮类饺子；从口味上讲，先咸、次甜，后麻、辣。咸味饺子中，先海鲜，次鸡肉，后清素，约 10 道饺子以后，上一道“银耳汤”漱口清喉，调节一下口味，再继续上其他饺子，层次分明，使人回味无穷。西安饺子宴的创制和应市，受到中外宾客的赞赏和高度评价。美国前国务卿基辛格吃罢饺子宴，高兴地说：“这顿午餐出奇的好。”国内一位食品专家食后诗兴大发，即席挥毫：“一餐饺子宴，尝尽天下鲜。美味甲寰宇，疑是做神仙。”还有一位美国朋友食后赞誉道：“到中国，不到万里长城，不算真正到过中国；到陕西，不吃解放路饺子馆的风味饺子，不算真正到过西安。”

(五)水乡重阳，九层之糕

登高、赏菊、插茱萸，是九九重阳节一直以来的风俗习惯。而在塘栖，市民多临水而居，附近鲜有高山，自然就少了“遍插茱萸”的豪迈情景。于是，出嫁的女儿便在重阳节这一天，带着用糯米加五谷做成的九层糕，回娘家探望父母。老人家吃下九层糕，便意味着登上了最高峰。

农历九月初九食糕的习俗在唐代就已经流行。大概自宋代起，重阳节食“重阳糕”的习俗正式见于载籍，如吴自牧《梦粱录》卷五记临安（杭州）重九之俗：“此日都人店肆以糖面蒸糕……插小彩旗，名‘重阳糕’。”

近年来，塘栖古镇的老刀五谷重阳糕走俏旅游市场。一过完中秋，塘栖老刀公司就开始火热地张罗起重阳糕来。为了制作 30 年前流传在塘栖的传统原味重阳糕，老刀挪出了石磨，将糯米火粉磨上三遍，磨好的糯米粉在土灶上用柴火蒸熟，再用石臼重锤敲打十几分钟，最后才手工裹馅、成型、切块、包装。为了找回 30 年前的味道，老刀还请来了年过九旬的老师傅现场监督、品尝，历经千辛万苦才完成了最后的制作，将红旗插上第九层。可以说，这一路的制作和研发就是一个重阳登高的过程。

老刀重阳糕因为价格实在，四四方方一块只要 3 块钱，很多杭州本地人专门赶过来“扫货”，一买就是两三斤，带回去赠送亲朋好友聊表心意，来购买的老年人多过年轻人。

2013 年 10 月，一位 80 多岁高龄的张大妈为了买到口味正宗的重阳糕，花了两个小时，专程乘坐运河漕舫前来购买，因为只有 5 天的保质期，张大妈买了 5 块，并表示吃完了还会坐船来买。很多外地游客走累了，玩饿了，更愿意买上一块重阳糕解解馋。

在杭州市区的多家老底子糕点专卖店，如朱一堂、法根、老刀等，五谷重阳糕依旧出现断货的现象。为了应景，西式糕点店出售的重阳糕经过改头换面后，受到年轻人的喜爱。元祖蛋糕店叫卖的重阳糕造型精美，似桃花状，9 个(一大八小)一盒，价格为 66 元。口味比较多，有枣泥味、芝麻味，还有香柚味。

小小一块重阳糕，制作工序还是十分讲究的。重阳糕之所以好吃，最关键的就是因为纯手工制作和打磨。首先，糯米要在石磨上磨三遍，将近半个小时，磨好之后要在土灶上蒸半小时，蒸好之后还要像打年糕一样打上半个小时。

九九重阳，重阳糕也要做足九层。塘栖人的做法是，上下两层糯米，加上中间夹心的五谷杂粮，这样算起来就是七层，再撒上糖桂花和红绿丝，那就是第八层。杭州人喜欢放一层栗子，可塘栖人并不放，因为栗子时间一长容易发黑变质，卖相不好，所以会选择插上一面小红旗算作最后一层，就好比重阳节要插茱萸，意味着祛病消灾。①

(六)庆丰包子铺

北京庆丰包子铺是北京华天饮食集团公司所属的以经营包子为主的餐饮品牌店，于 1948 年开业，有近 70 年的历史，当时的字号叫“万兴居”，经营包子、小吃、米饭、炒菜等。因包子选料严格，制作精细，口味纯正，生意十分红火。1956 年公私合营后，以经营包子、炒肝为主，并正式更名为“庆

① 马杉：《3 块钱一块的重阳糕俏得不得了》，《都市快报》2013 年 10 月 5 日第 A05 版。

丰包子铺"。由于质量上乘,又符合中国人的饮食习惯,自然成了京城百姓认可的著名快餐品牌。1991 年由著名书法家徐柏涛为"庆丰包子铺"题写了牌匾。2013 年 12 月 28 日,中共中央总书记习近平曾到庆丰包子铺月坛店就餐,使名声大噪的庆丰包子铺更加火爆。2014 年春节期间,庆丰包子铺月坛店每天接待游客 2500 人左右,外地游客占 80%,其中有 20%跟随旅游团而来,其他春节期间开业的各店也都接待了大批的外地游客。由于有大量的旅游团队,所以在游客集中的门店,每天都有大量的顾客在门外排队等待开门就餐。根据这种情况,庆丰包子铺总部加大生产力度,并增加相关人员维护就餐秩序,同时与旅行社协调尽量避开用餐高峰,以保障食客良好的就餐秩序。为了不影响散客就餐,会在团客到达前 15 分钟准备就餐区域,保障散客和团客的就餐环境。

截至 2015 年底,北京庆丰包子铺共有连锁店铺 314 家,遍布全国 11 个省份,34 个城市,其中北京市范围内 260 家,全国范围内店铺平均每天接待 17 万人次,全年合计接待 6200 万人次,营业额逾 10 亿元。[①]

第三节　主食的故事

一、主食的概念和特点

主食是指传统上餐桌上的主要食物,所需能量的主要来源。由于主食是人体所需的碳水化合物特别是淀粉的主要摄入源,因此以淀粉为主要成分的稻米、小麦、玉米等谷物,以及土豆、甘薯等块茎类食物被不同地域的人当作主食。

是否主食可以从三个方面判断:一定区域内的食用人数、一定时间内的食用频度、在总食物中占有的数量比和供能比。按此标准衡量,中国主食包括面制主食和米制主食,如馒头、面条、饺子和米饭,有的地方薯类也是主食的一部分。其中,馒头是历史传统最悠久、最具中国文化特色的代表性主食。西方主食有面包、肉类和奶类,其中面包和牛肉最具西方特色。谷类和薯类是中国人民主要的能量来源,我们每一餐都离不开米饭、馒头、大饼、面条或者其他谷类、薯类制品。在农村,这些谷类食物占到居民一日

---

① 庆丰包子铺官网,http://www.qing-feng.com/about_detail/22.html。

三餐提供能量的80%以上，而城市居民也超过50%。

中国主食有两大特点：一是无论面制主食还是米制主食均是以淀粉为主要组分的农作物果实为原料，与我国耕种的主要农产品稻谷、小麦相对应，具有丰富的农业资源，而西方的主食更倾向于畜牧业产品。二是中国主食的制作方法是以水为介质的蒸煮为主，明显区别于西方饮食的焙、烤、烘、炸。不同的主食种类和不同的饮食方式体现了不同的文明和文化特色。

二、主食的地位

（一）主食是民族文化的结晶和象征

在饮食结构中，主食处于基础性、框架性地位。不同地区、不同民族的人群拥有各具文化特色的传统主食。主食作为一个国家的主要食物品种，决定着一个国家的人口素质，同时与农业、食品业的发展紧密相关。不同的主食种类和不同的饮食方式体现了不同的文明和文化特色。不同地区、不同民族的主食是其文明的必然产物。

人类是生物进化的产物，人类文明也出现了不同的民族特点，在中国这块土地上，在历史的进程中形成了以定居养息、农业耕作为突出特点的农耕文明，也产生了与农耕文明相适应的传统主食。因此中国人传统上以农作物果实作为主要食物，形成了“五谷为养，五畜为益，五菜为充，五果为助”的膳食结构，具有广杂性、主从性和匹配性。中国谚语“一方水土养一方人”就是指中国的生态农业系统生产出的农产品与中国人的饮食习惯是匹配的，这既是文化传承的结果，也是生物进化的结果。从世界文化地理角度看，西方人、阿拉伯人在主食文化方面主要选择了焙烤食品的发展道路，面包、烤肉等是这类食品的代表。西方主食体现了游不定居、牧养为生的游牧民族文化特征。实际上，中国人为什么选择馒头而没有选择面包作为主食是一个十分复杂的学术问题，涉及生物进化、气候变化、地理环境、作物种类、生活方式等方方面面。但历史的结果就是这样，中国人喜食馒头，西方人偏爱面包。

中国人以蒸煮为特点的米面主食，体现了中庸、儒雅、闲适的和谐文化，与游牧文化的彪悍形成反差。从文化传承上来讲，我们要继承、发扬传统的中国饮食。当然并不是说传统饮食绝对不能改变，而是说在继承的基础上进行扬弃，这是一个改善的过程，是一个渐变的过程，而不是突然改变。现在，我国民众的生活条件发生了变化，饮食观念和需求也在变化，传统饮食也要随着改变，这种改变是一种进步，这种进步也正是一个民族进步的表现。所以对中国主食首先要继承，同时利用现代科技手段改造落后的生产方式，以现代营销理论改造传统的销售方式，以适应现代需求观念，从而让中国主食在继承中发展，在发展中光大。

（二）不吃主食危害多

世界卫生组织（简称 WHO）推荐的适宜膳食能量构成是：来自碳水化合物的能量为 55％—60％，来自脂肪的能量为 25％—30％，来自蛋白质的能量为 10％—15％。主食是碳水化合物的主要摄入源，但很多人对主食敬而远之，这种做法是不科学的。如膳食中长期缺乏主食会导致血糖含量降低，产生头晕、心悸、精神不集中等问题，严重者还会导致低血糖、昏迷甚至脑细胞死亡。

有些人认为不吃主食可以达到减肥或是保持身材的效果，实际上这种想法是不当的。没有主食提供能量、保驾护航，身体中珍贵的蛋白质就会像柴火一样被燃烧掉，人非但不能保持身材还会丧失大量的蛋白质，从而可能导致蛋白质营养不良。①

三、主食类旅游资源开发

（一）青稞，从传统主食到旅游新宠

对于藏族同胞来说，糌粑是每天必不可少的食物，一天不吃糌粑就觉得浑身不自在，胃里也不舒服。但是，很长一段时间以来，古老的糌粑却无法打入旅游市场，被游客们所接受，一是它携带起来不方便，二是它的口感等并不符合汉族人的饮食习惯。怎么把糌粑制成旅游产品、休闲食品，成了一个亟待解决的问题。

卓玛次列来自甘肃甘南地区，是地道的藏族人，他一日三餐都离不开糌粑。起先他想制作高端糌粑，从青稞的收购、清洗、火炒等都做到精益求精，但是市场考察后他放弃了这个想法："西藏的糌粑市场已经有几个古老的品牌，制作工艺都比较古老传统，做高端糌粑的市场前景并不好。"卓玛次列便想到了对糌粑的深加工，他和西藏大学合作，于 2008 年研制推出了

---

① 于康：《你吃对了吗？》，四川科学技术出版社 2013 年版，第 7—8 页。

既有民族风味又有现代气息的糌粑无糖饼干——“青稞物语”，这是西藏乃至全国唯一一家规模化生产糌粑饼干的现代化工厂。

制作“青稞物语”糌粑饼干的青稞，大多都来自日喀则。第一道工序是将收购来的青稞清洗，去除里面的石子等杂质，然后摊在干净的地方晾干。其中一部分青稞炒熟后磨成糌粑，另一部分则直接磨成生的青稞粉。只用糌粑做成的饼干，黏度不高，很难成型，做成的饼干轻轻一碰就碎了；但是如果只用生青稞粉，做出的饼干精度太高，比较硬，因此做糌粑饼干，是将糌粑和生青稞粉按照一定的比例混在一起加水做成面团，然后用模具做成饼干，进行烘烤。“温度、湿度也会影响糌粑饼干的制作，因此我们现在建造的新车间，是恒温恒湿的精度车间。”卓玛次列说。

“青稞物语”系列的糌粑饼干有一个很藏族的名字——“嫫啦饼艺”，“嫫啦”在藏语里是“老奶奶”的意思，吃这种饼干的时候，很容易想到家里慈祥而能干的奶奶做出来的可口美味。糌粑饼干共有23个品种，均是无糖或低糖的健康食品，因此很受游客和西藏本地人的欢迎。除了3家专卖店，各大超市、特产商店里也随处可见糌粑饼干的身影。卓玛次列说，拉萨市场的销售量只占整个糌粑饼干销售量的30%，大部分的糌粑饼干则摆在了北京和上海的专卖店里，成了现代人追求健康绿色饮食的新宠。卓玛次列下一步的计划，是推出“青稞沙琪玛”“青稞月饼”等一系列产品。“紫青稞是日喀则特有的一种青稞，产量低但营养价值高，我们接着还要推出以紫青稞为原料的黑面包、黑饼干等产品。”卓玛次列说。另外，把西藏的松茸、人参果、红景天等融入糌粑饼干，制作出既健康又保健的高端休闲产品，也在卓玛次列的考虑内。

“青稞物语”的新厂房就建在堆龙工业区，预计今年8月底启用，届时将由原来的年产量500吨增加到2000吨。从小吃糌粑长大的卓玛次列对青稞有着很深的感情，他打算在新建的厂区建造一座青稞文化博物馆，讲述藏民族依赖青稞繁衍生息的漫长历史。①

（二）青海锅榻

青海多数地区盛产青稞。“锅榻”，本是一种青稞面馍。它的制法是，先把青稞面粉或小麦面粉，甚至是豆粉、玉米粉、荞麦粉，经过发酵，待其酥软后，在热锅里加入植物油，把发酵酥软的面摊薄，加上苦豆粉、红曲之类，抟成馍，放进锅内，锅口加草圈，用锅盖盖严密封，再用文火间歇性地烧烤，

① 许娟：《青稞从传统主食到旅游新宠》，《西藏商报》2012年7月10日第32版。

一个多小时后，锅塌即成。锅榻底部被烙成发黄的硬底，上半部像馒头一样，膨松酥软。有些手巧的妇女还将之做成多种花形，例如做成许多小花卷的形状，把它们用筷子连在一起，就形成了一组造型别致的大型锅榻。

锅榻虽然只是一种不起眼的小食品，但它还有一段有趣的传说。传说很久以前，有一位皇帝微服私访，这一天来到了青海老鸦峡里的某个小村子。青海这一带人烟稀少，可怜这位皇帝已经跋涉了两天，竟没能找到一点水米进肚，饿得前胸贴后背，两腿直发抖。有一天终于找到了村庄，总算坚持着走进了一个农户家里。青海人民十分好客，见有远方的客人光临，这家的老奶奶就特地精制了一锅锅榻，来款待这位疲惫不堪的客人。皇帝填饱了肚皮，仔细一回味，感觉到真是人间第一美味，锅榻给他留下了十分美好而深刻的印象。

皇帝回到宫中，还是不能忘怀这给他留下美好印象的食品，下令宫中御膳房再做上来给他品尝。御膳房的厨师烹调山珍海味倒是拿手好戏，可哪儿会做这穷乡僻壤的山野风味呢？没有办法，只好诚惶诚恐地先向皇帝打听了一番，得到的唯一印象就是：锅榻是一种“下烙上蒸”的馍馍，模拟着做了一些出来，皇帝一尝，根本不是这个味儿，一怒之下，把厨师给杀了。再让一个厨师做，还是模拟不像，又被皇帝杀了。就这样一连杀死了三四个无辜的厨师。

这下可把主管皇帝膳食的光禄寺卿吓坏了，赶忙暗地里查问了出产“下烙上蒸”馍馍的地方，又了解到皇帝是在连饿两天的情况下吃锅榻的，于是就派人星夜奔赴青海学艺。厨师学艺归来后，光禄寺卿一面安排他们严格按照青海的制作工艺去加工，一面启奏皇上：进食美味必须空腹，请皇上一两天之内不要吃其他食物。皇帝为了一饱口福，也就点头应允了。这一次，锅榻端上来后，皇帝由于已经连饿了两天，加上锅榻是严格按照青海的方法制作的，所以皇帝进食得特别香甜，又品味到了青海浓烈的地方风味。

从此，锅榻在青海地区就日渐风行起来，品种不断增加，花样不断翻新，口味也越来越好，最终成为青海人民的日常主食、馈赠亲友的佳品和旅游美食。

第四节 面塑与旅游

一、面塑的特点和价值

(一)面塑的概念

面塑俗称面花、礼馍、花糕、捏面人。它以糯米面为主料,调成不同色彩,用手和简单工具,塑造出各种栩栩如生的形象。主要出现在嫁娶礼品、殡葬供品中,也用于寿辰生日、馈赠亲友、祈祷祭奠等方面。

手工技艺是人类的基本活动之一,而面塑是中国民间手工技艺中很有特色的一个艺术门类。它是一种立体的造型艺术,一件优秀的面塑作品需兼具技法、主题、材质、构图、造型、配色以及意境美。

据文献资料,中国的面塑艺术早在汉代就已有文字记载,经过几千年的传承和经营,可谓源远流长,早已是中国文化和民间艺术的一部分,也是研究历史、考古、民俗、雕塑、美学不可忽视的实物资料。

从新疆土鲁番阿斯塔那唐墓出土的面制人俑和小猪来推断,距今至少已有 1340 多年的历史了。南宋《东京梦华录》中对捏面人也有记载:"以油面糖蜜造如笑靥儿。"那时的面人都是能吃的,谓之为"果食"。而民间对捏面人还有一个传说,相传三国孔明征伐南蛮,在渡芦江时忽遇狂风,机智的孔明随即以面料制成人头与牲礼模样来祭拜江神,说也奇怪,部队安然渡江并顺利平定南蛮,因而从此凡执此业者均供奉孔明为祖师爷。

(二)面塑的种类

1. 食用面塑与工艺面塑

面塑按其使用功能可分为两类,一类是可以食用的面塑,另一类是专用于收藏的面塑,也称工艺面塑。

食用面塑用食用面粉、澄粉、生粉等制成。作品多以圆雕造型为主,线条圆润流畅、删繁就简、高度概括,更大幅度地追求神似,大都为扁平状,既宜于平放,又宜于晾干。食用类面塑往往会有很多的成型模具,以便面塑的制作方便,也有相对完善的制作套路。但由于食用性的最基本要求,食用面塑是往往不添加防腐剂的,所以保存性较差。从健康卫生方面来讲,食用面塑往往也不会进行着色处理。相比工艺面塑精雕细琢的手法，食用面塑有贮存和美观方面的缺点。

用于收藏的工艺面塑通常用精面粉、糯米粉、盐、防腐剂及香油等制成。可以简单分为两个类别，一类为人物类，俗称捏面人，在民间的工艺面塑主要以人物类为主。除了神话人物、妖魔鬼怪以外，还有很多戏曲故事人物或民间人物。该类作品栩栩如生，活灵活现，每个人物都突出其特征。另一类为状物类，往往以花鸟鱼虫为主，器具、风景与卡通都有所涉及，此类作品往往作为孩童玩具，抑或是摆放起来供人欣赏、收藏、把玩的精美艺术品。值得一提的是，此类工艺面塑是面塑文化与时俱进的代表，可以作为很多活动的纪念品弘扬此项中华文化。

工艺面塑要求防腐与保存，主要制作原料局限于面粉，势必会存在干裂与腐坏等缺陷。因而有很大一部分工艺面塑是直接使用蜂蜜，或者用防腐剂、防裂剂等化工原料调制的面粉来制作的，并且不必入锅蒸熟，只是制作完成后往往会在面塑作品表面抹上一层甘油，以防开裂。一般这样的工艺品面塑都可以保存较长时间，甚至世代相传。

相比食用面塑的朴实无华，着色与制作技巧对工艺面塑来讲更显得至关重要。如果说食用面塑有着传统的文化与风俗内涵，工艺面塑就以其鲜美的色彩与精湛制作工艺来突显其高端大气。但看似复杂精美的面塑制品，其使用的工具不过是剪刀、拨子、刀子、梳子等日常生活用具。着色颜料也不过是常用的广告颜料，或者进口油画颜料，着色方法与传统绘画有着异曲同工之妙。①

2. 花馍和礼馍

馍类民间面塑主要包括两类：花馍和礼馍。花馍是配合岁时节令祭礼或上供的馍。如“枣山”花馍在祭祀神灵之中，还寓意“早生贵子”。又如，用于清明节的“飞燕”花馍，既是扫坟祭礼的用品，也表示春燕飞来，阳光明媚。礼馍，则是伴随诞生、婚嫁、寿筵、丧葬等人生仪礼而制作的馈赠物品。在山西晋南平原，每当婴儿满月时，姥姥家都要蒸一种又圆又大、中间空心的花馍馍，俗称“囫囵”，妇女们用红包袱把它裹起来，一手提着囫囵礼馍，一手拉着小孩，来往于乡间小路，互赠于亲戚乡里之间，传递着浓厚的乡里乡情。

民间花馍的造型五花八门，名目繁多，具有礼仪性、时令性，它的独到

① 孙崇凯:《烟台面塑艺术调查与研究》，鲁东大学硕士学位论文 2014 年，第 6—7 页。

之处，就是各有各的讲究和寓意，相延成俗。人物有娃娃、寿星，动物有牛、羊、鸡、猪、虎、兔等。羊代表“祥”，猪代表富足，狗代表忠义等。此外，还有寓含幸福、吉祥、爱情的鸳鸯、孔雀、狮、虎、鹿等动物的花馍。植物有桃、柿、佛手等。石榴花馍，象征榴结百子，多子多福；佛手、桃子花馍，寓意多福多寿；凤凰、牡丹花馍，象征荣华富贵；金鱼、荷花花馍，象征连年有余；牛、羊花馍，象征五畜兴旺；老虎花馍，象征虎虎生气以及美好的生活；祭灶神的枣馍，象征着劳动人民风调雨顺；麦秸集，象征五谷丰登。

(三)面塑的艺术风格

1. 造型特点

面塑艺术的主要特点是造型完整饱满、略有夸张，手法简练、注重神气、淳朴敦厚，让人觉得亲切自然。现在流传的面塑艺术基本上形成两种风格，以地域划分：一是黄河流域的面塑，特点为古朴、概括、粗狂、豪放，以山东、山西为代表；二是长江流域的面塑，特点为细致、精美，以上海、苏州为代表。

山西地区的面塑作品外形多简练、夸张、生动，并富有稚拙的美感，常见几何直线形式及秦汉遗风的纹样，地方特色浓厚。山东西北部的面塑作品多以圆雕造型为主，线条圆润流畅、删繁就简、高度概括，大幅度地追求神似。而山东中部和东部的面塑则更注重事物内部结构的掌握，对面部表情、身体结构的细微转折乃至随身佩戴的饰物无不制作得惟妙惟肖，令人叹服。

上海、苏州面塑在造型上摆脱了黄河流域概括、粗犷等特点，较山东、山西两地更为细致，更注重对人物或动物的动态刻画，面部表情刻画细致，衣纹简练概括，线条挺劲流畅，整体的造型也更优美、外形逼真，更贴近长江流域人民细致委婉的性格特点。

2. 面塑作品的色彩特征

掌握色彩的基本规律对于面塑这种传统工艺品制作是非常关键的，色彩可以表现丰富的感情与环境气氛。如红、黄给人以欢庆的感觉，蓝、紫给人以重而硬的感觉，白、金、银给人以高贵华美的感觉，灰色则给人以雅致的感觉。传统的面塑体现了色彩的基本规律，制作者根据不同的要求和感情来制作，大量运用高纯度的红、绿、黄等色彩，随意涂抹在作品上，表达了民众朴实的审美和色彩观念。也有些作品，着色和入色细腻，图形色彩的层次丰富，成为雅俗共赏的艺术品。

山西面塑除了具有以上特点外，还经常以各种豆子、红枣做点缀，以达到整体上的对比效果。山东面塑色彩艳丽、明亮，以大量的纯色为主，除了大面积的红、黄、蓝、绿以外，还以少量白色、钴蓝做点缀，有很强的视觉冲击力。上海、苏州面塑作品用色较为淡雅，常用大量间色，如粉红、中黄、淡绿、土黄等，并且在各色之间也有大面积的白色、黑色等以降低色彩的对比强度。

就色彩而言，黄河流域的面塑装饰多用夸张、大胆的对比手法。而长江流域的面塑装饰中，色彩对比相对较少，效果更加雅致。

（四）面塑的价值意义

当今面塑称为艺术，并且以它绝美的身姿备受世人青睐，这正是因为它蕴含的世代文化的积淀和创作者绝无功利思想的热情和才思，使得它成为一种超凡脱俗的朴素文化。也正是借助于世代少有的“重视”，且落身于广大的民间，才使得它有条件自由地按照自身规律生存和发展，具有少受污染的乡间特色，才得以在今天的雅俗文化对流中以其独特、完整的形象俏立于民间艺术之林。

具体来说，面塑艺术的价值意义体现在以下四个方面：

1. 民俗价值

面塑是世代相传的民俗艺术，流行在我国黄河内外、大江上下的很多地方，如陕西、山西、山东、河北、河南、江苏等地。各地风俗习惯不同，也使得面塑的品种丰富。“礼从宜，事从俗”，民俗活动的需要直接促进了面塑的发展，面塑也被赋予不同的吉祥含义。比如春节的时候，做成“莲花”和“鱼形”的面塑，表示“连年有余”；婚礼上送龙凤、鸳鸯、石榴形状的“喜饽饽”，祝愿新人生活美满、多子多福。孩子满月，外婆家送给孩子十二生肖的面圈，或者“麒麟送子”，祈求“圆满”。陕西一带的农村很注重面塑，在拜年、贺喜、祝寿、探亲、祭祀的时候往往带着些“喜庆花糕”（也称“花馍”），这些造型不同的花糕与不同的民俗相互呼应，形成一道亮丽的民俗文化景观。

恩斯特·卡西尔在《人论》中说：“符号化的思维和符号化的行为是人类生活中最富于代表性的特征。”面塑其实是一种民俗文化的符号，是原汁原味的乡土艺术。一方水土养育一方人，在家乡长期的民俗行为和精神的熏陶中形成的民俗心理总容易被地方特征明显的艺术形式唤起心中的乡土情感。

2.审美价值

面塑艺术的特点是造型完整饱满，造型略有夸张，手法简练、注重神气，淳朴敦厚、色彩艳丽，让人觉得亲切自然。在人物塑造方面突出文官学富五车、满腹经纶，武官虎背熊腰、昂首挺胸，老人老态龙钟、脊背弯曲，女性削肩细腰、亭亭玉立，儿童虎头虎脑、憨态可掬。对动物的塑造则突出其温顺可亲、喜庆祥和的一面，而不是夸大其凶猛的特征。这种美属于亲切温润之美，它发于自然并与民众交融，共同形成生活的一部分，是任何时代的人类生活所不能缺少的。

面塑之美，美在其自然的材料、自然的工艺、质朴的心境。它塑造的形象符合民俗文化，老百姓喜闻乐见。诚如日本著名民艺学者柳宗悦(1889—1961)说的那样："民艺品中含有自然之美，最能反映民众的生存活力，所以工艺品之美属于亲切温润之美，在充满虚伪、流于病态、缺乏情爱的今天，难道不应该感激这些能够抚慰人类心灵的艺术美吗？谁也不能不承认，当美发自自然之时，当美与民众交融之时，并且成为生活的一部分时，才最适合这个时代的人类生活。"①

3.教育价值

面塑绝不只是个玩赏品，同时也具有很强的社会教育功能。如同西方人说哥特式教堂里的玻璃彩画是无字的《圣经》一样，面塑艺术也以其形象传达着一个个动人的故事。人们可以通过面塑的孙悟空、猪八戒、白娘子、穆桂英、水浒英雄等形象了解相关的历史故事，从而在潜移默化之间启迪智慧。另外，对于艺术教育和艺术创作者而言，这种传统的民间艺术也总会带来惊喜，因此在现代艺术作品中也频频出现。

4.经济价值

面塑一直是一种谋生的行当，但它又属于传统的手工艺，是具有地方特色的文化产物，其价值有独特的地方。随着旅游业的发展，面塑这种"小玩意儿"更能显示其文化魅力。传统的面塑艺人是"只为谋生故，含泪走四方"的街头艺人，很少有系统的知识；但是不可思议的是，面塑就是在这样的普通群众手中开出美丽的花朵，那应该是一种虔诚信仰和喜庆心情的结晶！因此，面塑艺术品总是被赋予更多的内涵。

① 柳宗悦：《民艺论》，徐艺乙主编，孙建君等译，江西美术出版社2002年版，第6页。

二、面塑旅游资源分布

(一)陕西

陕西面塑艺术主要在陕北和关中地区比较流行。其中关中地区以华县、合阳县、大荔县、韩城县为代表。陕西的民间面塑艺术以做工精细和装饰华丽为主要特点。

华县面塑的特点是朴素而不加点染,透着一种素雅的艺术气质。当地民间艺术处处显露出“虎文化”的影子,故最具代表性的要数虎头虫身的“大谷卷”,它装饰繁杂,气势恢宏,在结婚、小孩满月、盖新房等重要场合都会用到。另外还有“曲连馍”“云云馍”“高馍盘”“苛杈馍”等等,造型生动,文化内涵深刻。在亲友之间的赠送,显示了华县文化中重视亲情的特点。1989 年 8 月,在北京举办的华州地方民俗风情展览上,华县面塑令众多参观者叹为观止。

大荔县在农历二月二前后有非常独特的民间艺术活动,而最壮观的则要算八鱼乡阿寿村农历二月二纪念药王孙思邈的活动。据说因当地的药王庙在“文革”时期被拆毁,所以村民们用面塑的形式重建了一座药王庙,其规模和气势堪称中国面塑艺术之首。在那一天全村的男女老少要抬着药王庙和各种给药王祭献的面塑等礼物走街串巷,使整个阿寿村成了一个面塑艺术的海洋。除了农历二月二,大荔县在小孩满月,丧事等重要场合也会用到“虽虽馍”“面狮子”等各种形式的面塑。

合阳县境内被金水沟、徐水沟、百良沟三条大沟分成了几块。当地人习惯以沟为参照来划分地域,而面塑艺术的风俗在不同的地域也有不同的差别。例如沟东、沟南娘家给女儿中秋节送面塑,沟北不送,却对中秋节格外重视。沟东、沟北小孩满月的时候娘家要给女儿家送“压心糕”,孙子过岁的时候要蒸“牛镳斗”,而沟西则没有这样的讲究。但总的来说,合阳县的面塑种类繁多,造型上包括了“鱼戏莲”“凤穿牡丹”“莲生贵子”等民俗内涵深刻的样式。色彩上多运用红、绿、黄、蓝,形成强烈对比,其中结婚用的“喜馄饨”,满月用的“压心糕”,还有洽川地区特有的“娃女子”,等等,形制都比较大,色彩夺目,装饰精美,粗犷之中又不失精细,可被称为陕西乃至中国面塑艺术中的精品。

另外,临黄河与山西河津市隔岸相望的韩城地区面塑艺术也很精彩,南部地区颜色丰富而北部地区则多为素色。其风格受合阳地区影响与之相似。

陕北地区的洛川和黄陵两县敬神用的花糕装饰精美，色彩艳丽。北部府谷县的长脖子面人摸造型非常独特。

（二）山西

山西晋南和晋北的面塑风格有所不同。晋南面塑的风格与陕西类似，以精细的做工和鲜艳的颜色为主。晋北的花馍不重彩绘，细腻之中带有粗犷。

霍州面塑在当地称为"羊羔儿馍"，古时的"羊"就是"祥"，有着吉祥的寓意。当地的面塑造型朴实，不过多地着色，仅以品红点染。霍州的面塑种类很多，小孩满月的"圆圈"，过春节时的"巧公巧母"，寒食节的"蛇盘盘"都别具特色。其中面塑种类最多的要数农历七月十五的中元节，有"猪头""羊头""针线筐箩""狮虎""龙凤"等各式造型。

忻州地区的面塑中间往往插有红枣，既有装饰性，又是营养品、调味品，很受百姓欢迎。当地在逢年过节的时候要蒸制各种"佛手""石榴""莲花""马蹄"等形状的供物，一般通称为"花模"。在清明节的时候制作的"寒食供贤"的面人头，里边包油、盐、小米、芝麻等物。塑成男女娃娃头，用红豆做嘴，黑豆做眼睛，造型精巧，很有特色。

忻州的繁峙县一带因靠近五台山，故当地有一种百姓上五台山拜佛求子的供品，它以胖娃娃为主要造型。这种小面人或爬或卧，呈现出抱花、啃瓜等各种姿态，模样十分可爱。

定襄县最有特色的面塑要数中元节的"辨不清"，样子与年画《五子争头》类似。几个娃娃共用身体和臀部，缠身交臂地盘在一起让人辨不清数目，造型优美，构思巧妙。

山西省的面塑种类丰富，除了上述几个地域以外，在南部的新绛、襄汾，北部的原平、代县都有各式制作精美的面塑艺术。

（三）河北

河北省的面塑在邯郸磁县、石家庄井陉县、张家口康保县最有代表性。

磁县最有特色的面塑艺术要数农历七月十五姥姥家给外孙送的"面羊"。在旧时，面羊的形制非常大，需要好几个人来抬，当地的说法是形制越大越能表示关系亲近。一般面羊要成组送，一组为3—4个，其中有公羊、母羊和小羊。公羊和母羊的区别在于背上有没有驮一只小羊。磁县面羊多为素色，制作精美，洁白剔透仿佛有玉石的质感。黑豆不仅用作面羊的眼睛，还要放在尾部当作羊粪团，十分有趣。

井陉的面塑以农历正月十五的祭祀供品最为壮观。因其靠近山西，故艺术风格受到少许山西的影响，在南张村的老母会上供奉的是以点彩的白色寿桃或石榴为座，上边塑有彩色的梅花、菊花、牡丹纹样，融合了繁衍生息和吉祥长寿的观念。

另外，张家口北部的康保县等地区。因元朝时期受蒙古族统治的影响，流传下来的“面人人”原本用于战时的通风报信，现已成为“老母会”供品，演变为一种传递祝福的媒介。其造型多为打扮得花枝招展的女孩子，神态安详，体态端庄。颜色以素色略施红点为主。

(四)河南

河南面塑主要流行在豫西的灵宝市，豫东南的沈丘县和北部地区。

在鸡鸣三省的豫西灵宝市，结婚用的花糕很精美，造型风格与陕西合阳县的大花糕类似。以枣糕作底，上边插有百鸟朝凤和老虎狮子造型，中心饰有一颗染红的熟鸡蛋，表达了希望晚辈吉祥、健壮、生生不息的美好愿望。

位于沈丘老城的顾家花馍作坊远近闻名。据说是200年前一个外号“顾二别子”的人创始的。顾家馍以其不烂不霉又略带甜味的特点而声名远扬，历史上曾经作为贡品进贡乾隆皇帝、慈禧太后等人。顾家馍的造型分素色的小葫芦和彩色的动物形象，鲜有人物造型，形制都不大，小巧而精致。经过“文革”时期的“拢族”运动以后，沈丘老城的街道上出现了风格相仿的“陈家馍”“刘家馍”……此外，河南北部地区春节使用枣山馍，风格基本与河北南部的磁县面塑类似。还有很多造型随意的蛇、刺猬之类的动物面塑，小孩子们非常喜欢。

(五)山东

山东的面塑主要分布在胶东、菏泽、聊城等地区。胶东民间面塑艺术丰富多彩，地域分布从东到西、从南到北，各地都有。面塑的品种则有面灯、巧饽饽、面老虎等。巧饽饽是胶东人家制作春节的枣馍、圣虫，清明的面燕、面鱼，七夕的巧果，中秋的面月，寿诞婚丧的花馍馍之总称。用来祭祀、观赏、食用和馈赠亲友。胶东面塑的特点是先蒸出锅后描画，而并非直接揉捏完成。另外胶东面塑具有很强的抒情色彩，但由于受到山东地区特有的传统民风影响，面塑作品中又不乏豪放、敦厚、质朴的山东特色。绝大多数属于家庭所制作的胶东面塑，本质还是离不开造型严谨、庄重古朴，紧贴民俗。

胶东面塑与其他各地面塑最本质的一个区别就是,胶东面塑无论是工艺类面塑还是食用面塑最重要的一点是离不开注重食用。二是都要经过蒸煮这道工序,而其他各地的工艺类面塑则不然。其他地区的工艺品面塑大多都是面粉直接加入色素,以防腐剂和黏合剂调制面粉,制作方法与橡皮泥近乎一致,反而脱离了饮食文化这一根源。而胶东面塑即使是工艺类面塑也离不开入锅蒸熟之后才进行着色。自始至终贯穿着饮食文化的特点,以及民俗的特征。可以简单地说,其他地区的工艺面塑,重在造型与工艺,更为艺术,而胶东面塑则重在内涵,更贴近民俗与文化。

位于山东省西部聊城冠县地区北馆陶镇郎庄村家家户户男女老少都会做面塑。郎庄面塑具有鲜明的艺术特色。其作品均为半浮雕式,将面发酵捏塑成形后蒸制而成,蒸制时面粉的发酵作用使造型浑圆饱满,简练夸张,形神俱备。郎庄面塑在用色上常涂以大块面的红、黄、绿、蓝等色,间以多变的线条和钴蓝、白粉点出的小花,最后用墨绿勾画出人物的眉眼须发。强烈的色相对比使面塑的色彩活泼生动、绚丽多彩。目前,作品涵盖牡丹、莲花等花卉,南瓜、西瓜、杏、梨、桃等水果,鸡、鸭、鹅、燕子等禽鸟,蜻蜓、蝈蝈等昆虫,鲤鱼、青蛙等动物,龙、虎、狗等走兽,马、牛、羊、猪等家畜,《三国演义》《水浒传》等成套戏曲人物,《八仙过海》《西游记》《自蛇传》《哪吒闹海》等神话人物,共九大系列,上百个品种,2000 多种花色。郎庄面塑是鲁西北地区面塑艺术的典型代表,具有独特丰富的文化内涵,“面老虎”的名称具有镇宅消灾的观念与图腾崇拜的神秘意识,而在面塑作品中也折射出对生命的讴歌、对幸福生活的向往与追求。1990 年,郎土氏的面塑作品荣获 1990 广州中国旅游购物节“天马金奖”。2008 年 6 月 14 日,郎庄面塑被国务院公布为第二批国家级非物质文化遗产。

菏泽(古代称曹州)位于鲁西南地区,菏泽面塑是山东北方面塑的代表,以工艺面塑为主,花样繁多,古朴自然,主要代表是面人(曹州面人,当地俗称“江米人”)。菏泽面塑带有浓厚的民间风味,逢年过节在公园、市场仍能看到艺人的身影,师傅们在短短几分钟就能捏出逼真的人物、活泼的娃娃、可爱的动物等让你喜欢的面人。工艺特点是做工细致,色彩复杂,手法细腻。与其他面塑最大的不同是,其他工艺面塑一般是先塑型后着色,而曹州面人是对用料先染成各色面团而后捏制。类似于孩子玩的橡皮泥,已经有现成的各种颜色,再捏制形状。一根竹签捏在面人的手里,红、黄、蓝、绿、黑、白等各色面团在十指间揉、搓、拈、压、拍,连续的动作诞生出一个个形态万千的人物。菏泽当地以江米面人最为出名。据说是 100 多年前两位江西人游艺到菏泽，通过对当地面塑艺术的改良创造了不易霉烂的江米人，现已成为菏泽一项经济来源。江米人的造型源自各种戏出故事、神话传说，是一种寓教于乐的玩物。

距菏泽城西南十多公里的解元集乡穆李村是面塑之乡，是菏泽面塑的发源地。菏泽面塑大师曾到东南亚多国献艺，并应邀访问欧美国家。菏泽面塑与时俱进，不断发展与创新，面塑作品现已成为人们的艺术欣赏品和菏泽的旅游纪念品。在面塑艺术的发展过程中，穆李村面塑艺人走南闯北，影响全国，逐渐形成了三大流派，即山东菏泽的李派、北京的汤派、上海的赵派。三派各具特色，而菏泽李派一直独占鳌头。

三、面塑旅游产品开发设计

按照功能及设计需求，面塑旅游产品大致可以分为三个层面：核心产品、延伸产品及衍生产品（图 3-3）。

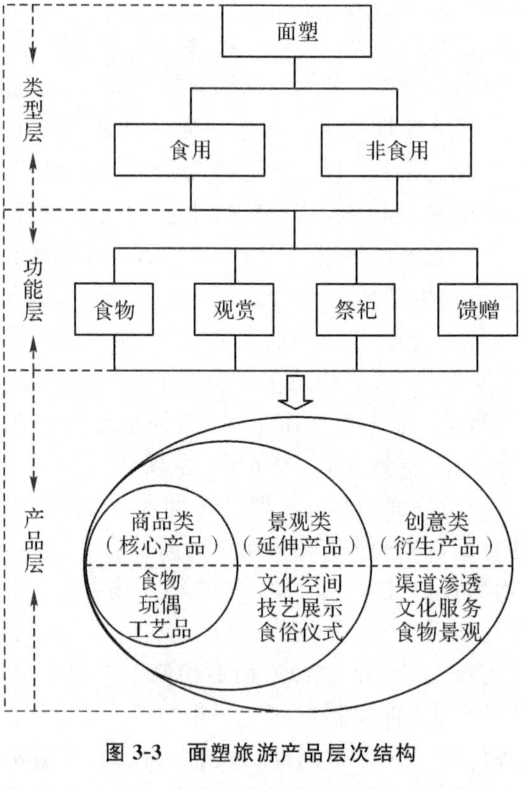

图 3-3　面塑旅游产品层次结构

(一)核心产品

核心产品以有形的面塑成品为主，主要定位在一般商品和旅游商品两大类，针对面塑的不同类型开发出面向各需求群体的食物、玩偶及工艺品。

(二)延伸产品

延伸产品则以面塑的其他景观要素，诸如文化空间、技艺、旅游文化等方面为主，从面塑景观的延伸层面做文章。

(三)衍生产品

衍生产品是在前两者的基础上，与文化创意产业相结合，形成的辐射产业，包括渠道渗透，即通过各种渠道之间的渗透推广，实现产品的横向多元化，提升同一品牌的影响力，如将影视红人、动漫形象以面塑的形式表现，同时也可以将面塑形象引入动漫及影视作品，实现资源合作和推广。文化服务，表现在技艺展示、技艺培训、艺术设计、艺术创作等多方面。食物景观，则将面塑主要定位于食物这一功能，通过结合当地的民俗及地理特点，打造以美食为吸引物，以文化创意为内核的综合产品。[①]

四、面塑文化旅游的主要形式

(一)面塑技艺展示

面塑既是地方饮食文化的展演，又是民俗文化的缩影，伴随艺人的技艺展示、浓厚地域色彩的文化空间共同组成异彩纷呈的人文景观。

比如，云冈石窟景区食货街有一处名叫“面·典”的商铺，店里的面塑作品多以古代历史经典人物为对象。每件作品都是在放大镜下纯手工制作，融合了绘画、雕塑、刻印、装饰等诸多艺术形式，用更精巧、更易保存的技艺体现中国传统美学旨趣，同时对艺术家细心、耐心、专心等方面要求更高。广大游客可近距离欣赏到活灵活现的面塑艺术，以及在传承使命下的一腔热情。“面·典”还提供私人定制，用生动灵巧的面塑艺术，立体还原或定格下人生中某一重要场景，也可定制企业文化面塑。

---

① 孙杨：《基于文化资本理论的山东面塑景观研究》，中国海洋大学硕士学位论文 2012 年，第 54 页。

(二)面塑旅游商品

面塑体积小、便于携带,又经久不霉、不裂、不变形、不褪色,无论是从审美角度还是从文化价值的角度,面塑都富有收藏价值,因此深受旅游者喜爱,是人们馈赠亲友的纪念佳品。把这种民间手工艺品开发成旅游商品,一方面可解决手工艺产品企业和艺人的生存与发展问题,另一方面也达到了传承非物质文化遗产的目的。如济南市民俗艺术馆的面塑艺术作品起初就是单纯地做纪念品用于个人收藏,后来才发展到做政务礼品、商务礼品,再到旅游商品,并被新加坡、马来西亚、法国、美国、澳大利亚等国外博物馆、美术馆收藏。

(三)参与制作

面塑根植于民间,蕴含着深厚的文化,散发着浓郁的乡土气息,体现着古老的民俗。在农村,婚丧嫁娶的宴席上面塑必不可少,而现在很多高级宴席上也要用面食造型。晋中地区在逢年过节的时候,蒸制的“饭山”“枣山”(花馍),就是面塑的一种。如果让游客参与到这些面塑的制作中,从做酵头、和面、压面、切面、加面、做形、蒸面、晾晒一整套工序,深入体验揉、拎、搓、措、挤、压、捻各项手法和推、夹等各种剪法,可以体验创作的乐趣,享受创造的成就感。同样,游客也可以将这些面塑带些回去送给自己的亲朋好友,进一步传递文化和喜悦。

(四)与民风民俗相结合

面塑是在面食文化的基础上发展起来的,既是中国传统民间艺术的一种表现形式,又是中华民族饮食文化历史变迁的缩影,具有独特丰富的文化内涵。在旅游开发过程中,可以与当地的风俗结合起来,共同形成旅游特色。

地处吕梁山岚县中北部的岚城,从隋朝到民国的1000年间一直是州、县城所在地,至今保留着一个古老的庙会,即供会,每逢供会城里几百户人家都会把精心制作的面塑供品摆到城里的北街上举行摆供礼祭仪式。面塑有动物、花草、人物、传统吉祥物,题材有神话故事、民间传说、戏曲剧情,件件精心塑造,形式和手法多样,风格质朴。面塑供品绵延200多米,整条街道变成了民间面塑展示的长廊。场面壮观,形式独特。供会上还有文艺演出、商贸活动。供会也吸引来各地的游客,近年也引起媒体和文化学者的关注。

（五）面塑主题酒店

主题酒店的装饰可以使用面塑的立体装饰，如人物造型、花瓶、浮雕等等，在餐饮上，除了我们一般的饮食以外，可以为客人增加当地特色面食以及面食制作表演，尤其是将面塑作为一道特色菜系来呈现。[①]

（六）面塑展览、面塑博物馆

陈列关于面塑的文化介绍、面塑发展、面塑作品以及现场的面塑制作或者面塑制作的视频等，以丰富面塑的表现形式吸引旅游者。同时，也可以印发一些关于面塑知识的纪念册，补充说明面塑文化。

（七）面塑文化节

2016 年 3 月 25 日—27 日，岚县举行了第十届面塑文化艺术节暨土特产品博览会。此次博览会共有逛古镇、住农家、赶供会、看大戏、品土特、玩网购、赛象棋、观艺展八大主题活动，分为面塑供会、特色农产品及文化艺术产品、摄影书法和特色美食餐饮、象棋比赛、秧歌锣鼓展演、面塑文化体验展区。岚县面塑艺术节的前身是已传承百年的岚城北街面塑供会。每年的这个时候，都会吸引全国各地不少游客。面塑展理所当然地成为关注的焦点。

---

① 李文芳：《探析山西面塑文化在旅游业中的发展前景》，《商业文化》2011 年第 5 期，第 252—253 页。

第四章　旅游途中品名菜

第一节　菜肴的内涵及其与旅游的结合

一、菜肴的名称

菜肴是指相对于主食、小吃(少数小吃亦为菜肴)、饮料等而言的用于佐酒、下饭的食物的总称。在中国古代的字书、辞书中,“菜”指的是蔬菜。从先秦至宋朝,大体是这种情况。宋朝及其后,“菜”的词义方才逐步演变为用各种动、植物原料烹制的“菜肴”了。如《随园食单》一书中有“素菜”“荤菜”“小菜”“满菜”“汉菜”“杭州菜”等,指的就是各种类型的“菜肴”。“肴”一词在古代通常指肉食,通“殽”。《诗·大雅·行苇》有“嘉殽脾臄”之句,《诗·大雅·韩奕》中有“其殽维何,炰鳖鲜鱼”之句,指的都是肉食和鱼类制品。大约在汉、魏之时,出现了“菜肴”这个词,其义通常指用动植物原料烹制成熟的肉食或蔬菜。[①]

菜肴“先声夺人”的是它的名称,它通过听觉或视觉的感知传达给大脑,会产生一连串的心理效应,发挥出菜肴的色、形、味所发挥不出的作用。

(一)菜肴的命名方法

中国菜肴的命名很有讲究,不仅反映出菜肴的内容、特点,还包含着艺术性与文化意味。命名方法大致可以分为写实类、艺术类、寓意类、典故类等。

---

① 邱庞同:《中国菜肴史》,青岛出版社2010年版,第2—3页。

1. 写实类

写实类命名是指菜肴命名时如实反映菜肴的特征，如原料搭配、烹调方法、口感或创始人、发源地等。其中有侧重以料命名的，如“尖椒牛柳”“鳗鱼豆腐”；有侧重以味命名的，如“怪味鸡”“酸辣汤”；有侧重以形命名的，如“樱桃肉”“菊花鱼”；有侧重以质命名的，如“一口酥”“金牌烧乳猪”；有侧重以色命名的，如“金玉羹”“琉璃藕”；有侧重以时令命名的，如“冬凌粥”“秋叶饼”；有侧重以烹调技法命名的，如“清蒸鲩鱼”“干炸带鱼”；有侧重以地名命名的，如“北京烤鸭”“海南椰子盅”；有侧重以人物命名的，如“宋嫂鱼羹”“宫保鸡丁”等。

2. 艺术类

这类菜肴名称不完全着眼于菜肴的用料和烹调方法，而是选择并利用菜肴本身的色香味及造型的独有特色，针对顾客的猎奇心理，运用比喻、象征、夸张、谐音等修辞命名。如“雪花豆腐”“芙蓉鸡片”（“雪花”“豆腐”均指蛋清）“芙蓉糕”“莲花卷”等都以美好的事物来形容菜肴的原料；“孔雀开屏”“乌云托月”则以形似强调了造型艺术的美。尽管这类菜名不能直接反映菜肴在原料、口味等方面的特征，但高雅的名称增加了菜肴的艺术感染力，可以引起人们的兴趣，引发联想，增进食欲。

3. 寓意类

这类命名即抛开菜肴的具体内容而另立新意，在菜肴名称中寄寓人们的某种感情或愿望的一种命名方法，集中体现了中华民族的意志及文化心理，具有深刻的文化内涵。如婚宴上的“百年好合”“白头偕老”，寿筵上的“长命百岁”“松鹤延年”，以及希求财富的“发财到手”“年年有余”，庆贺团圆的“全家福”“老少平安”等，都体现了中国人对幸福长寿、平安富裕生活的向往和追求。

4. 典故类

这类菜肴名称背后都蕴含着一定的历史文化背景，或与文学艺术相关，如“莼鲈之思”“贵妃醉酒”；或来源于宗教、民俗，如“饺子”“腊八粥”；或来源于民间传说、历史典故，如“佛跳墙”“东坡肉”等。①

（二）菜名中的修辞造词

修辞造词是菜肴命名中最具特色的部分。辞格在菜肴名称中的精巧

① 高瑞芬：《汉语菜点命名研究》，内蒙古大学硕士学位论文 2007 年，第 5—6 页。

设计，可以收到事半功倍的效果，给人以充分的艺术享受。当然，并不是所有的辞格用于菜名中都能够收到良好的效果。据统计分析，在菜肴名称中常用的辞格主要有比喻、夸张、借代、比拟、谐音、引用、意象、数字修辞等，它们对于表现菜肴的特色内容、增强艺术感染力都起到了积极作用。[①]

1. 比喻

菜肴命名妙用比喻会使菜肴更形象，内涵更深广，给人的想象更丰富，并具有中国传统诗画的美学效果。正缘于此，比喻在菜肴命名中得到了极为广泛的运用。有从形设喻的，如将洁白的蛋清泡比作“雪”，把细长的蛇、鳝喻作“龙”，把鸡称作“凤”，把鸽蛋叫作“珠”等；有从色设喻的，如“金针银芽”，实际上就是金色的金针菇和黄豆芽的白茎；有从声设喻的，如“炸响铃”实际上是油炸馄饨上桌后，趁热浇上调好的味汁，使其发出悦耳的声音；有从动态设喻的，如“将军过桥”；有从静态设喻的，如“翡翠虾仁”；有从意设喻的，如“龙虎斗”；有从情设喻的，如“霸王别姬”等。

2. 夸张

在汉语菜肴命名中，夸张手法的使用常常是为了将菜肴某方面的特征进行夸大，从而吸引食客。如扬州点心“千层油糕”，是一种菱形块、半透明的糕类点心，糕分 64 层，层层油糖相间，以“千层”来命名，为的也是突出其多层的特点；杭州传统名菜“百鸟朝凤”，以嫩母鸡为“凤”，制成鸟形的水饺围放于母鸡四周，犹如朝凤之鸟，既是形象生动的比喻，又以夸张的手法描述渲染了“朝凤”气势的宏大。

3. 借代

借代是借用与本体事物有着现实联系的事物的名称来代替本体事物的修辞方式，它只出现借体而不出现本体。这种方式可以引人联想，使菜名达到形象突出、特点鲜明、具体生动的特点。如“烧南北”（河北张家口市的传统风味菜肴，以塞北口蘑和江南竹笋为主料）、“炸三角”（北京小吃，将卤和卤肉包成三角，入油锅炸制而成，在此处以其形状来指代这种小吃本身）等。

4. 比拟

比拟是基于想象，用描写彼类事物动作形态的词描写此类事物的修辞方式。它把用于甲事物的词用到乙事物上，或者说，把甲事物所具有的情

---

① 周仁平：《试论汉语菜肴命名中的修辞运筹与修辞造词》，四川大学硕士学位论文 2005 年，第 4—16 页。

感赋予乙事物，从而收到“以我观物，物皆著我之色”的表达效果。这里的第一个“我”既可以是人，也可以是物。如湖南菜“脱袍鳝鱼”，其实就是去了皮的鳝鱼，以“脱袍”命名，赋予动物以人性化的特征，既形象又有动感，使人产生丰富的联想；沈阳名菜“群虾望月”是将鸡蛋皮用碗扣成圆月放在盘中，然后将烤红的十只大虾虾头朝向“月亮”，摆在四周，十分形象传神。

5. 谐音

谐音是指利用不同词语的声音相同或相近的条件，来增强语言表现力的修辞手段。这在菜肴的命名中应用广泛。如“年年有余”（“鱼”与“余”谐音）、“发菜好市”（原料为“蚝豉”“发菜”）、“长生不老”（原料为海参、大肠、腌雪里蕻梗，“长”即肠，“生”即参，均取谐音）等。

6. 引用

引用是在菜肴命名时援用他人的诗词或典故、俗语等的方法。其中，将诗词引入菜肴，赋予佳肴以诗的灵魂是菜名中情趣最浓的一种。如“龙蟠钟山”取意于明代高启诗句“钟山如龙独西上，欲破巨浪乘长风”；“枫叶红花”，以大虾、鸡丁同蒸，配以鸡蛋、番茄酱、黄瓜而成，取意于杜牧“霜叶红于二月花”一句；“红酥手”即红烧猪蹄，使人想起陆游的“红酥手，黄縢酒，满城春色宫墙柳”的佳句。

7. 意象

“意象”与“比喻”不同，比喻凸显的是事物的局部特征，或者是个体的事物，而意象可以展现事物的整体特征，或者群体的事物，形成“诗中有画”“言中有画”的意境。如“雪夜桃花扇”“翠塘春色”“断桥残雪”等菜名都给菜肴增加了一种诗意和韵味。

8. 数字

利用某些特殊数字的特定用法来表达意义的修辞就叫作数字修辞。我国传统的美馔佳肴中有诸多是以构思巧妙的数字命名的，可以说从“一二三四五六七八九十”到“个、十、百、千、万”应有尽有。这些数字的情趣或指其色，如“一品豆腐”“二色蟹肉圆”“三鲜焖海参”“三元烧牛头”“四味鲍鱼”“五彩牛百叶”“六合猪肝”“六合带子玉蚌”“七彩鱼面”“七星鱼丸”“八宝鸭”“九转大肠”“十全大补汤”“百花酒焖肉”“百花鱼肚”“千层糕”“万字扣肉”等。

菜肴的命名是一门艺术，有着特有的艺术魅力和东方文化内涵。响亮、高雅、有意蕴的菜名可以使菜肴增辉生色，它让人们一边饱腹一边陶冶情操，在品尝食物的同时让人在心理上也得到了极大的满足。菜肴的命名又是一门学问。研究它不仅对餐饮企业自身的经营和发展起着举足轻重的作用，而且对我国饮食文化走向世界也十分重要。

二、菜肴的基本属性

菜肴的属性是指菜肴本身固有的不可缺少的性质，如色泽、香气、滋味、形态、质地、营养、温度、盛器等。

(一)色泽

色泽是构成菜肴风味质量的重要因素之一，菜肴的色泽之美往往是人们欣赏菜肴的第一感觉，它能给人以强烈的印象。美好的色泽能增进人的食欲。菜肴的颜色和人的味觉之间也有某种特有的联系。如红色给人的印象强烈，味觉鲜明，会感到浓郁的香味和酸甜的快感；白色给人洁净、清淡、软嫩的感觉；黄色给人软嫩、松脆、干香、清新的味觉感受；绿色给人清新、鲜嫩、淡雅、明快的感觉；褐色给人芳香、浓郁的感觉。

菜肴的颜色是指主料、辅料通过烹制和调味后显示出来的色泽，以及主料、辅料、调料相互之间的配色。菜肴色泽美，首先是菜肴内在质地美的反映，色恶、色臭既是菜肴外感不佳的反映，也是其内部质量不佳或低劣、不中食的反映。

(二)香气

菜肴的香气指的是菜肴的主、辅、调料等经烹制后而挥发出来的能诱发食欲的美好气味，如谷香、肉香、鱼香、菜香、花香、果香等。在饮食活动中，人的嗅觉往往先于味觉，正如形容闽菜传统名菜“佛跳墙”的诗句中说的那样：“坛启荤香飘四邻，佛闻弃禅跳墙来”。这无非是对菜肴香气诱人食欲精妙绝伦的描述。由此可见，菜肴之“香”作用之大，非同一般。

一般说来，食物原料的香气，是由它们所含的醇、酚、醛、酮、酸、脂类等化合物，在烹制加热过程中挥发后，被人吸进鼻腔刺激嗅觉神经所产生的反应。菜肴成品呈现的香气不是单一的，而是一种综合的香气。菜肴的“香”虽然没有“味”这么明确，但是作为菜肴质量的一个要素，常常比“色、形”更直接影响就餐者的情绪和食欲，比美味更具有诱惑力，或者说其本身就是构成美味的一个重要部分。

(三)滋味

中国菜肴个体的滋味千差万别,严格意义上讲,每一种菜肴都有不同的滋味,就像世界上没有两片树叶子是完全相同的一样。这也是人们常讲的“一菜一格、百菜百味”的道理所在。

菜肴的滋味是由选择原料、掌握火候、注重调味三个方面构成的。烹饪原料不仅是味的载体,构成美食的基本内容,而且原料本身就是美味的重要来源。火候是烹饪中的重要环节,中国菜肴烹制过程中掌握运用火候相当考究,掌握适宜的火候不光只是为了使原料成熟,或者为了改变原料的质感,而且还有一个很重要的目的,就是为了体现和提取原料中特有的美味。注重调味是决定菜肴口味质量最根本的关键。原料自身以及在加热过程中虽然为食物提供基本的滋味,但最后美味还需调味的参与,不需要调味的菜肴几乎没有。从欣赏的角度看,中国烹饪是一门味觉艺术,从创造的角度看,中国烹饪也可以说是一门调味的艺术。烹饪的所有环节,最终都是服务和服从于调味的,获得美味毕竟是烹饪的最终目的。调味是重要的,调味又是复杂的,它的复杂性不仅在于调味本身的千变万化,还在于口味是因人而异的。

(四)形态

菜肴的形态是指菜肴主、辅料成熟后的外表形状、造型、图形,以及盛装在容器中的形态。虽然饮食是以食用为目的的,饮食艺术也是以味美为主旋律的艺术,但它也需以具体的外在形态为依据,来表现它的题材和内容。

随着人们生活水平的提高和烹饪技艺的发展,对菜肴“形”的要求也不断提高,在形状上并不局限于一般的丁、丝、片、块、条、粒等,搭配上也不仅仅是块配块、片配片、丁配丁、丝配丝的一般搭配方法,而是在块、片、条、丝、丁、粒、茸泥,整只、整形的基础上,用巧妙的艺术构思和精巧细致的操作手法,使这些常用的形状变得丰富多彩、形象生动。常见的如模拟动物、花卉、建筑等,取形要求美观、大方、吉利、高雅。

(五)质地

菜肴的质地是决定菜肴风味的主要因素,它以口触感判断为主,但是在广义上也包括手指以及菜肴在消化道中的触感判断。菜肴的质地主要取决于选料、配料、烹调技法、火候和刀工的水平。它体现了菜肴的特色,同时集中反映了中国菜的特点，菜肴质地的好坏在一定程度上也反映了烹调师操作水平的高低，菜肴质地的优劣在很大程度上影响人们的食欲。

菜肴的质地是反映菜肴特色的一个重要方面。中国的菜肴成千上万，任何一种菜肴都有它各自特定的“质”的要求。菜肴质地的种类很多，烹饪行业中通常把菜肴的质地即“质感”划分为单一型质感和复合型质感两大类（图 4-1）。单一型质感简称单一质感，它是烹调专家和学者为了研究上的方便而借用的一个词，以作为抽象研究的一种手段，它实质上不是菜肴质地的存在形式。复合型质感，简称复合质感，细分又有双重质感和多重质感。双重质感由两个单一质感构成，多重质感由三个以上的单一质感构成。复合性是菜肴质感的普遍特征。

以上这些概念只是一种行业习惯语，并没有科学的界定。近代食品科学从研究食品的力学特性出发，按硬度、脆度、耐嚼性、胶弹性、黏着性和黏性等几个方面，规范了一批食品质感的评价语言，使之成为国际通用的学术语言。

菜肴质感
- 单一型质感
  - 老嫩感：如嫩、筋、挺、韧、老、柴、皮等
  - 软硬感：如柔、绵、软、烂、脆、坚、硬等
  - 粗细感：如细、沙、粉、粗、渣、毛、糙等
  - 滞滑感：如润、滑、光、涩、滞、粘等
  - 爽腻感：如爽、利、油、糯、肥、瘦、腻等
  - 松实感：如疏、酥、散、松、泡、暄、弹、实等
  - 稀稠感：如清、薄、稀、稠、浓、厚、湿、糊、燥、干等
- 复合型质感
  - 双重质感：如滑嫩、软烂、酥脆、肥糯等
  - 多重质感：如外酥脆里软嫩、外焦里嫩、脆嫩滑爽、柔软细嫩等

图 4-1　菜肴质感的基本类型

（六）营养

菜肴是否具有本身所应有的营养价值，是评价它质量高低的重要指标。评价菜肴营养价值的高低，主要应该看组成菜肴本身的各种主辅和调料是否做到了合理利用、科学搭配，还要考虑是否做到了合理烹调，也就是通过烹调加工营养成分保持的程度，或者说是营养成分受损和破坏的程度以及消化吸收的难易。但仅从这一方面考虑还不够，因为各种原料的成分在烹制过程中总会发生一些变化，总会有一些营养成分遭到损失和破坏，这些损失是难以避免的，所以若采取恰当的烹调加工方法，损失会明显地减少。在烹制加热过程中，由于蛋白质等营养成分的变性，菜肴由生变熟，

消化吸收率会有明显的提高，从而也提高了菜肴的营养价值。若火候不够，菜肴不热，或火候过了，使菜肴变焦、糊等，或烹调方法不当，等等，都会影响人的消化吸收，从而降低菜肴的营养价值。

(七)温度

菜肴的温度，即菜肴出品时的温度。同一种菜肴，出品食用的温度不同，口感质量会有明显差别。如拔丝苹果，趁热上桌食用，可拉出千丝万缕，冷却后则成了糖饼一块，更别想拔出丝来。不同的菜肴对温度的要求也不同，“一滚当三鲜”，可见菜肴的温度在就餐时的重要性。通常热菜的最佳食用温度为60℃—65℃，冷菜的最佳食用温度在10℃左右。因此，冷菜宜在客人就座时上桌，热菜则应在冷菜即将品尝完时再逐个上桌，以保证菜肴温度。

(八)盛器

毫无疑问，菜肴烹制成熟后都要用器皿盛装，才能上席，便于人们食用。器皿盛装菜肴的运用，是构成菜肴“属性”的主要标志之一。盛装菜肴器皿的形状、大小、颜色、纹饰等与菜肴搭配得适当与否，对菜肴的美感能起到一定的衬托作用，故有“美食不如美器”之说。如果一种菜肴用合适的器皿盛装，就能给人以赏心悦目的感觉，从而增进人们对菜肴的喜爱，并使就餐者的食欲大增。特别是一席菜中，除盛器与菜肴的配合外，还应注意盛器与盛器之间的配合。精美的盛器与美味佳肴相得益彰，能使筵席显得更加丰盛和隆重。

如果器皿太劣，配合得又不适当，就会削弱或破坏整桌筵席菜肴的形态美感。所以厨师不仅应该注意菜肴的色、香、味、形、质、营养，而且也要注意盛器的配合，这是不可忽视的。如盛器的大小要与菜肴的分量相适应，盛器要与菜肴的形态相匹配，盛器的品种要与菜肴的品种相匹配，盛器的色彩、纹饰要和谐，不同质地的盛器要互相配合，不同盛器之间的配合要合理。

(九)声音

菜肴的声音是指菜肴在出品或上桌时发出的声音。有些菜肴由于厨师的特别设计或特殊盛器的配合使用，菜肴上桌时应该具有某种特殊的响声。比如锅巴类菜肴、铁板类菜肴等，菜肴上桌的同时发出“吱吱”的响声，说明菜肴的温度足够，质感是达标的，进而为餐桌创造热烈的气氛。相反，该发出响声的菜肴没有出声，说明不是菜肴温度不够，就是菜肴质感不符合要求，就会使菜肴质感降低，进餐者就会感到失望和扫兴。声音作为菜肴的评价指标，通常是和菜肴质地、温度等联系在一起的，因为声音是菜肴质地的外在表现形式。

（十）卫生安全

“民以食为天，食以安为先。”卫生安全是保证创新菜肴可食性的前提，因而在加工和盛装时始终要保持清洁程度，包括原料处理、加热、调味、造型、装饰等。

以上菜肴的各要素属性之间是相互依存、互相制约、互相影响、彼此关联的。如“色”的和谐、“香”的生成、“味”的调和、“形”的美观、“质”的感受、“营养”的搭配、“器”的配合做到这些才完美，否则，就不能成为一道完美的菜肴。

三、菜肴文化与旅游结合的主要途径

菜肴是中国饮食文明最重要也是最基本的载体。品尝各地名菜佳肴已成为旅游的重要内容之一。比如，以前外地游客到曲阜，大多以纯粹的观光为主。而如今品尝孔府菜，又成为孔子故里颇受欢迎的旅游项目。曲阜旅游部门专门推出了“孔府菜”专项游线路。2016 年 11 月第九届中国吴江震泽旅游文化节暨中国太湖农家菜美食节期间，“家禽”成了家庭烹饪大赛上人们比拼的绝活儿，清蒸、红烧、白炖……古镇的厨娘们用灵巧的双手制造出一道道鲜活美味。时值小雪，微冷的天气更助长了羊肉食客们的兴致，“震泽红烧羊肉”的美妙滋味，为这个初冬平添了一丝暖意。此外，中国皇家菜博物馆、中国淮扬菜文化博物馆、中国杭帮菜博物馆、川菜博物馆，已经成为旅游景点。

（一）菜肴中的烹饪故事与旅游相结合

人在旅途，故事无数。可以在各种经史、方志、笔记、农书、医籍、诗词、歌赋、食经以及小说名著等文献中，寻找有关菜肴的故事，然后对其进行整理、仿制和改良，以此创造出新菜品。例如：西安的“仿唐菜”，山东的“孔府菜”，杭州的“仿宋菜”，南京的“仿随园菜”，扬州的“仿红楼菜”等。导游或餐厅的服务员在游客就餐时，向游客介绍餐桌上的菜品故事，让游客不仅吃出其中的美味，更能吃出其中的故事，回味无穷。

(二)菜名的主题创意与旅游相结合

许多不同菜肴的菜名里,都蕴藏着中国文化的踪迹。例如,有一道菜肴名为"太极翡翠羹",其名字就体现了我国土生土长的道家文化。它是将几种烹饪原料加工成茸状后烩制成熟,摆成太极图阴阳鱼的形式而成的菜。如将其与具体的旅游活动相结合,使游客在游览宗教圣地的同时能品尝到这样的菜肴,必会使整个旅游活动变得生动起来,更好地促进宗教旅游的发展。再如新疆有一道名为"花篮藏宝"的清真食品,就是用西瓜做花篮,镂刻出具有民族特色的图案和花纹,篮里摆满了吐鲁番的葡萄、哈密的瓜、库尔勒的香梨、伊犁的苹果、库车的白杏、和田的水蜜桃、叶城的石榴等驰名中外的水果,它集新疆水果之精华,也反映出新疆的风土人情,宛如巧夺天工的艺术珍品,给人留下经久难忘的美好回忆。如将其与具体的旅游活动相结合,使游客在游览新疆过程中品尝到这样的地方美食,必将增加游客对新疆风土人情的了解,从而促进新疆旅游业的发展。

(三)菜肴的表现形式与旅游相结合

中国菜肴历来讲究内在美和外在美的结合。内在美包括质、味、香、营养等,是菜肴的内在本质;外在美包括色、形、器、名等,是菜肴的外在表现形式。我们可以借菜肴的造型、装盘、菜名等菜肴的外在表现形式,来寄寓和表现某些相关的旅游胜地、旅游景观等。例如:西湖十景宴由十景拼盘、浙江十大名菜和四大点心组成,尤其是十个象形拼盘的衬托,它把美食与美境很好地结合起来,使旅游者能在大快朵颐之时,领略西湖的秀色,抒发思古的情愫,体验"人在天堂"的生活,留下美好的回忆。大凡旅游胜地,都有相应的菜肴与景观齐名,二者相映成趣。例如杭州西湖有西湖醋鱼,无锡太湖有太湖脆膳,再如苏州的松鼠鳜鱼,厦门的吉列大虾,成都的樟茶鸭子,广州的龙虎斗,南京的板鸭等。

(四)推介、开发系列特色菜肴与旅游结合

首先,可以开发各地特色烹饪原料的系列特色菜肴。如在广西龙胜,龙胜饮食离不开当地特有气候环境条件栽培出来的龙脊辣椒,炒菜放辣椒,吃饭时有辣椒碟、辣椒碗、辣椒汤,龙脊辣椒以其个小、皮厚、色红、味辣、香脆而远近闻名。由此,可用龙脊辣椒制作干辣椒、辣椒酱、辣椒粉、辣椒油、辣椒饼、酸辣椒等系列辣椒制品,举办以龙脊辣椒为主要原料的烹饪大赛,开展以龙脊辣椒为主题的独具地方特色的辣椒文化旅游活动。其

次，可以举办各类旅游美食节，让旅游与美食有机结合，让源远流长的中国烹饪艺术得到推介与普及，让传统的菜肴品种和烹饪技艺得到推介与展示的同时，也获得创新与发展。

第二节　菜肴旅游资源

一、宫廷菜

所谓宫廷菜，是指我国古代奴隶社会王室和封建社会皇室成员所享用的肴馔。由于饮食者的特殊身份，他们役使天下各地名厨，聚敛天下美食美饮，形成了宫廷菜豪奢精致的风味特色。可以说，中国每个时代的宫廷菜，都能代表当时的烹饪技艺的最高水平。因此，宫廷菜是中国古代烹饪艺术的高峰。

我国的宫廷风味菜肴，主要以几大古都为代表，有南味、北味之分。南味以南京、益都、纪南城（古郢都）为代表，北味以长安、洛阳、开封、北京、沈阳为代表。

（一）宫廷菜的历史发展

宫廷菜初步形成规模大约在周朝。当时的宫廷饮食具有代表性的有两种风味，一是周王室的饮食风味，其"八珍"是中国最早的宫廷宴席，体现了周王室烹饪技术的最高水平，也代表着黄河流域饮食文化；二是楚国宫廷风味，楚宫筵席兼收并蓄，博采众长，代表着长江流域饮食文化。

秦汉时期，宫廷菜在总结前代烹饪实践的基础上，菜品更加丰富，烹饪技法也不断创新。如汉朝宫廷的面食品比以前明显增多，而豆腐的发明，更使宫廷饮食发生了重大变化。

魏晋南北朝时期，各族人民的饮食习俗在中原交汇，大大丰富了宫廷饮食。如新疆的烤肉、涮肉，闽、粤的烤鹅、鱼生，西北游牧民族的乳制品等都被吸收到宫廷菜中，为宫廷风味增添了新的内容。

进入唐朝，宫廷菜的烹调技术和烹饪技艺已经达到很高水平。这主要通过宫廷宴会得到体现。当时，宫廷宴会不仅种类繁多，而且场面盛大，宴会的名目和奢侈程度都是空前的。据韦巨源（唐京兆万年人）的记载，在烧尾宴的菜品中各类山珍海味就达 58 种之多。

北宋时期，宫廷菜相对简约。从原料选择看，这个时期以羊肉为原料烹制的菜肴在宫廷饮食中占有重要地位。南宋时期，宫廷菜开始越来越奢华，遍尝人间珍味的君王们对菜肴非常挑剔，宫廷筵席也是奢靡异常。

元朝的宫廷菜，所制菜肴多用羊肉，全羊席是其代表，同时还吸收多个少数民族乃至外国的饮馔品种和技法，充满少数民族和异国情调。明朝宫廷菜十分强调饮馔的时序性和节日食俗，重视南味。清朝的宫廷菜无论在质量上还是数量上都是空前的，奢侈靡费、强调礼数达到了古代中国宫廷饮食的极致，是中国宫廷菜发展的顶峰。

（二）宫廷菜的主要特点

1. 选料广泛严格

历史上宫廷菜的原料，大多数是各地方的贡品。以清朝的宫廷档案中的贡单为证，山珍海味无所不包，如燕窝、鱼翅、鲍鱼、竹荪、野鸭、驼峰、鹿鞭、大虾、熊掌等等。有一些宫廷原料多取珍贵之物，因而有“拔珍自奇”之说。如宫廷名肴“清汤虎丹”，以小兴安岭的雄虎睾丸为主料。再如东北熊掌，多选秋末冬初的掌，而海南的燕窝只选官燕。虽然宫廷菜原料多为珍贵之物，但也不乏市井常见之物，只是选用必是上品，如猪要选鬃毛刚硬的，羊要选毛细密柔软的，兔要双目明亮的，等等。

2. 烹调精细讲究

宫廷菜特别讲究刀工。在刀工处理上既要求易入味，又要求造型美观，同时根据原料性质及烹调需求运用不同刀法。以鱼为例，其花刀处理有兰草花刀、柳叶花刀、松塔花刀等等。宫廷菜的刀工还往往表现在细微之处，如小料亦常切花刀。在刀工上堪称绝技的“怀抱坡刀”，它借助两手配合，左手掌握尺度，右手掌握速度，以腕力和娴熟的技巧，将里脊片成自然微曲薄如纸帛的羽毛片，这种刀工确非一日之功。

宫廷菜十分重视造型。它一般多是两种或三种原料构成菜肴造型。厨师中有这样一句话，皇帝不吃“寡妇菜”，所以每道菜肴既讲究饱满，又讲究色彩，并多用围、酿、配、镶等方法，形象逼真，使人不忍下箸。

在调味上，宫廷菜有九九八十一口之说。有的是根据调料名称所定，如“宫门献鱼”，其味先甜后咸再辣，层次分明，所以叫“梯子口”；又如“瓦香肉”所用的调料酱油、糖、醋比例大致相同，所以叫“三致口”。像“一品四喜丸子”的“红光口”，“八宝肥鸭”的“净贤口”，“葱烧海参”的“吐汁口”，“焦熘里脊”的“文霞口”，“扒肘子”的“天堂口”，等等，举不胜举。宫廷菜在口味上以复合味居多，讲究小料的使用。再以宫门献鱼为例，其小料多达10种，在制汤上达到登峰造极，如“龙凤双吊绍汤”，需三天完成，口味鲜香无比。

3.菜名典雅，器皿精美

宫廷菜的名称多是吉祥富贵的名称，许多是以福、禄、喜、寿、财之意命名，或者是根据传说和典故而创制，如“黄葵伴雪梅”“凤胎龙子”“雪夜桃花”“三姑守节”“蟠桃玉树”等。在餐具上宫廷菜以金、银、玉、象牙等居多，有的有万寿无疆等字样。餐具造型多种多样，如鱼型、鸭型、寿桃型等，有的餐具镶有宝石、翡翠等。在华贵古雅的餐具中盛放精烹细作的美食，再加上典雅的菜名，三者相互辉映、相互衬托，在享受美味的同时，领略了美的艺术。

二、官府菜

美食在民间，以中国之地大物博，走遍大江南北，绝对可以吃遍各种美味。不过想吃出水平绝对不是一件简单的事儿，起码条件是要有钱，有闲，有文化，有资格，不用说，只有官宦之家才有这条件，而且还得是大官。也正是在这些大官之家，诞生了人间极品官府菜。中华美食，宫廷菜太过，民间菜不及，而官府菜居于二者之间，就和美食一样，恰到火候。有美食家曾经评价官府菜曰：人类饮食文明，到此为一巅峰。

官府菜在规格上一般不得超过宫廷菜，而又与庶民菜有极大的差别。贵族官僚之家生活奢侈，资金雄厚，原料丰厚，这是形成官府菜的重要条件之一。官府菜形成的另一个重要条件是厨师与美食家的结合。

（一）官府菜源远流长

官府菜始于春秋时期，从汉至唐已初具规模。东汉大鸿胪郭况之家号称“琼厨金穴”，西晋荆州刺史石崇以操办“金谷园宴”驰名，中唐礼部尚书韦陟的府邸名曰“郇公厨”，晚唐邹平郡公段文昌的厨房更有“炼珍堂”的美称。

到了宋朝以后，官府菜有了更大的发展，除了绵延千载的孔府菜外，各朝均有著名品种。如宋朝有苏轼的东坡菜，清河君王张俊家菜；金元时期有元好问家菜，刘因家菜，阿合马家菜；明朝有礼部侍郎钱谦益家菜，魏忠贤家菜，严嵩家菜；清朝有袁枚的随园菜，曹寅的曹家菜，纪晓岚的纪家菜，谭宗俊的谭家菜，等等。民国年间，有谭延闿的组庵菜，张作霖的帅府菜，等等。

封建社会官府菜之所以兴盛不衰，主要原因有三个：一是封建官吏为了享乐和应酬；二是通过饮食活动为官职升迁铺路；三是养生延年的需要。虽然，官府菜主要是因封建官吏的需要而产生，但它对中国烹饪的发展、演变也有其积极的一面，它保留了很多饮食烹饪的精华，在烹饪理论与实践方面有很多建树。

（二）官府菜的主要特点

1. 用料广博

官府菜由于出自官宦之家，有条件获得各种档次或等级的原料，对原料的选择和使用都非常广泛而且讲究。以孔府菜为例，其用料多选自山东品种繁多、档次齐全的特产原料，如胶东的海参、鲍鱼、扇贝、对虾、海蟹等，鲁西北的瓜、果、蔬菜，鲁中南的大葱、大蒜、生姜，鲁南的莲藕、菱米、芡实，以及遍及全省的梨、桃、葡萄、枣、柿、山楂、板栗、核桃等，都是孔府菜取之不尽的资源。由此可见官府菜的用料广博。

2. 制作技术奇巧

官府的家厨虽然不会像宫廷御厨那样经过层层筛选、各怀绝技，但是在制作技术上也各有独特之处，更能够出奇、出巧。如镶豆莛，通常的做法是在豆芽外面包裹肉泥制成，而孔府的做法是将豆芽掐去两头，入70℃的水中汆一下，捞出控尽水分，用细竹签把豆芽穿至中空，塞入鸡肉泥、火腿丝等，清炒而成，其制作之奇、技法之巧由此可见。此外，石崇的“咄嗟即办”、谭家菜的“清汤燕菜”等也都以制作奇巧取胜。

3. 菜名典雅有趣

官府菜非常注重菜肴的命名，常常选择雅致、有情趣意味的文字为菜肴命名。如东坡菜中的玉糁羹，是用山芋制成的，因为它香味奇绝、色白如玉，苏轼为它取名为玉糁羹。而孔府菜的许多菜肴名称既保持和体现着“雅秀而文”的齐鲁古风，又表现出孔府肴馔与孔府历史的内在联系。如“玉带虾仁”表明衍圣公之地位的尊贵，“诗礼银杏”与孔家诗书继世有关，“文房四宝”表示笔耕砚田的家风，而“烧秦皇鱼骨”则寄托着对秦始皇“焚书坑儒”之暴政的痛恨。

（三）官府菜的种类

官府菜主要有以下几种：孔府菜、谭家菜、组庵菜、东坡菜、云林菜、随园菜、段家菜等。

1. 孔府菜

孔府菜是中国著名的官府菜之一，是中国饮食肴馔中的极品之作，是孔子后裔、被称为“天下第一家”的衍圣公府迎送礼仪的重要内容。孔府菜是中国饮食文化的集中表现，它既是一种饮食内容，又是一种文化现象。它是中国饮食文化史乃至世界饮食文化发展史中绝无仅有的珍贵文化遗产。孔府菜用料极其广泛，制作极为精细，菜式极具富贵气息，造型极趋美感，菜名极具文化韵味。

2. 谭家菜

谭家菜是中国最著名的官府菜之一，谭家菜是清末官僚谭宗浚的家传筵席，因其是同治二年的榜眼，又称“榜眼菜”。谭家菜的特点：一是选料考究；二是下料好；三是火候足；四是慢火细做，追求香醇软烂。谭家菜以燕窝和鱼翅的烹制最为有名。在谭家菜中，鱼翅的烹制方法即有十几种之多，如“三丝鱼翅”“蟹黄鱼翅”“砂锅鱼翅”“清炖鱼翅”“浓汤鱼翅”“海烩鱼翅”等等。鱼翅全凭冷、热水泡透发透，毫无腥味，制成后翅肉软烂，味极醇美。而在所有鱼翅菜中，又以“黄焖鱼翅”最为上乘。这道菜选用珍贵的黄肉翅(即吕宋黄)来做，讲究吃整翅，一只鱼翅要在火上焖几个小时。这样焖出来的鱼翅，汁浓、味厚，吃着柔软濡滑，极为鲜美。

3. 随园菜

清代著名文学家袁枚，在其1792年出版的《随园食单》中系统地论述了中国古代烹饪技术和南北菜肴特点，详细记述了我国从14世纪至18世纪中流行的300多种南北菜肴饭点，是一笔极为珍贵的文化遗产。得名于《随园食单》的随园菜，与谭家菜、孔府菜，并称中国最著名的三大官府菜。20世纪80年代，“金陵厨王”薛文龙将《随园食单》中的多道菜肴加以挖掘和整理，复活了随园菜。

随园菜的主要风味特色，一是在原料的选用上达到了近乎“苛刻”的程度，一律以原书所记为准，决不降格而求。二是加工与烹调既精细又卫生，严格按照原书的“二十须知十四戒”去办，决不草率马虎。三是讲究色香味形器，尽量保持盛清官府菜的风貌，如调色不用糖色，取香不用香料之类，显得端庄明丽。四是注重筵宴的制作技艺，力戒堆盘叠碗、“目食耳餐”等弊端，突出饮膳的文化气质和乡土情韵。

随园菜的代表品种有素燕鱼翅、鳆鱼炖鸭、白玉虾圆、八宝豆腐、瓜姜水鸡、台鲞烧肉、芥末菜心、酒煨鳗鱼、鸡松、烧鸭、灼八块、素烧鹅、叉烤山鸡、竹蛏豆腐、糟鸡翅、黄芪蒸鱼脯、酒煨水鱼、雪梨鸡片、栗子烧鸡、醉虾等。

4. 直隶官府菜

直隶官府菜是河北保定会馆从20世纪90年代开始，从历史资料中查询有关直隶官府菜的记载，并进行研究创新，于2006年向市场推出的第一批创新官府菜。“直隶官府菜”又叫“直隶衙门菜”“直隶公府菜”，是对古代直隶衙门官府制作的供直隶官僚阶层享用的菜肴流派的统称。

直隶官府菜选料广泛，品种多样；出品精致大气，形象逼真，彰显官府贵族气派；不仅注重口味，而且注重质感，做工精细，讲究汪油抱汁、明油亮芡；菜肴在鲜嫩、爽滑、醇厚、干香基础上，兼具多味，南北适宜，在注重“色、香、味、形”的同时，又增加了“料、器、养”的特点，也就是原料考究，器皿精美，营养丰富。

直隶官府菜讲求美食，各有千秋，至今流传的有李鸿章烩菜、乾隆皇帝与鸡爪白菜、乾隆皇帝与鸡里蹦、慈禧与“阳春白雪”、直督方观承与荷包里脊、曾国藩与曾蹦鱼、曾国藩与锅爆肘子、曾国藩与国藩代蟹、相先生豆腐、官府抓炒鱼、袁世凯与清蒸炉鸭、总督豆腐、古莲花池与芙蓉鸡片（芙蓉鱼片）、直隶官府名人与鲍鱼、燕赵佳馔烧南北、直隶海参、直隶全爆、黄袍豆腐、侉炖鱼、南煎丸子、桂花鱼翅、芴板干贝、加板鱼肚、西法鹅肝、玉带鱼卷、慈禧槐茂太平菜等。

5. 组庵菜

“组庵”是明清进士谭延闿之字。他原籍湖南茶陵，曾任湖南督军兼省长，后官至南京国民政府主席、行政院长，因为他长期身居高官要职，又精于食道，并聘有烹技超群的湘厨曹敬臣为家厨，谭府家菜更是自成一体。组庵菜品种达200多种，其中组庵鱼翅、组庵豆腐最为著名。组庵菜的特点有三：一是制作精细，讲究入味，煨炖菜肴一定先用大火烧开，小火煨透；二是火劲深透；三是爱用鸡汤调制。据传一次烹饪鱼羹，他教导曹厨师，先取一只母鸡于瓦罐中煨汤，再取活鲫鱼悬于瓦罐之上，用鸡汤蒸气汽熟，鲜鱼肉掉入鸡汤中慢煨，最后鱼肉入鸡汤变鱼羹，鱼脑鱼刺悬空中。做出来的鱼羹无刺鲜美，稠而不腻。小小鱼羹都这样讲究，可见其他组庵菜工艺之精巧了。

三、素菜

素菜通常指用植物油、蔬菜、豆制品、面筋、竹笋、菌类、藻类和干鲜果品等植物性原料烹制的菜肴。素菜以其食用对象分为寺院素菜、宫廷素菜、民间素菜。素菜得特征主要有:时鲜为主,清爽素净;花色繁多,制作考究;富含营养,健身疗疾。

中国素菜的历史可追溯到西汉时期。相传西汉时期的淮南王刘安发明了豆腐,为素菜的发展立下了汗马功劳。豆腐不仅是素菜的重要原料,而且含有的优质蛋白质。因此,豆腐的发明不仅大大丰富了素菜的内涵,而且在营养学方面使素食主义有了更加强有力的说服力。据考证,北魏的《齐民要术》中专列了素菜一章,介绍了 11 种素食,是我国目前发现的最早的素食谱。南朝的梁武帝崇尚佛学,终身吃素,并倡导素食,大大推动了中国素菜文化的发展。此后据《东京梦华录》和《梦粱录》记载,北宋汴京和南宋临安的市肆上曾有专营素菜的素食店。在《山家清供》中还首次记载了当时有"假煎鱼""胜肉夹"和"素蒸鸡"等素菜荤作的手法。宋朝时有林洪的《山家清供》,所载 100 多种食品中大部分为素食,包括花卉、药物、水果和豆制品等。此外还有陈达叟的《本心斋疏食谱》,记录了 20 种用蔬菜和水果制成的素食。元明清三代,素菜的发展愈加繁荣,素菜在各种文献中的记载也非常丰富。清末薛宝辰曾有素食专著《素食说略》,其中记述了 200 多种素食。

一般认为,中国素菜有三大流派、两大方向。所谓三大流派是指宫廷素菜、寺院素菜和民间素菜;所谓两大方向,是指"全素派"和"以荤托素派"。全素派主要以寺院素菜为代表,不用鸡蛋和葱蒜等"五荤"。以荤托素派主要以民间素菜为代表,不忌"五荤"和蛋类,甚至用海产品及动物油脂和肉汤等。

(1)寺院素食。所谓寺院素食,泛指佛家寺院和道家宫观中的素食佳肴,为中国素菜的"全素派"。据《清稗类钞》记载,清朝"寺庙庵观素馔之著称为时者,京师为法源寺,镇江为定慧寺,上海为白云观,杭州为烟霞洞"。据记载,少林寺曾用少林素食在寺中先后招待过唐太宗、元世祖、清高宗等 20 多位帝王。公元 629 年,唐太宗因念及当年十三棍僧救驾之恩,亲率魏征、秦琼等人拜访少林寺。昙宗和尚以 60 款素菜摆设"蟠龙宴"招待唐太宗。公元 1292 年,元世祖前往少林寺寻访他的好友福裕大和尚,寺中为其特设"飞龙宴",多达 90 道菜。

(2)宫廷素食。宫廷素食来源于民间,发展于宫廷,最后亦流传于民间。因御厨最先选拔于民间,年老退休后也回到民间。如清朝的御厨年老要退休离宫,退休后他们也开饭馆或传艺他人,使御膳也流传于民间。辛亥革命后,清朝灭亡,更是有一批御膳房素局的名厨流落民间,开创了各自的素菜事业。如刘海泉创立了“全素斋”,曾名噪京城。宫廷素菜,是素菜中的精品。在宫廷中,御膳房内专设“素局”,负责皇帝“斋戒”素食,能调制出好几百种素馔。皇帝在祭祀先人或遇重大事件时,事先要有数日沐浴斋戒,更衣独居,戒酒、食素,使心地纯一诚敬。南朝武帝萧衍当了48年皇帝,此人长于文学、乐律、书法,笃信佛教,素食终身,为天下倡,曾四次入同泰寺出家,皆由国家出钱赎回。

(3)民间素食。民间素食是指民间的素菜馆和家常烹制的素菜。民间吃素大多是有慈善心怀和道德情操的,认为吃素是仁者的美德,都是怀着“一箪食、一瓢饮,不以物喜,不以己悲”的情怀吃素菜。孔子云:“饭蔬食,饮水,曲肱而枕之,乐亦在其中矣。”所以民间吃素,并不是不吃肉荤,只是强调多吃蔬菜,崇尚朴素清淡的生活。朴素永远比华丽更接近真实。所以,人们在大鱼大肉过后不如到素菜馆品尝一顿素食,在质朴的菜蔬食物中,有着陶冶性情、升华灵魂的境界,给你带来妙不可言的雅趣。

四、地方菜

我国的各种地方菜是各个地区具有不同特色的民间菜,它是相对于宫廷菜、官府菜和寺院菜而言的,是构成中国菜的主体。我国地方菜的系统较多,主要的有山东菜、四川菜、广东菜、江苏菜、浙江菜、福建菜、湖北菜、安徽菜、湖南菜、北京菜、上海菜、天津菜等(表4-1)。其中,特色突出而又影响较广的是四川菜、山东菜、江苏菜和广东菜。

表4-1　中国主要地方菜的构成、特色及代表菜

菜别	构　成	风味特色	代表菜
四川菜	由成都菜、重庆菜、自贡菜等为主体构成	(1)选料广泛,精料精做工艺有独创性 (2)菜式适应性强,清、鲜、醇、浓并重,以善用麻辣著称 (3)川菜雅俗共赏,居家饮膳色彩和平民生活气息浓烈,享有“味在四川”之誉	毛肚火锅、宫保鸡丁、樟茶鸭子、麻婆豆腐、清蒸江团、干烧岩鲤、河水豆花、开水白菜、家常海参、鱼香腰花、干煸牛肉丝、峨眉雪魔芋等

续 表

菜别	构　　成	风味特色	代表菜
山东菜	济宁风味（含曲阜）、济南风味（含德州、泰安）、胶东风味（含福山、青岛、烟台）等	(1)鲜咸、纯正、葱香突出重视火候，善于制汤和用汤，海鲜菜尤见功力 (2)装盘丰满，造型大方菜名朴实，敦厚庄重 (3)受儒家学派饮食传统的影响较深	德州脱骨扒鸡、九转大肠、清汤燕菜、奶汤鸡脯、葱烧海参、清蒸加吉鱼、油爆双脆、青州全蝎、泰安豆腐、博山烤肉、糖醋鲤鱼等
江苏菜	金陵风味、淮扬风味（含扬州、镇江、淮安、淮阴）、姑苏风味（含苏州、无锡）、徐海风味（含徐州、连云港）等	(1)清鲜、平和、微甜 (2)因料施艺，四季有别，组配严谨，刀法精妙 (3)色调秀雅，菜形艳丽 (4)筵席水平高，园林文化和文人雅士的气质浓郁	松鼠鳜鱼、大煮干丝、清炖蟹黄狮子头、三套鸭、清蒸鲫鱼、炖菜核、水晶肴蹄、梁溪脆鳝、拆烩鱼头、镜箱豆腐、将军过桥、金陵桂花鸭等
广东菜	广州菜（含肇庆、韵关、湛江）、潮州菜（含汕头、海丰）、东江菜（即客家菜）、港式粤菜（又叫新派粤菜或西派粤菜）等	(1)生猛、鲜淡、清美 (2)用料奇特而广博技法广集中西之长，且趋时而变，勇于创新 (3)点心精巧，大菜华贵，富于商品经济色彩和热带风情民间素有“食在广州”的称誉	三蛇龙虎凤大会、金龙脆皮乳猪、红烧大裙翅、盐焗鸡、鼎湖上素、蚝油网鲍片、大良炒牛奶、白云猪手、烧鹅、炖禾虫、咕噜肉、南海大龙虾等
北京菜	北京本地乡土风味、齐鲁风味、蒙古族风味、清真风味、宫廷风味（含今日之仿膳菜）、斋食风味、江南风味等	(1)选料考究，调配和谐 (2)以爆、烤、涮、扒见长酥脆鲜嫩，汤浓味足 (3)形质并重，名实相符 (4)菜路宽广，品类繁多，广集全国美食之大成	北京烤鸭、涮羊肉、三元头牛、黄焖鱼翅、一品燕菜、八宝豆腐等
上海菜	海派江南风味、海派北京风味、海派四川风味、海派广东风味、海派西菜、功德林素菜等	(1)精于红烧、生煸和糟制 (2)油浓酱赤，汤醇卤厚 (3)鲜香适口，重视本味	八宝鸭、虾籽大乌参、松仁玉米、炒青蟹粉、鱼皮馄饨、灌汤虾球、下巴划水、贵妃鸡等
浙江菜	杭州风味（以西湖菜为代表）、宁波风味、绍兴风味、温州风味等	(1)鲜嫩、软滑、精细，注重原味，鲜咸合一 (2)以烹调制作海鲜、河鲜与家禽见长，富有鱼米之乡风情 (3)形美色艳，掌故传闻多，饮食文化的格调较高	西湖醋鱼、东坡肉、泥烤童鸡、一品南肉、冰糖甲鱼、蜜汁火方、干炸响铃、双味蝤蛑、龙井虾仁、西湖莼菜汤等

续 表

菜别	构 成	风味特色	代表菜
福建菜	福州风味(含闽侯)、闽南风味(含泉州、漳州、厦门)、闽西风味(含三明、永安、龙岩)和南普陀素菜等	(1)清鲜、醇和、荤香、不腻,重淡爽、尚甜酸 (2)善于烹调制作珍稀原料 (3)汤路宽广,佐料奇异,有“一汤十变”之誉	佛跳墙、龙身凤尾虾、淡糟香螺片、鸡汤氽海蚌、太极芋泥、半月沉江、七星鱼丸、炸蛎黄、香露河鳗等
安徽菜	皖南风味(含歙县、屯溪、绩溪、黄山)、沿江风味(含安庆、铜陵、芜湖、合肥)、江淮风味(含蚌埠、宿县、淮北)等	(1)擅长制作山珍海味,精于烧、炖、蒸、烟熏 (2)重油、重色、重火力,原汁原味 (3)山乡风味浓郁,迎江寺茶点驰誉一方	无为熏鸡、软炸石鸡、清蒸鹰龟、毛峰熏鲫鱼、和县炸麻雀、酥鲫鱼、红烧果子狸、火腿炖甲鱼、腌鲜鳜鱼、黄山炖鸽等
湖南菜	湘江流域风味(含长沙、湘潭、衡阳)、洞庭湖区风味(含常德、岳阳、益阳)、湖南山区风味(含大庸、吉首、怀化)等	(1)以水产品和熏腊原料为主体,多用烧、炖、腊、蒸诸法 (2)咸香酸辣,油重色浓 (3)民间肴馔别具一格,山林和水乡气质并重	腊味合蒸、冰糖湘莲、麻仔鸡、组庵鱼翅、潇湘五元龟、翠竹粉蒸鱼、红椒酿肉、牛中三杰、发丝牛百叶、霸王别姬、五元神仙鸡、芙蓉鲫鱼等
湖北菜	汉河风味(含武汉、孝感和两阳)、荆南风味(含荆州、沙市和宜昌)、襄郧风味(含随州、襄樊和十堰)、鄂东南风味(含黄石、黄冈和咸宁)、鄂西土家族山乡风味(以恩施为中心)等	(1)水产为主,鱼菜为本 (2)擅长蒸、煨、炸、烧、炒,习惯于鸡、鸭、鱼、肉、蛋、奶合烹 (3)汁浓芡亮,口鲜味醇,重本色,重质地	清蒸武昌鱼、冬瓜蟹裙羹、鸡汁桃花鱼、沔阳三蒸、钟祥蟠龙、荆沙鱼糕等

五、少数民族菜

我国是一个幅员辽阔、人口众多的国家,其中少数民族在我国人口中占很大的比例。在中国菜肴这个百花园地里,少数民族菜以它独特的烹调方法和著名的菜品享誉中华大地(表 4-2)。

表 4-2 部分少数民族主要的风味特色

菜系	范 围	风味特色	代表菜
朝鲜族菜	流传于东北和天津，与朝鲜和韩国食馔同出一源	选料多为狗肉、牛肉、瘦猪肉、海鲜和蔬菜，擅长生拌、生渍和生烤，习惯以大酱、清酱、辣椒、胡椒、麻油、香醋、盐、葱、姜、蒜调味，菜品风味鲜香脆嫩，辛辣爽口。餐具多系铜制，喜好生冷	生渍黄瓜、辣酱南沙参、苹果梨咸菜、头蹄冻、烧地羊、生烤鱼片、冷面等
满族菜	流传于东北、京津和华北，有 400 余年的历史，在清代颇有名气	用料多为家畜、家禽，或熊、鹿、獐、狗、野猪、兔子等野味。主要烹调方法有白煮和生烤，口味偏重鲜。咸、香，口感重嫩滑。菜品多为整只或大块，吃时用手撕或用刀割食，带有萨满教神祭的遗俗	白肉血肠、阿玛尊肉、烤鹿腿、手扒肉、酸菜等。民族风味宴席（如三套碗、茶席）也很有特色
蒙古族菜	流传于内蒙古、东北和西北地区，有 800 多年的历史，元代是其鼎盛时期	与蒙古族菜近似，统称“乌兰伊德”，意为“红食”（其奶面点心则称为“白食”）。原料多系牛、羊，也有骆驼、田鼠、野兔、铁雀之类。一般不剔骨，斩大块，或煮或烤。仅用盐或香料调制，重酥烂，喜咸鲜，油多色深量足，带有塞北草原粗犷饮食文化的独特风味	反扒羊肉、烤羊尾、炖羊肉、羊肉火锅、炒骆驼丝、烤田鼠、太极鳝鱼等
彝族菜	传于川、云、贵、桂等地，有 800 多年的历史。宋、元时的南诏国菜品即以其为主体	料多用“两只脚”的鸡、鸭和“四只脚”的猪、牛、羊，也用其他野味。多为大块烹煮。添加盐和辣椒佐味	砣砣肉、皮干生、席子干巴、羊皮煮肉、肝胆参、油炸蚂蚱、生炸土海参、巍山焦肝等
藏族菜	传于西藏、云南和青海，有 1400 多年的历史。隋唐至今，其高原雪山的独特风味一脉相承	料多为牛羊、野禽、昆虫、菌菇等；重视酥油入馔，习惯于生制、风干、腌食、火烤、油炸和略煮；调味重盐，也加些野生香料；口感鲜嫩，分足量大	手抓羊肉、生牛肉、火上烤肝、油炸虫草、油松茸、煎奶渣、“藏北三珍”（夏草黄色炖雪鸡、赛夏蘑菇炖羊肉、人参果拌酥油大米饭）、竹叶火锅等
苗族菜	传于贵州、云南、四川、湖南等地 1000 多年的历史。红苗、黑苗、白苗、青苗、花苗的饮食风味大同小异	食料广泛，嗜好麻、酸、糯，口味厚重，制菜常用甑蒸、锅焖、罐炖、腌渍诸法，酸菜宴独具特色	瓦罐焖狗肉、清汤狗肉、薏仁米焖猪脚、血肠粑、红烧竹鼠、油炸飞蚂蚁、炖金嘎嘎鸡、辣骨汤、鱼酸、牛肉酸、蚯蚓酸、芋头酸、蕨菜酸、豆酸、蒜苗酸、萝卜酸等

续 表

菜系	范　围	风味特色	代表菜
侗族菜	流传在黔、桂、湖北省交界的山区，有近千年历史。侗族菜现仍秉承古代百越人的山林食风	无料不腌，无菜不酸，腌制方法独特（有制浆、盐煮、拌糟、密封、深埋等10多道工序，保存时间少则2年，多则30年）。侗族菜酸辣香鲜，甘口怡神	五味姜、龙肉、醅(pei)鱼、牛别、酸笋、酸鹅、腌龙虱、腌蜻蜓、腌葱头、腌芋头、腌蚌等
傣族菜	流传在云南西双版纳、德宏一带，有800余年历史，带有小乘佛教的浓郁色彩	用料广博，动、植物皆被采用。制菜精细，煎、炒、炮、熘无所不用。口味偏好酸香清淡，昆虫食品在国外与墨西哥虫馔齐名。肴馔奇异自成系统，有热带风情和民族特色	苦汁牛肉、烤煎青苔、五香烤傣鲤、菠萝爆肉片、炒牛皮、鱼虾酱、香茅草烧鸡、牛撇撇拼盘、炸什锦、刺猬酸肉、蚂蚁酱、蜂房子、生吃竹虫、清炸蜂蛹、烧烤花蜘蛛、凉拌白蚁蛋、油煎干蝉、狗肉火锅等
土家族菜	流传在湘、鄂、川边界，有近2000年历史。由于受到湘、鄂、川菜系的影响，饮食文化较为发达	菜料包括禽畜鱼鲜、粮豆蔬果及山珍野味。烹调技法全面，嗜好酸辣，有“辣椒当盐”之说。肴撰珍异而丰富，带有浓郁的南国原始山林情韵	米年肉、笼蒸油烤熊掌、煨白猬肉、白猕子汤、凉拌鹿丝、红烧螃蟹等
京族菜	流传在广西防城区，有300余年历史，与越南菜同属一个体系	制菜多用海鲜，善于使用鲶汁，并有主副食合烹的习惯，爱用鱼汤调味下饭。由于是“靠海吃海”，其食馔有鲜明的渔村特色	螺蟹米粉汤、烤鱼汁芝麻糴粑、烧大虾、生鱼片、鱼露、蚌肉羹、烧石花鱼、炖海龟、清炒海龟蛋、烩海味全家福
壮族菜	流传在桂、粤、滇、湘等地，有3000年以上的历史，是现今岭南食味的本源	以猫、狗、蛇、虫为珍味，也吃禽畜与果蔬，擅长烤、炸、炖、煮、卤、腋，口味趋向麻辣酸香，酥脆爽口。美食众多，调理精细，食礼隆重，在桂菜中占有重要的地位	辣白旺、火把肉、盐凤肝、皮肝生、脆熘蜂儿、油炸沙蛆、清炖破脸狗肉、洋瓜根夹腊肉、龙虎斗、香星肉、烤辣子水鸡、酿炸麻仁蜂、龙卧金山、白炒三七鸡、酸水煮鲫鱼、马肉米粉
高山族菜	流传在台湾地区，有1000余年历史，系由古越人食馔、琉球群岛土著食馔和福建菜等融会而成	食料多取自本岛所产的动植物，技法有蒸、烤、煮、掖、拌等。口味偏好酸。香、肥、糯，饮食带有热带风情	三元及第、芥菜长年、香烤墨鱼、萝卜缨菜、干贝烘蛋、芋头肉羹、南瓜汤、发家鸡、蒜基熬鱼、黄笋猪脚、金玉满堂、土豆烧肉等

六、农家菜

农家菜就是农村人家以传统方法养殖的禽畜、种植的蔬菜以及当地自然生长的特产为原材料烹制的家常菜。农家菜源自民间，起于乡土，具有鲜明地域特色、风味特色和浓郁乡土气息。农家菜是本地区风味菜的重要组成部分，它具有以下几个特点。

（1）就地取材，品种繁多。俗话说，“靠山吃山，靠水吃水”。农家菜的选料同它所处的地理、气候、资源条件紧密相连。比如，水乡之地，捕捞鱼鳖虾蟹；田间地头，撷取种蔬野菜；茂林修竹之处，猎雉采菇。所有原料绝大部分是“居家常有，不烦远求”的寻常之物，常常是当地出产什么原料就做什么菜。

（2）加工简易，朴实无华。农家菜的独特风味，与市肆菜馆、酒店的精工细作有相当大的差别。比如，在刀工上，块大片厚，粗犷豪放；在烹制上，比较简便，容易操作，也无严格章法，讲究顺其自然，妙物天成，方法以烤、煮、煲、蒸、炖、烧、炒、拌等居多；在盛器上，外形古朴，花色简单，且以大碗、瓦罐、砂钵、炭炉居多，装盘虽没有星级酒店那么讲究，却给人以一种真诚、养眼的感受；在菜名上，朴素、直白，像烤白薯、老玉米、煮毛豆、咸驴肉等，充满了质朴，毫不沾都市脂粉铅华，就如土生土长的农民那样，全都是大地的气息。这些，正应和了劳动人民的纯真与善良，体现了农村乡情的单纯与自然。

（3）注重本味，新鲜可口。农家菜作为一种餐饮产品应该是一种原始的、原汁原味的，是真正乡村的，而不是都市餐馆式的菜肴。农家菜的口味调配简单大方不油腻，极少添加甚至不加过重过浓的佐料。一般就是家常的油、盐、酱、醋、料酒、味精、大蒜、生姜等，不用调色剂、添加剂，清清白白，强调是什么料就什么味，味型也以咸鲜味为主，不像经典菜那么繁杂多变。农家菜取材方便，因地制宜，常常是晨取午烹，夕采晚调，菜品充满独特的鲜美风味。比如，现在流行吃地锅馍、地锅饭。所谓地锅，就是用土灶柴火闷的饭，其香味是电饭煲所不能比拟的。

（4）物美价廉，经济实惠。农家菜多为普普通通的家常菜，适合普通居民的口味和消费水平。在农村，农家菜大部分是由农民利用闲置的房屋和生产资料所进行的经营性活动。相对而言，具有投资小、风险小、经营灵活等特点，所以价位比较低。在农家就餐，游客花钱不多，便可以品尝到一顿风味十足的农家菜。

第三节　地标菜的旅游开发

一、地标菜的概念和特点

地标菜是地理标志菜肴的简称，是指产自特定地域（某国、某地区或某地），具有广泛知名度和影响力的特色菜肴。地标菜一般由本地人创制，原材料全部来自本地区或部分来自其他地区，并在本地区按照特定工艺生产和加工的菜肴。

地标菜是名牌，也是品牌，与一般菜肴相比，地标菜具有如下特征：一是生产的区域性。由于地标菜对特定的自然资源条件有着较强的依赖性，因而地标菜的生产表现出很强的区域性特征。随着科学技术和餐饮经济的不断发展，地标菜的区域性生产特征虽然会趋于弱化，但是，地标菜的竞争优势，在很大程度上仍依赖于特定区域民众的消费需求和厨师烹饪技术的不断创新。二是产量的规模性。在现代经济条件下，地标菜的生产效益与产品的产量规模紧密相关，只有在一定的产量条件下才能形成商品优势，因此必须以规模为依托。三是品质的优良性。如果没有地标菜的优良品质作为保障，就无法形成有效的对地标菜的市场需求，也不可能带来较高的和持续的经济效益。

地标菜是产地自然因素和人文因素的结晶，从一定程度上反映和代表了产地历史和乡土文化、区域文化。其中人文历史因素包含地标菜形成的历史、人文推动因素、独特的文化底蕴以及证明性材料等内容，主要表现为地标菜的历史沿革，有关的方志、县志等历史文献，诗词歌赋、传记、传说、轶事、典故等记载，民间流传的该类菜品民风、民俗、歌谣、饮食、烹饪等，名人的评价、名人与之相关的活动、书法、绘画、碑刻等，媒体的相关宣传、报道和图片，等等。人文因素还包括地标菜在选料、加工、切配、烹调、装盘甚至是销售、消费过程中应遵守的生产工艺、生产流程、生产标准、消费环境、食用程序、消费方式等主观因素。

在地标菜的形成和市场地位的确立过程中，有着长期的历史传统背景，投入了大量的人文和经济因素。所以，地标不仅具有经济价值，而且也代表了一个地区、一个民族甚至一个国家的文化形象，具有文化价值等多元的综合价值。

二、地标菜应具备的基本条件

(一)独特的乡土原料

原料是构成地标菜的基本要素。如果原料特异，乡土气息浓郁，菜品风味往往别具一格，颇具吸引力。俗话说："靠山吃山，靠水吃水。"人们选择食物往往多是就地取材，如沿海多选海鲜鱼虾，内地多选山珍，牧区多选牛羊。即便是鱼菜，也多是就地选用，不尽相同，如东北多取大马哈鱼，两湖地区多取长江中游和洞庭湖所产鳊鱼、鮰鱼，广东、福建多取海产墨鱼，四川则用岩鱼、鲶鱼等。地标菜的原料大多在长时期内一贯如此，很少变更。除了不愿舍近求远、增加费用外，主要还是因为这个地区的烹饪师对常选用的原料质地、性味等比较熟悉，烹调时运用自如。所以某种原料一经选用，确有特色又使人嗜食，就坚持长期选用，从而保持了地标菜独特风味的相对稳定性。

(二)独到的加工技艺

中国烹饪是手工性很强的，烹制时的独特性比食品工业表现得更为突出，诸如火力大小、水量多少、调味品的使用等，全由手工掌握，所烹制的菜点不可能完全一样。一个成熟的烹饪师，既能较好地继承前代的烹饪技艺，又能进行独创活动，所烹制的菜点总是有自己的风格。不同的风味流派，同样都有自己独到(精于或偏于)的烹调风格。清代袁枚《随园食单》记述做猪肚"滚油爆炒，以极脆为佳，此北人法也，南人白水加酒煨两炷香，以极烂为度"，说明了南北两种截然不同的烹调方法和风格。与此相似的还有莲藕，南北做法也不一样。北方常用爆炒和滚水氽炝的方法，吃起来脆嫩。南方常用蒸煮的方法，吃起来软糯。再以鲁、川、苏、粤几个地标菜而论，鲁菜擅长爆、扒、㸆等烹调方法，菜品普遍水准卓越，其风格大方高贵，旷达洒脱；川菜善用小炒、干煸、干烧等烹调方法，味型较多，富于变化，菜品的家常性较强，其大众气息最为浓郁；淮扬菜偏于烧、煨、炖、焖等烹调方法，精于刀工，菜品较为精致，风格清新、温文尔雅；粤菜在焗软炸等方面独具一格，菜品多有开拓创新，其风格豪迈新奇。所有这些独到的烹调风格就成为各地标菜的重要特点。

(三)鲜明的风味特色

中国各地的地标菜,无论是普通菜还是高档菜,大众菜还是筵席菜,都有自己个性鲜明的风味特色。如苏、浙菜好比清秀素丽的江南美女,鲁、徽菜犹如笨拙朴实的北方健汉,粤、闽菜宛如风流典雅的公子,川、湘菜就像内涵丰富充实、才艺满身的名士。

(四)有烹饪名师和美食家

地标菜大都是本地的厨师和美食家在实践中创造出来的,有的甚至经过几代人的共同努力探索才最终成名。美食家的作用在于总结经验,评品得失,提出要求和促进发展。

三、地标菜旅游开发的原则

(一)独特性原则

地标菜之所以是地标菜,必须有自己的特色。因此,在旅游开发时,必须以地方特色为基本出发点,认真分析地标菜的特征和类型,发掘地标菜的内涵,做到外地没有,唯有我有;外地有的,唯有我优;而且“绿色”“环保”,才能得到旅游者的青睐。

(二)大众化原则

当前,我国已进入大众化旅游时代,旅游消费日益成为老百姓一种常态化生活方式。要适应大众化旅游消费需求,就要开发适合大众化消费需求的旅游产品。对于地标菜来说,大众化是其旅游开发的主要方向。要面向广大普通旅游者,以消费便利快捷、营养卫生安全、价格经济实惠等为主要特点。

(三)文化性原则

文化是地标菜的灵魂,是树立品牌的关键。地标菜的旅游开发,也要突出文化的特点。要全面翔实地考察有关地标菜的文化历史背景和与风土人情的渊源,使之有深厚的文化底蕴;同时要广为搜集有关的民间传说、神话故事等资料,渲染这些风味菜肴的传奇色彩,使之与旅游活动恰当地结合起来,让旅游者边听(故事)、边看(原料、工序)、边尝(味道)、边思(意蕴),乐在其中。这样既能增加旅游者品尝地标菜的兴趣,弘扬饮食文化,又能提高当地旅游的综合吸引力。

(四)创新性原则

创新是事物生存和发展的原动力，地标菜要成为旅游特色产品，更需要创新精神，即在地标菜原有文化特色的基础上，不断更新变化，增添新的元素，丰富地标菜作为旅游产品的内涵，满足旅游消费多元化的需求。与此同时，还应对地标菜进行创新设计、研发及市场定位，不断延长其生命力，创造出地标菜作为旅游产品的第二生命期。

四、地标菜旅游开发的主要形式

(一)地标菜主题餐厅

主题餐厅是指通过一系列围绕一个或多个主题为吸引标志，向顾客提供饮食的基本场所。其最大特点是赋予一般餐厅以某种主题，令其围绕既定的主题来营造餐厅的经营气氛，餐厅内所有产品、服务、色彩、造型以及活动都为主题服务，使主题成为顾客容易识别餐厅的特征和产生消费行为的刺激物。地标菜主题餐厅就是以某地地标菜为主题设计的餐厅，如陈麻婆豆腐大酒店、浏阳蒸菜馆、上海地标菜主题餐厅等。

(二)地标菜饮食文化展示馆(体验馆)

主要展示某地地标菜的历史溯源、地方名宴和特色小吃。通过广泛征集，可将地标菜烹饪典籍、理论研究成果、饮食传奇故事等内容充分展示。另外，可以将历代名厨、主要原料、餐具、制作流程、著名的筵席菜单等以丰富的形式展示于馆内，以供游客参观。把地标菜的形式与内容相互融合，让历史与现代和谐发展。安排颇有造诣的名厨现场演示地标菜，使有时间、有兴趣的游客可以通过体验参与，从地标菜的选料、加工、火候、造型、养生滋补等方面予以全程享受。体验常用的烹饪技艺，了解地标菜独特的制作方法，培养更多的地标菜消费者，让旅游者全身心体验享受。

(三)地标菜美食街区

美食街区是由多条相邻街道组成的，以区域文化为背景，以吃为主题，具有生活气息与旅游意义的社会交往空间，也是一个较为独立的旅游对象。建设特色美食商业街区，是聚集提升、规范发展大众化餐饮，努力扩大内需消费的一项重要举措。美食街区可以是受保护的古街区，也可以是新创的街区。但必须对美食街区的游客进行细致分类，确定目标市场，有针对性地设置餐饮产品，并扩大产品的兼容度，以便在餐饮产品组合上具有弹性，更好地满足游客的需求。[①]

（四）地标菜文化景观

景观是一个地域综合体，囊括了多种形式的组合，饮食与景观具有天然的联系，它根植于特定地域，彰显着浓郁的地方特色，不仅满足基本生存需求，更是源于生活的审美体验。[②] 地标菜旅游文化景观，是以地标菜为主题而形成的具有明显的外部感知特色和强烈地方感的旅游吸引物，如地标菜食材景观、食器景观、街区酒楼景观、节事景观等。

五、地标菜旅游开发的基本思路

（一）加强政府监管，强化行业自律

国以民为本，民以食为天，食以安为先，安以质为基。地标菜的旅游开发，离不开当地政府高度重视。首先，要加大对研究开发地标菜专职机构的扶持力度，规范经典菜和推出精品菜；制定地标菜的标准和基本规范，使地标菜的制作走向标准化；鼓励支持地标菜品牌企业的投资和发展，对地标菜品牌示范店用于改造、扩建、开办连锁店等投资项目所需的费用，可给予贴息支持或资金补贴；对于一些对发展、创新地标菜有突出贡献的名厨和专家，可由各相关部门按照有关的文件和规定给予相应的物质或精神奖励；定期组织举办地标菜赛事，持续开展地标菜美食节，弘扬当地的饮食文化。其次，要进一步加大市场监管力度，加快餐饮食品行业诚信体系建设，加强餐饮食品安全、环境保护等方面的管理，努力构建完善的餐饮服务质量保证体系。不管是位于城区还是位于农村的饭店，只要是开门对外做生意，属于营利性的饭店，都要监管到位，严防出现类似“天价虾”“天价鱼”“天价茶”等侵害消费者权益的事件，力保全域旅游“吃得放心”。

---

① 张旗：《基于体验视角的美食街区开发研究》，《扬州大学烹饪学报》2013 年第 3 期，第 37—41 页。

② 祁靖文：《旅游饮食景观评价的初步研究——基于“盱眙龙虾景观”和“青岛啤酒景观”的比较分析》，南京师范大学硕士学位论文 2014 年，第Ⅰ页。

行业自律是对政府监管的有益补充和有力支撑，也是创新监管的重要内容。经营地标菜的相关单位，对内加强统一服务和行业自律，对外树立品牌形象，统一参与市场竞争。通过建立规范而灵活的管理机制，使地标菜有组织，有制度，有活力，有市场。

(二)深挖地标菜文化内涵，打造名品名店

在地标菜的旅游开发中，要深入挖掘地标菜文化的内涵，打造更多更好的地方菜名店和名品。全面翔实地考察有关当地菜肴的文化历史背景与风土人情，使之有深厚的文化底蕴；同时要广为搜集有关的民间传说、神话故事等资料，渲染这些菜肴的传奇色彩，使之与旅游活动恰当地结合起来。

(三)把地标菜融入本地的黄金旅游线路中

在地标菜的旅游开发中，要以当地的自然人文景观为依托，结合地标菜深厚的文化内涵，开辟以名城名吃为线索的专项旅游，设计规划出一类餐饮旅游线路或项目，如可以设立地标菜一日游，包括观看地标菜制作过程、品尝地标菜、学做地标菜；可以以老字号餐饮品牌、特色地标菜街区、主题宴席、农家乐餐饮为典型代表进行设计规划，满足市场个性化、特色化、体验化、多样化需求，吸引国内外“好吃人士”的积极参与。同时，还可以把地标菜美食文化融入本地的黄金旅游线路中，让更多的人领略地标菜文化风采。

(四)加大对地标菜的宣传促销力度

作为旅游要素之一的“食”具有很强的替代性，旅游者很容易选择他们更倾心的菜肴或饮食方式。因此必须精心打造地标菜的旅游形象，加大对地标菜的宣传促销力度。首先，要精心设计宣传口号。宣传口号要言简意赅，便于记忆和传播，同时又有一定的针对性，能够体现地标菜的文化特色。其次，加强各种媒体宣传促销的力度，广泛宣传地标菜。应充分利用电视、广播、报纸杂志、网络、光盘等多种具有独特的直观性和强烈感染力的宣传方式，在国内外进行全方位宣传，使地标菜成为吸引外地游客的重要手段之一。要在旅游导游图、旅游宣传手册、景点说明书中加强对地标菜的宣传；还可通过各种互动性的活动，让广大人民参与传统地标菜的继承和新派地标菜的开发，使地标菜真正做到深入人心。最后，在举办大型综合文化艺术节时，也要大力宣传促销地标菜，吸引国内外游客的关注。

第五章 为小吃走天涯

第一节 小吃的概念和种类

一、小吃的概念

小吃最初的含义是指非正式的饭食,即“小食”。据专家考证,甲骨文中就有“大食”“小食”之称。不过,在卜辞中的具体指朝、夕两餐,古时称为饔、飧。现代人的一日三餐,在那时的人看来是奢侈的。当然,食前方丈、列鼎而食的贵族是不受此限的。他们在朝、夕两餐的前后加餐,便是最初的“小吃”。①

“小吃”一词出现在明代以后。② 与小吃相似的饮食概念有好几种,如小食、点心、零食、小吃等,以小吃为最常用。现在的小吃是既可以做辅助餐吃,也可以当正餐吃。

“小吃”不同于夜宵。夜宵是夜里吃的酒食、点心,不过目前相当多的夜宵是夜里吃小吃。由于生活水平的提高和夜生活时间的延长,人们不仅仅限于吃酒食点心。另外,小吃也不同于点心,点心是糕点之类的面食食品。现在夜宵吃点心的很少,小吃有可能逐渐成为夜宵的主要餐饮食品。既然夜宵含义有了变化,自己有自己的特点,这也成了值得专门研究的问题。

随着时代的发展与生活水平的提高,小吃的概念也在发生变化。《现代汉语词典》(第 7 版)的“小吃”词目释义有三:一是饭馆中分量少而价钱

---

① 郭起云、张洪光:《传统小吃》,山西科学技术出版社 1998 年版,第 5 页。

② 唐沙波:《川味儿》,生活·读书·新知三联书店 2011 年版,第 82—89 页。

低的菜，如经济小吃；二是饮食业中出售的年糕、粽子、元宵、油茶等食品的统称，如小吃店；三是西餐中的冷盘。

《中国烹饪百科全书》说小吃是“用于早点、夜宵、茶食或席间的点缀，以及茶余饭后消闲遣兴的小型方便食品，如油条、豆浆、油茶、粽子、元宵、糕点等，它以量少、精制而有别于正餐和主食，也以量少、价钱便宜而区别于大菜，常称作经济小吃。小吃、点心两词，古代常互用，沿袭至今。北方与长江上游地区，将食肆饭摊边做边卖的早点、夜宵食品都称为小吃，而将糕点厂的制品，以及宴会所用的精美糕点，则称为点心；南方地区有的将早点、夜宵用的米面制品都称作点心，而将肉类制品称作小吃。有的地方则把小吃、点心视为同义词，不加区分而混用。许多地方还将一些主食的食品作为小吃、点心供应于市。”

《中国烹饪辞典》说小吃“也称‘小食’，正餐以外的小分量食品。一般带汤汁，某些小吃也可作为主食或用于筵席。有的用米粉、面粉等原料制成，也有的用肉或其他原料制成”。

从上述各种解释看，“小吃”在国人的概念中是几乎无所不包的。不仅糕点、年糕、油条、豆浆、油茶、粽子、元宵，这一类食品叫小吃，像炒肉皮、黄豆芽、羊肉杂碎等也是小吃，而有的地方还把肉类制品叫小吃，有的地方把一些主食当小吃，再加上“早点”“夜宵”“正式饭菜以外的熟食”“下酒菜”这样伸缩性很大、容量很大的食品，和“西餐中的冷盘”这样的东西，剩下的不能进入小吃系列的，恐怕只有宴会上的大菜了。

二、小吃的特点

（一）量少价廉

“小吃”顾名思义，它不是大吃，不是一般的吃，总体概念上应该是小，这个“小”字有多种含义，比如体积小、分量小，这是由小吃品种本身决定的。如四川麻辣串、糖葫芦、章鱼小丸子、陕西凉皮、炸臭豆腐等，本身就不能当作饭吃。还有一种是出售单位分量小，既可以当小吃品尝，也可多买几份当一顿饭吃，例如天津狗不理包子。如果天津狗不理包子做成大馒头大小出售，那就不叫小吃了。同样，北京烤鸭只卖整只的，而不卖小份的，也不能叫小吃。如果是买一只烤鸭拿回家几个人分食，那不算小吃，因为小吃是从商品属性角度定义的。

小吃在数量上要小，稍稍吃一点，品尝特色食品，或作为点饥食品（垫补肚子),不当一顿饭吃。[①] 因此,它属于非正式的进餐,功能在补充正餐之不足,往往时间在两餐之间,餐前已饿,饭后未饱之际,又名打尖、加餐、小餐、夜宵等等,有负、配的意思。既然不是正份儿,当然不能称大,只能做小。

小吃的价格通常比较便宜,花小钱,几元几毛,便足一餐。因为小吃的原料大部分是以粮食、蔬菜为主,兼及小荤,比较廉价、低档而容易取得,这是相对于山珍海味、生猛海鲜、鸡鸭鱼肉而言;制作程序相对粗简、快捷、易行,立等可取。当然,小吃为特色食品,有些也具有较为复杂或特殊的加工制作工艺,"小吃大艺",这必然提高成本。但从形成平民化小吃的角度来说,太贵则平民吃不起,采取的办法是"分量少",这样出售单位的价格就显得低,显得"好吃不贵"。但筵席上的配套小吃,精雕细琢,那又另当别论了。

(二)地域特色鲜明

小吃是一类在口味上具有特定风格特色的食品的总称。在交通不发达、经济不繁荣、人员交往不频繁的过去,小吃具有明显的地域限制。比如西方人十分嗜好的奶酪,中国人很少吃到,正因为很少吃,所以不习惯吃,在西餐馆到处都是的现在,我们中间喜欢吃奶酪的人依旧不多。别说是奶酪,就是一般的牛奶,现在还有人不爱吃,甚至不能吃,因为肚子里缺乏乳酸酶,消化不了牛奶。这就是一方水土养一方人的道理。

小吃之所以呈现地域特色,首先是因为原料产地的限制。北方之所以流行面食,因为北方盛产小麦;南方流行米食,比如粽子、糕团,因为南方是水稻和薯叶的产地。尽管在古代也有商人在贩运粮食和其他原材料,但总不如就地取材来得方便。其次是地理环境的原因,比如粤港一带流行甜蜜蜜、水漉漉的带汤小吃,如双皮奶、米仁羹,以及各种各样的粥品,因为那里气候酷热,人流汗较多,需要及时补充水分;四川、云贵一带流行吃辣,经分析是因为当地气候潮湿,需要用热辣来驱潮去湿。再次,在这些实实在在的原因之外,还有形形色色的美丽传说,来为当地流行某种小吃找缘由,当然也恰好有名人出现,哪怕是走马观花,比如六下江南的乾隆,贬谪到杭州的苏东坡,等等。

如今,西北的拉面拉到了全国,大娘水饺开出了几百家店,洪七公叫花

---

① 滕真如:《"小吃"内涵和经营小议》,《北京工商大学学报(社会科学版)》2009年第1期,第82页。

鸡到处在叫，全聚德烤鸭香飘全国，但是小吃的地域性依然存在。不信，你去看看各地热火朝天的小吃展，什么香港的濑尿牛丸、台湾的老婆饼、内蒙古的羊肉串仍然让人趋之若鹜，为什么会这样？因为很多人仍然相信来自原产地的小吃肯定比外地的克隆货好吃。

现在小吃已经打破了地域，很多小吃已经墙内开花墙外香，外地比当地更吃香。改革开放，成果无数，小吃兴盛是见证之一。从繁华都市，到穷乡僻壤，小吃店摊遍地开花，据说在国外也是如此。无证小吃无处不在，屡禁不止，因为小吃经营者和消费者都是一个庞大群体。

小吃，实际上是大吃广吃，消费群广，利润不小，吃出了大市场，吃出了大生意，吃出了一个小吃经济。因为有小吃，不同地方更具不同的风情，人们旅游赏景更多了一项重要的内容。

（三）经营灵活多样

小吃在饮食形式上呈现出多种多样，有作为正餐的米面主食，有作为早餐的早点、茶点，有作为筵席配置的席点，有作为旅游和调剂饮食的糕点，以及作为喜庆或节日礼物的礼品点心等。

小吃往往干稀合一，荤素合一，菜饭合一，一物多能，不像正餐分工那么明确，那么精细。它有极强的季节性，既随物质的生长，又随冷热的变化，如春天的春卷，夏天的凉粉，等等。它还有专一的节日性，如粽子、月饼、年糕、汤圆等。

小吃进食的环境、形式没有较正式的要求，显得随意自然，如街边小摊、鸡毛店、苍蝇馆子等，甚至路人手持一物，边走边吃，顾盼自雄。

随着居民生活水平的提高以及生活节奏的不断加快，越来越多的居民喜欢地方小吃，特别是旅游地区的地方小吃，地方小吃一般从早上的面点到白天人们喜欢吃的休闲食品，直到晚上的宵夜，无时不在，无处不在，什么小吃街、小吃城、小吃大厦、小吃中心等等，不一而足。[①]

（四）极具感情色彩

小吃具有强烈的个性化和感情色彩，“小”字有谦称、爱称的意思，而五花八门的小吃形态也确实玲珑可爱，让人永记不忘。所以，当问及一个人一生中最难忘的饮食经历时，往往不是什么山珍海味，而是最不起眼的馒头、包子、小面、泡菜、油茶、汤圆等等。小吃给人一份刻骨铭心的思念。

---

① 唐沙波：《川味儿》，生活·读书·新知三联书店 2011 年版，第 82—89 页。

吃小吃，不仅仅在于“吃”，还在于感受的是“民俗风情”，体验的是小吃的“环境和氛围”，品味的是“乡土情怀”，回味的是久久难忘的“童年回忆”。一个地方名小吃的诞生、成熟到流传，往往倾注了制作者对它的理解、领悟、创意、绝技、情感和智慧。简简单单的一道小吃，却可能与当地的历史文化脉络血肉相连，蕴涵着丰富的政治、经济、社会和思想文化信息，能够突出反映当地的物质文化及社会生活风貌，是当地市井文化不可或缺的重要组成部分。也正因如此，品尝小吃成为了解地方风情的一大捷径，是游客每到一地的必做功课。

在文化视野里，小吃商贩也是市井文化中一抹温情色调。跟在大饭店里吃饭不同，小吃商贩与顾客往往互动频繁、聊天热烈。那些性情开朗、见多识广的游客，一方面给小吃商贩带来外面世界的信息，另一方面又通过小吃商贩的技巧和故事，来探寻当地的生活方式，了解当地的风土民情。这种鲜活的、充满烟火味道的经历，往往成为旅途中愉快而难忘的记忆。

许多传统节日与习俗都是传统文化的凝结，都有着特定的思想内涵。各地依其物产及民俗风情，又演化出许多具有浓郁地方特色的风味小吃。风味小吃，源远流长，绵延不绝，具有强烈的时代性和顽强的再生力。它们丰富多彩，花样繁多，具有鲜明的整体性和活跃的多元性。它们长于积淀，注重交流，具有相当的稳定性和一定的开放性。风味小吃体现着当地的历史文化、民俗风情，具有深刻的人文内涵。风味小吃的历史渊源、经济价值、文化底蕴，值得深入了解和探究。

小吃代表着人类文化生活的精致化。它的每一个品种的制作方式和食用方式等，都蕴含着深刻的哲理和人类特有的审美意趣。既是物化的一块“活化石”，又是文化人美学意识的象征。而集各种小吃之大成的小吃谱或小吃书，实际上就是一部小吃的文化与文化的小吃的画卷。

三、小吃的种类

小吃的类型可谓五花八门，遍及粮食、果蔬、肉蛋奶各类，酸甜辣各味俱全，热吃、凉吃吃法不一，远远超出了词典中关于“小吃”所下的定义范畴。

按小吃来源，大体分为本地风味、外地风味，或宫廷小吃、民间小吃两类。民间小吃又分汉民小吃、回民小吃以及其他少数民族小吃。

按地域不同可分为北京小吃、天津小吃、上海小吃、重庆小吃、四川小吃、浙江小吃、广东小吃等。

按小吃制作技艺和烹调方法可分为烙烤类、蒸煮类、煎炸类、烩氽炒类等。

按小吃的功能可以分早点小吃、夜宵小吃、便餐小吃、休闲小吃、垫补小吃等，或分为年节小吃、祭祀小吃、习俗小吃等。

按烹饪产品性质，分为面点类小吃和菜品类小吃。面点类小吃，传统叫作“点心”，涉及的工种技术称为“白案技术”（也称面案），其品类泛指各种面条类、包子类、花卷馒头类，各种糕点、米团、饼、粥、羹等制品。菜品类小吃指一些制作风味独特、地域文化浓厚、制法讲究、有着独特美味的地方名食，更确切说，一些不是为了饱肚子且方便食用的部分菜肴，也属于小吃类。如“陈麻婆豆腐”“夫妻肺片”“灯影牛肉”“张飞牛肉”等菜肴类。

按主要原料可分为禽肉类小吃、畜肉类小吃、海鲜类小吃、米面类小吃、豆类小吃、饮料类小吃、酱料小吃等。

第二节　特色小吃的旅游开发

一、小吃在旅游中的作用

（一）满足旅游者需求

小吃在餐饮经营中占有重要地位，并且与百姓日常生活紧密相关。而旅游者去旅游，不仅要呼吸新鲜空气，欣赏山水风光，还有很重要的一个目的就是享受美食。各地特色小吃以其悠久的历史、深厚的文化底蕴、鲜明的民族特色、浓厚的地方韵味，满足人们求新、求异的心理，已成为旅游餐饮的重要组成部分和旅游市场一道亮丽的风景。

（二）打造旅游目的地名片

地方小吃作为一个地区长期以来形成的饮食习惯与文化积淀，具有很强的地方特色，是当地的一张亮丽的名片。游客留下的最深刻印象之一往往是当地小吃，尤其是街边摊上的平民化小吃，而不是正规筵席大餐。有时候一个地方的风景可能没什么特色，但它的小吃却能给游客留下深刻的印象，从而使这个地方因小吃而扬名。比如，平日在家里，你可能不太会想到去吃麻花，可是到了天津，往往会去品尝一下“十八街麻花”。同样的道理，到了西安，肯定会随大流去小店吃羊肉泡馍；到了贵阳，会去寻找花江狗肉；到了云南，会去品味过桥米线；如果没有吃扬州富春包子，就等于没有去扬州；如果没有吃南京桂花鸭，就等于没有去南京。即便是到了一个陌生的小地方，也会打听当地有什么特色小吃。这些有影响的小吃以不同的原因而闻名于世，有些以民间传说述说着小吃的由来，如昆明过桥米线，借助善良的妻子为刻苦读书的丈夫送食的故事，并经过历代滇味厨师不断改进创新，成为滇南一道著名小吃；有些小吃是地方文化的缩影，如摄取了大西北伊斯兰文化的养分哺育出的清淡、爽口的兰州拉面。而有些小吃是人民群众依靠智慧不断创新而使地方小吃发扬光大，如天津的“狗不理包子”刚开始时只有一种口味和馅料，但它能不断发展创新，现在已经形成多种馅料、多种口味的包子系列。这些小吃中很多不仅成为普通群众的日常饮食，甚至成了部分地区的代名词，对外地游客的吸引力很大。

（三）保护小吃文化资源

随着现在科学技术的发展，很多传统小吃制作工艺被机械化生产所取代。机器生产的小吃快速高效，质量标准化，外形一致化，但制作特色小吃所使用的一些优秀手艺、绝活、秘方是机器无法取代的。另外，人在制作过程中抱以什么样的态度，怀着什么样的心情，坚持什么样的原则，秉承什么样的精神，都会从制作小吃的外形、质地、手感、口味中体现出来，因此特色小吃是传统饮食文化的一种载体，发展特色小吃对弘扬和保护旅游地的饮食文化，增加旅游地的文化内涵有很重要的作用。

（四）推动当地经济发展

发展旅游小吃，对于充分利用当地食品资源和传统文化资源优势，促进旅游经济发展，带动相关产业发展，调整产业结构，扩大劳动就业，具有重要的意义。同时，有利于增加群众的收入，扩大旅游商品市场，吸引更多的游客，实现双赢。比如，近年来随着沙县小吃走进越来越多的城市，随着媒体对其营业额的广泛宣传，沙县小吃开始走进人们的视野，并逐渐成为人们认可的“品牌”。据沙县小吃同业公会统计，全县外出经营沙县小吃超过 2 万户，从业人员越过 6 万人，年营业额超过 60 亿元，经营纯收入达 8 亿元以上，正在逐渐形成中国餐饮行业中经营店数最多、经营区域最广的态势。[①]

二、影响旅游小吃开发的主要因素

(一)旅游需求

从当前旅游市场的发展趋势分析,传统小吃的旅游市场前景广阔。一方面,旅游者在城市旅游的第一需求是品尝当地的特色风味,传统小吃最具代表性,如北京的宫廷风味小吃、成都的市井小吃、上海的城隍庙小吃、南京的夫子庙小吃、苏州的玄妙观小吃、长沙的火宫殿小吃等都是当地主要的旅游吸引物。另一方面,在后现代主义思潮影响下,旅游者的旅游心理、消费模式发生变化,他们反对整齐划一的旅游方式,强调个性,注重体验。旅游者已经不满足于品尝传统小吃的浅层次的旅游需求,需要进一步了解、认知、体验传统小吃的内涵,传统小吃的旅游开发是为必须。

(二)资源状况

旅游资源是旅游产品开发的基础。旅游产品的开发必须建立在对区域内旅游资源的优化利用上,以充分展示其独特吸引力。中国是美食王国,小吃资源丰富多彩。中国传统小吃体现了地方特色和民族特色,例如,北京的豌豆黄、上海的南翔小笼、南京的鸭血汤、杭州的吴山酥油饼、成都的担担面、开封的焙龙须面、西安的羊肉泡馍、兰州的拉面、广州的虾饺、云南的过桥米线、新疆的羊肉串等等,不胜枚举,为各地传统小吃的旅游开发提供了坚实的基础。

(三)外部环境

旅游产品是一种复合概念,是吸引物、住宿、交通、娱乐等的组合,这一特点决定了旅游产品的规划与开发不可能由某个人或某个单位单独完成,它需要诸如城市规划、园林事业、交通部门、餐饮企业等众多相关部门的通力合作。同时,旅游产品能否顺利开发完成直至投入市场,在很大程度上还受到区域经济发展水平的限制。小吃作为一种旅游产品开发,也受到多种外部环境因素的影响,特别是区域经济发展水平的影响。区域经济发展

---

① 谢思敏:《探究沙县小吃发展历程及发展现状》,《现代经济信息》2016 年第 12 期,第 368—369 页。

水平对旅游小吃开发的影响主要表现在三个方面：一是区域经济发展水平决定了开发建设资金的投入力度，影响旅游小吃的开发规模。二是区域经济发展水平对旅游小吃开发的影响还表现在旅游者的消费能力上。三是旅游小吃的市场营销更离不开资金的支撑。此外，旅游小吃的开发还受到旅游地居民对旅游业和对旅游者态度的影响。如果旅游地居民对旅游业非常支持，对旅游者的到来持欢迎态度，那将在无形中增加旅游小吃的体验质量，否则，将破坏旅游小吃在旅游者心目中的感观。

三、旅游小吃开发的基本思路

(一)保护传统风味

一种具有悠久传统的风味小吃，一般来说，是这种风味小吃最早流行地方的老百姓在生活实践中创造出来的特色美味，当地绝大多数人喜欢吃，也为很多外地客人所喜好。它能够经久不衰地流传，除了具有独特的味道之外，还有三个条件：一是质地优良，二是价格低廉，三是文化内涵。小吃制作讲究用料、做工、火候，一招一式、一品一味都蕴含深厚的传统人文和传统秘方。地道、美味、可口的小吃，最能够体现人无我有、人有我特、人特我优的原则，必须注意保护。要保护原产地资源有效利用，确保特色小吃之“特色”与“正宗”，必须在品牌上做文章，坚持“护打防”并举，防止假冒伪劣产品挤占打乱小吃市场；同时要整合小吃文化，挖掘整理小吃背后的文化内涵。

(二)加强产品设计

小吃旅游产品可分为三种类型：一是小吃品尝体验产品。在美食街区或小吃网点，为旅游者提供现场制作的品种，同时开辟场所让旅游者参与DIY，得到体验的乐趣。二是小吃景点串联产品。许多旅游城市，有相当数量的小吃与景点蕴含着深厚的历史文化，品尝小吃，介绍并游览旅游景点，会加深旅游者对景点的了解。三是小吃礼品。进入旅游市场的特色小吃必须做好包装，要精心设计，符合商标法规要求，体现特色，树好形象。工信、农业、工商、卫生、文化、食监等部门要加强配合，热情服务，统一品牌、统一产品、统一质量、统一管理，从特色小吃名称、生产标准、质量保证、包装设计等方面给予帮助扶持。

(三)打造小吃品牌

一要正本清源,突出特色,明确定量、定性标准,保证口味纯正、正宗。二要突出重点,打造品牌,鼓励生产企业提高产品质量,增强市场竞争力,打造驰名品牌、驰名商标。对于民间手工作坊,重点打造特色小吃一条街、特色文化小吃城,在规模、聚集和特色上做文章。突出小吃老字号品牌,着力打造品店、名品、名牌和特色小吃百年老店、特色小吃老字号。门店设计装修、招牌设计材料要体现古老而不失时尚、简单而不失温馨,体现古朴美、时尚美的有机结合。在外科学合理推行加盟店、连锁店,抓好特色主题小吃、特产专营,强化舌尖上的美味回忆和特色小吃形象。三要抓好特色小吃品牌申遗工作。

(四)强化服务管理

安全卫生是特色小吃的生命线,是地方特色旅游小吃发展之本。为此,要强化安全卫生管理,尤其是手工作坊的业主必须持有健康证。现做现卖的要注重卫生防护,规范卫生管理。食品安全生产监督机构要加强食品卫生安全检测,保证特色小吃质量。此外,要在政策上倾斜扶持,在税收上给予减免或减征。特别是在打造特色小吃一条街或者老字号上,要注重资源整合,统一产业布局,统一招商管理。城建规划部门结合旅游发展需要,科学合理布局,设计若干个装修设计方案,提供给群众择优选用。这不仅有利于游客的品味小吃赏玩小城,也有利于集中展示特色小吃,便于安全卫生管理,促成名店名品名牌效应。

(五)大力宣传推介

特色小吃在消费领域是一个很好的实物广告品,也是旅游体验的延续。因此,要大力宣传小吃的特色品质,宣传其源远流长的文化底蕴,突出宣传原生态、原产地,宣传原产地独特资源、独特环境、营养合理、主辅兼备以及应时应典、雅俗共赏等特点和独具风采的"美食"特征。通过宣传,吸引更多的游客、商贾,推动特色旅游业、特色农业、特色工业的联动发展。当然,也要善于借助当地知名景点、企业或名人等打造地方小吃的知名度。同时,还要适应世界各国的交流与合作的不断深入,不同国家饮食文化交融不断发展,借势宣传特色小吃人文景观,不断推进特色小吃的国际影响力和吸引力。

(六)培养专业人才

传统小吃基本属于手工制作产品,这也正是其魅力所在,然而随着社会多元化的发展,传统技艺的传承出现了后继乏人的局面,培养小吃制作的专业技术人才对传统小吃的进一步开发至关重要。同时,小吃经营需要有一批具有先进的经营理念和管理方法的专业人才,可以采取人才引进和院校培养相结合的措施,建立经营管理的人才队伍,做强做大传统小吃的旅游市场。

四、旅游小吃开发应注意的问题

(一)地方小吃不"地方"

现在,几乎全国各地都是各种名特小吃荟萃的地方。四川人在四川做起了新疆的羊肉串、油塔子、面肺;南京人在南京做西安羊肉泡馍、臊子面、千层油酥饼;上海人在上海做四川的龙抄手、麻婆豆腐、担担面……这种盲目求多、杂、全的现象在一定程度上导致了口味不地道,使这些小吃"不太正宗",没有了地方特色,受到来自各方面的批评。这种地方小吃不"地方"的现象可能会对地方小吃造成一些负面的影响,如降低特色、缺乏原汁原味。但是,如果这些非本地的小吃同样能够散发出其发源地的特色,不仅可以对地方小吃的发源地起到宣传作用,而且可以满足"异地"不同群体的消费需求。①

作为京味小吃街的代表,护国寺街正面临着地方特色小吃的挑战。这里本是以护国寺小吃店为主体,集小吃精品和清真美食为特色的北京胡同新地标,但臭豆腐、肉夹馍、螺蛳粉、周黑鸭穿插在护国寺小吃等老字号餐饮品牌、梅兰芳纪念馆等历史古迹中,无法向游客展现北京高品质的新生活方式。②

(二)小吃不"小"

在某些小吃展上,燕窝、佛跳墙、鳄鱼等大菜也厚起脸皮挤了进去,说得好听是让小吃吃出了大味道,说得难听是混淆了小吃和大菜的界限。当

① 陆洋:《开发地方小吃刍议》,《商场现代化》2008 年第 17 期,第 380—381 页。
② 李铎、王玮:《空心化的小吃街》,《北京商报》2016 年 5 月 27 日第 B2 版。

然，小吃和大菜很难划分界限，比如东坡肉、绍兴扎肉、叫花鸡是大菜还是小吃？小吃展上这些著名食品比比皆是。

(三)适度开发，切忌千街一面

近年来，一些民俗乡村游越来越受欢迎。不过，古村落目前现状是，一方面兴致勃勃热衷于“造街”行动，一方面眼看着历史遗存破败消亡而“不作为”。当前传统村落保护问题中，千街一面的同质化发展还在蔓延，数量严重饱和，“本来应该是传统村容村貌展示、非物质文化遗产传承、村民和谐生活的传统村落，现在单单只剩下小吃街”。不少“一条街”只有双休日人多一些，平时没人。[①]

第三节　部分小吃旅游资源

一、中国四大小吃群

(一)南京夫子庙小吃

位于南京秦淮河畔的夫子庙，原来是供奉和祭祀孔子的地方。夫子庙始建于宋代，位于秦淮河北岸的贡院街旁。夫子庙以庙前的秦淮河为泮池，南岸的石砖墙为照壁，全长110米，是全国照壁之最。北岸庙前有聚星亭、思乐亭，中轴线上建有棂星门、大成门、大成殿、明德堂、尊经阁等建筑，另外庙东还有魁星阁。

南京夫子庙小吃群位于繁荣的秦淮河畔。其历史悠久，有80多个品种，素为中国四大小吃群之一。其中，7家店铺制作的8套点心尤为好吃。1987年9月，经过专家鉴定，南京秦淮区风味小吃研究会命名这8套风味小吃为“秦淮八绝”。但传统的秦淮小吃重油、重糖，不适合现代人的饮食习惯。近20年来，夫子庙小吃经营户陆续开发出一些新品种。最近“秦淮八绝”小吃品种有了调整，原先的葱油饼、五色小糕、鸡丝浇面、薄皮包饺、熏鱼银丝面、桂花夹心小元宵等小吃，被新增的小烧卖、小茶馓、回卤干、鸭血汤、汽锅乌鸡、油炸臭干、梅花蒸儿糕、雨花石汤圆等取代。

① 石喻涵：《传统村落只剩下小吃街“功能”》，《西北信息报》2016年5月27日第A2版。

夫子庙风味小吃深受海内外游客喜爱，有19个品种获得了省级和部级奖励或荣誉称号。原国家主席江泽民游览夫子庙，品尝夫子庙小吃后，欣然题词"十里秦淮，千年流淌，六朝胜地，今更辉煌"。

(二)苏州玄妙观小吃

玄妙观坐落在苏州古城中心，始建于西晋咸宁二年(276)，距今已有1700多年，其主殿三清殿建于南宋淳熙年间，是国内仅存的一座南宋木构殿宇式建筑，规模宏伟，构造独特，在我国建筑史上具有重要的历史价值，1982年被列为全国重点文物保护单位。悠久的历史给玄妙观留下了较完整的道教建筑群和众多的文物古迹以及深厚的道教文化。玄妙观现有殿堂七座，中路有正山门、三清殿，东路有文昌殿、观音殿、寿星殿，西路有雷尊殿、财神殿。文物古迹有老子像牌、朝北玄帝铜殿、钉钉石栏杆、五代古井、无字牌、神仙印石、靠天吃饭图牌、六合亭、四海亭、运木古井、一步三条桥等，令人目不暇接。玄妙观道教音乐被称为"姑苏仙乐"，是中国传统文化中的一朵奇葩，几近失传的飞钹绝技更是被誉为"中华一绝"。

玄妙观小吃群位于苏州闹市中心观前街，集姑苏点心、小吃于一市，著名的有五芳斋的五香排骨、升美斋的鸡鸭血汤、小有天的藕粉圆子、炸酥豆糖粥等，此外还有千张包子、观振兴面馆的各种苏式面条、净素菜包子等等；此外还有供人们茶余酒后闲吃的品种，如盐金花菜、腌黄连头、去皮油氽果玉、油氽黄豆、酱螺蛳、油氽臭豆腐、油氽粢饭糕、烘山芋、油三角粽等，均是价廉物美、具有浓郁江南风味的小吃。

(三)上海城隍庙小吃

"到上海不去城隍庙，等于没到过大上海。"可见老城隍庙在上海的地位和影响。一般意义上的上海城隍庙是指黄浦区的老城隍庙，在旅游景点中都称为"豫园"，这是个著名的江南古典园林，全国重点文物保护单位。

城隍庙小吃是上海小吃的重要组成部分，形成于清末民初，地处上海旧城商业中心。其著名小吃有南翔馒头店的南翔小笼，满园春的百果酒酿圆子、八宝饭、甜酒酿，湖滨点心店的重油酥饼，绿波廊餐厅的枣泥酥饼、三丝眉毛酥。此外还有许多特色小吃，如生煎馒头、南翔小笼、三鲜小馄饨、海鲜馄饨、蟹壳黄、面筋百叶、糟田螺和氽鱿鱼等。最为消费者喜爱的莫过于汤包、百叶、油面精，这是人们最青睐的"三主件"。

(四)长沙火宫殿小吃

长沙火宫殿小吃群始建于1747年,1941年重建,集中湖南各地风味小吃于市,具有浓郁的地方风味,其特色小吃有姜二爹的臭豆腐,张桂生的馓子,李子泉的神仙钵饭,胡桂英的猪血,邓春香的红烧蹄花,罗三的米粉及三角豆腐、牛角蒸饺等,共300余个品种。目前火宫殿小吃在继承传统的基础上,开发新品,形成系列。主要品种有糯米粽子、麻仁奶糖、浏阳茴饼、浏阳豆豉、湘宾春卷等。

二、中国四大名面

(一)北京炸酱面

炸酱面是北京有特色的食物,也称为杂酱面,由菜码、炸酱拌面条而成。将黄瓜、香椿、豆芽、青豆、黄豆切好或煮好,做成菜码备用。然后做炸酱,将肉丁及葱姜等放在油里炒,再加入黄豆制作的黄酱或甜面酱炸炒,即成炸酱。面条煮熟后,捞出,烧上炸酱,拌以菜码,即成炸酱面。也有面条捞出后用凉水浸洗再加炸酱、菜码的,称"过水面"或者"凉面"。

在老北京,常见的是猪肉丁炸酱,是以半肥瘦猪肉丁加葱、姜、蒜等在油锅炸炒,加黄稀酱,盖上锅盖小火慢炖10分钟。当肉丁被黄酱渗透了,肉皮红亮,香味四溢。讲究些的则是里脊丁炸酱三鲜(虾仁、里脊、玉兰片)炸酱等,还有木樨(鸡蛋)炸酱、炸豆腐丁酱、烧茄子丁酱等素品,油而不腻。老北京人吃炸酱面,冷天讲究吃热的,谓之"锅儿挑"(完全不过水),热天吃过水面,但汤要篦尽。根据季节佐以各种时鲜小菜,谓之"全面码儿"。初春,用掐头去尾的豆芽菜(称掐菜)、只有两片子叶的小水萝卜缨,并浇上过年剩下的腊八醋。春深,在酱里放上鲜花椒蕊儿,称花椒酱,面码儿则是青蒜、香椿芽、掐菜、青豆嘴、小水萝卜缨和丝(条)。初夏则以新蒜、焯过的鲜豌豆、黄瓜丝、扁豆丝、韭菜段等为面码儿。炸酱面真正体现了老北京的风格,普普通通但是很讲究,各种酱比例,六七种菜码,平凡饮食中透着大都市的范儿。

另外,山东、河北、上海、广东、东北也有不同制法的炸酱面。韩国亦有炸酱面,是由山东商人带入韩国,以春酱(黑豆酱)为调味料,加上洋葱、虾、肉类等。炸酱面目前在日本的高级餐馆也有卖,不过摆放相当精致,在碟子周边摆上绿色黄瓜丝,中间盘放面条,碟子芯放上黄色的炒鸡蛋,最中央是一撮紫色的炸酱，像一盘工艺品。

(二)山西刀削面

刀削面是山西四大面食(刀削面与抻面、拨鱼、刀拨面)之一，其面叶中厚边薄，棱锋分明，形似柳叶；入口外滑内筋，软而不粘，越嚼越香，深受喜爱面食者欢迎。

刀削面已有数百年的历史。传说，蒙古人入主中原后，建立元朝。为防止汉人造反起义，将家家户户的金属全部没收，并规定十户用厨刀一把，切菜做饭轮流使用，用后再交回官府保管。一天中午，一位老婆婆将棒子、高粱面和成面团，让老汉取刀。结果刀被别人取走，老汉只好返回，在出官府的大门时，脚被一块薄铁皮碰了一下，他顺手捡起来揣在怀里。回家后，锅开得直响，全家人等刀切面条吃。可是刀没取回来，老汉急得团团转，忽然想起怀里的铁皮，就取出来说:就用这个铁皮切面吧！老婆一看，铁皮薄而软，嘟囔着说:这样软的东西怎能切面条。老汉气愤地说:“切”不动就“砍”。“砍”字提醒了老婆婆，她把面团放在一块木板上，左手端起，右手持铁片，站在开水锅边“砍”面，一片片面片落入锅内，煮熟后捞到碗里，浇上卤汁让老汉先吃，老汉边吃边说:“好得很，好得很，以后不用再去取厨刀切面了。”这样一传十，十传百，传遍了晋中大地。至今，晋中的平遥、介休、汾阳、孝义等县，不论男女都会削面。后来，“凤阳”出了朱皇帝(朱元璋)统一了中国，建立明朝，这种“砍面”流传于社会小摊贩，又经过多次改革，演变为现在的刀削面。刀削面柔中有硬，软中有韧，浇卤，或炒或凉拌，均有独特风味，如略加山西老陈醋食之尤妙。

刀削面对和面的技术要求较严，水、面的比例要求准确，一般是一斤面三两水，打成面穗，再揉成面团，然后用湿布蒙住，饧半小时后再揉，直到揉匀、揉软、揉光。如果揉面功夫不到，削时容易粘刀、断条。另外刀削面之妙妙在刀功。刀，一般不使用菜刀，要用特制的弧形削刀。操作时左手托住揉好的面团，右手持刀，手腕要灵，出力要平，用力要匀，对着汤锅，嚓、嚓、嚓，一刀赶一刀，削出的面叶儿一叶连一叶，恰似流星赶月，在空中划出一道弧形白线，面叶落入汤锅，汤滚面翻，又像银鱼戏水，煞是好看。有人总结制作刀削面技术要诀是:刀不离面，面不离刀，胳膊直硬手端平，手眼一条线，一棱赶一棱，平刀时扁条，弯刀时三棱。有顺口溜赞曰:“一叶落锅一叶飘，一叶离面又出刀，银鱼落水翻白浪，柳叶乘风下树梢。”吃面前，能够参观厨师削面，无异于欣赏一次艺术表演。

刀削面的调料(俗称“浇头”或“调和”)，也是多种多样的，有番茄酱、肉炸酱、羊肉汤、金针木耳鸡蛋打卤等，并配上应时鲜菜，如黄瓜丝、韭菜花、绿豆芽、煮黄豆、青蒜末、辣椒面等，再滴上点老陈醋，十分可口。

在山西各地的刀削面中，最出名的莫过于大同的刀削面，可称“面食王中王”。大同刀削面物美价廉，色、香、味俱全，形成了独特的大同风格，很多外地朋友来到大同，在品尝之后都赞不绝口。一些本地游子，在回到家乡之后，都要先赶去削面店吃一碗刀削面，来解日夜思念之情。在大同，刀削面店比比皆是，比较出名的也有很多，如七中刀削面、东关刀削面、小南街刀削面、老柴家刀削面等。其中“东关刀削面”是大同刀削面里最出名的一家，很多外地客人宁可舍弃大鱼大肉的豪华宴席，也要来这里专门品尝。据说，最热闹的时候这个店一天用掉 18 袋白面，卖出 2500 碗刀削面。由此可见刀削面在大同的魅力真的令人叹为观止。

(三)武汉的热干面

热干面是武汉人过早(过早即吃早餐，是湖北地区一种俗称，尤以武汉、宜昌、襄樊一带较为常用)的首选小吃。对武汉人或者在武汉待过一段时间的朋友来说，热干面不仅是一种小吃，而且是一种情怀，未食而乡情浓浓，食之则香气喷喷。

热干面的来历其实很简单：大概是 20 世纪 30 年代初期，汉口长堤街有个名叫李包的食贩，在关帝庙一带靠卖凉粉和汤面为生。有一天，天气异常炎热，不少剩面未卖完，他怕面条发馊变质，便将剩面煮熟沥干，晾在案板上。一不小心，碰倒案上的油壶，麻油泼在面条上。李包见状，无可奈何，只好将面条用油拌匀重新晾放。第二天早上，李包将拌油的熟面条放在沸水里稍烫，捞起沥干入碗，然后加上卖凉粉用的调料，弄得热气腾腾，香气四溢。人们争相购买，吃得津津有味。有人问他卖的是什么面，他脱口而出，说是“热干面”。从此他就专卖这种面，不仅人们竞相品尝，还有不少人向他拜师学艺。就是这个无意之作，被广大武汉人所喜欢，几乎有摊点的地方就有热干面。过了几年，有个姓蔡的人在中山大道满春路口开设了一家热干面面馆，取财源茂盛之意，叫作“蔡林记”，成为武汉市经营热干面的名店。后迁至汉口水塔对面的中山大道上，改名武汉热干面。是以最早形成正规店面，这就是蔡林记了，蔡林记经过百年洗练，其口感晶洁爽口，味道鲜美，深受广大市民的赞赏，享有武汉名小吃的美誉。不过近年来步入下坡路，估计与无处不在的热干面摊点和自身没有好的发展之路有关。

(四)四川担担面

担担面是著名的成都小吃,用面粉擀制成面条,煮熟,舀上炒制的猪肉末而成。成菜面条细薄,卤汁酥香,咸鲜微辣,香气扑鼻,十分入味。在四川广为流传,常作为筵席点心。

担担面已有上百年历史,相传1841年由自贡一个叫陈包包的小贩创制。当年挑担担面的扁担一头是个煤球炉子,上面一口铜锅。铜锅隔为两格,一格煮面,一格炖鸡;另一头装的是碗筷、调料和洗碗的水桶。卖面的小贩用扁担挑在街上,晃晃悠悠地沿街游走,边走边吆喝:“担担面——担担面——”喜欢担担面的人一听到这种熟悉的叫卖声,赶紧叫住小贩说“来一碗”。那么你只要付点小钱,就能品尝到这种美食了。

过去的担担面现煮现卖,食客出门就能吃到。可是小贩实在辛苦,一副担子挑在肩上,少说也有五六十斤吧。一天几十里路走下来,累得人腰酸背痛。现在好了,担担面在巴蜀大地遍地开花,成都的锦里古街、文殊坊和宽窄巷子这些旅游集散地,都有四川小吃一条街,到处都能吃到担担面。

担担面的得名源于它独特的叫卖方式,担担面的出名却是源于它的面臊和调味料。担担面面条细薄,卤汁酥香,菜味浓,臊子酥碎,咸香微辣,香气扑鼻。四川人习惯把面臊分为三种:汤汁面臊、稀卤面臊和干煵面臊。汤汁面臊就是带有汤水的,比如红烧牛肉面、清汤牛肉面、香菇炖鸡面使用的面臊;稀卤面臊就是面臊比较浓稠,在烹制过程中勾了芡,像打卤面、大蒜鳝鱼面等所用的面臊就属于此列;干煵面臊是一种炒制的面臊,比较干爽,像炸酱面和担担面就是这种干煵面臊。

担担面的面臊很有特色,制作也挺容易:取猪腿肉剁成肉末,甜面酱用少许油划散。然后炒锅置中火上,加盐、胡椒粉、鸡精等调料,等肉末呈现诱人的茶色微微吐油就可以起锅了。

担担面的调味也多,除了盐巴、鸡精和酱油、醋外,底料碗中还要加入辣椒油、碎米芽菜、芹菜颗粒、葱花和少许的鲜汤。有些人还会放点碎花生米和芝麻粉增香。这些调料看起来似乎非常麻烦,但这正是川菜小吃的特色之处。

三、各地特色包子

包子,中国传统食品之一,价格便宜、实惠。包子通常是用面做皮,用菜、肉或糖等做馅儿。不带馅的则称作馒头。在江南的有些地区,馒头与包子是不分的，他们将带馅的包子称作肉馒头。包子一般是用面粉发酵做成的，大小依据馅心的大小有所不同，最小的可以称作小笼包，其他依次为中包、大包。常用馅心为肉、芝麻、豆沙、干菜肉等，出名的有北京庆丰包子、都一处烧卖，天津狗不理包子，广东奶皇包和叉烧包，成都小笼包和韩包子，上海南翔小笼包，西安贾三灌汤包，开封第一楼灌汤包，扬州“富春茶社”和“冶春茶社”三丁包，武汉民生甜食馆生煎包，呼和浩特“麦香村”烧卖等。

四、独具特色的地方名饼

独具特色的地方名饼有：浙江金华的酥饼，江苏南通的文蛤饼，盐城的鲸鱼饼，福建的闽南薄饼，浙江湖州的姑嫂饼，湖北黄州的东坡饼，山东的周村烧饼，济南的糖酥煎饼，内蒙古的哈达饼，青藏的焜锅馍，天津的赖皮饼，北京的茯苓夹饼、玫瑰饼，上海的状元饼、太史饼，长春的双酥饼，河南的双麻饼，广东的鸳鸯夹心饼，太原的加利饼，遵义的特加饼，沈阳的李连贵熏肉大饼，等等。

五、米线和米粉

米线和米粉都是以大米为原料，经浸泡、蒸煮、压条等工序制成的条状、丝状米制品，形状和面条相像。米线主要有两种制作方法：一是取大米发酵后磨制而成，俗称“酸浆米线”，其工艺复杂，生产费时，然筋骨好，滑爽味甜，有大米清香，为传统制法。二是取大米磨粉后直接放在机器中挤压，靠摩擦的热度使其糊化成型，称为“干浆米线”，其晒干后即为“干米线”，方便携带贮藏。食用时再蒸煮涨发。干浆米线筋骨硬、咬口、线长，但香不及酸浆米线。

现代米线，由于机械化制作的带入，已经与传统方法制作有所区别。特别是南方各地制作的“米粉”，已经与米线有所区别。米粉虽然形似米线，但实非米线。米线是以大米为原料，而米粉中由于添加了红薯粉、土豆粉等原料(所占比例也很多)，使得口感、保存方式等都与米线有了很大的区别。从口感上，米线多为“水灵筋骨”，而米粉多为“柔绵筋骨”，米线入口较为滑爽，米粉入口较为粘糯。特别是“酸浆米线”与“酸粉”的区别更大。酸粉入口“酸绵易化”，酸浆米线入口“酸脆筋斗”。“干米线”则与“米粉”类似，不同之处也在于是否以大米为原料。米粉易于保存，和“干米线”类似，晒干以后不仅可以长期保存，而且不容易变质。干米线由于制作简单，开始一步步取代酸浆米线，而干米线也被做得更细更长。云南一带的米线为米线，其余地方的米线实为米粉，米粉是在米线传播后的产物，是米线的传承和发展。

云南人把米线的吃法发挥到了极致，其烹调方法有凉、烫、卤、炒，配料数不胜数。米线的种类主要有玉溪小锅米线、大锅肠旺米线、豆花米线、凉米线、卤米线、过桥米线等。最为正宗地道的过桥米线当属我国云南省红河州蒙自县的过桥米线，这里是过桥米线的发源地，传说过桥米线制作方法和命名源自蒙自县南湖湖心小亭。歌手后弦演唱的歌曲《过桥》便取材于这个故事，并加以新的诠释。

米粉的形式比较多，最常见的是比米线稍粗的圆粉。米粉质地柔韧，富有弹性，水煮不糊汤，干炒不易断，配以各种菜码或汤料进行汤煮或干炒，爽滑入味，深受广大消费者(尤其南方消费者)的喜爱。主要风味小吃有安溪湖头米粉、南昌安义米粉、四川绵阳米粉、广州沙河粉、湖南米粉、桂林米粉等。其中，桂林米粉和桂林山水一样闻名天下，其做工考究，先将上好大米磨成浆，装袋滤干，揣成粉团煮熟后压榨成圆根或片状即成。圆的称米粉，片状的称切粉，通称米粉，其特点是洁白、细嫩、软滑、爽口。其吃法多样。最讲究卤水的制作，其工艺各家有异，大致以猪、牛骨、罗汉果和各式佐料熬煮而成，香味浓郁。卤水的用料和做法不同，米粉的风味也不同。大致有生菜粉、牛腩粉、三鲜粉、原汤粉、卤菜粉、酸辣粉、马肉米粉、担子米粉等。

六、小吃博物馆

(一)周村烧饼博物馆

2011 年 9 月 5 日，中国第一座非遗地方小吃博物馆——周村烧饼博物馆正式开馆。周村烧饼博物馆坐落于山东淄博国家 4A 级旅游景区周村古商城内，共三层，地上一层为展厅，地上二层为休闲区，地下一层是烧饼现场制作展厅，地上一层通过通透玻璃地面与地下一层相呼应。地上一层展厅包括 5 个主题区：综合区以《烧饼赋》为中心，综合展示周村烧饼的历史环境；老字号主题区则以图片和翔实的历史记录，展示了自清末以来烧饼老字号的风貌；第三主题区则图文并茂并佐以雕塑，再现了周村烧饼制作的全过程；第四主题区展示了古今周村烧饼的流传和辐射，表现传统名特食品的历史魅力；第五主题区是互动区，游客可以自主地获取感兴趣的周村烧饼的历史文化。

地上二层仿照古代四合院建筑，由 7 个多功能厅和附属设施组成。外观仿古，清净凝重。内部装修现代时尚，佐以高档仿古家具，为游客提供优雅的休闲环境。

博物馆有三大亮点：首先，将烧饼制作过程配料、混炼、分坯切剂、揉剂、延展成型、着麻、烘烤、成品包装形象地在游客面前演示，并现场制作加工，游客在这里可以购买到热腾腾的周村烧饼。其次，“百脸笑吃百饼”，烧饼博物馆设计上特别注重游客的感受，在一层至地下一层的电梯旁，有一幅巨大的“百脸吃百饼”图，图片上男女老幼咬着薄薄的脆皮芝麻烧饼，洋溢着幸福的笑容，感染着每一位来参观的游客。最后，烧饼展馆设立了民俗文化互动展区。在这里，游客可以自主地体验感受到周村传统的“土语”与“普通话”的差别，从中体会“土语”的乐趣。另外，周村烧饼有限公司还特别注意保留了烧饼正统传人的影像资料，游客只需要走到自己感兴趣的影视电话机前，拿起听筒，就可以了解到烧饼传承的过程。

（二）日本横滨拉面博物馆

横滨拉面博物馆坐落于横滨的港北区，建立于 1994 年，创始人为岩冈洋志。岩冈洋志出生并生长于新横滨，故而深深眷恋着这片熟悉的土地，为了推动故乡的发展和毕生的拉面文化而建立了这个博物馆。

与其说新横滨拉面博物馆是一个博物馆，不如说它是一个以拉面为主题的娱乐公园，也是世界上第一个饮食娱乐园。它分为两个主题区域，一个是拉面馆大厅区，另一个区域则以 1∶1 的比例再现了昭和三十三年(1958)的东京一景。拉面馆大厅区内是来自日本各地的老字号拉面馆，一次展出 8 家，每年可能会有不同，如北海道札幌的“纯连”味噌拉面、九州的“一风堂”白汤拉面、京都的“新福菜馆”、东京的“春木屋”以及横滨的“天角”，尤其以猪骨熬制的白汤熊本店更是独占鳌头。为吃上一碗拉面排着长队等候个把小时是常有的事。昭和三十三年(1958)的东京一景的重现是为了让人们缅怀往昔岁月的氛围，让顾客沉浸在一种怀旧的心情中品尝拉面，会品尝出曾经拉面的味道。还有一点就是方便面也发明于 1958 年，该项发明使得日本成为一个拉面王国。

横滨拉面博物馆内还有专门出售传统点心、小吃和食品的店面，此外，游客还可以买到拉面碗、烹饪工具和速食拉面等。[①]

七、小吃文化城

(一)沙县小吃文化城

沙县小吃文化城位于福银高速沙县出口处,占地面积 100 亩,建筑总面积约 7.5 万平方米,总投资 2.6 亿元。该城设计采用中国古典徽派园林设计手法,以沙县传统的明清建筑风格为基调,遵循古朴、典雅的设计风格,将建筑和谐地融入沙县淘金山人文、历史、自然景观的景区之中,展现了沙县 1600 年的闽中悠久历史和饮食文化古城风貌。规划设计为小吃餐饮、休闲娱乐、宾馆客栈及旅游购物等四个区,建设 20 余幢古建筑群,并配套建设园林景观、建筑小品、绿化及夜景工程等。

小吃文化城按国家 4A 级景区进行布局,汇集了“天一美食”“广容大酒店”“黄歧海鲜酒楼”“庙门扁肉店”等颇具特色的风味酒家,还有沙县小吃明档。它们是经过反复筛选最终选定的 10 家最具特色的沙县名小吃,品种多达五六十种,有“葱肉饼、豆腐丸、水晶烧卖、米果、泥鳅粉干等”;在旅游购物区,有专门销售沙县特色板鸭的专卖店,有经营翡翠挂件、瓷绘、木雕根雕等的特色工艺店,有经营本地各类菌菇、笋干、蜂蜜、土鸡蛋、茶籽油、夏茂冬酒、老潘头酱油豆腐乳系列、富口老情人豆腐干等的土特产商行等;有集大型慢摇吧、桑拿、茶艺馆、养生健体会所为一体的多种休闲娱乐中心;设有高、中档客房,按四星级标准建设的广容大酒店和古香古色的客栈;寿山石雕收藏馆,你可以看见各式各样的石雕文化,更是增添了小吃文化城的文化品位。

(二)甘肃名特小吃城

甘肃名特小吃城位于兰州市张掖路,建筑面积达 1200 平方米,可同时接待 500 人用餐。这里汇集了全国各地名优特色风味小吃 600 余种,从成都钟水饺、宜宾燃面等主食到水果沙拉、青海三宝等餐点应有尽有。小吃城厅内拥有中央空调、新风系统和高级就餐桌椅,同时提供专业的保洁、收集、保安服务,以此确保食客全天候享受洁净的就餐环境。

---

① 潘文龙:《日本这样保护小吃文化》,《新民周刊》2007 年第 5 期,第 69—70 页。

八、小吃文化节

（一）中国（沙县）小吃旅游文化节

闻名遐迩的沙县小吃历史悠久，有一千多年的历史文化积淀，创于汉晋，兴于唐宋，盛于明清，发展于当代，在沙县民间具有浓厚的文化基础。沙县小吃以其源远流长的汉唐饮食文化遗风，尤以风味独特、做工精细、品种繁多、荤素相宜、营养平衡和经济实惠而著称，既有福州、闽南一带的饮食特点，又有汀州一带山区客家饮食文化风格。被誉为中国饮食行业百花园中的一朵奇葩。

从 1997 年开始，沙县人在每年的 12 月 8 日举行小吃文化节，开展系列活动营造发展氛围，宣传沙县和沙县小吃品牌。2006 年沙县小吃文化节升格为首届中国（沙县）小吃文化节，借助两岸新闻媒体，宣传中华小吃品牌，促进海峡两岸饮食文化和技术交流。沙县小吃旅游文化系列活动，秉承“小吃搭台、文化推动、旅游提升、商贸唱戏、推进发展”的活动宗旨，本着“节俭、务实、高效”的原则，开展小吃、旅游、文化等系列活动；以社会化、市场化运作方式，推进商贸合作交流和第三产业发展。

2015 年小吃旅游文化活动开展小吃、商贸、文体、旅游等四大类 18 项活动。

（二）漳州小吃文化节

首届漳州小吃文化节始于 2011 年 2 月 16 日，历时 3 天，参展商家达 60 多户，涵盖了漳州各县（市、区）以及部分台湾名优产品。游客超过 10 万人，销售收入达 150 万元。第六届漳州小吃文化节于 2016 年 2 月 20 日至 24 日举行，为期 5 天，市民参与热情空前高涨，活动现场人山人海，小吃商家生意火爆，游客总量超过 20 万人次，商家销售总额超过 400 万元，取得了良好的社会效益和经济效益。在闭幕式上，活动组委会还授予 10 个商家“漳州上好小吃”和 10 个“漳州上好小吃提名奖”，进一步打响漳州小吃文化品牌。

九、小吃街

(一)海口骑楼小吃风情街

海口骑楼小吃风情街坐落于海南省海口市区大同路 2 号,占地面积约 8666 平方米,能同时容纳 3 万多人就餐,于 2010 年 12 月 31 日正式开业。目前,骑楼小吃街汇集 2000 余种特色小吃,融合"骑楼""黄花梨""琼剧""黎锦""海捞""海南小吃"等海南独特文化元素。2013 年 7 月 22 日,海口骑楼小吃街"升级"为国家 3A 级景区,成为海口第 7 家 A 级景区以及海南第一家以特色餐饮为主题的 3A 级景区。

(二)锦里小吃一条街

锦里是成都有名的小吃一条街。古色古香的小路上一家挨着一家的全是小吃店,这里的小吃种类很多,比较出名的有三大炮、荞面、牛肉豆花、三合泥、糖油果子、撒尿牛丸、牛肉焦饼、钵钵鸡等。虽然价格不算便宜,但是品种多样,热闹非凡的民间小吃集市,让人们亲身体验川西古镇"赶场"的热闹场景。

第六章　旅游“酒”时光

第一节　酒文化的概念和属性

一、酒文化的概念

酒是一种含酒精的饮品。《说文解字》曰：“酒，就也，所以就人性之善恶。从水，从酉，酉亦声。一曰：造也，吉凶所造也。古者仪狄作酒醪，禹尝之而美，疏。杜康作秫酒。”[①]可见，许慎对于酒的理解是把它寓为人的本性，通过酒这一物质体现出人的善和恶。酒文化是一种综合性的文化，是指人们在酒的生产、流通和消费过程中所产生的一切物质、行为和精神现象及其关系的总和。

二、酒文化的基本形态

（一）物质形态

酒文化的物质形态包括与酒相关的原料、工具、产品、器具、环境等要素，是酒文化的技术体系成果，是人工创作的与酒相关的技术、器物的东西。

（二）精神形态

主要体现在人们对酒的信仰崇拜、伦理道德、文化心理、思维方式、审

① 张章:《说文解字上:全 2 册》,中国华侨出版社 2012 年版,第 335 页。

美情趣、民俗语言文化、社会理想、哲学宗教、文学艺术、科学技术等方面。

(三)行为形态

酒文化的行为形态主要通过礼仪行为、信仰行为、社群行为、娱乐行为表现出来。礼仪行为,如酒的典章制度,民族民间自然形成的有关座次、席位、择吉、邀约、敬罚等行为、语言规范,贯穿于政治秩序、社交礼仪、生活标准、风俗习惯诸方面。信仰行为如酒祭、曲祭、神供、酒占、禁忌等,是中国巫术文化、道教文化、佛教文化与酒文化信仰观念结合的产物。社群行为体现在各种宴会、"评酒"活动、"酒节"、"酒文化节"活动中。民间盛行的各种通令、藏钩、斗酒等酒令、酒戏活动,知识阶层盛行的诗词歌赋、琴棋书画等文艺佐酒活动和雅令、筹令、通令等酒令活动,以及各种品评佳酿、酒器、赏花、醉月等赏玩活动,集文学艺术、娱乐消遣、游戏智慧、审美鉴赏于一体,体现出品种多样性、社会参与性及文化兼容性。

(四)制度形态

酒文化的制度形态以酒礼、酒政为主。酒礼主要是"因人之情而为之节文",偏重从礼法、道德上规范社会关系和社会行为,而不具有法律规章的作用;酒政则是强加给人的行政干预、经济调节以及与之相应的惩罚规定[①],是国家对酒的生产、流通、销售和使用制定的政策之和,包含禁酒、税酒和榷酒。

三、酒文化的基本属性

(一)自然属性和文化属性

酒是一种奇特的东西,也是一种复杂的东西。它既是人类物质文明的一种产物,又是人类物质文明的一种标志。酒既指各种含酒精的饮料,又不仅仅指各种含酒精的饮料。酒具有两方面的属性,即酒的自然属性和文化属性。从自然科学(化学、微生物学、发酵学)的角度看,酒是一种含有机化合物乙醇(酒精)的饮料;从社会科学(文化学、社会学、民族学)的角度说,酒是一种能影响人们精神世界的物质文化现象。所以酒行为往往也是

---

① 吴慧颖、张秀军、张晓:《对中国酒文化的内涵、形态与特点的探讨》,《学理论》2010 年第 5 期,第 54—55 页。

人们精神文明的反映与表征。

酒文化只是民族传统文化中的一个组成部分,但却是一个充满活力的部分,对社会文化生活各个方面具有强烈的渗透性。它本身虽只是一种液态的物质文化,但若从其酿造、饮用和社会功能的全过程考察,酒文化也包含了固态的物质文化,如酒器(酿酒器具)、粮食(酿造原料)、酒具(饮酒器具)等内容。它既包含知识经验形态的酿造术这一科技文化的内容,也包含与人们的行为方式直接有关的习俗文化(如诸多的饮酒习俗)内容,以及人们对酒的信仰、观念等精神文化的内容。

(二)民族性

民族性是酒文化所具有的多种性质之一,它不仅表现在酒的品种、酒具和酿造术的民族特色上,而且也表现在饮酒习俗、对酒的信仰、酒德以及不同民族的不同饮酒类型上。民族性是一个相对的概念,不应对它做绝对化的理解。研究酒文化的民族性也是为了更全面地了解和认识酒文化各个方面的特征,以发挥其在现实运用中的作用。同样,也不应对它做片面化的理解。

(三)综合性

从结构特征上说,酒文化是一种综合性文化。它主要表现为一种液态的物质文化,但若从酿造、饮用和社会功能的整体结构考察,它也包含固态的物质文化、技艺文化、习俗文化、精神文化、心理文化和行为文化等(图6-1)。

酒文化
- 物质文化:液态的——各种酒
  固态的——酿造原料、酿酒器、饮酒器、固态酒、酒令器具等
- 技艺文化:酿造术
- 习俗文化:饮酒习俗
- 精神文化:人们对酒的观念、信仰、神话和传说
- 心理文化:饮酒心理、助兴或消愁作用
- 行为文化:不同的饮酒类型

图 6-1 酒文化结构

酒的这种综合性,为我们通过酒文化研究其他社会文化现象创造了条件,开辟了途径。国家政治、社会经济、生产生活、历史文化、考古发掘、礼仪习俗以及婚姻家庭等,都可通过酒文化这一窗口,找到一定的资料,受到

一定的启示，显示出它对科技史、民族史、文化史、民俗史的研究价值。

（四）两面性

酒文化的两面性则指酒行为在人类社会生活中既具有正面的功能又同时具有负面的效应。在欢乐的节日里，人们饮酒会使欢乐的气氛愈加浓烈；但饮酒过量，又会乐极生悲。少量饮酒可促进血液循环，帮助消化，对人们的健康不无裨益；但若超过人们的承受能力，又会损害健康，引起副作用。

李时珍在《本草纲目》中说：“酒，天之美禄也。面麴（qū，曲）之酒，少饮则和血行气，壮神御寒，消愁遣兴。痛饮则伤神耗血，损胃亡精，生痰动火。《邵尧夫诗》云：美酒饮教微醉后。此得饮酒之妙，所谓醉中趣、壶中天者也。若夫沉湎无度，醉以为常者，轻则致疾败行，甚则丧邦亡家而陨躯命，其害可胜言哉？此大禹所以疏仪狄，周公所以著酒诰，为世范戒也。”他既肯定了酒的正面功能，又指出了酒的负面效应，论述非常中肯、全面。更为可贵的是，李时珍还提出了一个“微醉”的标准，作为人们掌握的尺度，以趋其利而避其害，这就是我们所说的酒的两面性。

第二节　酒文化旅游的特点和意义

一、酒文化旅游的性质

酒文化旅游是指依托酒文化资源，以酒为主要吸引物形成的一种旅游方式，它是一种围绕酒文化主题而展开的专项旅游，具有明确的以欣赏、体验酒文化为核心的目的。

根据酒文化的不同侧重面，可以把酒文化旅游归属于生态旅游、工业旅游、节庆旅游、遗产旅游、养生旅游等旅游形态。生态旅游表现为参观、体验酿酒原料种植园，工业旅游表现为参观制酒企业酿酒厂、学习酿酒知识，节庆旅游表现为酒主题文化节、地方节日酒俗体验，遗产旅游表现为参观古代酿酒遗址遗迹、观赏出土的酿酒饮酒的相关器具，养生旅游表现为追求药酒医疗养生功能的旅游。

二、酒文化旅游的特点

(一)地域性

酒的生产通常需要适宜的气候条件和良好的自然生态环境,生产好酒需要优良的水质,这些便决定好的酒业品牌都在一定的地域区域,如以茅台为中心的黔北地区有着悠久的酿酒历史和酒业文化,孕育并铸造了酒文化的辉煌,分布着茅酒、郎酒、习酒、珍酒、董酒、泸州老窖等名酒,共同形成了独特的酒文化,是全世界绝无仅有的。与此同时,当地先民开创了很多彰显地方性和民族性特色的酒俗,如苗族的"牛角酒",布依族的"鸡头酒",仡佬族的"咂酒"等,这些地区自然风光和人文特色并存,在发展旅游上具有得天独厚的优势。

(二)审美性

酒本身具有丰富的美感,酒色、酒香、酒味、酒形刺激着人们的感官,与之搭配的酒器、酒具、菜品等都激发人们的感性认识。在文化的层面上,酒更有着鲜明突出的美感特征,除了诗词歌赋、书画曲艺、哲学思想等体现,在每个酒文化旅游类型中,从历史文化街区或是酒文化艺术群落,均可以感受酒的内涵与外延的各层次美感。

贵州名扬中外的"苗族飞歌"就是苗家在迎接远方的朋友时给予最高待遇的敬酒歌,那动人的旋律,穿着苗族盛装的姑娘的演唱,给人一种如痴如醉的感觉。贵州著名苗族歌唱家阿旺,唱遍了全世界,可以说若今天到任何一个苗寨,敬酒歌都是随处可闻之动人心声。此外,布依族的查白歌节上男女相恋后饮酒的场面,侗族送客、迎客,苗族在鼓藏节上喝酒对歌、芦笙伴舞等体现的高超的民族民间艺术,令人赞叹不已。随着人们追求返璞归真,回归大自然的趋势日益明显,这种文化所显示的审美功能就更易被强化。

(三)体验性

旅游是体验经济的一种典型形式,因为旅游的本质即是体验。人们在旅游的过程中,从离开客源地开始,就在交通、住宿、餐饮、游玩、购物、娱乐等项目中进行旅游体验,最终旅游产品以为游客提供旅游经历(体验)而实现价值。在酒文化旅游中,人们经过自身亲身感受,通过互动、参与和学习更能提高酒文化的品位，例如：参加糖酒博览会，体验品尝各式美酒；参观白酒酒庄，在欣赏自然风光的同时，体验酿酒过程的乐趣，收藏酒庄酒等。

现代酒文化在许多方面都给游客提供了参与、感受、体验的机会。如黔东南地区的敬客人的酒，当你迈入苗家的门槛时，他们朴实的迎接方式，也是豪华的迎接方式，远道而来的你顿时会被这种盛情打动，你更加能体会到场面的动情与自身的价值，即使你大醉一场，也会发出“醉人之意不在酒”的会心一笑，令你回味无穷。此外，还有交杯酒、打酒印、送客酒，甚至其他带有宗教崇拜的酒文化，都会令你在体验中得到意外的感受。

（四）娱乐性

酒文化的内容，许多有娱乐的成分在里面，喝酒除了生产劳动需要一定的能量提供外，更多的则是精神上的享受。人们常说，酒既可解忧亦可消愁，庆功贺喜更要喝酒。同时，喝酒的乐趣还在于活跃气氛，如酒舞、酒歌、乐器演奏、劝酒，是智慧机智的体现；如行令猜拳，是胆略的体现。值得一提的是，这种娱乐还体现在喝酒后，“智者”若无其事的“傲气”而直抒内心的胸臆，而“失意”者酩酊大醉时的“表演”也使游客在疲劳时得一阵欢笑，一身的疲惫顿时烟消云散。再如少数民族地区的歌舞很大一部分与酒有关，可借敬酒展示民族歌舞文化，借罚酒促使游客参与娱乐表演；许多特别的酒礼能给人和谐热情、宾至如归的感觉，如畲族的“同心酒”礼，全桌人手挽手同饮杯中酒，热情豪放，给游客留下深刻印象。

（五）经济性

酒文化所显示的经济功能是显而易见的。据澳大利亚制酒业联合会预测，每年通过旅游活动和酒窖直销给酒业带来的直接效益在4亿至5亿澳元之间。据维多利亚酿酒厂旅游委员会（VWTC）估计，仅在维多利亚一个州，酒旅游的总收入就为1.85亿澳元，其中大约0.7亿澳元直接来自酒窖直销，其余的来自食品、住宿、汽油以及其他商品和服务。[①] 近年来，贵州仁怀实施“旅游兴市”战略，把“酒”始终列为旅游产业发展的重点项目，加速发展国酒茅台工业旅游、白酒文化旅游和红色文化旅游，并与农业旅游、乡村旅游相结合，为旅游业发展注入新的活力，实现了旅游产品从单一观光游向观光休闲度假并重的结构转型，使之成为县域经济发展新的增长极。至“十二五”末，全市接待游客1593万人次，实现旅游综合收入188.02

---

① 杨冬松：《酒与旅游，天生的一对》，《中国旅游报》2001年3月26日第C01版。

亿元。[①]

酒文化所显示的功能,一方面体现在由酒文化形成的一种生态文化上。众所周知,贵州的酒之所以为名酒,一是因为有优质的原料、水质和环境,在名酒产地"喝酒喝出健康来"已成为人们的一种"现代意识"。据说在国酒产地仁怀市,至今未发现一例癌症患者,患其他病的概率也低。在美酒河畔的赤水市自然生态良好,全市粮食产量连续15年获得丰收,社区居民患病率低于贵州全省平均水平,这绝不是偶然的,美酒飘香,酒的文化自然是其重要因素,由此来黔旅游的人、"闻酒"而来的人在逐渐大幅度上升,充分体现了贵州酒文化强大的旅游经济功能。另一方面,游客饮尝名酒后,对酒文化参与后的体验难以忘怀,自然会将当地的美酒或多或少带回去,借此纪念或赠送亲朋好友。苗族的糯米酒、布依族的米酒系列在贵州旅游业发展的今天,在酒的包装、产量、质地等方面都发生了巨大变化。在他们看来,"米酒"已不是一种纯粹的饮品,已经成了一种文化,他们生产的是一种文化,输出的也是一种文化,人们来品尝的更是一种文化。这种文化—经济—文化的螺旋式上升的转化,在文化相融和文化经济协调发展的今天,将会更加明显,内涵丰富的酒文化也必将在此局面下大放异彩。

三、酒文化旅游的意义

(一)有利于酒文化的发掘和推广

酒文化旅游的开发,离不开对酒文化的重新梳理和评价。在这个过程中,许多潜藏散落的酒文化资源将会被发现,而其他一些已开发的酒文化资源的特色和价值也会获得新的认识。通过旅游开发,酒文化的历史、审美、科学等各方面的价值就能全面地展现在游客的面前,让他们感受到酒文化的巨大魅力。

(二)给旅游地带来良好的社会效益

旅游地为推动酒文化旅游的开发,必然加快旅游地环境的建设,改善社会、生态环境,从而塑造良好的旅游地形象,提高旅游地的知名度,为旅游地带来无法估量的社会效益。在经济方面,通过发展酒文化旅游,不仅

---

① 陈飞、沈冰洁:《仁怀近五年实现旅游综合收入188亿》,《遵义日报》2015年12月14日第2版。

能带动当地酒类企业营业收入的增加，还能通过旅游强大的联动效应来推动区域相关行业（如餐饮、饭店、交通、娱乐、购物、影视、房地产等）的发展，从而实现增加当地财政收入、促进当地经济发展的目的。

（三）开发和保护酒文化资源

旅游能够增加酒产地的知名度，从而获得更多社会资金涌入，受到社会的关注和支持，使我国珍贵的酒文化资源得到科学的开发和保护。

（四）带动相关产业发展

酒文化旅游的开发除了能带动与之直接关联的行业（如旅游饭店、旅游餐饮、旅行社、旅游交通等）发展外，还能联动区域内与之间接关联的行业（如零售业、通信业等）的发展。

（五）增加就业机会

随着市场规模需求的增加，对劳动者数量的需求也会增加。因此开发酒文化旅游能够拓宽当地劳动者的择业门路，增加就业机会。

第三节　酒文化旅游资源

一、酒文化旅游资源的概念和种类

（一）酒文化旅游资源概念

酒文化旅游资源是在漫长的酒文化历史演变过程中所积累的、自然的和人文的，能够吸引旅游者的酒文化资源。但并不是所有的酒文化资源都是旅游资源，只有那些能对旅游者产生吸引力的资源才是酒文化旅游资源。酒文化旅游资源兼具自然与人文形态，既有现实的又有潜在的，既有物质的又有非物质的，酒文化旅游资源是一种特殊的主题旅游资源。

（二）酒文化旅游资源分类

为了研究的方便，我们将酒旅游资源大致分为自然旅游资源和人文旅游资源两大类（表 6-1），前者主要指酿酒原料观光园、佳泉名水、天然藏酒洞等。后者主要指酿造设备、酒厂特色建筑、历史古迹、地下酒窖、品酒间等。

表 6-1 酒文化旅游资源分类

资源分类		实例
自然旅游资源	农作物资源	含淀粉物质的农作物资源都可以作为酿造白酒的原料,包括高粱、玉米、大麦、小麦、豌豆等
	水果资源	葡萄、山楂、青梅、杨梅、李子、苹果、菠萝等
	酿酒水资源(佳泉好水)	“水是酒之血”,“名酒必是佳泉酿”,好山好水出好酒,如茅台酒之赤水河、郎酒之郎泉、泸州老窖之龙泉井水、剑南春之玉妃泉等
	天然藏酒洞	泸州老窖拥有纯阳洞、醉翁洞、龙泉洞三大天然藏酒洞
人文旅游资源	酒历史古迹遗迹、遗物和遗址	酿酒遗址、古酒器具、酒名人遗迹
	特色建筑类	特色酒吧、酒楼、酒馆、酒店,酒博物馆,酿酒工厂,酒窖,其他酒建筑
	社会风情	民俗礼仪,酒节事,酒旅游商品
	酒文学艺术	酒诗词歌赋,酒文化楹联、题刻,酒历史典故,神话传说,影视,戏曲、音乐,书法、绘画等
	工艺技术	原料种植工艺、酿造工艺、储藏工艺等

二、部分酒文化旅游资源

(一)酿酒原料及产地

各种名酒之所以具有高品质的特征,是由当地独特的地理环境和酿酒资源所决定的。在以酒文化为基础的旅游产业开发中,要将酿酒原材料及相关内容纳入旅游线路规划。如酿茅台酒所需的高粱、小麦,主要产于酒都仁怀当地,且茅台酒厂等大型酿酒企业,也建有专门的有机原料种植基地。将有机高粱种植基地纳入旅游线路,不但可以宣传“有机茅台”,从而提升酒都酱香型酒的美誉度,也能起到丰富旅游线路的目的。又如神秘的赤水河流域,是有着植物活化石之称的桫椤王国,赤水河直接为酒都仁怀的酱香酒提供酿造用水。步入赤水河边的茅台小镇，酒香、曲香扑鼻而来，清澈的河水缓缓流动，两岸青山环绕，绿树满坡，无不构成一幅宁静的画面，让久处喧嚣之地的人们得到心灵的涤荡，从而流连忘返。[①]

（二）名酒及名酒产地

1. 名酒

名酒本身可以成为旅游资源，一是因为名酒可以成为旅游商品，成为旅游者购物的新宠。二是因为名酒本身的滋补养生之功效，在现代旅游开发中越来越受到重视。比如利用其药用功能发展药酒浴，将工业旅游与现代休闲度假旅游（温泉旅游）结合起来，自是一项不错的选择。三是因为在众多的酒文化博物馆中，名酒及酒器成为陈列品，也是旅游者参观鉴赏的对象。

地方名酒都有其独特的风格，一地之所以能生产出名酒，一般都有着悠久的酿酒历史，同时还要有优质的原料、水质和环境，在名酒产地“喝酒喝出健康来”已成为人们的一种“现代意识”，美酒飘香，酒的文化吸引游客前往，如贵州的茅台、四川宜宾的五粮液，“闻酒”而来的人络绎不绝，充分体现了地方名酒在知名度、品牌效应等方面强大的旅游功能。地方名酒已成为重要的酒文化旅游资源。地方名酒对于带动地方产业和经济起到巨大作用，也极大地影响着旅游业。

百花齐放、各有千秋、风骚一方的中国酒已成为旅游商品中不可或缺的要角。品种繁多，酒名丰富多彩，地方特色浓郁，是自古至今中国酒文化的特色。中国酒品类齐全，今有六大类型：黄酒、白酒、葡萄酒、果酒、露酒（包括药酒）、啤酒。表 6-2 是历届全国评酒会评出的国家名酒。

---

① 郭旭、周山荣、黄永光：《基于酒文化的中国酒都仁怀旅游发展策略》，《酿酒科技》2016 年第 4 期，第 106—110 页。

表 6-2　历届全国评酒会评出的国家名酒

届次	评酒年度	地点	白酒	黄酒	葡萄酒	啤酒	露酒
第一届	1952	北京	贵州茅台酒、山西汾酒、泸州大曲、西凤酒	鉴湖长春酒（加饭酒）	葵花牌红葡萄酒（甜）、葵花牌金奖白兰地、葵花牌味美思		
第二届	1963	北京	茅台酒、五粮液、古井贡酒、泸州老窖特曲、全兴大曲、西凤酒、汾酒、董酒	鉴湖长春酒（加饭酒）、龙岩沉缸酒	葵花牌红葡萄酒（甜）、葵花牌金奖白兰地、葵花牌味美思、葵花牌白葡萄酒（甜）、夜光杯牌中国红葡萄酒、夜光杯牌特制白兰地	青岛啤酒	竹叶青
第三届	1979	大连	茅台酒、汾酒、五粮液、泸州老窖特曲、古井贡酒、董酒、剑南春、洋河大曲	鉴湖长春酒（加饭酒）、龙岩沉缸酒	葵花牌红葡萄酒（甜）、葵花牌金奖白兰地、葵花牌味美思、夜光杯牌中国红葡萄酒、长城牌沙城白葡萄酒（干）、长城牌民权白葡萄酒（甜）	青岛啤酒	竹叶青
第四届	1984	太原	茅台酒、西凤酒、汾酒、泸州老窖特曲、五粮液、全兴大曲、洋河大曲、双沟大曲、剑南春、特制黄鹤楼酒、古井贡酒、郎酒、董酒	鉴湖长春酒（加饭酒）、龙岩沉缸酒	葵花牌红葡萄酒（甜）、葵花牌味美思、夜光杯牌中国红葡萄酒、长城牌沙城白葡萄酒（干）、王朝牌半干白葡萄酒	青岛啤酒、丰收牌北京特制啤酒、天鹅牌上海特制啤酒	竹叶青、园林青酒
第五届	1989	合肥	茅台酒、泸州老窖特曲、汾酒、全兴大曲、五粮液、双沟大曲、洋河大曲、特制黄鹤楼酒、剑南春、郎酒、古井贡酒、武陵酒、董酒、宝丰酒、西凤酒、宋河粮液、沱牌曲酒				

2. 名酒水源地

好酒需水优，名酒产地往往有优质的水源地。酒文化旅游资源中，酿酒水源地是一种兼具人文与自然两种属性的资源。如安徽滁州的酿泉，便是欧阳修在《醉翁亭记》中礼赞的“酿泉为酒，泉香而酒洌”之酿泉。山东济南是著名的泉城，城外有泉名杜康泉。相传杜康曾取该泉酿酒于此，故得名。四川的郎酒及贵州的茅台皆依托于美酒河——赤水河水源而酿造。美酒河泉涌如酒，产酒如泉，誉满全国，香飘海外，每年产酒数万吨，真是美酒如河，堪称全国之最。

3. 产酒名村名镇、名市

因酒而出名的，不只有历史建筑，名酒产地所形成的名村、名镇、名市自可以形成旅游资源。杜牧一曲“借问酒家何处有，牧童遥指杏花村”不仅让汾酒名声大噪，更使得诸多地方都自称为杏花村，除了山西的汾阳、安徽的池州贵池大打杏花村的品牌外，湖北麻城、江苏、山东等地也纷纷说杏花村在此。可见，因此形成的品牌，更多的抢注者是考虑其旅游功能。

名镇乃现代意义上的概念。以“名酒名镇”为代表的具中国特色酒文化名镇(街区)往往是名酒品牌文化的集中展示区。如五粮液历史文化街区，以典型的中国农耕文化为特色；贵州茅台之茅台镇以国酒文化为特色；泸州老窖的黄舣镇，以老窖文化为特色；郎酒之二郎镇，以川南民居建筑风格和赤水河红军文化为特色；剑南春之剑南镇，以盛唐建筑和宫廷酒文化为特色；水井坊之水井坊街区，以川西民居风格的老街老巷、酒馆酒亭为特色；沱牌之沱牌镇，以舍得文化为特色；江口醇之江口镇，以挖掘大巴山文化、红色文化为特色；中国“白酒金三角”世界名酒博览城，世界顶级名酒博览城，是中国“白酒金三角”的区域文化特色的集中展现。这些名酒名镇肯定会成为旅游之地。

近年来，宜宾致力于打造中国西部旅游生态目的地，宜宾旅游基础设施、配套设施和城市建设得到了极大的改善，旅游资源的禀赋和品位得到了不断提升，旅游产业得到了较快的发展。2015 年，全市累计接待游客 3494.91 万人次，增幅达 23.83%，实现旅游总收入 332.3 亿元，增幅达 29.78%，旅游总收入在全省排名第四位。

4. 名酒企业

名酒企业是发展现代工业旅游的重要资源载体。工业旅游是指对现代工业场所的参观，包括参观产品的生产和制造过程。工业旅游是伴随着人们对旅游资源理解的拓展而产生的一种旅游新概念和产品新形式。工业旅游在发达国家由来已久，特别是一些大企业，利用自己的品牌效益吸引游客，同时也使自己的产品家喻户晓。在我国，越来越多的现代化企业开始注重工业旅游。泸州老窖的国窖 1573 广场以及中国酒谷是旅游业界开展工业旅游相当成功的案例。到此的游客，不仅可以体会老窖千年的酒文化及酿造技艺，对现代酒业的生产制作工艺也可了然于胸。张裕打造了中国第一家葡萄酒专业博物馆——张裕酒文化博物馆，同时它也是国家 3A 级旅游景区、全国工业旅游示范点、爱国主义教育基地。“在这里，您听的是文化，看的是历史，品的是美酒，游的是神奇，感受到的是游历红酒文化过程中妙不可言的享受。”

5.与酒相关的名人、名作

我国历代的文人墨客与酒都有着不解之缘。如诗仙李白与朋友开怀畅饮时，“两人对酌山花开，一杯一杯复一杯”。杜甫因此评价“李白斗酒诗百篇，长安市上酒家眠。天子呼来不上船，自称臣是酒中仙”。苏东坡是著名的文学家，也是著名的酒徒。“明月几时有，把酒问青天。”从诗中看出他嗜酒如命和风度潇洒的神态。酒因人而出名的比比皆是，从“何以解忧，唯有杜康”再到“喝孔府宴酒，作天下文章”。晋朝“竹林七贤”之一的刘伶饮酒后完全沉醉于美酒之中，竟大醉三载。刘伶醉酒成了历史佳话。所以酒文化也因有了名人的参与而更加丰富。这些与酒有关的文学作品和趣闻逸事都可以成为酒文化旅游很好的资源，可以满足游客增长知识的要求，尤其是各地将古代名人的文学作品和当地名酒联系起来，更具有吸引力。

(三)酒文化特色建筑

现代酒文化特色建筑是指以饮酒休闲、展示酒文化为目的的建筑，如特色酒吧、酒楼、酒博物馆、酿酒工厂、酒窖。

(四)酒具

广义的酒具是指与酒相关的所有器具，包括制酒的工具、盛酒的容器和饮酒的器具，其中盛酒的容器包括供生产用的贮酒器、供运输周转用的盛酒器、卖酒器及饮酒器具；狭义的酒具一般专指饮酒器具。

有了酒具，酒在进入我们的胃肠之前，才有了诗意的停泊，才有了量定的情谊，才有了“感情深，一口闷”和“感情浅，舔一舔”的席间俗语，才有了“茂林修竹”和“曲水流觞”的兰亭雅事，才有了“玉碗盛来琥珀光”和“金樽美酒斗十千”的别样情致，也演绎了“李白斗酒诗百篇，天子呼来不上船”的传世风流。

在不同的历史时期，由于社会经济的不断发展，酒具的制作技术、材料、外形自然而然会产生相应的变化，故产生了种类繁多，令人目不暇接的酒具。随着生产力的不断发展和制作技术的提高，酒具也在不断地发展变化，种类越来越多，造型越来越繁杂，实用功能、装饰效果以及科学、收藏价值等都位居世界前列。

除远古实物遗存外，古代、近代、当代仿造或创新者，它们不仅仅是工艺品、纪念品、馈赠礼品，也即狭义的旅游商品；同时，有的工艺品也具文物身份，还具欣赏价值。少数民族的酒具异彩纷呈。角杯中有牛角杯、羊角杯、犀角杯，或饰漆，或绘彩，或镶嵌，还有畜蹄制成的畜足杯等。作为旅游商品的酒具，以材料计，有瓷、玉石、水晶、玛瑙、象牙、景泰蓝、竹、木、皮革、海螺、椰壳、葫芦等，百花齐放，各显其长。[①]

(五)酒文化历史遗迹

1.酿酒遗址遗存

中国古代酿酒遗址及出土古酒的文化遗存非常丰富，这些历史遗迹和遗物，是前人留给后代的珍贵遗产，属于不可再生的稀有资源。从历史植根性和本质特征来说，是一种不能替代和变异的地域垄断性旅游资源。[②]如河北藁城台西商代酿酒遗址、河北满城西汉中山靖王刘胜夫妇墓出土的大酒缸、江苏徐州市狮子山楚王陵出土的兰陵美酒、河北平山县三汲乡战国中山譽墓出土古酒、河北青龙县西山咀村金代遗址中出土青铜烧锅、江西进贤县李渡元代白酒酿造作坊遗址、四川明代泸州老窖池群、四川成都水井街烧坊遗址、四川宜宾五粮液厂古代老窖遗址、辽宁锦州道光廿五的酒及木制酒海、茅台酒酿酒工业遗址群、古井贡酒酿酒遗址、徐水刘伶醉烧锅酿酒遗址、杜康酿酒遗址等。这一类旅游资源具有很高的科学价值和历史文化价值，也属于重点保护对象。

2.饮酒店铺

历史上有许多著名的饮酒场所，如酒楼、酒肆、酒坊、酒舍、酒店等。某些饮酒场所虽然现今已失去其原有的功能，但依附于该场所的故事、诗词、歌舞、绘画、雕塑等文化色彩依然鲜明。如三国时代的黄鹤楼，酒客欲睹画中鹤起舞的奇观。南北朝时的新亭楼，是南朝宋明帝刘彧大宴将士的酒

---

① 胡北明、曾绍伦、雷蓉：《川酒文化旅游资源开发研究——基于文化遗产保护视角》，西南财经大学出版社2015年版，第35页。

② 傅文伟：《旅游资源评估与开发》，杭州大学出版社1994年版，第14页。

楼。明代的醉仙楼，是朱元璋赐宴百官的酒楼。《水浒》故事宋江醉吟反诗的江州浔阳楼，岳阳楼中有三醉堂（堂内有酒仙吕洞宾像），以及诸多历史名酒楼俱为旅游资源，不少历史上的名酒楼在今日旅游热点城市，如唐代长安长乐坊安国寺的红楼，宝鸡陈仓城内的卖酒楼，宋代洛阳集贤楼、莲花楼、礼乐楼、宣德楼等，相州（今河南安阳市）秦楼、翠楼、月白风清楼等，咸阳宝钗楼，成都合江园内的芳华楼，明代南京来宾楼、乐民楼、鹤鸣楼、梅妍楼、讴歌楼等。

我国古代不仅酒店林立，建造考究，装饰华丽，还分为不同的种类，有明确的等级区别。北宋汴梁的酒肆就是如此，大的酒店为“正店”，小酒店为“脚店”，余皆称为“拍店”。拍店又可据其服务项目不同，分为酒肆店、宅子酒店、花园酒店、直卖店、散酒店、庵酒店、罗酒店等，可见北宋酒肆业之繁盛。

3.饮酒高台

古代还有一些与酒楼性质相似的饮酒高台，如吴王夫差携西施游宴的姑苏台，汉武帝刘彻建的柏梁台，“帝尝置酒其上，诏群臣和诗，能七言诗者，乃得上”（《三辅黄图·台榭》）。由于所处的位置往往是一个区域的制高点（高台），因此在此饮酒时，此处更具览胜的功能。从这个角度来说，这首先是一个观景台，其次在此观景的文人，往往由酒助兴，触景生情，大笔挥毫，于是留下了千古绝唱的酒文学。饮酒建筑的名称尚有“亭”“观”“堂”等。

4.酒市酒街

所谓“酒市”，就是酒舍集中排列之处，可以是供喝酒的场所酒馆，也可以是只卖酒而不提供喝酒场所的真正意义上的酒铺。据史籍记载，秦汉时长安和洛阳就设有“酒市”（见《汉书·游侠传》《后汉书·五行志》注引《古今注》）。河平年间（前28—前25），京兆尹王尊捕击在长安酒市中居住的豪侠赵君都、贾子光。《关中秦汉陶录题要》载一陶瓶有“槐里久市”字样，古代“久”“酒”两字通用。由此可见，西汉都城长安确在槐里（今陕西省兴平市东南）设有出售、批发酒的酒市。这充分反映了汉代长安酿酒业的繁荣。[①]

5.酒祠酒庙

酒祠酒庙是为了纪念酿酒之先师而建，其中最为著名的当数杜康祠

① 徐海荣：《中国酒事大典》，华夏出版社2002年版，第198页。

（又名杜康庙）。相传杜康系最早发明酿酒术的人。杜康祠建于明代，在江阴（今属江苏）城南。据籍（《明诗综》卷八六周淑禧《杜康庙》诗注）载，因为江阴有杜康遗家，所以城南士人在桥下建杜康祠，并以酒仙刘伶配祀。

据《刘固堤西街村志》记载，嵇康死后，刘伶携妻从山阳来到修武县东南的黄河古堤上的赵岗村落足，并开店糊口。其死后，葬于村东北二里许，其后人在刘伶店旧址建起刘伶祠奉祀先人。今祠寺无存，但当日的刘伶井仍然封存，并有雕于明代成化元年（1465）的刘伶像碑保存于刘伶后人刘好法家。

6.与酒相关的民间传说及其发生地

民间传说是指民众口头创作和传播的描述特定历史人物或历史事件、解释某种地方风物或习俗的传奇件散文体叙事。丰富的民间传说中有大量关于酒文化的传说和故事，这些故事本身作为一种非物质文化遗产就可构成旅游资源，如前文所述的八仙饮酒成仙的故事，民间传说的离奇凄美往往在旅游开发中成为导游的口中神曲，有的甚至被搬上了舞台或者银幕，成了旅游节目中的重头戏。

另外，民间传说的发生地对当今的旅游者而言有着一定的吸引力，亦可构成旅游资源。李密饮酒台遗址便是其中之一，该遗址位于山东孟津县，现存面积约200平方米，海拔215米，高出周边群岗约5米，东西两侧与东汉和曹魏两个皇陵区为邻。在两军对垒中，李密常常来到孟津县会盟镇东的饮酒台，宴请部众，议论天下形势，讲述兵法韬略，研究胜敌之策，共商建业之事。此外，李密出身贵族，自幼谙熟兵法，他还把这里当成了他的军事据点，利用居高临下的优越地势，多次击败隋军。从此，这处高台被称为李密饮酒台。李密饮酒台后来被村民视为风水宝地，同时为了纪念隋末瓦岗军起义，村民将李密饮酒台以北的村庄称为"李家台村""台阴村"，后统称为"台荫村"。像这样的民间传说发生地有足够的潜力开发为旅游胜地。

7.因酒而发生的重大或特殊的历史事件发生地

如著名的"鲁酒薄而邯郸围"故事，"酒池肉林"的历史典故，"文君当垆、相如作赋"，汉高祖刘邦"鸿门宴"以及"霸王饮酒别虞姬"，曹操的"煮酒论英雄"，宋太祖的"杯酒释兵权"的故事等，这些历史事件莫不与酒相关，这些故事的发生地完全可以在融入历史文化的基础上作为旅游资源进行开发。

（六）酿酒工艺

源远流长的酿酒历史本身也是酿造工艺不断进步的历史。酿造工艺在决定酒的质量上起着关键的作用，因此往往一些名酒的酿造工艺在进入工业化生产之前都是对外保密的。可见其在整个酿酒过程中的重要性，所以对于那些已被现代科技所取代的酿造工艺来说，虽然其在酿酒业中已被淘汰，但是可以为旅游业所用，用于满足人们猎奇的心理。同时它也是我们中华民族传统文化的重要构成部分，应当加以保护。除了古代一些不为一般人所知的酿造工艺之外，现代化的酿造工艺也可以成为旅游资源，在一些知名大型酒厂，一条条现代化的生产流水线也能够成为吸引游客眼球的旅游资源，毕竟那些资源离一般老百姓的日常生活太远。例如在山西杏花村汾酒集团酒文化博物馆参观，游人可以在参观中了解到酿酒的整个工艺流程和汾酒文化的发展历史，同时也能亲自过把酿酒瘾。

酿酒技艺属于技艺类非物质文化遗产。可在工业旅游的基础上发展酿造工艺旅游模式，以酿酒车间为吸引物，开辟专门的观光通道，让旅游者充分了解整个酿造的技艺流程。

泸州老窖就利用其上千年的酿酒车间，让消费者隔着玻璃隔断观看酒作坊内酿酒师酿酒的情形，这是从“可视—近距离观察酿酒”的角度采取的一种宣传措施。对于那些较为简单的酿造技艺，我们还可以采用体验式展销模式，通过酿酒师傅的指导，让旅游者亲自酿酒，一方面增加旅游者的参与性和体验性，另一方面在无形中传承这些非物质文化遗产技艺。

酿酒是一种工艺，也是一种特殊的文化载体，在人类交往中占有独特的地位。我国酿酒起源较早，考古证实，酿酒在5000年前已经开始，先是果实发酵而成，到先秦时期用“曲”酿酒，元代出现蒸馏法酿酒等。

(七)社会风情

我国酒文化的民俗风情内容丰富，种类繁多，相互渗透，主要可以分为酒俗酒礼酒德、酒文化节庆、酒类旅游商品。

1. 酒俗酒礼酒德

酒俗是人类在长期的社会生活中逐渐形成的，以酒为主题的民间风俗、习惯、礼仪的总称。大体可以分为以下几类：

(1)节日饮酒习俗。“无酒不成礼，无酒不成席”，中国人每逢节日都有相应的饮酒活动，如春节“岁酒先拈辞不得，被君推作少年人”；元宵节“街头灯影逐花影，村中梅香伴酒香”；清明节“酒香留客在，莺语和人诗”；端午节“樽俎泛菖蒲，年年五月初”；重阳节“何当载酒来，共醉重阳节”；除夕“欢多情未及，赏至莫停杯”。酒文化溶于人们的日常生活中，溶在人们的精神世界里。这些重大的节日活动，成为外来旅游者乐此不疲的旅游活动，节日期间的饮酒习俗也深得旅游者的喜爱。

(2)婚姻饮酒习俗。在中华民族几千年的文明史中,婚庆嫁娶都离不开酒,可谓“无酒不成婚”。如满族人结婚时的“交杯酒”“谢亲席”“谢媒席”,达斡尔族的“接风酒”“出门酒”“会亲酒”“回门酒”等,民族地区的婚庆活动,已成为近年来民族地区旅游活动的新宠。

(3)其他饮酒习俗。生了孩子有“满月酒”或“百日酒”,给老人祝寿喝“寿酒”,农村修房盖屋有“上梁酒”和“进屋酒”,店铺作坊有“开业酒”和“分红酒”,有朋友远行,为其举办“壮行酒”,也叫“送行酒”等。

饮酒作为一种饮食文化,在远古时代就形成了一种大家必须遵守的礼节。这种礼节在现在看来略显烦琐。但假如在当时一些重要场合下不遵守礼仪,就会有犯上作乱的嫌疑,因此不可不遵,不能不从。又因为人一旦饮酒过量,往往无法自制,容易徒生是非,因此,制定饮酒礼节也就更显必要。

2.酒文化节庆

酒文化节庆是一种现代节庆形式,由民族民间节庆活动衍生发展而来,目的是宣传各地酒产品特色,弘扬酒文化。目前比较盛行的酒文化节庆类型有名酒博览会、酒文化学术研讨会、鸡尾酒大赛、啤酒节等。

3.酒旅游商品

酒类旅游商品主要指旅游者在旅游活动中购买的,由旅游目的地向旅游者提供的酒液、酒具、酒书籍、酒文化影像作品、佐酒的食品以及其他酒产品。

(八)酒文学艺术

酒自发明之始,就与文学艺术有着解不开的因缘,以酒和酒事活动为题材的文学艺术作品内容丰富、形式多样、数量众多,大体可分为与酒相关的诗词歌赋、楹联、题刻、历史典故、神话传说、影视、戏曲音乐、书法绘画等。

中国酒文学的早期形式是酒诗歌,起源于周朝。《诗经》中有大量对饮酒欢乐场面的铺陈和丰收后设酒庆贺的描写,《楚辞》里有对楚地名酒的记载。酒词源于隋唐,盛于宋,其中有对宴饮之乐的描写,也有对人生世事的感慨,有报国无门的不平抒发,也有壮志未酬的哀叹。元、明、清代是酒文学继承遗产缓慢发展时期。这一时期酒戏曲形式的崛起,丰富了酒文学创作的内容。

酒书法的代表作家有东汉的蔡邕、东晋的王羲之、唐朝的张旭、宋代的苏轼和苏舜钦、明朝的朱奄、清朝的梁同书和傅青。

酒绘画有汉代画像砖，对当时酿酒饮宴情景的刻画，五代时顾闳中《韩熙载夜宴图》，明仇英《春夜宴图》，宋张择端《清明上河图》。

酒舞蹈最早见于文献者，有《诗经》对酒舞的描写。后世以舞侑酒，也是酒舞的一种形式。

第四节　酒文化旅游开发模式

一、酒乡文化旅游模式

凡产美酒的地方，其山水必美。这种自然美是开展旅游的必备条件，也是开辟旅游新领域的重要基础。

对于旅游酒文化产品的开发，可以把“酒都”“酒城”“酒镇”“酒村”“酒厂”等建设成景点，面向游客开放，融入优美独特的自然风光，注入深厚的酒文化，加上浓郁的民俗风情，形成富有参与性、体验性和文化内涵的，集观光、休闲、度假于一体的酒文化旅游产品。

(一)贵州酒文化主题旅游

贵州酒风酒俗绚烂多彩，具有酒文化与民俗民风的双重属性。2013 年 9 月第三届中国(贵州)国际酒类博览会举办期间，贵州省旅游局与贵阳市旅游产业委员会向海内外参展商推出 4 条“多彩贵州，醉美之旅”酒文化主题旅游线路。即：北线，贵阳—遵义—仁怀—习水—赤水；东线，贵阳—雷山—镇远—石阡—江口；西线，贵阳—平坝—安顺—贞丰—安龙—兴义；南线，贵阳—平塘—荔波—三都。

(二)纳帕酒乡旅游

纳帕是美国最优秀的葡萄酒产区之一，已经成为美国酒文化的代名词，新世界葡萄酒行业高贵典雅的品质象征。纳帕酒的精良工艺已传入我国，我国张裕、长城、王朝等许多知名品牌，均使用纳帕的葡萄酒酿制工艺。清华校友酒窖也典藏了大量的纳帕精品葡萄酒。纳帕已经成为葡萄酒爱好者了解新世界葡萄酒的必备课程。

纳帕山谷是加州最佳红酒厂之乡，位于美国加利福尼亚州，位于旧金山往北约70千米的不远处，纳帕山谷大约有30英里长，占地45000英亩，整条山谷内种满了葡萄。

纳帕山谷作为美国最知名的酒乡，同时也是热门旅游观光胜地。在纳帕山谷，满山坡的葡萄园整整齐齐地排列着，一样的大小，一样的姿势，就像大阅兵。加州产酒占全美总生产量的八成，只有4%来自纳帕山谷。纳帕山谷自然条件得天独厚，全年气候温和，光照充足，早晚温差大，雨量较少，土壤富含多种矿物质，所以纳帕山谷酒是上等佳酿的标志。名贵的葡萄酒是她光彩的炫耀，尽管面积只有法国著名的产酒区波尔多的1/8，纳帕谷却享有美国加州最慷慨的阳光，继而成为世界著名的产酒区之一，与代表古典葡萄酒文化的法国波尔多（Bordeaux）和勃艮第（Burgundy）交相辉映。

二、厂区观光旅游模式

（一）酒厂旅游

在澳大利亚，葡萄酒厂普遍对公众开放。通过向公众展示其高新技术设备及产品、现代化生产流程、高效的经营管理模式，以树立企业品牌形象。葡萄酒科技旅游不但给酒厂带来了酒窖直销收入和旅游门票等直接的经济效益，而且还获得了宣传企业形象、打造企业品牌、建立良好客户关系、拓展业务领域等间接效益。游客可以深入生产一线参观葡萄酒厂现代化的生产设备，例如罐装车间、库房、储藏运输罐；观看葡萄酒酿造工艺生产线，从葡萄的接收与处理、发酵、勾兑酒、过滤等具体生产流程，从而了解葡萄酒制作的全部过程。

（二）酒作坊旅游

酒作坊整体呈现“前店后坊庭院”的布置格局。以前店门面接待为核心，可作为单个酒作坊建筑的小型游客接待点和购买点；后坊主要是对酒的生产加工流程的呈现，游客可参与实际的酿酒流程中，自主酿造；庭院主要是景观（酒坛、竹亭、酒具等）展示，其中设置仿古桌椅板凳供游客品酒和休憩。整个作坊划分为前店接待区、酿酒流程区、沪酒DIY区、酒坛陈列区、品酒休憩区、购酒藏酒区等区域，区域之间修筑仿古石板路作为连接，分路口设置明显的道路标志，使各区域之间保持连贯和分明。酿酒生产具有技艺性、知识性和趣味性，酒作坊旅游主要是对酿酒生产流程的参观，其中体现了工业旅游的显著特点，让游客在现场感受流程的动态感和亲身的体验感。

三、酒文化艺术群落旅游模式

酒文化艺术群落，通常包含酒文化博物馆（馆藏）、酒文化陈列馆、酒庄等，是展示、收藏、陈列和研究代表酒文化遗产的实物的场所，通过多元的艺术表现形式，对有价值的酒文物进行分类陈列和鉴赏，为人们提供知识、欣赏和体验的文化建筑物或者商业机构。

（一）酒博物馆游

对于酒博物馆的旅游，主要感受当地传统酒文化内涵的文化性和艺术性。整体紧密围绕名酒的物质、精神、制度、行为层面进行文化展示。在物质层面展示酒的历史、酿造、技艺、包装、设计、功能等；精神层面展示酒与文化创作（诗歌、书法、绘画、对联、音乐等）、酒戏酒事、酒俗酒礼、酒的名人等；制度层面体现中华民族对酒的良好认识，提倡科学地控酒和适度地饮酒，发挥以酒养生、助兴文化等作用；行为层面主要是侧重游客酒文化体验，加入酒的娱乐项目，如猜拳、酒令等，并通过多媒体技术体验酒礼酒俗。

1. 中国黄酒博物馆

中国黄酒博物馆位于绍兴古老的光相桥边、古运河畔，古越龙山一厂原址。占地 3 万平方米，建筑面积 1.6 万平方米，为中国最大的黄酒博物馆。在博物馆广场上，有结合绍兴特色和酒文化特色的“品”字形花岗岩石雕、“青铜六礼”锡青铜雕塑、“壶酒兴国”广场主题浮雕、酒坛垒成的“城墙”、重达 27 吨的“酒器皿”等，均是酒韵流芳、经世传承的艺术品。黄酒博物馆的设计非常有特色，汇聚众多中国之最：国内最大的木榨，国内最大的黄酒器皿，国内最大的地下酒窖和用 936 只酒坛垒成的“城墙”。

中国黄酒博物馆集文化、历史、旅游、购物于一体，成为中国“黄酒之都”的象征。走进馆内，大型铜雕“中国黄酒演义图”展示了中华民族上下五千年来的黄酒文化；三维幻影成像演示直观、形象、生动地展示了黄酒的传统酿酒工艺和酒俗；头戴酒具饰物的“仕女”的酒道表演……让人沉醉于充满古朴之美的黄酒风情之中。

新落成的中国黄酒博物馆，馆舍面积达 1 万多平方米，是中国黄酒城的主体建筑，也是整个中国黄酒城的核心和灵魂。博物馆由序厅、酒史厅、酒业厅、酒艺厅、酒俗厅、酒窖、广场等组成。在序厅，有两幅面积共100平方米的锻铜浮雕壁画——“中国黄酒演义图”，记录了从原始社会到民国时期，上下五千年黄酒发展史上的50个故事；酒史厅可以看到黄酒历史的演变；酒艺厅用三维幻影展示黄酒从一粒米到成品酒的酿造过程；酒俗厅有酒道表演和花雕工艺演示；而地下的酒窖是藏酒的地方，游人购酒后，不马上带走，而是由黄酒馆代为保管，等客人什么时候要了再来取。

近4000平方米的黄酒博物馆广场更是酒意浓浓：酒坛垒成的“城墙”古色古香，诗意盎然，它长36米，置满了936只会“淌”酒的陶瓷酒坛；旁边竖着高达7米的木榨，它比真实的木榨机大近3倍，上塑99个酒字；广场上还有高4.5米、重达27吨的青石做的“古越龙山”百年花雕酒器雕像。

结合绍兴特色和酒文化特色的“品”字形花岗岩石雕，屹立在广场前面，石雕上面还刻有浮雕，体现“壶酒兴国”“酒成礼仪”及中国黄酒千年人文风采、酒史佳话，配以原始饮酒图及甲骨文饰等，给人以无限的想象空间。建成后的中国黄酒博物馆，将成为绍兴旅游的新景点、中国黄酒文化的一个新载体。

2. 水浒酒文化体验馆

《水浒传》中有关酒的描写大小共有27处。120回中104回有酒的描写，占总章约87.6%，可以说酒的描写贯穿于《水浒传》的始终。水泊梁山于景区内新建成了中国第一座水浒酒文化体验馆，发掘、弘扬了水浒酒文化，深刻发掘了水浒文化的内涵，丰富了水浒文化。水浒酒文化体验馆，总建筑面积12000平方米，主要包括水浒酒文化体验区，宋朝民俗文化展示区，宋代喝酒器具展示区，水浒酒楼、水浒客栈等旅游功能区等总体采用仿宋式民间建筑风格，带领人们穿越到宋朝，体验宋朝人的生活风俗。水浒酒文化体验馆重在体验水浒酿酒中的工艺、各类酒具、酒品、菜品，以及英雄好汉“大块吃肉、大碗喝酒”的水浒豪情。水浒酒文化体验馆内好汉与游客齐聚一堂，燕青李师师琴箫合奏，吴用山东快书为游客助兴，孙二娘给客人端上杏花村自酿的好汉酒，游客与梁山好汉开怀畅饮，乐而忘返。

（二）葡萄酒庄旅游

“酒庄”一词来源于法国波尔多，原意是城堡，是一个将葡萄从栽培到葡萄酒的酿造、灌装、储存、品鉴、销售、观光、度假等过程集中在一处完成的场所。葡萄酒庄旅游所涉及的内容比较丰富，形式也是多种多样的。

葡萄酒庄旅游开发模式大致可分为两种：一是单纯的葡萄酒庄开放参观，二是私人酒庄概念游。酒庄开放参观是欧洲葡萄酒旅游的传统模式，一般包含讲述酒庄历史，详细介绍酒庄的理念，参观生产车间，到田间去观看葡萄生长状况，最后与葡萄酒庄主或酿酒师等一起品尝葡萄酒，分享做酒人的文化理念。参观的过程中带有很多酒庄主人的随机性，每次参观的内容是可以不相同的。游客可以在参观的过程中针对不明白的地方进行提问，这种形式互动性强。私人酒庄概念游主要针对高端的客户群，根据游客的具体要求，制订个性化的酒庄游玩计划，同时酒庄中的会议室、高级客房、餐厅等可以出租，提供客户像酒庄临时主人一样的私密服务，根据客户的需求以及预算，必要的时候出动私人飞机，以便游客俯瞰葡萄园的风貌。

1.张裕爱斐堡国际酒庄

北京张裕爱斐堡国际酒庄位于北京市密云县巨各庄镇，是由烟台张裕集团融合法国、美国、意大利、葡萄牙等多国资本建成的，占地1500余亩，投资近7亿余元，其中建筑面积400亩，葡萄园1100余亩，为国家4A级旅游景区。

密云张裕爱斐堡酒庄在全球首创了“四位一体”的经营模式：在原有葡萄种植及葡萄酒酿造基础上，爱斐堡酒庄还配备了葡萄酒主题旅游、休闲度假、专业品鉴培训以及葡萄、葡萄酒及相关衍生品、礼品的销售和服务，开启了世界酒庄新时代。

这里有无法复制的百年张裕品牌，这里有无法比拟的美酒美食，爱斐堡国际会议中心是集住宿、餐饮、会议、娱乐、休闲、旅游度假为一体的法式风情小镇。小镇划分为街道生活区、娱乐休闲区、餐饮服务区、教堂博物区四个功能区。设有总统套房、酒店标准客房、会议室、电玩中心、中西综合餐厅、雪茄吧、红酒吧、KTV、葡萄酒精油SPA高级会所等娱乐休憩场所项目。

2.新疆天塞酒庄

天塞酒庄坐落于新疆巴州焉耆县境内。在霍拉山的脚下，满眼碧绿的葡萄园中，你会看到一只矫健的“天鹅”一跃而起！这里就是中外驰名的天塞酒庄。酒庄坐拥2000亩葡萄园，种植着赤霞珠、美乐、西拉等众多国际知名葡萄品种，严格的酿造及限产让这里的酒质完全可以和国外优质产区相媲美。酒庄内除了专业的酿酒设备、橡木桶酒窖，更有酒店住宿、采摘园、马术俱乐部、摄影俱乐部等国内最先进的综合娱乐配套设施。游客既可以在葡萄园中尽享呵护苗木、采摘果实的乐趣，同时也可以背上相机在酒庄的“自然之美间”用镜头记录下羚羊、大雁等诸多野生动物。

（三）啤酒花园

几百年前，许多德国酿酒坊为了吸引各地酒商，干脆在自家花园内摆上桌椅，扛来啤酒桶，让宾客开怀畅饮。想不到这一招居然引来众多普通的啤酒客。酿酒坊主灵机一动，就办起了啤酒花园，推销起自产啤酒。其实，啤酒花园就是指在室外喝啤酒及用餐的地方。它可以是在餐厅后院的栗子树下，也可以是在酿酒厂旁的草地上，甚至是大街旁的简易阳伞下。

四、酒文化节事旅游模式

酒文化节事旅游，是以地方特色的酒文化为特定内容主题，在特定的时间段和区域内开展的酒文化活动。酒文化节庆是一种旅游吸引物，通过节庆形式策划和营销酒文化，吸引游客参与、互动和体验，从而产生经济、文化、社会等方面的旅游效益。

（一）青岛国际啤酒节

啤酒节始创于 1991 年，由国家有关部委和青岛市人民政府共同主办，青岛市崂山区人民政府承办，是融旅游休闲、文化娱乐、经贸展示于一体的国家级大型节庆活动，每年 8 月中旬的第一个周六开幕，为期 16 天。啤酒节是国内规模最大的酒类狂欢活动，在国内外具有较广泛的知名度和影响力，被誉为亚洲最大的啤酒盛会。

啤酒节以“青岛与世界干杯”为主题，通过举办开幕式、啤酒品饮、嘉年华娱乐、艺术巡游、饮酒大赛、经贸展示、闭幕式晚会等活动，营造浓郁热烈的喜庆氛围。节日期间，青岛的大街小巷装饰一新，举城狂欢。占地近 400 亩、拥有 40 余项世界先进大型娱乐设施的啤酒城更是酒香四溢、激情荡漾。每年节日都吸引近 50 个世界知名啤酒品牌参与，也引来 300 多万海内外游客相聚狂欢。

第 26 届青岛国际啤酒节于 2016 年 7 月 22 日至 8 月 28 日在崂山、黄岛、李沧世博园、平度 4 个会场举行，按照“文化、休闲、精品、特色”的办节要求，突出街区型、花园式、国际化和市场化特色，积极培育、引导、扶持啤酒节街区活动点，辐射带动世纪广场周边餐饮、娱乐聚集区共同参与节庆活动，打造全区欢动、节庆共享的街区型办节氛围。

(二)中国白酒文化节

"中国白酒文化节"始于2007年,前四届称"中国·宜宾酒圣节"。2011年,宜宾出台白酒发展战略以促进白酒文化与产业的有机融合、互动发展,"中国宜宾酒圣节"顺应时代要求,更名为"中国白酒文化节"。2015"中国白酒文化节"活动涵盖2大类16项,包括7项文化宣传活动、9项经贸活动。

(三)慕尼黑十月啤酒节

德国啤酒旅游可以称得上是典型的节日带动型旅游,每年九月末至十月初为期两周的慕尼黑啤酒节让德国的啤酒旅游闻名世界。慕尼黑十月啤酒节之所以闻名,不仅因为它是全世界最大的民间狂欢节,还因为它完整地保留了巴伐利亚的民间风采和习俗。人们用华丽的马车运送啤酒,在巨大的啤酒帐篷里开怀畅饮,欣赏巴伐利亚铜管乐队演奏的民歌乐曲和令人陶醉的情歌雅调。人们在啤酒节上品尝美味佳肴的同时,还举行一系列丰富多彩的娱乐活动,如赛马、射击、杂耍、各种游艺活动及戏剧演出、民族音乐会等。人们在为节日增添喜庆欢乐气氛的同时,也充分表现出自己民族的热情、豪放、充满活力的性格。

五、酒文化旅游产业园模式

酒文化旅游产业园,是集工业、文化、生态、休闲度假和旅游为一体的产业园区,其中包含酒加工配套产业集群、酒文化体验项目、节庆娱乐、观光游览、休闲度假、旅游配套设施等,是依托酒文化的品牌核心价值优势而形成的旅游目的地。

(一)五粮液十里酒城

五粮液集团公司是中国最大的白酒生产基地,被誉为中国酒业大王。其所在厂区经过精心设计,美丽壮观,占地6.7平方千米,大体可分为东大门、酒文化博览馆、奋进塔、鹏程广场、酒圣山、安乐泉、世纪广场、果酒公司及财富宾馆等九大景区,以及遍布集团公司各处的大小雕塑200多个,享有十里酒城的赞誉,又有花园工厂的美称。五粮液的建筑环境艺术从内容上讲,可分为建筑、雕塑、园林、绘画、工艺美术、篆刻以及文学艺术等许多方面,园林式建筑和深厚的酒文化交相辉映,是中国工业旅游和中国酒文化旅游的重要目的地。

在五粮液十里酒城众多的景区中，最值得一提的是被誉为“中国酒文化博物馆”的五粮液酒文化博览馆景区，它集中国最悠久最丰富的酒文化历史资料，以书法、雕塑等多种艺术形式，展现出源远流长的中华酒文化瑰宝的异彩。博览馆占地2060平方米，共有五个展厅(东大门有两个展厅)，有阔廊、小桥、喷泉，廊厅满挂东方民族文化所独有的珍物“书法吊屏”，脱鄙超俗。门厅正面墙上，嵌有江泽民、李鹏、朱镕基、李瑞环及邓小平、杨尚昆等领导人关心和支持五粮液、在国际交往和宗教仪式中用五粮液作礼品和祭品的巨幅照片。馆内四合院式的走道两旁，挂有近百幅古今中外文人骚客的书法吊屏。主要有屈原、曹孟德、杜甫、苏东坡、李白、辛弃疾、陆游、黄庭坚、聂夷中、杜牧、李清照等的诗词佳句和当代著名的作家、诗人和各界名人的书画作品等。

沿着40米宽的五粮液大道可直达被誉为“中国企业第一门”的厂区东大门，门高32.6米，宽51米。门顶的雕塑是一只“V”形雄鹰，有30多米长，好像天宇的长翅，让人联想到神鸟大鹏，可扶摇直上三千里。全国最高的企业形象雕塑——奋进塔，高50米，五根高低不同的塔柱表示五种粮食的配方比例，最高的柱子代表高粱，最矮的代表玉米，塔顶一匹奔腾的骏马，象征五粮液人的奋进精神；塔肩是时钟，体现了五粮液人与时间赛跑的精神，并且始终跑在时间的前面。

五粮液的鹏程广场是一个精神文明广场，是省级爱国主义教育基地。它位于十里酒城的中部，主要由瓶楼、人面鹰身雕塑、集团旗、五粮神女、人物雕塑以及金杯雕塑和园林构成。五粮液瓶楼是全国最高的酒瓶建筑，高68米，瓶楼前面是不锈钢人面鹰身像，它是人的面容、鹰的身躯，寓意以人的智慧赋予鹰的力量，使五粮液鹏程万里，搏击长空。瑶池里的五位神女基座是酿造五粮液的五种粮食，五粮液集团认为酿造五粮液的最高境界就是人格化，因为以人为本，事在人为。这是酿造五粮液精髓所在。

酒圣山的“奋发”雕塑，意味着五粮液人奋力支撑五粮液集团逆水行舟，奋发向上；芝麻开花和参天大树，每一节(个)金字塔代表十年，八节(个)代表八十年，纪念五粮液八十年金牌不倒。中央两代领导集体核心人物江泽民、胡锦涛分别于1999年4月18日和2003年5月11日来到五粮液集团公司视察工作，他们曾登临酒圣山，喊出了要保护五粮液这个牌子的最强音。站在酒圣山顶，俯瞰十里酒城，顿感这十里工厂犹如一艘航空母舰，在市场经济的大潮中乘风破浪勇往直前。

(二)古井酒文化博览园景区

古井酒文化博览园坐落在曹操与华佗的故里、药材之乡的安徽省亳州市,属于安徽古井集团有限责任公司,被誉为“华夏第一白酒博物馆”。

古井酒文化博览园包括北区和南区两大部分,北区游览点有古井园、灌装自动化车间、酿酒生产车间,南区游览点有古井酒文化博物馆和古井宾馆。古井酒文化博览园以博大精深、独具特色的古井酒文化为主线,全面展示了古井酒文化对中国酒文化的继承和发展,馆藏有丰富、珍贵的古代酒器、酒具。

古井酒文化博物馆是博览园的主要组成部分,占地面积3200平方米,建筑面积2200平方米。整体布局巧妙,全部仿古建筑,汉式阙门雄伟壮观,清式回廊布满了碑文与浮雕。大殿是该博物馆的主要建筑和陈列展览区域,建筑样式是仿明清琉璃瓦双重檐殿宇式建筑。以现代装饰和陈列为特色的主展厅共有两层,面积为1152平方米。一楼展厅主要内容是中国酒文化与古井酒文化的有机结合展示,二楼展厅主要有“古井发展史”“名酒荟萃”和“古井画廊”等展区。

博览园内还有省级重点文物保护单位“宋代地下古井”和“窖池”。宋代古井位于地下6米深处。参观窖池时,还可以参观手工酿酒的过程。

古井酒文化博物馆是安徽省十大行业馆之首,也是亳州市首屈一指的博物馆,相继被评为“全国精神文明建设先进单位”、国家首批“全国工业旅游示范点”和“全市爱国主义教育基地”等。2006年,成为国家3A级旅游景区,已经成为亳州市、安徽省乃至全国旅游文化中的一个重要组成部分和独具文化特色的亮丽景点。

(三)华夏葡萄酒生态观光园

华夏长城工业园位于秦皇岛市昌黎县城北,昌抚公路西侧,距京沈高速公路抚宁出口20公里,距北戴河30公里,交通十分便利。这里东临渤海,背靠碣石,风景秀丽,气候宜人。著名的长城牌系列葡萄酒生产企业——华夏葡萄酿酒有限公司就坐落在这里,产品畅销华南、华东、西南、西北、华北等国内市场和欧美、东南亚等10多个国家和地区。

参观项目:亚洲大酒窖现代化贮酒车间进口全自动灌装生产线。其中酒窖是目前亚洲最大的地下酒窖,建筑在地下10多米深处,由数十万块花岗岩石砌成,面积达10999平方米,气势宏伟,四季恒温,酒窖内存有1万余只进口橡木桶,贮存着各年份高档葡萄酒。在酒窖里,游客可以了解许多酿酒、品酒知识，还可免费品尝优高档葡萄酒。现代化的贮酒车间、意大利进口全自动灌装生产线，每小时可生产25000瓶优质葡萄酒。

游览项目：庄园内种植几十种名贵酿酒、食用葡萄和其他各种水果。游人可亲自采摘、选购各种食用葡萄和其他水果。人工湖、凉亭等可供游人划船观光或休闲垂钓。建有1000米长的仿真长城，在这里，游客可以登高远眺，美景佳境尽收眼底，风光无限，其乐无穷。

服务项目：设有1000平方米的接待服务大厅，餐厅可同时容纳300人就餐。品酒厅、展销厅可品尝各种优质干红、干白葡萄酒，选购礼品酒和旅游纪念品。

长城，巍然屹立在昌黎城北的碣石山，与万里长城飞跃其上的燕山群峰一脉相通，只因远离长城线，在历史上从未修筑过任何长城。21世纪，华夏人在燕山脚下修起了"长城"，原因在于，这里出现了一个新式的旅游观光景区——华夏庄园。

华夏庄园新修的"长城"，实际上并非真的长城，而是象征式的仿古建筑，为以酿造长城牌干红葡萄酒而远近闻名的华夏葡萄酿酒有限公司在碣石山之麓营建的华夏庄园的景观标志——世纪长城。

酒窖，橡木桶陈酿技术是生产高档葡萄酒的主要工艺之一。在陈酿中，葡萄酒可持久缓慢地吸入透过桶壁的氧，缓和酸涩单宁成分，使酒体馥郁优雅，丰满醇厚。华夏公司逐年大规模扩建陈酿酒窖，采用中国古代传统建筑风格开山凿石筑起的拱形酒窖，分为A—J十个区，为亚洲最大的花岗岩拱形陈酿酒窖。

第七章 相约寻茶去

第一节 茶文化的概念和特点

一、茶文化的概念

(一)什么是茶

研究茶文化,首先要分析“茶”,论“茶”则先要谈“荼”。“茶”是形声字,最初是与“荼”合用。“荼”字的含义极为丰富,“茶叶”只是其中之一。许慎《说文解字》曰:“荼,苦荼也,从艸余声。”这是茶之原意与性状。

《现代汉语词典》(商务印书馆,1999)对“茶”有7种解释,其中之一为:“常绿灌木,叶子长椭圆形,花白色,种子有硬壳。嫩叶加工后就是茶叶。是我国南方最重要的经济作物之一。”这是“茶”最理直气壮的本意。

现在,茶通常指由茶树植物叶子或芽制作的饮品,也泛指可用于泡茶的常绿灌木茶树的叶子,以及用这些叶子泡制的饮料,引申为所有用植物花、叶、种子、根泡制的草本茶。茶叶既是一种商品,也是一种具有重要社会意义的饮品,在各种不同的文化中成为一种礼仪的象征。茶是古代中国南方人民对中国饮食文化的贡献,是中国人民对世界饮食文化的贡献。

(二)茶文化的内涵

茶文化是人类在发现、种植、加工和利用茶的过程中所创造的与茶有关的物质财富和精神财富的总和。它以茶为载体,并通过这个载体来传播各种文化,是茶与文化的有机融合,包含并体现着一定时期的物质文明和精神文明。

茶文化的内部结构可分为物质文化层、制度文化层、行为文化层和观念文化层这四个层次。

1. 物质文化层

茶的种植、采摘、制造、加工、保存、化学成分及疗效研究，成品茶的辨别、分类，以及茶具、茶室、茶馆和世代累积的大量茶书典籍，都是茶之物质生产活动的过程和结果，因而茶文化也就包含了物质层面。物质层面的茶文化是茶文化的最表层，是茶文化的基础。在现实生活中，人们往往是从端起茶杯开始谈论茶文化的。

2. 制度文化层

茶文化的制度层面是指人们在从事茶叶生产和消费过程中所形成的与茶相关的各种社会行为规范，如古代的茶政茶法，现代行政的茶叶管理等。中国茶政茶法的制定，始于中唐时期，特别是茶税、贡茶、榷茶制的推行，更是如此。至于茶马互市，虽盛行于宋，但唐时已出现了这种情况。进入元、明、清后，茶业政策具体内容虽有一定变化，但主要的还是从榷茶、贡茶和茶马互市这三个方面入手，以增收、强兵、安边为最终目的。

现代社会，茶叶对外贸易涉及的法律法规主要有《合同法》《对外贸易法》等基本法，还有《海关法》《商检法》《动植物检疫法》《卫生检疫法》等出入境法律，以及对外经贸方面的一些规则等。

3. 行为文化层

人们在茶叶生产和消费过程中约定俗成的行为模式，通常以茶俗、茶礼以及茶艺等形式表现出来。这一层面的茶文化既有稳定性，又有时代性。如客来敬茶是我国的传统礼节，千里寄茶表示对亲人的思念，民间旧时行聘以茶为礼（称“茶礼”），还有以茶敬佛，以茶祭祀等。至于各地、各民族的饮茶习俗更是异彩纷呈，各种饮茶方法和茶艺程式也如百花齐放，美不胜收。

4. 观念文化层

观念文化层是茶文化的最高层次，也是其最深层、最隐性、最精华的内容，是茶文化的核心部分。主要指与茶有关的价值观念、审美情趣、思维方式及民族性格等。人们在茶叶生产和消费过程中所孕育出来的价值观念、审美情趣，在茶艺表演过程中所追求的意境和韵味，以及由此生发的丰富联想，反映茶叶生产、茶区生活、饮茶情趣的文艺作品，将饮茶与人生处世哲学相结合，上升到哲学理论高度，形成所谓茶德、茶道等。

因此，广义的茶文化应该由上述四个层次组成。但是第一层次（物质文化)中早已形成一门完整、系统的科学——茶叶科学,简称茶学。第二层次(制度文化)属于经济史学科研究范畴,而且也是成绩显著,硕果累累。所以作为新兴的学科,茶文化学应该将研究重点放在过去比较薄弱的第三、第四两个层次,也就是狭义的茶文化。[①]

二、茶文化的特点

(一)物质与精神的结合

茶文化是一种中介文化,是物质文化与精神文化的完美结合。茶作为一种物质,它的形和体是异常丰富的。其造型千姿百态,命名丰富多彩,滋味、色泽、香气又各具特色,形成了极其丰富的文化内涵。而茶不单单具有物质上的文化色彩,它又具精神上的内涵,人们通过茶表敬意、显礼仪、明志向等,将精神的东西揉进茶中,成为精神文明的象征。

(二)高雅与通俗的结合

茶文化是雅俗共赏的文化,在发展过程中一直表现出高雅和通俗两个方面。“琴棋书画诗酒茶”的提法表明茶是与琴棋书画等高雅之物并列的,代表高雅生活的一个方面;而“柴米油盐酱醋茶”的说法又显示茶也是老百姓居家过日子的一种平常之物,是世俗生活不可缺少的东西。历史上,宫廷贵族的茶宴、僧侣士大夫的斗茶、大家闺秀的分茶、文人骚客的品茶,是上层社会的高雅文化。由此派生的诗词、歌舞、戏曲、书画、雕塑,又具有很高的艺术性,这是茶文化高雅性的体现。而民间的饮茶习俗,又是非常大众化和通俗化的,老少咸宜,贴近生活,贴近社会,由此产生有关茶的民间故事、传说、谚语等,又表现出茶文化的通俗性。

(三)功能与审美的结合

茶首先是作为药物和食物进入人们视野的,而后又向医疗保健和商贸往来方面发展,具有多种实用功能。但茶又不像一般的农产品那样仅局限于物质功能,还具有审美功能。清香扑鼻的茶水,造型优美的茶具,优美动人的茶艺都能给人以美的享受。

---

① 陈文华:《中华茶文化基础知识》,中国农业出版社 2003 年第 2 版,第 99 页。

（四）实用与娱乐的结合

茶具实用价值，喝了可以解渴，品之可以怡情养性，拿它入药还可治病，用于生产化妆品还可使人青春长驻。但茶文化又是一种怡情文化，人们可以以茶自娱，放松身心。如观看茶艺表演，可以在表演者的一举一动中领略和谐之美；在茶馆喝茶，可以在茶馆的特定氛围中细吸慢饮，聆听悠扬的音乐，放松身心，放飞心情。在茶文化旅游的过程中，可以享受到大自然的美丽，享受久违的乡土气息。如此种种，使人们得到欢乐，愉悦了心情，增长了见识。

第二节　茶文化旅游的内涵

一、茶文化与旅游的关系

茶文化与旅游自古以来就密切相关，它们互为依存，相得益彰。茶文化有很多靓丽之处吸引着广大游客，底蕴深厚的茶文化是现代旅游的重要资源。茶文化与旅游相结合，不仅有利于弘扬与传播我国的传统茶文化，同时对发展旅游业同样具有深远意义。

（一）茶文化是旅游业的重要资源

茶文化是中国传统文化的重要组成部分，其深厚的文化底蕴是旅游业的重要资源。其丰富多彩的茶类、千姿百态的茶形、色香味各异的名优茶品对旅游者具有很大的吸引力。再加上茶区的山水风光、名寺名泉，各民族的茶俗风情、泡茶饮茶艺术、茶书茶画茶诗词、茶歌茶舞、工艺精湛的各种茶具，以及茶文化遗迹等都可开发为独具特色的茶文化旅游项目，使人们旅游的内容更加丰富多彩，推动旅游业的繁荣发展。

（二）旅游业发展有助于茶文化的弘扬

在旅游活动中，充分利用各地的茶文化资源，把茶文化的知识性、观赏性、可参与性很好地与旅游结合起来，既可丰富旅游活动的内容和文化内涵，同时也宣传和普及了茶文化知识，弘扬了茶文化。如观赏茶艺表演、品名茶、观看茶歌茶舞、观赏选购茶具、品尝茶餐茶菜、自己动手学制茶学泡茶、参观和考察茶文化遗迹等，都会给游客带来新鲜感、愉悦感，让游客既增长了知识，又愉悦了心情，还达到了探奇求知的目的。

二、茶文化旅游开发的意义

茶文化旅游是以茶文化为中心，以获得茶物质享受和茶文化精神享受为主要目的的一种文化旅游活动，涵盖观光、求知、体验、习艺、娱乐、商贸、购物、度假等多种旅游功能。茶文化旅游的动机由对茶叶历史、习俗和茶叶消费等感兴趣而产生；基本形式是观赏茶园生态、风景，参与茶叶生产、茶文化活动等；目的是通过游客体验，感受茶文化的内涵，达到物质与精神的双重享受；特征是以茶文化为主题，形式多样、内容广泛、涉及多种旅游活动。

茶文化旅游是一种休闲文化旅游，是将茶业资源与其他旅游资源有机结合起来进行开发的一种旅游方式。对茶文化旅游开发具有重要意义。

(一)有利于拓展茶叶市场

开发茶文化旅游，能使游人在自觉不自觉中产生赏茶、爱茶的心理，逐渐养成喝茶的习惯，客观上可以培育和造就一大批潜在的消费客源。

(二)推进茶产业和相关产业的发展

茶文化旅游能够把茶旅游景点景观、茶品购物、茶食餐饮、茶会娱乐等串联起来，形成以茶文化为核心的旅游消费市场：既丰富了旅游内容，又能刺激茶叶消费；既促进了茶产业的良性循环，又带动了其他相关产业的发展。

(三)提高审美情趣与提供精神寄托

茶文化旅游承担着对我国传统茶文化进一步发掘、继承与弘扬的重任。在经济全球化的今天，茶文化旅游更是肩负着向世界宣传、展示中国茶文化的重任。茶除了药用价值外，还具有广泛而深刻的社会功能：以茶雅心，陶冶个人情操；以茶敬客，协调人际关系；以茶行道，净化社会风气。这既是开展茶文化旅游的基础，又是茶文化旅游的文化价值和精神意义之所在。

(四)迎合现代旅游业的发展趋势

随着经济水平的提高，人们的文化理念逐步回归自然、回归自我，而茶文化旅游以其传统的养生和休闲方式，独特的观赏价值和体验价值，高享受的服务以及蕴涵于生活方式的文化经历，正迎合了这一发展趋势。

三、茶文化旅游的特点

(一)大众化

作为世界三大饮料之一的茶，不仅是我国人民十分钟爱的饮料，也受到了世界人民的广泛喜爱。饮茶已经不仅仅是一种行为、一种喜好，还是一种具有鲜明民族特征的文化符号。在我国，茶文化旅游已渐成为普通大众享有的权利，具有广泛的群众基础，很多人是把茶文化旅游与观光旅游结合起来进行，茶文化旅游度假正在成为部分人现代生活的必要组成部分。

(二)区域性

中国是多民族国家，地大物博，物产丰富，不同的地区、不同的民族在茶文化方面具有自己的文化特色以及文化内涵。茶文化旅游具有非常鲜明的地域差异性，与此同时，也具有显著聚集性，我国茶文化旅游的主要城市包括杭州、苏州、上海以及黄山、庐山、武夷山、张家界、五指山、西双版纳、太湖、洞庭湖等地区。在这地区生态旅游与茶文化一同构成了非常富有民族地域特色，并且具有传统文化内涵的文化系统，通过第三产业实现对第一产业的带动，不仅拓宽了传统茶文化产业范围，产生了积数效应，也促进茶乡文化内容的多元化。

(三)多样化

茶文化在中国源远流长，古往今来深厚的文化积淀和丰富的与茶相关的自然资源，形成了包括茶景点、茶艺茶道、茶风俗、茶文学、茶艺术、茶建筑等具有丰富内涵的、高品位的茶文化旅游资源，茶文化旅游类型多样组合使茶文化旅游类型丰富、绚丽多姿。此外旅游的时间上，许多旅游区有淡季和旺季，而茶文化旅游不受时间限制，在春季，在接受茶文化熏陶的同时，置身于茶园的美妙春色中，亲眼见到茶芽萌发，勃勃向上，生机盎然，享受欣欣向荣的生命活力；夏日炎炎，游山玩水劳累之际，歇脚茶亭品茶解渴，于身于心都是愉快的放松；秋季茶文化之旅充满收获与新鲜的喜悦，特别是金黄的落叶与常绿茶园相互映衬，景观色彩的丰富层次留给游人难忘的回忆；严冬万物萧条，茶园仍郁郁葱葱，一杯暖茶在手，人间温情永存，意境深远。

（四）体验性

茶文化历史悠久，积淀深厚，跨越时空连接现代迅速发展的茶业，成为健康而时尚的休闲领域。丰富多彩的茶类采摘加工，琳琅满目的茶制品及茶具等茶叶配套产品的独特生产工艺，使消费者愿意参与、深入体验，放松心情并获得知识与快乐，从而实现特殊的茶文化感受，得到全方位的精神享受。①

第三节　茶文化旅游资源

一、茶文化旅游资源分类

茶文化旅游资源是在漫长的茶文化发展过程中所积累的、自然和人文兼有的、可以为旅游开发所利用的茶文化资源。我国茶文化旅游资源丰富，按成因和性质大致可分为自然资源和人文资源两大类型（表 7-1）。

表 7-1　茶文化旅游资源分类表

大类	亚类	基　本　类
自然资源	地文景观	茶山
	水域风光	茶泉湖河
	生物景观	古树名木、茶叶大观园、茶叶公园、大坪、生态茶园等
	其他	其他

① 朱世桂等：《我国茶文化旅游资源现状、特性及开发思路》，《安徽农业大学学报（社会科学版）》2008 年第 3 期，第 36—41 页。

续 表

大类	亚类	基本类
人文资源	茶历史古迹	茶事遗址、茶具遗址、茶马古道、茶人遗迹、茶寺
	特色建筑	特色茶楼茶馆、茶文化酒店、茶博物馆、茶叶工厂、其他茶建筑
	茶技艺	采茶技巧、制茶工艺、饮茶技艺、茶艺表演等
	宗教茶文化	佛教茶文化、道教茶文化、其他
	社会风情	茶叶贸易、茶俗风情、茶叶节庆、茶旅游商品等
	茶文学艺术	茶诗词歌赋文，茶文化楹联、题刻，茶叶历史典故、神话传说、影视、戏曲、音乐、书法、绘画等
	其他	其他类型

(一)自然资源

1. 茶山

在我国历史上，名茶总是与名山相连。自古就有“高山出好茶”，“天下名山，必产灵草。江南地暖，故独宜茶”之说。这是因为高山重叠，岗峦起伏，溪水纵横，林木密布，形成了独特的生态环境；相对湿度大，日照时间短，漫射光多，气温调匀，土壤深厚肥沃，有利于茶树的生长发育。茶与名山大川的关系，其实反映了茶树生长对生态环境的要求。此外，这些山体的自然旅游资源具有各种自然美学特征，其优美的自然风光，清新的空气，繁盛的树木，泥土的气息，是重要的观赏对象。如出产“黄山毛峰”的安徽黄山、出产“庐山云雾茶”的江西庐山、出产“九华毛峰”的安徽九华山、出产“井冈翠绿”的江西井冈山、出产“大红袍”的福建武夷山、出产“雁荡毛峰”的浙江雁荡山、出产“天台云雾茶”的浙江天台山、出产“径山茶”的浙江余杭径山、出产“蒙顶茶”的四川蒙山、出产“峨眉毛峰”的四川峨眉山、出产“君山银针”的湖南君山、出产“天山绿茶”的福建仙峰山、出产“梵净翠峰”的贵州梵净山、出产“南糯白毫”的云南勐海南糯山、出产“苍山雪绿”的云南大理苍山、出产“碧螺春”的江苏太湖洞庭山、出产“秦巴雾毫”的陕西秦巴山、出产“桂平西山茶”的广西桂平西山、出产“仙人掌茶”的湖北玉泉山、出产“恩施玉露”的湖北五峰山等，都是我国天然的茶文化旅游胜地。

这些名山中有不少名寺，历史上都盛产名茶，如四川蒙山的千佛寺、峨眉山的万年寺，浙江余杭的径山寺、天台的国清寺、普陀的普济寺，广西桂平的西山寺，湖北当阳的玉泉寺等。

2.茶泉湖河

茶与水，关系至深。"欲治好茶，先藏好水。"自古以来，得茶不易，得泉尤难。我国名泉佳水众多，历史上曾将镇江中泠泉、北京玉泉、济南趵突泉、江西庐山谷帘泉命名为"天下第一泉"。此外，杭州西湖的龙井泉、虎跑泉、浙江天台山西南峰千丈瀑布水、桐庐严子陵滩水、长兴金沙泉、无锡惠山泉等，也在名泉之列。这些泉水不仅水质优良，可以用来品赏、煮茶，还具有很高的观赏价值，可以作为人们的审美对象，是茶文化旅游中独特而重要的资源。

此外，中国的江河湖海之畔，不少也盛产名茶，如杭州西湖周围产"西湖龙井"，江苏苏州太湖畔产"碧螺春"，云南大理洱海周边产"苍山雪绿"，浙江淳安千岛湖畔产"千岛玉叶"等。

3.茶树资源

茶树是多年生山茶科山茶属茶组常青木本植物。中国是茶树的原产地和起源中心。我国茶树有乔木、小乔木、灌木型，有大叶种、中叶、小叶，资源丰富，种类变异多，至2003年，全国共审定国家级茶树良种96个。我国近现代在云南、四川、贵州、广西、湖北、福建等省(自治区)相继发现野生茶树。据统计，茶组植物目前世界上已发现的有4个系，37个种，3个变种，云南茶区就分布有31个种，2个变种，占世界已发现茶种总数的82.5%，占中国茶组植物的81.6%，其中云南独有的有23个种，1个变种。

茶树作为生物资源，具有繁衍、培植再生的特点，但是由于它本身所具有的天然性、典型性和地域性，尤其一些野生品种，特别是诸如具有上千年历史的古茶树，更是一种稀有资源。这些古茶树和古茶园是重要的自然遗产和文化遗产，具有重大的科学价值、文化价值和经济价值。从开发利用与保护的角度，茶树种质资源实质上是一种不可位移再生的有限资源，在地理分布上同样具有垄断性和不可替代性的特点，形成了一种宝贵的茶树生物风景旅游资源。茶树虽是一种经济作物，却也具有观赏价值。茶园满目苍翠，生机盎然，夹杂着泥土味及淡淡茶香的清新气息，令人赏心悦目、心旷神怡。因此，茶树资源是茶文化旅游资源中不可或缺的重要组成。

4.综合景观

如果茶叶产地(区)内的茶文化旅游资源包括山体、水体等多种旅游资源，或者该地区本就位于著名的旅游景区内，则称为综合景观。例如，我国名茶君山银针的产地洞庭湖君山，碧螺春的原产地苏州太湖洞庭山等，可谓山清水秀、佳茗天成，是我国著名的茶文化旅游地。

(二)人文资源

1.茶历史古迹

历史古迹是先民遗留下来的遗迹、遗物和遗址，是往昔历史的见证。它们是前人留给后代的宝贵遗产，是不可再生的有限资源。从历史植根性和本质特征来说，也是一种不能替代和变异的地域垄断性旅游资源。我国茶文化有上千年的历史，在不同历史阶段、不同领域留下了数不清的历史文化瑰宝和历史古迹，这些都是重要的茶文化旅游资源。

我国的茶文化历史古迹按照内容分为四类:茶事遗址、茶具加工制作的遗址、茶马古道和历代茶人遗迹等。茶事遗址指的是在历史上进行茶叶生产、加工等茶事活动时遗留下来的场所，如四川名山皇茶园、浙江长兴的唐代顾渚紫笋贡茶遗址、福建的北宋北苑贡茶院遗址、世界红茶发源地、西坪铁观音发源地等。茶具遗址则指的是历史上茶具生产、加工的场所，如福建建阳宋代建窑遗址，江苏宜兴宋代紫砂茶具古龙窑遗址等。茶马古道是一条穿行于今滇、川、藏横断山脉地区和金沙江、澜沧江、怒江三江流域，以茶马互市为主要内容，以马帮为主要运输方式的古代商道。茶人在我国历史上有三种含义:一是专事茶业的人，包括专门从事茶叶栽培、采制、审评、检验、生产、流通、教育、科研人员;二是与茶业相关的人，包括茶叶器具的研制，茶叶医疗保健科研，以及从事茶文化宣传研究和艺术创作的人:三是爱茶的人，广泛包括饮茶人和热爱茶叶的人们。茶人遗迹，指的是这些茶人曾经活动的相关的场所，如陆羽在湖州的故居——青塘别业、清代乾隆皇帝所赐封的杭州十八棵御茶树等。

2.特色建筑类

茶文化特色建筑指的是以喝茶休闲为目的的建筑，以展示茶文化为目的的场所，其装饰建筑室内设计、装饰、图案、功能等体现茶文化主题特色。建筑内部的空间隔断物或者由隔断物围合出的各个空间，不管是在平面还是立面都可以作为展现茶文化的支撑体。例如我国各地的特色茶楼、茶馆、茶文化主题酒店、茶叶博物馆以及茶叶工厂等。

(1)特色茶楼、茶馆

茶特有的优雅品格和历史渊源，使茶馆建筑在建筑特色和气氛营造方面尽可能地反映传统的中国茶文化。建筑外观上，各地茶馆汲取地方传统建筑风格，建筑细部体现在屋脊、壁柱、梁坊、屏风以及在一些细小构件上运用雕刻、彩绘、装饰等手法；室内装饰也以木质、藤制等营造古朴清雅的气氛，摆设多为民俗物品、古玩、字画和玉器等。门庭或石柱上或厅堂墙壁上，常可见到悬挂有以茶事为内容的茶联，来增加品茗情趣，茶馆内的传统表演活动有茶道、茶礼、茶仪、茶歌、茶舞和茶艺等，有时还举办其他文化活动。还有些茶馆，建在湖山相映之处，其建筑别致、装饰典雅，更胜往昔。如上海湖心亭茶楼、北京老舍茶馆等。

(2)茶文化酒店

茶文化主题酒店，以茶文化为主题，来体现酒店的建筑风格和装饰艺术，以及特定的文化氛围，让顾客获得富有个性的文化感受；同时将服务项目融入主题，以个性化的服务取代一般化的服务，让顾客获得欢乐、知识和刺激。茶文化主题酒店，无论从装修还是酒店服务，都要体现中国传统茶文化精髓，具体表现为结构装饰手法、材料装饰手法、图案装饰手法、色彩装饰手法、与茶相关的历史人物、与茶相关的历史传说、与茶相关的诗词歌赋、与茶相关的书法绘画、茶与宗教的联系、茶艺茶道、茶文化中的饮茶习俗。目前，我国茶文化主题酒店有西康大酒店、杭州陆羽山庄度假酒店等。

(3)茶叶、茶具博物馆

茶叶、茶具博物馆(院)是茶文化建筑中十分重要的人文景观。博物馆是征集、典藏、陈列和研究代表自然和人类文化遗产的实物的场所。并对那些有科学性、历史性或者艺术价值的物品进行分类，为公众提供知识、教育和欣赏的文化教育机构、建筑物、场所或者社会公共机构。博物馆是非营利的永久性机构，对公众开放，为社会发展提供服务，以学习、教育、娱乐为目的。茶叶博物馆集休闲、旅游、品茗于一体，如杭州中国茶叶博物馆、雅安的世界茶叶博物馆、云南普洱茶叶博物馆、天福茶博物院、谢裕大茶叶博物馆、南京雨花茶博物馆、宜兴阳羡茶文化博物馆、江南茶文化博物馆等，多年来海内外参观人数已超过百万，茶叶博物馆已成为展现丰富多彩的中国茶文化基地。

(4)茶厂

茶厂是专门用以生产茶叶产品、货物的大型工业建筑物，是通过展示茶叶生产加工的机械、工艺流程而成为了解茶叶科学技术及其文化的最佳场所。在茶厂参观，既可以参观技术装备和生产设施、动态的生产流程、科学的管理体系，又能欣赏优美的茶园生产生活环境；在茶厂旅游，可以参观现代茶产业设备、茶叶产品的生产和制造、管理、鉴评过程。

3.社会风情

我国的茶文化民俗风情内容丰富、种类繁多，互相关联，可分为以下几个方面。

(1)茶俗风情

“百里不同风，千里不同俗”，茶俗是人类在长期的社会生活中，逐渐形成的以茶为主题的民间风俗、习惯、礼仪之总称。我国有着丰富的茶俗旅游资源，如客来敬茶、以茶为礼，喊山、开山祭茶仪式，民间斗茶赛，各种制茶工艺，各种茶艺、茶道，茶文化节事活动，茶歌、茶谣、茶舞等都是茶文化旅游资源的重要组成部分。我国是一个多民族的大家庭，56个民族都与茶结缘，但南北各地因历史、地理、气候、环境关系形成不同特色的饮茶风俗。例如，广东人喜欢吃早茶，北京人喝大碗茶，四川人喜欢喝花茶，福建人爱喝工夫茶，蒙古族有奶茶，回族喜八宝茶，藏族喝酥油茶，维吾尔族有香茶；云南大理白族的三道茶、土家族的擂茶、傈僳族的雷响茶等也都特色鲜明。不同民族的茶文化习俗有所差异，各民族茶文化风情亦存在不同的吸引力。

(2)茶文化节事活动

目前，国内新兴的茶文化节庆类型有名茶博览会、茶叶节庆、茶文化学术研讨会、茶艺表演比赛等。通过各种茶叶节庆旅游活动，开展交流，促进文化合作；加强异地联系，增进相互交流；以茶促商，推动经济发展。

(3)茶旅游商品

茶旅游商品主要是指旅游者在旅游活动中购买的、由旅游目的地向旅游者提供的茶叶、茶具以及其他茶产品。便于携带、具有地方个性化特色的茶商品，不仅能增进游人与朋友家人的感情，也能唤起游客对快乐游程的美好回忆，游客的积极评价是对旅游目的地的良好口碑宣传，能产生良好效用。

中国茶叶在长期的自然选择和人工选择下，经历了漫长的演化，形成了许多种类，仅我国已知的栽培种类就有500多个，目前常用的国家级优良品种有77个。据不完全统计，目前我国各地生产的名优茶逾千种，仅《中国茶叶大辞典》[①]所载的就达970多种，其中绿茶689品，红茶60品，乌龙茶87品，白茶15品，普洱茶6品，花茶46品，包装茶3品，紧压茶55品。

茶叶商品的分类较为复杂。从商品学的角度看，不同的划分方法得出

① 陈宗懋：《中国茶叶大辞典》，中国轻工业出版社2000年版。

的结果不同。陈宗懋主编的《中国茶经》[①]中将中国茶分类见表 7-2。

表 7-2 中国茶分类

<table>
<tr><th colspan="2">类　别</th><th colspan="2">品　　种</th></tr>
<tr><td rowspan="23">基本茶类</td><td rowspan="7">绿茶</td><td colspan="2">蒸青绿茶（煎茶、玉露等）</td></tr>
<tr><td colspan="2">晒青绿茶（滇青、川青、陕青等）</td></tr>
<tr><td rowspan="3">炒青绿茶</td><td>眉茶（炒青、特珍、珍眉、凤眉、秀眉、贡熙等）</td></tr>
<tr><td>珠茶（珠茶、雨茶、秀眉等）</td></tr>
<tr><td>细嫩炒青（龙井、大方、碧螺春、雨花茶、松针等）</td></tr>
<tr><td rowspan="2">烘青茶类</td><td>普通烘青（闽烘青、浙烘青、徽烘青、苏烘青等）</td></tr>
<tr><td>细嫩烘青（黄山毛峰、太平猴魁、华顶云雾等）</td></tr>
<tr><td rowspan="2">白茶</td><td colspan="2">白芽茶（白毫银针等）</td></tr>
<tr><td colspan="2">白叶茶（白牡丹、贡眉等）</td></tr>
<tr><td rowspan="3">黄茶</td><td colspan="2">黄小茶（北港毛尖、沩山毛尖、温州黄汤等）</td></tr>
<tr><td colspan="2">黄芽茶（君山银针、蒙顶黄芽等）</td></tr>
<tr><td colspan="2">黄大茶（霍山黄大茶、广东大叶青等）</td></tr>
<tr><td rowspan="4">乌龙茶（青茶）</td><td colspan="2">闽北乌龙（武夷岩茶、水仙、大红袍、肉桂等）</td></tr>
<tr><td colspan="2">闽南乌龙（铁观音、奇兰、黄金桂等）</td></tr>
<tr><td colspan="2">广东乌龙（凤凰单枞、凤凰水仙、岭头单枞等）</td></tr>
<tr><td colspan="2">台湾乌龙（冻顶乌龙、包种乌龙等）</td></tr>
<tr><td rowspan="3">红茶</td><td colspan="2">功夫红茶（滇红、祁红、川红、闽红等）</td></tr>
<tr><td colspan="2">小种红茶（正山小种、烟小种等）</td></tr>
<tr><td colspan="2">红碎茶（叶茶、碎茶、片茶、末茶）</td></tr>
<tr><td rowspan="4">黑茶</td><td colspan="2">湖南黑茶（安化黑茶等）</td></tr>
<tr><td colspan="2">湖北老青茶（蒲抗老青茶等）</td></tr>
<tr><td colspan="2">四川边茶（南路边茶、西路边茶等）</td></tr>
<tr><td colspan="2">滇桂黑茶（普洱茶、六堡茶等）</td></tr>
</table>

① 陈宗懋：《中国茶经》，上海文化出版社 2011 年版。

续 表

类 别	品 种
再加工茶类	花茶(茉莉花茶、珠兰花茶、玫瑰花茶、桂花茶等)
	紧压茶(黑砖、块砖、方茶、饼茶等)
	萃取茶(速溶茶、浓缩茶、罐装茶水等)
	果味茶(荔枝红茶、柠檬红茶、猕猴桃茶等)
	药用保健茶(减肥茶、杜仲茶、降脂茶等)
	含茶饮料(茶可乐、茶汽水等)

其他茶旅游商品还有茶具、茶菜、茶点、茶书籍等(表 7-3)。

表 7-3 除茶叶之外的其他茶旅游商品

茶 食	茶菜、茶粥、茶面条、茶面包等茶主食,茶糖果、茶冰淇淋、茶果脯、茶巧克力等零食,地方特色美食、特产等
茶书画、音像作品	茶书、茶字画、地方特色书籍、茶文化杂志、茶文化音像作品等
茶工艺品	茶道用品、茶雕工艺品、特色工艺茶摆件、紫砂工艺品、陶瓷工艺品、礼物篮等
茶衣物	茶帽子、茶 T 恤、汗衫、茶领带、围裙、地区特色服饰等
其 他	烹茶、品饮的二十四器,装茶的包,茶美容保健系列产品等

4. 茶文学艺术

我国的茶文学艺术作品大多以茶和茶事活动为题材,其内容丰富,不仅有吟咏茶香、茶趣、茶韵之作,还有种茶、采茶、制茶、煎茶以及名茶、名泉、茶具、斗茶、分茶等方面的作品;形式多样,数量众多,大致可分为诗歌、楹联、题刻、神话传说、影视、戏曲、书法和绘画。与其他茶文化旅游资源相比,文学艺术类是比较独特的一类:首先,其形态往往渗透在其他旅游资源之中,虽然不是独立存在,但是往往具有可视性、可感性,增添了所依附的旅游资源的文化内涵,提高了其欣赏和品位价值,而且能够激发游客的热情,使游客在精神上获得更高的美感享受;其次,它可以灵活运用在旅游中,因为文学艺术可以用语言和图片等一定的形式表现,所以具有可移动性,可以让更多地区的游客共享。

5. 宗教茶文化

在我国茶文化形成的过程中受到宗教文化特别是佛教和道教的影响

和熏陶,也因此积淀了丰富的佛教茶文化、道教茶文化等特殊的茶旅游资源。

(1)佛教茶文化

西汉末年,佛教开始传入中国,由于僧侣们需要"养生""清思助谈",佛与茶开始结缘。至唐代,由于统治阶层的提倡,佛教得到特殊发展。佛教在中国经过本土化的发展,形成了不同的宗派。茶文化的兴起与禅宗的发展有着极大的关系。由于坐禅中闭目静思,极易睡着,所以坐禅中"唯许饮茶"。在唐代,这一习惯得到推广,正如唐代封演在《封氏闻见记》中记载:"开元中,泰山灵岩寺有降魔师,大兴禅教。学禅务于不寝,又不夕食,皆许其饮茶……"由于寺院常建于名山名水之间,气候常宜植茶,所以唐时许多大寺院都有种茶的习惯。

随着饮茶成为寺院佛事活动中必不可少的组成部分,到唐宋时期,我国寺院中就逐渐形成了一整套庄严肃穆的茶礼和茶宴。在各大寺庙,不但设有专门招待上客的茶寮或茶室,甚至有些法器也用茶来命名。多数寺庙的佛殿和法堂都设有钟、鼓,一般都设在南面,左钟右鼓。若有两鼓,就将两鼓分设在北面的墙角。设在东北角的叫"法鼓",设在西北角的就称"茶鼓"。"茶鼓"是召集众僧饮茶时用的,《宋诗钞》中有陈造的诗句"茶鼓适敲灵鹫院,夕阳欲压赭圻城",描写了茶鼓声下寺院的幽雅意境。佛教茶文化旅游资源以其特殊的、浓重的神秘感,对旅游者有较强的吸引力。在我国,佛教寺院的建筑、植茶、制茶以及佛教的茶文化仪式、节庆活动等都有很高的旅游价值。如拥有唐代茶具和佛骨舍利的陕西法门寺,以"宋代茶宴"闻名中外的浙江径山寺,杭州西湖灵隐寺禅茶,普陀佛茶,安徽九华山佛茶,峨眉万年寺佛茶,蒙顶山天盖寺,永兴寺禅茶等,都是我国佛教茶文化旅游的宝贵资源。

(2)道教茶文化

道教产生于东汉,以"道"为最高信仰。作为我国的本土宗教,道教比其他宗教更能体现中华民族尤其是汉族的思想信仰、民众习性和生活习俗的特质。其创始之初尊老子《道德经》为经典,认同"人法地,地法天,天法道,道法自然",即"道"是一切万物的根本精神所在。又曰:"道之尊,德之贵,夫莫之命而常自然。"道家主张的养生、修身,可以通过饮茶实现。如西汉壶居士《食忌》中说道:"苦茶,久食羽化。"南朝齐梁时道家人物,陶弘景在《杂录》中载:"苦茶,轻身换骨,昔丹丘子、黄山君服之。"这些记载一则证明了茶叶具有提神醒脑的功效,二则将茶事与道教羽化成仙、长生不老的思想结合起来,对我国茶文化有形成的作用。道家不拘名教,纯任自然,茶产于山野之林，受天地之精华，承丰壤之雨露，茶之品格，蕴含着“自然”“守朴”“归真”的神韵；道家追求的“无己”，就是茶道中追求的“无我”，道家旷达逍遥的处世态度与中国茶道的处世之道一致，道家文化的精髓已经成为中国茶文化的重要思想理念。

古时植茶、制茶、饮茶在道观寺庙风行，于是有历代名山大川、道观寺庙出名茶的现象。历代真仙高道不仅以茶养生、乐生，而且他们还将其居住之地打造成为养生之仙境乐园，道家以茶养生，以栽茶品茶为生活之乐趣。道家称仙人、真人所居住的名山为洞天福地，道家有十大洞天，三十六小洞天，七十二福地。这些洞天福地，其实都是我国一些风景十分秀丽的名川大山。殊不知，高山云雾正是产茶的好处所，道家众多的洞天福地就在中国茶区，甚至一些大山本身就是中国的名茶产地。如齐云山瓜片就产自我国著名的道家名山安徽齐云山，盛产大红袍、武夷岩茶的道家名山武夷山，出产名茶的湖北武当山，早在唐代即享盛名的秘制“洞天贡茶”产地青城山，江西龙虎山，秀丽的山川、宏伟的宫观相映成趣，是休闲旅游的胜地。道教茶文化旅游资源有着巨大的开发潜力，值得挖掘。

二、我国茶区与茶文化旅游资源的区域划分

（一）中国四大茶区分布

茶区，是根据茶树生物学特性，在适合于茶叶生产要求的地域空间范围内，综合地划分成若干自然和经济条件大致相似、茶叶生产技术大致相同的茶树栽培区域单元。中国历史上对茶区的划分，最早见于陆羽《茶经》。陆羽在该书“八之出”中将当时栽培茶树的四十二州一个郡划分成八大茶区。在 20 世纪 30 年代，吴觉农和胡浩川将全国区划分为 13 个茶叶产区。

现如今，中国茶区分布在北纬 18—37 度、东经 94—122 度的广阔范围内，有浙江、湖南、湖北、安徽、四川、福建、云南、广东、广西、贵州、江苏、江西、陕西、河南、台湾、山东、西藏、甘肃、海南等 19 个省区的上千个县市。地跨中热带、边缘热带、南亚热带、中亚热带、北亚热带和暖日温带。在垂直分布上，茶树最高种植在海拔 2600 米的高地上，而最低仅距海平面几十米或百米。

图 7-1 中国四大茶区分布

我国茶区辽阔，茶区划分采取 3 个级别，即一级茶区，系全国性划分，用以宏观指导；二级茶区，系由各产茶省（区）划分，进行省区内生产指导；三级茶区，系由各地县划分，具体指导茶叶生产。1982 年，中国农业科学院茶叶研究所根据生态条件、生产历史、茶树类型、品种分布、茶类结构，将国家一级茶区分为 4 个，即华南茶区、西南茶区、江南茶区、江北茶区（图 7-1、表 7-4）。

表 7-4 中国四大茶区特征

茶区	茶区特色	区域范围	地理气候	茶树资源	茶叶资源
华南茶区（也称岭南茶区）	中国最南的茶区，最适宜茶树生长的地区	包括福建和广东中南部、广西和云南南部、海南和台湾省 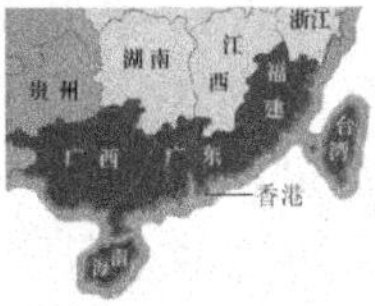	该茶区南部为热带季风气候，北部为南亚热带季风气候，整个茶区高温多雨，水热资源丰富。年平均气温为 19—22℃，年降水量在 1200—2000 毫米	茶树资源丰富，多栽培乔木或半乔木大叶种和灌木中叶种	以生产红茶、乌龙茶为主，也是生产乌龙茶、白茶、六堡茶、花茶等特种茶的重要生产基地
西南茶区（也称高原茶区）	茶树原产地，中国最古老的茶区，中国地形地势最为复杂的茶区	包括贵州、四川、重庆、云南中部和西藏南部 	由于该茶区地势高，地形复杂，有些同纬度地区海拔高低悬殊，气候差别很大，大部分地区均属亚热带季风气候，冬不寒冷，夏不炎热。本区具有立体气候的特征，年平均气温为 15—19℃，年降水量为 1000—1700 毫米	茶树品种以乔木型大叶品种为多，灌木型中叶品种次之	生产的茶类有红茶、绿茶、边茶、普洱茶及花茶等

续　表

茶区	茶区特色	区域范围	地理气候	茶树资源	茶叶资源
江南茶区（也称中南茶区）	中国茶叶生产最集中的产区，年产量大约占全国总产量的2/3	包括广东和广西北部、福建中北部、安徽、江苏和湖北省南部、湖南、江西、浙江  	茶区大多为低丘、低山，只有少数在千米以上的高山，如安徽的黄山，江西的庐山，浙江的天目山、雁荡山、天台山、普陀山等名山胜地。茶园分布于丘陵地带。基本上属于中亚热带季风气候，南部为南亚热带季风气候，四季分明，年平均气温为15—18℃，冬季气温一般在−8℃，年降水量1400—1800毫米	茶树品种以灌木中小叶种为主，小乔木中叶种和大叶种也有分布	生产茶类有绿茶、红茶、乌龙茶、白茶、黄茶和黑茶。该区名优茶较多，如西湖龙井、洞庭碧螺春、庐山云雾、天目青顶、雁荡毛峰、黄山毛峰、武夷岩茶、君山银针、白毫银针、普陀佛茶等
江北茶区（也称华中北区茶区）	中国最北的茶区，具有南北过渡性特色	位于长江中、下游北岸，包括甘肃、陕西和河南南部、湖北、安徽和江苏北部、山东东南部  	该茶区地处亚热带北缘，本区不少地方，昼夜温差大，有利于茶树有机质的积累。最北的茶区年平均气温为15—16℃，冬季绝对最低气温一般为−10℃左右。年降水量较少，为800—1100毫米	茶树品种多为灌木中小叶种	生产茶类以绿茶为主。所产绿茶具有香气馥郁、滋味浓、耐冲泡的特点，如信阳毛尖等

（二）茶文化旅游资源的区域划分

茶文化旅游资源是茶叶生产的自然分布和社会、历史因素等多方面作用的结果。我国茶区辽阔，茶文化旅游资源丰富，类型多样，地区特征明显。根据目前我国茶文化的地域特点、茶叶生产的分区和我国的综合旅游区划，考虑发生学原则、相对一致性原则、地域完整性原则等旅游资源区划原则，将茶文化旅游资源分为以下几个大的区域，各区茶文化旅游资源的特征见表7-5。[①]

① 冯卫英：《茶文化旅游资源研究》，南京农业大学博士学位论文2011年，第44—45页。

表 7-5　我国茶文化旅游资源区域划分

旅游区	范围	茶叶生产	资源特征
黄河中下游地区	陕西、河南、山东	山东日照绿茶、河南信阳毛尖、陕西午子仙毫、陕南绿茶等	以各地名优绿茶产区为主；资源相对较少；开发程度低，一般以茶园观光活动为主，结合历史遗迹资源的较少
吴、越文化，江南水乡风光带	上海、浙江、江苏、安徽	西湖龙井、顾渚紫笋、安吉白茶、阳羡雪芽、洞庭碧螺春、太湖翠竹、黄山毛峰、祁门红茶等	以天目山脉、太湖地区、黄山茶区等茶产区为主，可适制茶种类多；境内有黄山、径山、天台山、太湖、西湖、惠泉、紫砂茶具、顾渚贡茶遗址、九华山佛教茶文化等丰富的旅游资源，种类齐全；旅游业整体水平较高，资源开发较早
水乡泽国、荆楚文化、湖山景观带	湖北、湖南、江西	恩施玉露、君山银针、庐山云雾、安化黑茶、狗牯脑茶、宁红、婺绿等	我国重要茶产区，适制绿茶、黑茶、红茶、花茶等多个品种；有庐山、君山、洞庭湖、桃源生态风光，武当道教茶文化旅游资源；茶歌、茶戏、擂茶等地方茶俗特色明显；各地区茶文化旅游开发层次不一
西南奇山秀水、民族风情带	四川、重庆、贵州、云南、广西	蒙顶茶、滇红、广西茉莉花茶、边茶、普洱茶等	世界茶树的起源中心和茶文化的摇篮，茶树种植资源丰富；茶马古道遗迹风景壮观；巴蜀文化、藏族文化、壮族等少数民族茶文化资源丰富多彩。茶文化旅游开发以茶马古道文化为主，其他为辅
热带、亚热带风光带	福建、广东、海南、台湾地区	铁观音、大红袍、英德红茶、台湾高山乌龙茶、普洱茶等	福建地区乌龙茶以及非物质文化遗产资源，武夷山水、大红袍、安溪铁观音，广东英德红茶产地、台湾地区高山茶自然旅游资源；潮汕工夫茶艺、广东茶楼、茶点等地方茶俗；沿海地区经济发达，茶文化旅游资源开发较早，总体水平高，也存在地区间发展不平衡现象

三、我国茶文化旅游资源的特征

(一)种类多样

我国茶文化旅游资源种类齐全，既有山、泉、茶树等自然资源，也有各种人文历史旅游资源，茶园遗址、茶具遗址、茶马古道、茶人遗迹、特色茶楼、茶馆、茶文化酒店、茶博物馆、茶叶工厂、茶与佛教文化、茶与道教文化、茶文化城市、茶文化村、茶俗风情、茶叶节庆、茶叶商品、茶饮食、茶诗词歌赋文、茶文化楹联、题刻、茶叶历史典故、神话传说、影视、戏曲、书法、绘画等。其中人文旅游资源的数量突出，是开发茶文化旅游的重要条件。

(二)内涵丰富

茶文化旅游资源包括自然资源和人文资源，从古老的野生大茶树到茶马古道，从风景秀美的名山大川到文化深厚的贡茶遗址，从甘、甜、清、纯的泡茶名泉到已经成为非物质文化遗产的各种制茶工艺等。这些旅游资源或历史、文化底蕴深厚，或科学价值和观赏价值高，都深具吸引力，可谓历史与现代交融，自然与人文皆俱，物质与精神兼有，是优良的旅游资源。

(三)分布不均

茶文化旅游资源的分布与我国茶叶生产的分布密切相关，主要集中在长江以南的广大地区，北方仅有山东、河南、陕西、甘肃的部分地区产茶，因此北方茶文化旅游资源相对较少，资源分布呈现南多北少、南强北弱的局面。此外，由于旅游区一般具有一定的经济机构和形态，旅游资源比较集中，具有一定的规模、范围和条件吸引游客。因此，我国的茶文化旅游资源主要分布在杭州、苏州、上海、成都、北京、黄山、庐山、武夷山、张家界、五指山、西双版纳、太湖、洞庭湖等旅游城市和地区。

第四节　茶文化旅游设计

一、茶文化旅游设计的原则

(一)文化性原则

茶文化旅游项目是茶文化内涵的具体展现，在设计时，要在传统中华茶文化的大前提下，结合本地域的文化特色，深入挖掘茶文化的内涵，进行本土化设计，充分体现旅游项目的文化性，使茶文化与区域特色文化相融合，焕发文化亮点，实现茶文化与旅游的完美结合。

（二）体验性原则

注重旅游者的体验，是设计茶文化旅游项目的重要原则之一。茶文化旅游有极强的参与性和体验性。茶的品饮艺术和民风民俗不仅具有很强的可参与性，而且茶叶的栽种、采茶、制茶、品茶等都是体验性极强的旅游项目。在设计时，要使旅游者在旅游中充分体验茶文化，品味茶文化。

（三）趣味性原则

在茶文化旅游产品设计中，针对茶文化的丰富内涵和外延，设计出具有趣味性的茶文化旅游项目。如通过茶文化旅游项目中的对联、茶园游戏、品茶猜谜、猜茶名及各种有茶文化内容的团队小游戏等，来丰富茶文化旅游的趣味性、生动性，增加吸引力。

（四）艺术性原则

遵循艺术性原则，才能使旅游者在参与和观看具有地方特色的茶艺展示活动中，得到艺术熏陶和愉悦。在具体操作过程中，要注意展示茶艺表演亲切自然高雅的艺术特色。要深入梳理具有地方特色的茶道理念和茶艺流程，使游客得到真正的精神满足和心情愉悦。

（五）系统性原则

茶文化具有内容的多样性和表现形式的层次性、特殊性。在设计茶文化旅游项目时，要体现系统性的原则，拓展文化内涵，延续文化链条，使茶文化能够全方位地在旅游产品中体现出来。

（六）品牌化原则

在设计茶文化旅游项目时，要充分发挥地方政府、行业协会的作用，注重茶产区茶叶品牌建设，建设和谐健康的品牌成长环境，加强行业监管，严格保证茶叶质量，打造具有地域特色的茶文化品牌，使之发挥更好的经济效益。①

---

① 郑剑顺：《茶文化旅游设计》，厦门大学出版社 2011 年版，第 10—11 页。

二、茶文化旅游的基本形式

(一)茶乡(区)生态游

我国主要茶叶产区生态环境优越,为确保茶叶的生长和提高茶叶的品质,茶园和茶场的选址大多位于自然环境优美、风光旖旎之处。在不影响茶叶生长的前提下,要充分利用现有的条件,通过景观改造和花木补植,适当美化茶园的景观,加强对茶园的管理,注重保护茶园及茶园周边的生态环境,适当开展生态旅游,促进茶旅产业的长远发展。

1.茶乡(区)应具备的条件

中国不仅是茶的故乡,而且是产茶大国。据统计,我国2010年已有茶园面积195万公顷,居世界之首位。全国有21个省(区、市),900多个县、市产茶,茶乡大多在山区。“高山出名茶”,山区气温、湿度、空气、土壤等较适合茶的生长。我国的名山大川如武夷山、黄山、庐山、峨眉山等,都是著名产茶区。

茶乡(区)自然风光游是以茶园(区)景观、茶业生产活动和特色茶产品为旅游吸引物开展的茶文化旅游活动。开展茶乡(区)自然风光游,至少必须具备如下条件:产茶的乡村、地区,有成片的茶园、茶树;产茶的历史悠久,有地方特色的茶树品种,有特色茶;茶乡风貌独特,山清水秀,有观赏点;有方便、安全的交通道路、步行道路、食宿设备;有地方特色的茶叶生产方式及茶风茶俗等。

2.主要旅游项目

(1)茶园观光游

茶园观光是茶文化旅游中最基础、最常见的形式,如果生态环境良好,则可以开展茶园生态旅游。除了让游客感受美丽的自然风光和茶园乡土气息,还可以参与茶叶采摘、手工制作茶叶、品茶等活动,让游客体验更多乐趣。

①看茶树。到了茶乡,就要观赏茶园茶树。看茶树的特色,分辨茶树的品种,看茶园景观、风貌,了解茶农如何植茶,如何施肥、剪枝,什么时候采摘茶叶,如何采摘茶叶。什么是无公害茶园、绿色生态茶园、有机茶园。如果附近有野生茶树,游客必定有兴趣察看野生茶树,比较野生茶树与茶农种植的茶树的区别。同时,茶树优良品种的繁殖、栽培,也是旅游者想知

道的。

②摘茶叶。旅游者体验茶乡传统的茶叶采摘方法，背着茶篓，穿行在绿油油的茶树中，享受茶农丰收的喜悦和旅游者茶园休闲的乐趣。

③制茶叶。旅游者体验茶农传统的茶叶制作方法，参观制茶作坊，并在制茶作坊中将采摘的茶叶萎凋、揉青、烘焙等，探究鲜茶叶如何变成可冲泡的熟茶叶的过程。

④品尝茶。如在茶农房屋的厅堂、庭院，冲泡旅游者亲自制作的茶叶，品尝茶汤；品茶农制作的地方特色茶，品尝不同手艺制作的不同茶的品质，倾听关于茶俗的民间故事等。

⑤销售茶。品茶之后，旅游者会挑选自己口感满意的地方特色茶，购买带回去，让旅游者在精神上、物质上都有“不虚此行”之感。

(2)茶叶保健游

茶叶成分丰富，其中含有蛋白质、氨基酸、维生素和多酚类等500多种化学成分，十分有益于健康，尤其是维生素含量，更是其他饮品无法比拟的。在旅游过程中，饮茶可以消除疲乏劳顿，促进生理机能恢复。长期饮茶还能减肥解毒，可以强身健体、延年益寿。登览名山，参观茶园，了解茶叶的保健药用功能，采购适合自身身体状况的茶叶种类，体味品茶情趣，并在茶区清新空气、优美的景致中修身养性，是目前保健旅游市场的追求。因此，可开发茶园健身游、茶养生体验馆，并结合茶知识讲座等，让游客在享受自然风光和茶园乡土气息的同时，增长防病健身知识。

(3)茶事井泉体验游

许多著名的茶事井泉都有悠久的历史文化，它们与当地的名茶、名山，三合齐美，相得益彰。开发茶事井泉体验游，一则可以观赏名泉，二则可以取用这些泉水来泡茶，并且品茶。然而现代社会环境污染严重，提高这些泉水的水质是首要解决的问题。

3.发展模式

(1)传统村落型

传统村落型是指以历史悠久、丰富多样的茶文化为依托，以保存完好且风格独特的传统古建筑群为载体，集茶文化观光体验、茶文化展示、茶园采摘和古村落观光于一体的茶文化旅游发展模式。如被誉为“中国茶文化第一村”的江西婺源上晓起村，始建于唐朝，不仅古村落建筑年代久远，保存完整，极具地域特色，而且茶文化悠久浓郁，底蕴深厚，比较完整地保留了古老而传统的制茶工艺以及茶文化物质遗产，如灵泉古井、运茶古道、制茶作坊、载茶手车、捻茶机具、茶亭茶园等。

(2)生态农庄型

生态农庄型是以发展茶文化旅游为目的,以优良的生态系统为依托,融茶文化旅游和休闲农家乐于一体的茶文化发展模式。如被誉为"中国西部生态茶叶第一村"的贵州湄潭核桃坝茶叶生态农庄,游客在此可以住宿在当地茶农经营的旅舍里,与茶农同住,同吃,同劳动,亲身体验宁静安详的茶农生活。

(3)观光公园型

观光公园型是指位于城市近郊,集茶叶生产、加工、销售、茶文化展示、采摘、科普教育和休闲度假于一体的综合园区,是农业生产和园林绿化相结合的产物。该类型既是城市居民度假休闲的乐园,也是附近农村农民的公园。如云南省普洱的农业观光茶园,以其良好的自然生态环境、独具特色的茶叶生产内容和浓厚的乡土气息吸引了众多游客。

(二)茶馆休闲游

茶馆,就是以经营销售茶水、茶叶为主,提供饮茶、品茶、销售茶服务的场所,也称茶庄、茶店、茶楼、茶坊、茶肆、茶亭、茶室、茶铺、茶棚、茶厅、茶房、茶社等。

茶馆有多种功能,如卖茶水使人解渴;提供品饮时鲜好茶名茶服务;提供食品配茶水,茶餐结合;在茶馆交谈,联谊,叙旧,洽谈生意、公务等;在茶馆欣赏茶艺表演、曲艺表演;在茶馆选购合意的茶叶、茶食品等。除此之外,茶馆还可以与旅游结合,作为旅游计划中的项目之一,安排旅游者到茶馆品茗饮茶,欣赏茶艺、曲艺表演,选购特色名茶,实现旅游者的"休闲游"。

与旅游相结合的茶馆,其经营中面对的顾客有本地市民、居民,但主要是旅游者,所以,其设施、设备必须与客流量相适应。

1. 茶馆品茗

品茶是一门综合技艺,在幽雅、质朴的茶馆中,有杯茶在手,闻香观色,察姿看形,啜其精华。此时此景,虽"口不能言",却"快活自省"。个中滋味,无法言传,只可意会,这是品茶赋予人们的一种升华。

品茶用茶,主要集中在两类:一是特种茶中的高档茶,诸如乌龙茶中的高级茶及其名丛,如铁观音、黄金桂、文山包种、冻顶乌龙,及武夷名丛、凤凰单丛等;二是以绿茶中的细嫩名茶为主,以及白茶、红茶、黄茶中的部分高档名茶。这些高档名茶,或在色,或在香,或在味,或在形,或兼而有之,它们都在一个因子、两个因子或者多个因子上,有独特表现,为人们所钟爱,从而形成了品茶的主体。

2.茶馆赏艺

如果是演艺茶馆或茶艺馆，可以在茶馆欣赏曲艺和茶艺表演。曲艺如相声、评书、京剧清唱、地方戏曲、流行歌曲演唱等，茶艺有古茶艺、民族茶艺、当代茶艺等。在茶馆边品茗，边欣赏表演，消除疲乏，调节身心，使旅游者度过难忘的时光。

3.茶馆购茶

旅游者在茶馆热情、周到的服务氛围中，品尝各种时鲜好茶、特色名茶，欣赏茶艺表演之后，服务人员再适时地向旅游者推介茶、茶食品，提示旅游者不失时机选购合意的好茶、名茶。购茶要懂茶，所以要向旅游者介绍茶的分类和品种。

(三)茶文化遗址遗迹(建筑)游

1.茶文化遗址遗迹观光

茶文化遗址型旅游的开发，依托我国悠久的茶文化历史，将各地遗存下来的与产茶、制茶、饮茶、茶叶贸易、茶人、茶文学、茶精神等相关的历史文化遗址加以开发打造，使游客亲身实地感受茶文化遗址的历史环境和氛围。如长兴顾诸山大唐贡茶院遗址旅游、茶马古道游等。

中国茶文化历史悠久，有很多非常珍贵的茶文化历史遗迹。如云南的千年古茶树，四川蒙山的汉代皇茶园，陕西法门寺出土的唐代宫廷金银茶具，浙江长兴顾诸山的唐代贡茶院遗址，湖北天门与陆羽有关的遗迹，福建建瓯的宋代贡茶茶事摩崖石刻，福建武夷山的元代贡茶院遗址，武夷山的古代茶事摩崖石刻，与佛茶有关的浙江余杭径山寺、天台国清寺、普陀普济寺，浙江杭州的老龙井、虎跑泉，江苏宜兴与江西景德镇的古茶具，河北宣化的辽代墓壁茶画及出土的陶瓷茶具，江苏、江西、浙江等地古代烹茶用水的井泉，北京、南京、杭州等地博物馆收藏的古代茶具茶书画等，都是旅游文化的重要资源。

2.茶文化博物馆游

茶博物馆包括茶博物院、茶博览苑、茶博园等，是对茶叶历史文化和民族风情的展示，是一类独特的旅游资源，具有很强的旅游吸引力。从创办时间上看，最早是20世纪80年代创办的，如香港茶具博物馆建于1984年，蒙山茶史博物馆建于1986年。之前，尚无发现国内有茶博物馆建立。从规模上看，有大型的，有小型的，有全面展示茶、茶文化历史的博物馆，也有展示茶文化，某种名茶如蒙顶茶、普洱茶、阳羡茶或茶器、茶具、茶人事迹等专题馆。如中国茶业博物馆、天福茶博物院属大型茶博物馆,香港茶具博物馆、阳羡茶博物馆、中华武夷茶博园、大红袍博物馆、台北市三墩石茶壶博物馆等属于专题馆。从分布上看,大多在著名茶乡、茶区。如福建的漳浦、安溪、武夷山的乌龙茶、岩茶茶乡,浙江杭州的龙井茶乡,四川雅安蒙顶茶乡、都江堰青城山茶乡,云南勐腊县普洱茶区,江苏宜兴阳羡茶区,安徽黄山茶区、祁门茶乡,台湾的坪林、南投鹿谷茶乡等,都建有茶博物馆。

2016年8月18日,中国北方最大的茶叶博物馆——北京茶叶博物馆隆重开馆。8月21日,中国首家单品类的茶博物馆——中国茉莉花茶博物馆在广西横县张一元产业园正式开馆。在博物馆中,不仅可以通过文字了解到茉莉花茶的历史与文化,还可以亲眼看到承载着历史的各种历史文物,并且可以亲自体验花茶制作技艺的奥妙所在。

(四)茶文化工业游

工业旅游是以工业企业的建筑环境、设备设施、工艺流程、企业文化和管理等为旅游客体的一种专项旅游。工业旅游资源既包括现实的、正在生产的,也包括已经不再具备生产能力,甚至已经成为工业遗产的旧厂矿遗址和遗迹;同时,“工业资源”不但包含厂房、设备、产品、生产过程等物质资源的场景,而且也包括企业管理模式、经验、企业文化等非物质资源。

发展茶旅产业,茶叶加工也可以作为一项旅游吸引物。在发展茶加工旅游时,要引导茶叶加工企业把发展茶加工旅游作为公司或企业的发展战略,同时政府职能部门要主动上门辅导其提升,建设“工农业旅游示范基地”,开发茶特色工业旅游产品。

(五)茶食品尝游

茶食一词,首见于《大金国志·婚姻》:“婿纳币,皆先期拜门,亲属偕行,以酒馔往……次进蜜糕,人各一盘,曰茶食。”从广义来说,茶食是包括茶在内的糕饼点心之类的统称。所以,在中国人的心目中,茶食往往是一个泛指名称;而在茶学界,茶食则往往指用茶掺和其他可食之物料,调制成的茶菜肴、茶粥饭等茶食品,即含茶的食物。如茶点、茶菜、茶调味品、茶保健品等,其用途极广。

茶食品尝游是指以各产茶区著名茶餐饮企业为龙头,推出一批茶餐饮特色宴会、菜肴和茶点,吸引中外游客到茶餐饮特色店用餐、消费。

(六)宗教茶文化游

中国茶文化的形成与宗教文化,特别是佛教和道教,有着密切的关系,深受宗教文化的影响和熏陶,也因此积淀了丰富的佛茶文化、道教茶文化等特殊的茶文化旅游资源。宗教茶文化旅游的特点是,宗教深厚的哲学理念,宗教茶文化旅游资源的文化艺术价值,除了高度的美学价值可观赏外,还具有考古、文化传播的功能。对于宗教信徒来说,宗教旅游资源还为他们提供了朝圣、敬拜、祈祷、修行等多种功能。

(七)茶文化节事游

茶文化具有历史性、时代性、民族性和国际性。全国各地定期举行以茶为主题的节庆、展览活动,如茶叶博览会、茶商品展销会、斗茶会、民间茶王大赛、茶艺大汇串、茶器展销会、茶文化研讨会、茶文化旅游节等茶文化节事,具有广泛的社会参与性,而且节事的主题明显,与其他旅游形式相比较,具有较强的文化辐射力,在短期内其产生的社会效益及其影响力会高于其产生的经济效益,因此具有较高的推广应用价值。

在设计茶文化节事旅游时,要高度重视茶旅节事的包装,通过茶文化旅游节事节会,使茶文化与旅游业有机结合,实施整体对外营销。充分发挥会展节事活动的联动效应,精心打造茶文化旅游节的品牌。利用特色茶产业旅游项目,开发茶文化节事旅游产品,实现双向促进,互利共赢。

(八)茶文化研学游

研学游是以青少年学生为主体,在旅行过程中以增进技艺、增长知识为目的的教育活动。[①] 国务院办公厅《国民旅游休闲纲要(2013—2020年)》提出要"逐步推行中小学生研学旅行"。与修学游相比,研学旅行更多的是让不同年龄段的孩子了解乡情、省情、国情,而不围绕生活开展科普主题游、乡间体验游,将人文、科技的东西带给孩子,更有实践意义。

我国茶文化博大精深,蕴含着丰富的科普知识、历史知识、文学知识,能为大中小学生提高文化修养和亲近自然的机会,使青少年游客从中得到感悟与升华。可以利用茶园优美的自然环境和丰富的茶文化知识,开发研学旅游产品,还可针对寒暑假推出以山水生态游为主题的茶乡夏令营、冬

---

① 丁运超:《研学旅行:一门新的综合实践活动课程》,《中国德育》2014年第9期,第12—14页。

令营活动。

三、茶文化旅游线路

（一）西南探源之旅

1. 西南山区古茶树游

我国西南山区是茶树的原产地，那里既有起伏的群山，又有纵横交错的河网，茶树就在西双版纳及其周边地区进化生成。该地区以“植物王国”的美名著称于世，至今仍古木参天，青藤缠绕，生长着野生植物和珍稀树种4000多种，形成了十分壮观的绿色自然群落。在这绿色世界中，不时能发现古老的野生大茶树。如在云南省哀牢山千家寨有株茶树树龄高达2700余年，这些古茶树与原始森林中的其他古树长期共生相处，共同熔铸了西双版纳这颗镶嵌在地球上闪光的“绿宝石”，每年都吸引着数以万计的游客来这里。游客站在这些野生大茶树下，望着千年古树，瞬间会远离世间的烦恼，沉醉于自然的怀抱，浮想联翩；或欣赏着美妙的苍山翠岭，尽情领悟那种种野趣，回味无穷。如在休息的片刻尝上几口“滇红”，那种感觉实在是难以用语言来表达，真是“古树美景互交融，天堂人间此相逢”。

2. 茶马古道黑茶香

茶马古道形成于唐、宋时期，是我国历史上从茶产地到主要消费区域，连接滇、川、藏的茶叶运输、茶文化传播与交融的大通道，也是古代自给自足的封建经济长河中商品经济的先驱之路。通过茶马古道，中国茶叶首次向土耳其、西亚、北亚和阿拉伯等地传播，由此西方世界才品尝到了来自神秘东方的佳饮，加强了各民族彼此之间的经济文化交流，增进了团结和友谊。

茶马古道主要有川藏、滇藏两条线路，全长数千公里，穿行于世界著名的横断山脉，沿途有让人神往的贡嘎山、亚丁雪山、梅岭雪山及著名的金沙江、澜沧江、怒江等，更有著名的德格印经院、藏传佛教寺庙塔林、年代久远的摩崖石刻、古色古香的唐卡壁画和芒康古盐井等文化宝藏。茶马古道沿途有雪山、峡谷、草原，被称为世界唯一的综合性地质博物馆，集险、峻、奇、伟、秀于一体。在学术界、政府、文艺界等组织的一系列活动推动下，茶马古道已成为我国集历史民族文化考古研究、探险与旅游、生态保护与利用开发的黄金走廊。

(二)华东绿茶之旅

1. 西湖龙井茶之旅

杭州西湖龙井茶已有1200余年历史，是我国最著名的绿茶，以其色泽翠绿、香气浓郁、滋味甘醇爽口而驰名天下。“龙井茶，虎跑泉”被誉为双绝，古往今来，游客至此，无不品龙井茶以助游兴。相传乾隆皇帝巡游杭州时曾亲自采茶，并将所采制茶叶带回京城，备受皇太后赞赏。乾隆即传旨封胡公庙前茶树为“御茶树”，每年进贡供皇太后享用，这18棵茶树被当地人称为“十八棵御茶”。

2. 苏州碧螺春采茶之旅

“洞庭碧螺春，茶香百里醉。”“碧螺春”产于著名风景旅游胜地苏州太湖洞庭山，是中国历史上的贡茶，中国的十大名茶之一。碧螺春茶由于常年生长在枇杷、杨梅、橘子等果树交织成的天然绿色、香气环抱之中，形成了“纤细多毫，卷曲呈螺，嫩香持久，滋味鲜醇，回味甘甜”的特点，俗称“吓煞人香”。后来清代康熙皇帝品尝此茶后，得知是洞庭山碧螺峰所产，改定名为“碧螺春”。苏州洞庭山逾千年的栽茶历史，形成了东、西山数万亩的洞庭茶海，每年春暖花开之际，都吸引着海内外游客前来采茶、品茶。“碧螺仙子”们在保护茶种、精心栽植、提高采摘技能的同时，也开开心心地做起了师傅，教授游客们采茶、炒茶，传播古老的茶文化。

碧螺春茶从春分开采，至谷雨结束，采摘的茶叶为一芽一叶，对采摘下来的芽叶还要进行拣剔，去除鱼叶、老叶和过长的茎梗。碧螺春完全手工制作，当地农民一般4—5点起来上山采摘鲜叶，午饭一般是在山上吃干粮；下午1—2点回家，挑拣鲜叶；晚饭时分，炒制茶叶，一般忙到晚上10—11点。碧螺春茶叶，一斤有5—6万个芽，采摘、挑拣就经历了10万次，再加上一双肉手在滚烫的铁锅里把茶叶炒制出来，是名副其实的“工夫茶”。

3. 黄山毛峰茶采摘之旅

黄山，景美茶还美，景绝茶更绝，黄山名茶——黄山毛峰以其特殊的魅力让无数茶人为之倾倒。黄山毛峰主要产于黄山风景区和与之毗邻的汤口、充川、岗村、芳村、扬村、长潭一带，其中黄山风景区内海拔700—800米的桃花峰、紫云峰、云谷寺、松谷庵、慈光阁及海拔1200米的半山寺周围的茶品质最好。在高山的山坞深谷中，坡度30—50度的地方，这里山高林密，气候温和，雨量充沛，土壤肥沃，土层深厚，空气湿度大，日照时间短。在这特殊条件下，茶树天天沉浸在云蒸霞蔚之中，因此茶芽格外肥壮，柔软细嫩，叶片肥厚，经久耐泡，香气馥郁，滋味醇甜，成为茶中的上品。

游客到黄山可以参观黄山毛峰茶的原产保护地，在这片优质生态茶园里游客可以亲眼看到那一片片麻雀嘴大小的嫩芽是怎样变成清香扑鼻的黄山毛峰，亲自体验采摘乐趣，观看茶农炒茶、制茶全过程，了解如何鉴赏黄山毛峰，满足春茶之初体验，感受原汁原味的乡村气息。

4. 茅山雀舌赏茶之旅

茅山自然风光清新秀美，自古就有“九峰”“十九泉”“二十六洞”“二十八池”等美景。茅山是闻名于世的四大道教名山之一，被道教列为“第一福地，第八洞天”。相传汉元帝初元五年，茅氏三兄弟来茅山采药炼丹、济世救民，被称为茅山道教之祖师，后齐梁隐士陶弘景集儒、佛、道三家所长创立了道教茅山派。早在隋朝，茶叶已成为该地区特产之一，如今“金坛雀舌”“茅山青锋”“茅山长青”等已成为该地区名茶的代表。苏南最大的茶主题公园——茅山茶博园邻茅山而建，游客在品名茶、赏茶艺之余，无不购买若干茶叶带回续饮或馈赠亲友，让这灵山好运传遍祖国乃至世界各地。

(三)乌龙品茗之旅

1. 武夷山岩茶之旅

武夷山位于福建崇安东南部，方圆 60 公里，有 36 峰，99 名岩，岩岩有茶，茶以岩名，岩以茶显，故名岩茶。武夷产茶历史悠久，唐代已栽制茶叶，宋代列为皇家贡品，元代在武夷山九曲溪之四曲畔设立御茶园专门采制贡茶，明末清初创制了乌龙茶。武夷山栽种的茶树品种繁多，有大红袍、铁罗汉、白鸡冠、水金龟“四大名枞”，此外还有以茶树生长环境命名的，如不见天、金锁匙等；以茶树形状命名的，如醉海棠、醉洞宾、钓金龟、凤尾草、玉麒麟、一枝香等；以茶树叶形命名的，如瓜子金、金钱、竹丝、金柳条、倒叶柳等；以茶树发芽早迟命名的，如迎春柳、不知春等；以成茶香型命名的，如肉桂、石乳香、白麝香等。

大红袍是武夷岩茶中的极品，它生长在武夷山北部的九龙窠中，长在石岩上，离地 10 多米，仅剩三株，极为名贵。据说这三株大红袍收成极少，每年只能采 2 两 5 钱，市面上是买不着的。通常是当地政府留给来此视察的政府官员喝的。此茶树一直有人看护，新中国成立前曾有部队在此看守，新中国成立后一直由茶农看护。武夷大红袍早春萌发时，远望芽叶红艳似火，如红袍加身。“大红袍”是中国茗苑中的奇葩，乃岩茶之王，叶色深绿带紫。武夷山绿树丛生，青枝招展，清泉飞泻，帘白银珠，随风飘射。茶树全靠石缝沁出的泉水滋润，需架云梯攀登采摘。武夷大红袍品质特优，制作工艺精湛，干茶香气浓郁，饮后齿颊留香，经久不退，品质享誉天下，恰似为武夷山披上了一件“招蜂引蝶”的“大红袍”，吸引着来自五湖四海的游人。另外，武夷山茶旅游景点还有御茶园遗址、水帘洞古代制茶作坊、武夷茶事石刻、宋兵部尚书庞撞吃茶处等。

2. 安溪茶都铁观音之旅

安溪是全国著名的铁观音原产地。安溪建有全国茶叶批发市场——中国茶都，有大型展示厅、文化活动中心，是全国少有的大型茶叶集散地。在凤山公园内的“茶叶大观园”则是一部浓缩的“茶叶大百科全书”，种茶、制茶、采茶、茶歌、茶舞、茶艺、茶餐、茶赛、茶史等茶事活动一应俱全。另外安溪茶叶公园、生态观光茶园、铁观音发源地遗址等也是不容错过的茶旅景点。安溪中国茶都茶文化旅游一经推出，就展现出无限风情，成为神州之旅的特色品牌和中国茶文化旅游黄金线路之一。

3. 宝岛高山乌龙茶之旅

台湾是世界著名的旅游胜地，四周沧海环绕，境内山川秀丽，可概括为“山高、林密、瀑多、岸奇”。阿里山为台湾最著名的风景区之一，以“日出、云海、晚霞、森林、铁路”五奇为人们所称道，因此有“不到阿里山，不知阿里山之美，不知阿里山之富，更不知阿里山之伟大”的说法。目前台湾的高山乌龙茶以阿里山的高山乌龙茶最负盛名，也是最重要、量最大的高山茶区，可称为半发酵茶的代表。同时因日夜温差大的缘故，茶树生长缓慢，茶叶芽叶柔软，叶肉厚实，果胶质含量高，在此得天独厚的自然条件下，配合历代相传的精湛制茶技术与现代化的制茶设备，使农场生产的茶叶质量上乘。这些都是阿里山高山茶所展现出的特性。此外这里所产的茶叶多以山泉水灌溉，甘醇美味，具有浓厚的高山冷茶味，堪称“世界第一等”好茶。另外，日月潭的红茶、文山包种茶、东方美人茶都是难得的上等佳品。

（四）2015“中国三十座最美茶园”“中国十佳茶旅路线”

由中国农业国际合作促进会茶产业委员会发起的2015“中国三十座最美茶园”“中国十佳茶旅路线”评选活动，经过20天的网络投票、30万人热情投票以及专家评审，于2015年9月19日第二届茶业大会进行颁奖仪式。获奖名单如下：

1. 2015中国三十座最美茶园（排名不分先后）

湖南省云上茶业有限公司申报的“云上茶园”

广西顾式有机农业集团有限公司申报的“龙云山有机茶园”

浮梁县浮瑶仙芝茶业有限公司申报的“新佳茶园”

信阳鲲鹏茶叶科技开发有限公司申报的“鲲鹏岭有机茶园”

山东日照公路茶业有限公司申报的“祥路碧海生态茶园”

福建向荣大芹山茶业发展有限公司申报的“平和县九峰镇向荣名峰山有机茶观光园”

宁强县千山茶业有限公司申报的“玉皇观茶园”

佰京茶园有限公司申报的“佰京茶园”

梅州市松岗嶂绿色生态茶园有限公司申报的“松岗嶂绿色生态茶园”

苍南县农业特产总站申报的“苍南县五凤茶园”

南京市高淳区茶叶实验场申报的“淳青茶园”

福建省南靖县高竹金观音茶叶专业合作社申报的“南靖县黄土坪茶园”

福建亚通绿园茶业有限公司申报的“将石茶场”

德清莫干山横岭生态园有限公司申报的“莫干山横岭生态园”

桂东县玲珑王茶叶开发有限公司申报的“玲珑王万亩茶叶观光园”

贵州凤冈贵茶有限公司申报的“九堡十三湾茶园”

贵州凤冈县仙人岭锌硒有机茶业有限公司申报的“贵州仙人岭茶园”

江西省好好品茶业有限公司申报的“修水县大椿乡绿茗茶场”

陕西东裕生物科技股份有限公司申报的“东裕茗园”

德清县莫干山镇石颐茶场申报的“石颐茶场高山茶园”

修水县眉新茶业有限公司申报的“修水县眉新茶业有限公司生态基地”

鹤峰县茶叶局申报的“木耳山生态茶园”

浙江省绍兴诸暨市石笕茶叶专业合作社申报的“陈宅现代茶园”

湖南官庄干发茶业有限公司申报的“辰龙关十里茶廊”

浙江省奉化市雪窦山茶叶专业合作社申报的“奉化市南山茶场”

黄山市黄山区猴岗王府茶业有限公司申报的“猴岗生态茶园”

广西金花生态农业有限公司申报的“圣山茶园”

三江侗族自治县仙池茶业有限公司申报的“仙池茶园”

日照浏园生态农业有限公司申报的“日照浏园生态有机茶园”

湖南英妹子茶业科技有限公司申报的“英妹子梳头溪茶园基地”

2.2015 中国十佳茶旅路线(排名不分先后)

凤冈县旅游局申报的“贵州凤冈‘茶海之心’景区”

广西顾式有机农业集团有限公司申报的“起点：百色　终点：龙云山有机茶园”

祁门县祁春茶业庄园有限公司申报的“起点：‘中国红茶之乡——祁门’祁红博物馆　终点：祁红古村落”

德清县茶叶协会申报的“浙江省德清县莫干裸心茶旅二日游”

祁门县祁红产业发展局申报的“安徽省祁门县精品茶旅路线”

泉州盛世三和茶业有限公司申报的“‘我在安溪有棵茶树’铁观音茶文化体验游”

雅安市名山区旅游管理局申报的“中国南丝绸之路，蒙顶茶乡风情游路线”

陕西东裕生物科技股份有限公司申报的“起点：东裕枣园生态茶园　终点：樱桃沟风景区”

四川米仓山茶业集团有限公司申报的“起点：米仓山茶叶文化产业园　终点：米仓山”

宜兴市张渚镇人民政府申报的“宜兴阳羡茶产业园”

四、茶文化旅游开发的关键

（一）做好茶文化旅游整体规划

茶文化旅游开发是一项长期的工作，无论国家还是地方，都应从不同层次编制茶文化旅游发展规划，并将茶文化旅游纳入本地旅游整体发展规划之中，从政策制定、资金扶持等方面给予扶持。同时，在茶文化的开发过程中应充分结合当地茶文化特点、当地实际，全力开发具有当地特色的茶文化旅游项目，打造当地茶文化特色品牌，同时探索茶文化旅游项目和当地特色旅游项目的结合点，将当地茶文化旅游进一步推向市场。

（二）深度挖掘茶文化旅游资源内涵

茶文化旅游的核心应该是茶文化的感受、体验和认同，如果茶文化旅游资源开发的过程中忽视了对其文化内涵的挖掘，茶文化旅游的发展就丧失了其内在的发展动力。因此，在茶文化旅游开发过程中，必须深入挖掘茶文化旅游资源的内涵，将茶、山水、民族、民俗各个方面有机整合，将丰富多彩的茶文化展现在人们面前，将色香味俱全的名优茶品推广给游客。同时结合山水风光、名寺名泉、茶歌茶舞、茶诗茶花等实现对茶文化的深度体验，充分展现茶文化生态旅游的绿色、生态、和谐理念，游客在这浓浓的茶文化中，人生观、价值观、世界观都会得到完善，人格和品德也会得到洗礼。

（三）保护生态环境

在茶文化旅游过程中，必须要强化生态环保意识，减少旅游过程中的环境污染与资源消耗问题，切实贯彻和落实茶文化生态旅游的宗旨，将“生态”与“文化”有机结合起来，坚持两手抓，两手都要硬。在茶叶种植区域要从周围的公路、车辆以及居民的居住情况入手，减少对周围景观的破坏，开发当地茶文化资源的过程中，要注重生态旅游的良性循环，要以科学的眼光开发旅游事业，建立环境监管以及预警系统，全面控制旅游过程中生态破坏问题。

（四）构建茶旅一体化系统，发展茶旅产业

茶旅游是一个系统工程，其不但涉及茶产业的各个方面，而且还涉及旅游业及相关的配套设施。因此，要构建茶旅一体化发展的总体框架（图7-2），完善茶旅一体化的各个系统。只有这样，才能将茶业和旅游业完整、系统地融合，才能在实现两者融合的同时为茶业的发展和农民的增收找到新的发展途径，有利于和谐社会的构建和旅游经济的发展。

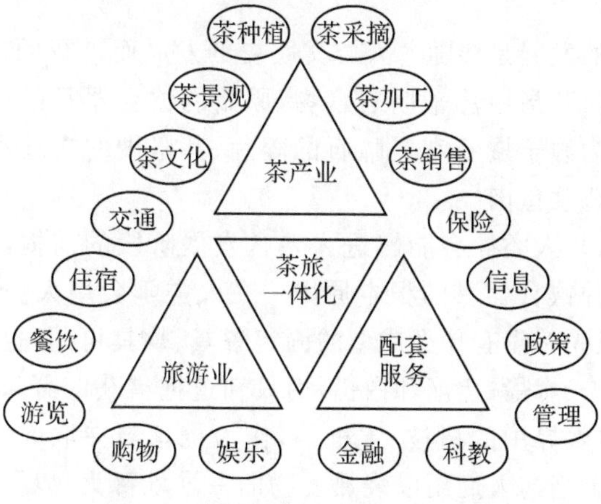

图 7-2 茶旅一体化发展的总体框架

第八章 “有容乃大”食器美

第一节 食器的起源和发展

一、饮食器具的起源

食器是饮食器具的简称。从广义来说，凡是在饮食行为中出现的器具，都可称为饮食器具，包括前期的准备工作，进食过程以及后期的收尾工作，所涉及的各种器具。而狭义的饮食器具，则仅指饮食过程中直接使用的有关器具。

饮食器具的发展是伴随着人类文明史的发展而进行的，从用自然界的碎石片取代牙齿和指甲用来撕裂食物，原始的饮食器具已经诞生，发明刀子的灵感被认为源于燧石和黑曜石的碎片，其坚硬的质地和尖锐的边缘，可以刮和切割蔬菜鱼肉。

火的使用，是人类社会能够进入熟食发展阶段的前提，也是促使人类去发明制作各种饮食器具的根本原因。在人类学会用火烧熟食物的最初阶段，我们的祖先并没有什么成型的固定餐具、炊具可用，也不懂什么叫作翻勺、抖勺、干煸、水爆、焦熘和白扒，而只知道把猎获的野味放到火上直接烧烤，并利用自然界中的树枝、木棍等，作为烧烤与夹取肉食的器具使用，以防被火灼伤。当初人们用以烧熟食物的一堆堆篝火，以及在自然界中取之不尽、用之不竭的树枝和木棍，是当今所使用的各种炉灶与筷子、餐叉等饮食器具的“祖先”。人类的饮食器具也正是起源于当初的那些篝火、树枝和木棍，是在人们使用这些天然物器具的实践中逐步发展演变而来的。

从利用自然物到学会制作饮食器具，是一次巨大的历史飞跃，这是人类从最初利用自然物的实践过程中，经过了上百万年的发展孕育，直到新石器时代进入了原始农业经济的历史发展阶段，当人们过上了以农为业的定居生活，发明了制陶术，出现了制作陶器、骨器和磨制石器的各种原始手工业后，才使饮食器具的诞生具备了必要的条件与可能。而其中制陶术的发明，则是锅、碗之类的餐具、炊具得以初步形成的关键。

二、天然物品的改造及创新

新石器时代，人类不仅学会制作和使用生产工具，还将原来所用的一些自然状态的饮食器具(如木棍、骨棒等)进行加工，制成匕、叉、箸之类简单的进餐用具。“匕”多用骨、角、木、石等质地的材料来制作。最初的匕是扁长形状，头端薄而略弯曲，柄部呈方形或圆形。“叉”最初是模仿手的形状制成的一种烹饪器具。在如今的西餐中，叉是必备的餐具之一。“箸”多用竹木制成，也有用象牙、陶瓷、银等其他材质制作的。此外，人类还从最初直接使用自然界中一些可为容器的物件(如动物的颅骨等)，逐渐发展为模仿其形态来制成各种碗、钵、壶、杯、鬲、罐等各种饮食器皿。比如，不同形状的葫芦，人们采用不同的截取方法，将其做成各种餐具。把葫芦纵剖成两半，就制成了瓢；把葫芦横割开，下面一半就成了碗，上面一半就成了漏斗；在细腰葫芦顶钻个洞，就可以盛酒装水。

人类对天然材质功能性质的不断研究、改良和创新，使得天然材质的饮食器具至今仍然焕发着顽强的生命力，并成为某种菜系或某种烹饪技法的代表性的器具之一。例如，韩式料理中被广泛使用的石锅、中西面点制作中使用的木质或石制的案台、高档筵席中常用到的玉制餐具等。在各种天然材质饮食器具中格外值得关注的是竹木器具，如竹制的筷子、筛、簸箕、筐、箩、篮、碗、杯、小铲、蒸笼，木制的砧板、案板、擀具、模具、碗、桶、盆、铲、筷、蒸架、盘等。竹木器具有独到的使用功能，具有质朴价廉、卫生轻便的特点。其中竹木餐具很具传统风格，间或与其他高级餐具一同使用，能产生独特的艺术效果。目前市面上的竹木餐具大致有三类：第一类是实木原竹器具，如木碗、木盘、竹铲、竹勺等；第二类是竹木漆器，主要是茶托、果盘、果盆之类；第三类是竹木片材胶合成型制品，质地轻薄，可通过竹木片拼摆出各种图案织纹，极具艺术效果。

三、陶瓷器具的出现及发展

陶器的发明是人类历史上继发明用火以后的又一具有划时代意义的

事件。新石器时代古老的先民，将司空见惯的黏土经过一系列复杂的运作，造出一种新的物质——陶器，从此改善了人类的生活。此后，陶器一直伴随着我们的祖先，涉过岁月的长河，来到我们生活的新世纪。中国古代陶器留给人类的是一份无可替代的优秀历史文化遗产。今天我们在博物馆里看到的古陶器，大都来自新石器时代的红山文化、大汶口文化、河姆渡、半坡等文化遗址。

最初的陶器主要是炊煮器类。从早期造型简单的陶器，发展到后来对陶罐、陶釜、陶鼎、陶鬲、陶鬶、陶甑、陶甗、陶斝、陶鏊、陶箅等炊具的使用，反映了当时水煮、汽蒸、烙、烤等烹饪方法的问世及进一步发展。日趋精美的陶制饮食器具更反映了古人对美器的追求与重视。

从目前所知的考古材料来看，陶器中的精品有旧石器时代晚期距今1万多年的灰陶，有距今8000多年前的磁山文化的红陶，有距今7000多年的仰韶文化的彩陶，有距今6000多年的大汶口的蛋壳黑陶，有距今4000多年的商代白陶，有距今3000多年的西周硬陶、汉代的釉陶。到了宋代，瓷器的生产迅猛发展，制陶业趋于没落，但是有些特殊的陶器品种仍然凭借其独特的魅力在各个历史时期存在并发展着，如紫砂汽锅。直至今天，陶制的砂煲、茶壶、茶杯、罐、钵、盆、缸等仍然作为传统特色器具使用。

瓷器是中国古代的伟大发明。关于瓷器的历史，目前结论虽然还不一致，但普遍认为可以追溯到3000多年前的商代，那时已经诞生了原始青瓷。这种原始瓷器刚从陶器中分离出来，还带有许多陶器的痕迹，但已具有了瓷器的特征：经高温焙烧而成，胎体坚固细密，断面基本不吸水，敲之会发出清脆的金属声音。而陶器则胎质粗松，断面吸水率高。原始青瓷制作还相当草率，质地粗糙，釉色不稳定，质量远远不及后来的瓷器。但与陶器相比，坚硬耐用，釉面光亮，不易污染，因此很受欢迎。原始青瓷经过1000多年发展，到东汉晚期才摆脱了原始状态，胎体的瓷化程度接近了现代瓷器的水平，逐渐进入成熟阶段。

历史上我国著名的瓷窑产品，主要有青瓷、白瓷和彩瓷三大类。青瓷的发展经历了缥瓷（碧色瓷）和秘色瓷（灰蓝色瓷）两个时期。两晋南北朝时期生产的主要为青瓷，而在北朝时期开始出现白瓷，隋唐始产秘色瓷。白瓷经过隋代的发展后，至唐代已有相当成熟的技术，在众多白瓷名窑中，以邢窑（今河北省内丘县和临城县内）的产品声誉最高，已达到体薄釉润、光洁纯净的水平，与当时的越窑齐名。越窑与邢窑分别作为南北两地的制瓷中心，代表南北两地的不同风格，有“南青北白”之说。另外在同一时期，还出现了彩绘瓷器，即彩瓷。最初的彩绘装饰只有色釉或釉下印花、刻花等,以后才有釉上彩。彩瓷的出现,对我国以后瓷器的发展具有重要意义。如今瓷器与人们的日常饮食紧密结合在一起,成为餐饮器具中传统的盛食器具和饮用器具的重要组成部分。

四、金属器具的出现及发展

(一)青铜器具

原始社会末期,人类在青铜冶炼方面的技术突破,使历史进入了青铜时代。伴随着时代的飞跃,饮食器具发生了巨大的变化,对百姓而言,陶器仍然是主要的生活用品。而在奴隶主贵族阶层,则开始掀起了疯狂追求青铜器的旋风,大有全面取代陶器的趋势;然而这股旋风的起因也与陶器本身的弱点——不能受冲击,易破碎,温差过大易爆裂,只能水煮、不能油烹等有关。但更主要的原因可能当时受冶炼技术的限制,青铜数量稀少,贵族们将拥有青铜器作为贵族身份的象征而趋之若鹜,而对于价格低廉虽有弱点但也有显著优点的陶器不屑一顾。

中国古代青铜器起源于西北地区和中原地区,夏、商、周、春秋战国时期,是中国青铜文化的鼎盛时期。其中烹饪食器有鼎、鬲、甗,盛食器有簋、敦、豆、盆等。青铜酒器更是商代最具代表性的食器。青铜器具器型风格厚重,繁缛纹饰,具有神秘、狞厉美的特征。

但随着青铜器的大量使用,人们发现其作为食器具有一定的毒性。如在湿温条件下生成的铜绿和在空气中氧化产生的氧化铜都是有毒物质。另外在烹调时因摩擦产生的过量铜或锡,同样对人体健康有害。因此随着历史的发展,到了东汉末年,由于陶瓷器、铁器在社会生活中的作用日益重要,从而把日用青铜器皿进一步从生活中排挤出去。青铜烹饪器具逐渐被淘汰,转而作祀器或祭器使用。到近代,仍然还有少量的纯铜或黄铜饮食器具被使用,如铜锅、铜盆、铜杯、铜壶、铜刀、铜模具等。现代饮食器具也保留了一些铜质器具,如北京东来顺的羊肉火锅。总的来说,铜质饮食器具的使用是越来越少了。

(二)铁制及不锈钢器具

人工冶铁始于春秋,广泛应用于战国,而用于烹调的铁鼎大约出现在公元前475年前。铁制炊具良好的导热性促进了“炒”这种中国特色传统烹饪方式的出现,使炊具的设计又向前迈进了一大步。

汉代以来冶铁业发展迅速，铁器价廉物美，种类急剧增加，应用愈加广泛和普及。铁器迅速大面积取代了铜器、石器、木器。这一时期不仅有生铁铸的鼎、釜、甑、炉等器具，还出现了铁煅的厨刀，另外还有轻薄的供小炒用的小釜、类似隔舱锅的五熟釜和夹层蓄热的诸葛行锅等。铁釜是汉代主要炊具之一。此时铁釜肩部多有环形耳，腹部圆鼓，底部收缩成很小的平底。因底小稳定性差，所以铁釜多与灶结合使用，其上可以置甑或加盖。由铁釜演变而成的铁锅成为延续至今的基本炊具。隋唐以后，各类烹饪铁器有了明显改进，加热器具由厚变薄，形制不断推陈出新，如大葆台出土的近代铁锅，带两耳，与今天南方精巧的铁锅极为相似。此外，这一时期还出现了六格蒸笼和铁铸火锅。元明清时期是铁烹饪器具的鼎盛时期，各种铁制烹饪器具的制作技术更加先进，样式更加繁多，品种更加丰富。当时"王麻子"和"张小泉"刀具远近闻名；佛山的铁锅享有极高盛誉，并行销海外。清代生产铁锅的技术已达到历史的最高水平，近代以后使用的铁锅和铁制烹饪器具，基本上是这一时期的器型。直到今天，铁器仍是不可缺少的重要烹饪器具。中国烹饪能走向繁荣，与铁制烹饪器具的使用密切相关。

近二十年来，不锈钢饮食器具发展很快，煮锅、蒸锅、铲、勺、蒸笼、蒸屉、盆、罐、桶、碗、盘、碟、壶、杯、匙、叉、刀、案、柜、架、槽等各种不锈钢器具应有尽有。在近十年，不锈钢厨具的大量使用，极大地改善了厨房的卫生状况，它是现代厨房器具发展的一个大方向。

(三)金银器具

金银制品在商代即已出现，春秋战国时代已有金银镶嵌工艺。但金银器皿出现较晚，到汉代时银制器皿才逐渐增多，并且出现了很多银质的饮食器具。隋唐时期银质器皿有了较大的发展，除了日常器皿、装饰品、医药用具及造像之外，跟饮食有关的酒器、食器也非常多。此后，历朝历代的银质食器、酒器和茶具层出不穷，工艺也越发精湛。从汉代开始，银质食器的大量出现是与当时的社会观念紧密相连的。当时的人们认为使用金银制作的食具有延年益寿、长生不老的功效。因此，帝王贵族们使用金银制作了大批饮食器具以乞求长生。此外，随着白银制品的大量生产和应用，人们逐渐发现，白银遇到有毒的物质会变灰、变黑，银的这种特性促使帝王贵族们在饮食用具的制作上更加大量地使用白银，从而起到在进餐时以辨认有毒物质的作用。因此，历朝历代都有大量的银质食器和茶具留存下来。古代金银餐具是众多餐具中的奢侈品，以象形器具多见，有极高的艺术成就。也许是太昂贵的缘故，金银质餐具在以后的使用中逐渐少见。目前，除少数银质餐具还在高级场所使用外，金质餐具已演变为艺术品。在许多高级宾馆和饭店使用的金银餐具主要是金银镀制品，这类餐具虽不如金银器具昂贵，但仍可再现金银器具之高贵和富丽，或金光闪闪，或熠熠生辉，显示出极高的档次与品位。目前这些餐具以盆、盘、碟、品锅、食盖、盅、把、勺、匙、刀、叉、篮、架等器形较多。

纵观我国饮食器具发展史，人们对器具材料的追求表现得格外明显。除上述器具材料外，还先后出现了玻璃、搪瓷、塑料等材质的器具。最近几年，为了降低一次性高发泡餐具对环境的破坏，人们又在不断推出系列替代产品，如可降解塑料餐具、纸质餐具、植物纤维餐具、可食性餐具等。餐具的食用安全性在不断提高，对环境的破坏也降低了很多。总之随着新型器具材料的不断推出，餐具必定会在节约能耗、食用安全、工艺操作上表现出更加优异的性能。

第二节　食器的旅游价值

一、实用价值

民以食为天，从人类最初的"茹毛饮血"到用火加工食物，再到后来的满汉全席，无论怎样吃都离不开饮食器。正如清李渔《闲情偶寄·器玩部》中所言："人无贵贱，家无贫富，饮食器皿皆所必需。"作为人类生活必需的饮食器具，它的出现和存在是因为"有用"，可以帮助人们解决生活中存在的困难或实现某种愿望，如制作饮食、盛放食物、取食或仅用来欣赏等。

中国先民最初用火烧熟食物，进行原始烹饪时没有使用炊具，而是直接在火上烧烤食物，即"炮生为熟"，或者用石头传热使食物变熟，在食用食物时也没有器具。新石器时代，随着陶器的产生和制陶业的兴起，人们用陶器来盛装食物，便有了盛具和饮食器具；用陶器加热制熟食物，便产生了炊具。由于陶器拥有远胜于石材的传热性和较高的耐火性，可以在其中加水煮熟食物，于是出现了今人所称的具有完备意义的烹饪。但陶器具有一些弱点——不能受冲击，易破碎，温差过大易爆裂，只能水煮、不能油烹等。到了原始社会末期，饮食器具发生了巨大的变化：对老百姓而言，陶器仍然是主要的生活用品；而在奴隶主贵族阶层，则开始掀起了疯狂追求青铜器的旋风。到了春秋战国时期，作为饮食器具的漆器在许多生活领域逐渐取代了青铜器皿，可是漆器在三国以后就逐渐销声匿迹。这一方面是不敌瓷器的进攻，另一方面漆器成本太高，工艺复杂；使用时禁忌太多，忌盐，忌莼菜，忌螃蟹，一不小心，漆层就会破坏，显得陈旧不堪。民间对漆器兴趣减退，转而青睐瓷器。瓷器与陶器相比，坚硬耐用，釉面光亮，不易污染因而受欢迎。据说，早在3000多年前的商代，就已诞生了原始青瓷。原始青瓷经过1000多年发展，到东汉晚期摆脱了原始状态，胎体的瓷化程度接近了现代瓷器的水平，逐渐进入成熟阶段。此后，瓷器由于价廉物美、使用方便，始终在饮食器具中居于主角地位。

二、艺术价值

艺术价值主要是指一件作品所代表的作者的艺术个性、风格，所反映的民族性和地域性。人们在欣赏的过程中会产生美感、联想和共鸣，起到净化灵魂、陶冶性情的作用。饮食器具的艺术价值，内涵十分丰富，就其主要方面而言，有审美、欣赏、愉悦（消遣）、借鉴以及美术史料等价值。它们之间既相互渗透，又相互制约。审美价值，主要是从美学的深层次给人以艺术启迪和美的享受。欣赏价值，主要是从观赏角度给人以精神作用，陶冶人的情操。愉悦价值，主要是给人以娱乐、消遣。借鉴作用，主要是从中汲取精华，在表现形式、手法技巧等方面学习借鉴以创新。至于美术史料价值，则是研究美术史的珍贵实物资料。

原本是使用性很强的常用饮食器具，通过彩绘、上釉等装饰，同时具有了很强的欣赏性，甚至有的器物蜕变成供人观赏把玩的艺术工艺品。中国饮食器具之美，美在质，美在形，美在装饰。彩陶的粗犷之美，瓷器的清雅之美，铜器的庄重之美，漆器的透逸之美，金银器的辉煌之美，玻璃器的亮丽之美，都曾给使用它的人以美好的享受，而且是美食之外的又一种美的享受。美器之美还不仅限于器物本身的质、形、饰，而且表现在它的组合之美，它与菜肴的匹配之美。

人类制作饮食器具的用途、动机原本是出于使用的功利目的，但在创造的过程中却无处无时不体现、渗透着人的本质力量，展示人性，因而流露其审美价值，呈现出艺术的特征。其间人的本质力量的体现是以审美意识为中介，或以审美潜意识为中介的。审美意识（有时以潜意识形态出现）是与生俱来且贯穿终身的，既是个体意识，又是集体或群体意识。

三、历史价值

历史价值是指某种饮食器具在历史上的地位和在今天的作用，往往由时代特征和留存到现今的数量来决定。作为人类饮食文化重要组成部分的饮食器具文化，与其他文化一样，内容广泛，内涵深邃。它涵盖了我国近万年来社会发展中的人文历史、科学技术、风俗礼仪、伦理美学等多方面珍贵信息。它不仅是人们生活中的必需品，而且也是耐储存的、耐欣赏的、“过硬”的、“直观”的历史档案。这些数千年前的饮食器具在历史研究上为我们提供了许多珍贵的、无可辩驳的第一手历史资料，填补了我国史学研究中的许多空白，有证史、正史、补史、创史方面的价值。

周武王伐纣是重大的历史事件。关于伐纣的具体日期，《书·牧誓》曰：“时甲子昧爽，王朝至于商郊牧野，乃誓。”《武成》曰：“粤若来三月既死霸，粤五日甲子，咸刘商王纣。”灭商在甲子日，由于记载十分具体，引发研究者的疑窦。而《逸周书·世俘解》也说：“二月既死魄越五日甲子朝至，接于商，则咸刘商王纣。”《逸周书》曾受到疑古学派的极大怀疑，所以学界对武王是否在甲子日伐商有意见分歧。1976 年陕西临潼零口乡零河西出土西周初年青铜器利簋，铭首曰“武王征商，惟甲子朝”，从而解决了千百年来的一桩悬案。

中山国是战国时期的一个小国，在今河北省平山县一带，它曾在列国的纵横争夺中扮演过重要角色。中山桓公曾以武力驱魏复国，后经四代的努力，国力进一步强盛，已经能够“与六国并称王”。后赵武灵王伐中山，“以二十万之众攻中山，五年乃归”，可见中山国的实力是多么雄厚。而史书中关于中山国的记载却少得可怜，中山王墓的发掘，中山方壶以及同时出土的中山王鼎、中山胤嗣圆壶等一批中山国铜器都带有长篇铭文，记载着大量重要的中山国史实，为研究中山国历史提供了极其重要的史料。如史书记载，公元 316 年，燕王哙听信厝毛寿等人劝言，把王位让给老臣相邦子之，引起了政治风波。齐宣王则趁机伐燕，并“毁其宗庙，迁其重器”。据中山王壶和中山王鼎上铭文的记载，当时中山国也参加了伐燕的战争，并占领大片燕国疆土。在燕昭王即位后第三年，中山国王命令相邦司马赒选择从燕国掠夺的上等铜，铸造了中山王铜方壶，用以纪念中山国对燕战争的胜利。中山国与齐国联合伐燕，在史书上只字无载，中山王方壶等器的出土，弥补了史书的缺文。

舞马衔杯银皮囊壶是一件极其精美的唐代艺术品，1970 年出土于西安的一个金银器窖藏内，现藏于陕西历史博物馆。银壶高18.5厘米，整体造型仿照骑马的游牧民族储水用的皮囊，上口敛而底部呈扁弧形，周身看不到焊缝。最令人称奇的是在壶身中央，装饰了一匹突出于壶面的、金色的、奇异的马。这匹马身躯健硕，长鬃披颈，前肢蹦直，后肢弯曲下蹲，口中叼着一只酒杯，其上扬的马尾和颈部飘动的绶带显示出十足的动感。唐代许多人曾写下了有关舞马的诗词。做过李隆基宰相的张说，就留下十多首舞马词。他在《舞马千秋万岁乐府词》中曾说："圣皇至德与天齐，天马来仪自海西。腕足徐行拜两膝，繁骄不进踏千蹄。髬髵奋鬣时蹲踏，鼓怒骧身忽上跻。更有衔杯终宴曲，垂头掉尾醉如泥。"壶上的舞马正是在"衔杯终宴曲"之时，做着"徐行拜两膝"的姿态。张说是亲睹过舞马祝寿场面的人，在诗词中描写了舞马纵横应节，徐行跪拜的舞姿。值得注意的是，他还叙述了舞马在终曲之时，衔杯敬酒、垂头如泥之神态，这是许多志书史乘上没有记载的，而恰与银壶舞马是一致的。

四、文化价值

饮食器具实用功能逐渐发展的过程中，出现了多种功能的介入，其中文化功能得到了实现。饮食器具所携带的文化内涵直观告诉我们各个时代的人文理念和社会风尚。夏商时代青铜器上诡异的纹饰反映出了人们敬神畏鬼的思想。"刖足守门鬲"上砍去双足的奴隶，说明当时以残酷为乐的奴隶主们的变态心理。商代的许多酒具铸成枭鸟形，而周代以后就几乎绝迹，说明在商代人们还没有"夜猫子进宅，坏事带来"的想法。宋代天目瓷的黑茶盏，也折射出士人斗茶的风气。所以从饮食器具文化可了解不同时代人们的潮流和时尚。

在紫砂茶具上题刻铭文，开始可能是艺人兴之所至，偶尔为之，镌刻的位置多在壶底或壶鋬等非显见的地方。后受到砂壶爱好者的品评和青睐，尤其是清代嘉庆、道光年间以陈曼生为首的一大批文人学士的介入，他们或亲撰铭文、精心创作，或相互题赠、言志寄情，以致成了当时的一种文化时尚，深化了紫砂茶具的文化内涵。在当今紫砂茶具上，镌刻的铭文更是内容广博，或字或画，含义深邃。

每个时代都有每个时代的社会文化特色。使用饮食器具，不只是满足了人们审美、愉悦身心的需求，而使用什么样的饮食器具，怎样使用饮食器具，又体现了一个时代的社会制度文化、文化交流等，具有丰富的文化内涵。

五、政治价值

饮食器具最初的功能是辅助人类进食，这是人人所需的。但在阶级社会里，饮食器具上凝结着更加深刻的社会内容，统治阶级把自己的意志强加到饮食器具上，对某一部分饮食器具赋予特别神圣和高贵的意义，从而使饮食器具逸出了自身的领域而人格化、等级化，如同阶级社会里的人一样分出“贵贱有等，上下有别”的特殊等级，严格规定某种人只能使用某种器具，这种鸿沟甚至不是金钱所能逾越的。

鼎是中华文化的重要标志，有着丰富的文化内涵。而这种式样最普通的器具却被赋予极其神圣而庄严的光环。西周时期的用鼎制度（也称列鼎制度）规定：“天子九鼎，诸侯七，卿大夫五，元士三也。”（《春秋公羊传》）各鼎所盛的肉食也有规定，九鼎盛牛，称为太牢，以下依次类推。后来，列鼎制度废除，但是这一制度赋予鼎权力地位的象征意义却保存了下来。鼎在成为祭祀礼器之后，很快演化为国之重器，与政治关系日益密切。王位继承，以鼎相传。朝代更替，以鼎转移。“桀有乱德，鼎迁于殷”。“商纣暴虐，鼎迁于周”。周成王建东都洛邑，“定鼎于郏鄏”。鼎和改朝换代就联系在一起了。

六、经济价值

经济价值是指市场价值，它以价格来表示，由市场的供求关系来决定。中国古代饮食器具在拍卖交易中是有价的，它客观上成了货币的等价物，拥有中国古代饮食器也意味着拥有金钱，于是货币的保值增值通过收藏得以实现，这是一。其二，中国古代饮食器的收藏和交易是一种投资经营活动，在现代社会，它成了富裕阶层投资理财的重要工具。中国古代饮食器具不但是一种物质，同时，也会为拥有者带来一定的经济效益，一般都能获得一笔“巨额”收入。

清朝光绪进士，官至布政使的大官僚梁鼎芬藏着一件宋定窑划花大缸，高约30厘米，口径40厘米。梁鼎芬举行家宴，每上鸭翅，总喜欢用这件划花大缸盛装，以飨宾客，十余年来皆如此。直到1923年，他听说这是一件国宝级的珍贵文物，才不敢再作盛器使用。唯恐闪失，又特地制了一个锦匣将其珍藏起来。待到1929年，梁府将此缸以3000块大洋卖给北京古玩行业的雅文斋，雅文斋转手以4500块大洋卖出。

大约在1926年，北京古玩行韵宝斋从某王府的太监处买到一对乾隆御制珐琅彩瓷碗，口径不足14厘米，胎薄釉细，绘画工整，画面上既能看出笔法，又能显出阴阳，乃名家手笔，实属难得之珍品。买入时杀价成功，仅用1200块大洋。该店由师兄弟3人经营，转眼由某人经手以5000块大洋卖出，但不久便传出风声说该人实际卖到1万块大洋以上，交到店里5000块，余者独自吞没。师兄弟间由此反目成仇，韵宝斋散伙关门。

2007年3月20日，在纽约举行的苏富比中国陶瓷及工艺品拍卖会上，一件由美国水牛城Albright-Knox艺术馆提供的中国商代青铜酒器成为全场焦点，它的价格随着竞拍声一路飙升，最终以810.4万美元，超过估价3倍，被英国康普顿·弗尼博物馆拍得。它再一次证明了中国古代饮食器无与伦比的艺术与历史价值。

七、科技价值

饮食器具是中国科学技术和生产水平发展的时代缩影、直观的教具。从远古到今天，饮食器具的生产都代表了时代科学技术的发展水平。人类最早发明的工具都是围绕饮食的目的而产生的。陶器的发明，青铜器、瓷器的出现，最初的目的都是为了饮食，无论从什么地方“发掘”出来的铝碗，你一定不会把它错定为明代以前的。所以每件饮食器具都是与同时代的生产力发展水平同步的。即使今天的饮食器具，也用上了时代最尖端的科学技术。

新石器时代陶质饮食具的制作是中国几千年陶瓷手工业的发端，从原料加工、器物成型到装饰工艺，许多方面都达到了连后人也难以企及的高度。现代陶艺所使用的轮制拉坯成型的技术，在仰韶文化中期即已出现，发展到龙山文化时期形成了一个高峰，人们甚至能够在轮盘上拉出厚度只有0.5毫米的蛋壳陶器，经高温焙烧而毫不变形。而对陶器烧造火候的深刻认识与严格掌握，使陶窑内的温度可达1100℃以上，既可在氧化气氛中烧出红陶，也能在还原气氛中烧出黑陶和灰陶，高温还加速了黏土中金属成分的熔化，从而为商周时期青铜冶铸业的繁荣奠定了技术基础。

与陶器不同的是，青铜器最早是用于武器而不是饮食器具制作的，但最能反映中国古代青铜冶炼铸造技术水平的青铜器却是饮食器具。闻名中外的商代司母戊大方鼎可视为商代冶铸工艺的代表作。这件世界最大的单体青铜器重达875千克，冶铸时需要有形体巨大的熔炉，采用地槽流注工艺浇铸，庞大的鼎身和四条柱足需要一次烧注成型，然后再于其上安模、翻范，浇注铜液，做出两只巨耳，工艺流程十分复杂。整个鼎所需铜料在1000克以上，模具和范芯多达数十块，人力数以百计，不仅要有明确的分工协作，还必须具备对铜、锡、锌、铅等金属原料熔点、性能及成分配比的精确知识，以及对火候控制、成型加工技术的严格掌握。这一系列技术问题的解决，不单单铸就了中国古代精美绝伦的青铜饮食具，而且使青铜冶铸业在之前就达到了相当的高度。正是在青铜冶铸业高度成就的基础上，中国的冶铁技术虽然产生较晚，但在春秋战国之时一经产生，便迅速发展起来，在诸多方面一直居于古代世界的领先水平。

中国是瓷器的故乡，而瓷器的发明与使用同样与食具密不可分。在已发现的属于商周时期的原始瓷器中，豆、盘、簋、钵类盛食器皿占绝对多数，说明同陶器一样，瓷器一经产生，便主要服务于炊事活动。随着瓷器烧造技术的提高和普及，到唐宋时期，上至王公贵族，下至平民百姓，所使用的餐具主要就是瓷器，中国的餐具进入了瓷器时代并一直延续至今。

无论是金属冶铸业，还是陶瓷器的烧造，以及漆木器的加工，玻璃、玉石器的制作，中国传统手工业中每个门类的技术进步，无一不和饮食具发生千丝万缕的联系。从这个意义上说，对中国古代饮食具制作工艺的研究，实际上也是中国古代技术史不可或缺的内容。①

第三节　食器旅游资源的主要种类

饮食器具是重要的旅游资源，粗犷的彩陶、清雅的瓷器、秀逸的漆器、亮丽的玻璃器……这些食器游走于想象力与实用性之间，充满万千可能，既融入生活却又幻化成美丽的画境。把这些饮食器具体现出的历史文化融汇到饮食文化与旅游业的发展进程中，有助于促进旅游业、餐饮业的蓬勃发展。

一、食具

食具，是指人类在烹饪饮食活动中所使用的烹制和食用食物的工具。按照主要用途，可以分为炊具、盛食具、进食具、贮藏具。

① 肖攀峰:《长沙窑餐厅陶瓷餐具设计研究》，湖南大学硕士学位论文2012年，第2页。

(一)炊具

炊具包括通过烹、煮、蒸、炒等手段,用以将食物原料加工成可食用物品的器具。古代炊具包括灶、鼎、鬲(lì)、甑(zèng)、甗(yǎn)、釜(fǔ)、鬶(guī)、斝(jiǎ)等类别,而以灶为核心用具。

1. 灶

最原始的灶是在土地上挖成的土坑,直接在土坑内或于其上悬挂其他器具进行烹饪。这种土坑在新石器时代非常流行,并发展为后世的用土或砖垒砌而成的不可移动的灶,至今仍在广大农村普遍使用。新石器时代中期发明了可移动的单体陶灶,较小的可移动灶称为灶或鏇,实际上就是炉。进入秦汉以后,绝大多数炊具必须与灶相结合才能完成烹饪,灶因此成为烹饪活动的中心。

2. 鼎

新石器时代的鼎均为圆形陶质,是当时主要的炊具之一。商周时期盛行青铜鼎,有圆形三足,也有方形四足。因功能不同,又有镬鼎、升鼎等多种专称,主要用以煮肉和调和五味。青铜鼎多在祭祀礼仪场合中使用,进而成为国家政权的象征,而日常生活所用主要还是陶鼎。秦汉时期,鼎作为炊具的意义大大减弱,演化为标示身份的随葬品。秦汉以后,鼎成为香炉,完全退出了烹饪饮食领域。有关鼎的许多典故说明了鼎在传统文化中的重要性。在现代词汇中,"鼎"仍是最活跃的一个字眼。

3. 鬲

产生于新石器时代晚期,至战国时日渐消亡,故秦以后的文献中很少出现此字。陶鬲是炊具,青铜鬲除具有炊具功能外,还被用作祭礼仪式中的礼器而见存于夏商周时期。

4. 甑

就是底面有孔的深腹盆,是用来蒸饭的器具,其镂孔底面相当于一面箅子。甑只有和鬲、鼎、釜等炊具结合起来才能使用,相当于现在的蒸锅。自新石器时代晚期以后,甑便绵延不绝,今天厨房中仍可见到它的遗风。

5. 釜

即圆底的锅。它产生于新石器时代中期,商周时期有铜釜,秦汉以后出铁釜,带耳的釜叫鍪(móu)。釜单独使用时,需要挂起来在底下烧火,大多数情况下,釜是放置于灶上使用。

6. 甗

这是一种复合炊具，上部是甑，可蒸干食；下部是鬲或釜，可煮汤烧水。陶甗产生于新石器时代晚期，商周时期有青铜甗，秦汉之际有铁甗，东汉之后，甗基本消亡。东周之前的甗多为上下连体；东周及秦汉则流行由两件单体器物扣合而成的甗。鬲、鼎与甑相合的瓶可直接用于炊事，而釜、甑相合而成的甗仍需与灶结合才能使用。汉时直接称甗为甑。

7. 鬶

将鬲的上部加长并做出嘴，一侧再安装上把手就成了鬶。这是中国古代炊具中个性最为鲜明独特的一种，只流行于新石器时代晚期的大汶口文化和山东龙山文化，其他地域罕为发现。同鬲一样，鬶也是利用空袋子盛装流质食物而煮熟的。

8. 斝

外形似鬲而腹与足分离明显。陶斝产生于新石器时代晚期，当时也是空足炊具之一。进入夏商周时期的斝变为三条实足，且多为青铜制成，但已是酒具而不是炊具了，作为炊具的陶斝只存在于新石器时代晚期的数百年间，作为酒具的斝则盛行于商周两代。

（二）盛食具

传统盛食具指进餐时所使用的盛装食品的器具，约相当于今天所说的餐具，包括盘、盆、碗、盂（yú）、鉢（bō）、豆、敦（dūn）、俎、案等类。当代的盛食具形态多种多样，但常用的只分为盘、碗、盆、碟四类。

1. 盘

盘是盛食容器的基本形态。新石器时代已广泛使用陶盘作为盛食器皿。此后，盘一直是餐桌上不可或缺的用具。作为中国古代食具中形态最为普通且固定、流行年代最为久远的品类，盘由陶、铜、漆木、瓷、金银等多种质料制成。最为常见的食盘是圆形平底的，偶有方形，或有矮圈足。值得注意的是，商周时期的青铜盘中有相当一部分是盥洗用具。

2. 碗、盂、钵

碗似盘而深，形体稍小，也是中国盛食具中最常见、生命力最强的器皿。碗最早产生于新石器时代早期，历久不衰且种类繁多。商周时期稍大的碗在文献中称盂，既用于盛饭，也可盛水。碗中较小或无足者称为鉢，或写成钵，也是盛饭的器皿，后世专称僧道随身携带的小碗为钵。

3. 盆

盘之大而深者为盆，盆即用于炊事活动，也是日用盥洗之具，不过后一种意义的盆古代常写为鉴，形状上与盛食之盆也略有差异，新石器时代的陶盆均为食器，式样较多，秦汉以后食盆的质料虽多，但造型一直比较固定，与今天所用基本无别。

4. 豆

盘下附高足者为豆，新石器时代晚期即已产生陶豆，沿用至商周，汉代已基本消亡。豆即是此类物品的泛称，也专指木质的豆，陶质豆称为登，竹质豆称为笾(biān)，都是盛食的器具。商周时期，豆均为专盛肉食的器具，广泛用于祭祀场合，故后世以“笾豆之事”代指以食品祭神，豆类器具因此被称为“礼食之器”，其用途甚明。

5. 俎

平板之下有足曰俎。俎是用来放置食品的，也可用作切割肉食的砧板。新石器时代的此类食具尚未发现，但夏商周时期的俎也是祭祀用的礼器，用来向神荐奉肉食，所以常常“俎豆”连用，代指祭仪。孔子说：“俎豆之事，则尝闻之矣。”(见《论语·卫灵公》)即言其擅长祭祀礼制之意。

6. 案

其形状功用与俎颇相似，但秦汉及以后多言案而少言俎。食案大致可分两种，一种案面长而足高，可称几案，既可作为家具，又可用作进食的小餐桌；另一种案面较宽，四足较矮或无足，上承盘、碗、杯、箸等器具，专作进食之具，可称作楸案，形同今天的托盘。自商周至秦汉，案多陶质或木质，鲜见金属案，木案上涂漆并髹(xiū)以彩画是案中的精品，汉代称为“画案”。

7. 簋

青铜质圆形带足的大碗称簋，或称琏；方形的则叫簠(fǔ)，或称瑚，是商周时期的青铜盛食器。在青铜器产生之前，此类器物是陶质或竹木质，被称为土簋，功能与碗相同。簠簋之称仅存在于夏商周时期，当时除作为日常用具之外，更多表示使用者身份地位的不同。与豆不同的是，簋专盛主食。

8. 盒

两碗相扣为盒。盒产生于战国晚期，流行于西汉早中期，有的盒内分许多小格。自西汉至魏晋，流行于南方地区，后又出现了方形盒，统称为多子盒；而无盖的多子盒又叫格盘。此类器具均是用来盛装点心的，但扣碗形的食盒也一直在使用，不过已由陶器变成了漆木器或金银器了。

9.敦

青铜质盛食器，存在于商周两代，盛行于春秋战国，进入秦汉便基本消失。敦呈圆球状，上下均有环形三足（或把手）两耳（或无耳），一分为二，盖反置后，把手为足，与器身完全相同，同样用来盛装黍、稷、稻、粱类谷物食品。方形之敦称彝，但属酒具而非食具。

（三）进食具

在饮食活动中，将烹饪好的食物从炊具中取出放入盛食器，再从盛食器中取出放入口腔，这两个过程所需要的中介工具就是进食器，中国传统的进食器具可分为勺子和筷子两类。筷子被视为中华国粹的一种，成为饮食文化的象征。而勺类进食具的历史则更为久远，发展变化的过程相对要复杂些。

1.筷子

古称“箸”，至明代始有“筷子”之称。考古发现最早的箸出于安阳殷墟商代晚期的墓葬中，而文献中曾记载商纣王使用过用象牙精制而成的筷子。但中国发明使用箸的历史肯定要早于商代。这种首粗足细的圆柱形进食具，最早应是以木棍为之，商周时期出现青铜制品，汉代则流行竹木质，且多轻髹漆，甚为精美。隋唐时出现了金银质箸，一直用到明清。宋元间出现了六棱、八棱形箸，装饰也日渐奢华。明清时宫廷用箸更是用尽匠心，工艺考究且有题诗作画的箸实际上已成为高雅的艺术品。

2.瓢、魁

将完整的葫芦一剖为二，便成了两个瓢。最早的瓢是圆形带柄木质结构，后来又有了陶瓢和金属瓢。汉代的瓢，方形，平底，既可舀水，也可直接进食，称为“魁”。瓢之较小者称为“蠡（lí）”，古语有“以蠡测海”。瓢魁之类既然可舀水进食，当然也可用以挹酒。考古研究表明，上古之世，用于舀酒的器具除了陶质木质外，尚有以动物甚至人脑壳为瓢者。

3.勺

勺在功能上可分为两种，一种是从炊具中捞取食物放入盛食具的勺，同时可兼作烹饪过程中搅拌翻炒之用，古称匕，类似今天的汤勺和炒勺。另一种是从餐具中舀汤入口的勺，形体较小，古称匙，即今天所谓的调羹。但早期的餐勺往往兼有多种用途，专以舀汤入口的小匙的出现应是秦汉及其以后的事。考古发现最早的餐勺距今已有7000余年的历史了，属新石器时代。当时的勺既有木质品、骨质品，也有陶质品。夏商周出现的铜勺带有宽扁的柄，勺头呈尖叶状，之所以谓之“匕”，是因为勺头展平后形如矛头或尖刀，“匕首”之称即指似勺头的刀类。自战国起，勺头由尖锐变为圆钝，柄亦趋细长，此形态一直为后代沿袭，秦汉时流行漆木勺，做工华美，并分化出汤匙，此后金、银、玉质的匕、匙也日渐增多，餐桌上的器具随着食具的多样化而更加丰富了。

在古代的饮食活动中，餐勺与箸往往是同时出现并配合使用的。周代时曾规定，箸只能取菜类，而取米饭米粥时则必须用匕，分工十分明确。但后来，这一礼制随着时代的变迁而日渐淡化。

（四）藏贮器

广义上讲，用于藏贮食物原料与食物成品的器具均可归为此类。腌制食品的容器也可称为藏贮器。这类器物的构成比较繁杂，包括瓮、罐、仓、瓶、壶、菹罂等类，既有存贮粮食的，也有汲水蓄水的，还有存贮食物的。部分盛食具如盆、盘类，也兼有储藏的功能。

1. 瓶

一种小口深腹而形体修长的汲水器，新石器时代的陶瓶形式多样而且大小悬殊，尤以仰韶文化遗址中的小口尖底瓶最有特色。进入青铜器时代以后，金属瓶虽已出现，但数量甚少，用于汲水的瓶仍以陶质为主。形体较小的瓶进而兼具盛酒的功能。

2. 罐

罐是小口深腹但较瓶宽矮的器物的泛称，考古所指的罐包括瓮、缶、瓿（bù）等多种器物，直到北魏时期，文献中才有“罐”的名称，但也无确切所指。现可将新石器时代及其以后用于汲水、存水和保存食品而难以明确归入其他器类的小口大腹器物统谓之罐。

3. 瓮

这是罐类器物的基本形态，用以存水、贮粮，当然也可贮酒，但装酒的瓮多称为资或卢，形体稍小的瓮可称为瓿，一般在口沿部位有穿孔以备绳索，主要用于汲水。另有一种形态与瓮相近的汲水器名为缶，有盖，秦国曾以此为乐器。

4. 壶

形态介于瓶和瓮之间且有颈的器物称为壶，因其形似葫芦而得名。壶可存水，也用以存贮粮，另有一部分盛酒。用作量器的壶叫锺，陶壶自新石器时代产生后一直沿用，后又有金属制品及瓷壶行业。

5. 菹罂

形状似瓮但有内外两层唇口，并加有盖，实际就是今天所说的酱菜坛子。菹就是酸菜，罂就是类似瓮的存粮贮水陶器，其命名已示用途。周代已有腌制食品，但尚未发现其制作器具，最早的菹罂出自汉代墓葬，魏晋唐宋遗址也屡有出土。

二、酒具

由于酒在中国古代社会中扮演着重要的角色，所以酒具也就备受重视，地位尊崇。古代酒具因用途不同而分有许多种类，且形态各异，可谓五彩缤纷，无奇不有。根据酒具的质地，可将古代酒具分为十二种，即陶器、瓷器、漆器、玉器、青铜器、玻璃器、象牙器、兽角器、蚌贝器、竹木器、匏瓠器等等。

从用途上，则可分为六大类，即盛储器、温煮器、冰镇器、挹取器、斟灌器、饮用器等。另外，还有酿酒和娱酒器具。

盛储器主要包括缸、瓮、尊、罍(léi)、瓿、缶、彝、壶、卣(yǒu)、枋、瓶、罂等。

温煮器主要有盉(hé)、鬶、斝、樽、铛、爵、炉、温锅、注子等。

冰镇器主要有鉴、缶、尊、盘、壶等。

挹取器有勺、斗、瓢等。

饮酒器有杯、爵、觚、觯、角、羽觞、卮、觥、碗、盅等。

斟灌器有盉、鬶、斝、觥、执壶、注子等。

娱酒器主要有骰子、令筹、箭壶、金箭、酒牌令等。

酿酒器有发酵器、澄滤器等。

当然，也有不少器物是一器多用的，如爵既是饮酒之具，也可用于温酒；盉、鬶、斝、注子等酒器，不仅可温酒，也可以作为斟灌器使用。

三、茶具

中国茶艺是一种物质活动，更是精神艺术活动，中国茶具则更为讲究，不仅要好使好用，而且要有美感。最初的茶具是茶碗，而后逐渐出现了茶杯、茶壶和茶盘等成套器具。

茶具按用途可分为茶杯、茶碗、茶壶、茶盖、茶碟、托盘等饮茶用具。

按茶艺冲泡要求可分为煮水器、备茶器、泡茶器、盛茶器、涤洁器等。

按茶具的质地可分为金属茶具、陶土茶具、瓷器茶具、漆器茶具、玻璃茶具、金属茶具、竹木茶具、搪瓷茶具、玉石茶具等。

现代茶类众多，普遍流行的有绿茶、红茶、花茶、乌龙茶、紧压茶等。不同的茶类所需的茶具也不尽相同，茶具式样更新，名目更多，做工更精。此外，各地区、各民族还有不同风格的风俗茶，需要用到一些独特的茶具。各种茶类的泡饮，其使用的器皿，有可共用的，也有专用的。

1989 年台湾陆羽茶艺访问团来大陆进行茶艺交流时，曾带了全套共用的泡饮茶具，可分五组。

第一组为主茶器，包括茶船、壶垫、茶盅、盖置、茶杯、杯托、盖碗。

第二组为备水器，包括煮水器、水盂、水方、保温瓶。

第三组为储茶器，包括茶罐、茶桶、茶瓮、焙茶器。

第四组为茶艺用品，包括茶巾、茶巾盘、渣匙、茶拂、茶荷、奉茶盘、泡茶巾、泡茶盘、包壶巾等。

第五组为各项茶器的“家”，包括泡茶专用茶车或茶桌、茶橱、茶具篮等。

作为演示用，这些器具都是必备的。但日常泡饮，主要还是壶、杯、船、托、水具等。由于热水瓶的广泛使用，水具相对比较简单。但不同的茶类、不同的场合、不同的对象饮茶，仍有许多讲究。

第四节　食器文化旅游开发

一、食器博物馆

许多大型博物馆都拥有独具特色的中国古代食具收藏品。如上海博物馆的青铜器素有“半壁江山”之称，纵向涵盖了中国青铜器各个发展时期的典型杰作，横向包括了各种主要器型的名品佳构，其中更不乏国宝级的藏品；陶瓷器则以收藏体系完备、名品迭出而著称于世，几乎囊括了中国古代陶瓷史上的名瓷佳作。近年来，还出现了一些专门的食器博物馆，如中国箸文化博物馆、中国酒器博物馆、香港茶具博物馆等。那些或旧或新的餐具，也许本身就是和家庭厨房里的餐具一样，没啥特殊，可在博物馆里，自然每一个身上都有着不平凡的经历。

(一)中国箸文化博物馆

中国箸文化博物馆是大连市属、由民营企业自主创办的专题性博物馆,下设中国箸文化研究所。

中国箸文化博物馆位于辽河西三路12号,占地800平方米,建筑面积800平方米,由大连森兴箸业有限公司投资,并于1993年7月28日开工兴建,1995年8月建成投入使用。博物馆内设有5个展厅,包括序厅、文化展厅、实物展厅及游艺厅、服务部各1处。

序厅陈列堪称世界第一的"中国巨箸",箸首顶端呈圆球形,全长214厘米,直径首部8.4厘米,足部5厘米,选用优质梨木为胎,首部用珍贵乌木贴面,箸面四壁以小篆书体雕刻有清代美食家袁牧的五绝《箸》。箸筒呈圆柱形,筒座呈圆鼓形,全高112厘米(其中箸筒高80厘米,厚32厘米),直径75厘米(筒座直径85厘米),也是由乌木制作。

文化展厅展示的是一巨幅《中国历代"箸"字书体选录》,包括先秦至清代两千多年间,从刻石、箸筒、帛书、印章、碑文、篆刻到书籍上所见到的篆、隶、楷、草、行书等,不同时代,不同表达方式,不同书体的文字,提示箸字形体演变过程。陈列从秦以来的典籍选录,古代中国人进食使用筷子的画像石、画像砖和壁画等拓片、照片以及以箸为题材的诗词等文学作品,大量翔实的资料向观众展示了中国箸文化的博大精深。

实物展厅以质料分类,按纪年陈列,展出包括新石器时代、先秦、秦汉、魏晋南北朝、隋、唐、宋、辽、金、元、明、清、民国等不同历史时期的金、银、铜、铁、锡、锑、兽骨、象牙、寿山石、水晶石、玉石、翡翠、珊瑚、瓷、景泰蓝等质料的古代匕箸和辅助资料600多种,1000余件。既有传世珍品,也有考古品。第一部分陈列我国最古老、使用历史最长的进食器——匕(或称匙),有骨质、铜质,也有象牙、木质和白银制作的,形制有常见的条形匕和勺形匕,还有窄柄舌形平勺、树叶形平勺、半圆球状等,形态各异,富有自然美。第二部分陈列金属类各种古箸,其中展出的铜箸,年代可以早到商代晚期,春秋中晚期以后的遗物居多。白银箸出现在隋朝,唐代以后流行更加广泛。第三部分陈列兽骨、象牙类古箸,所展古箸年代可以早到商代中期,象牙箸则出现在东周时期。第四部分陈列竹木类古箸,其用料考究,大多选用珍贵木材,如紫檀木、乌木、红木、黄杨木、枣木、梨木等,也有用毛竹、湘妃竹等制作的,其中展出的铁木箸是秦汉时期的。第五部分陈列其他类古箸,如寿山石、玉石、翡翠、珊瑚、瓷质等,琳琅满目,美不胜收,很有观赏性。

走进箸文化历史博物馆，犹如穿过时间隧道，回到了几千年中华文明的远古时代。这座总面积达500多平方米的展厅内，陈列着从全国各地和海外搜集来的典籍选录，中国历代“箸”字书体图录，文物、照片、资料等上千种。有湖南长沙马王堆出土的西汉竹箸，山西太原民间收集来的宋代竹箸，江苏溧阳竹渍出土的北宋紫铜箸和南宋银箸，辽宁沈阳小南门出土的元代银箸，明代铜箸和清代三镶红珊瑚箸、清代木箸。大量的出土文物翔实地介绍了中国箸的起源，发展与演变，从“箸”到“筷子”的历史过程。由商至清，中国筷子的形制规格发生了变化。

(二)中外酒器博物馆

人称艺术酒瓶不但是无声的诗，立体的面，凝固的音乐，含情的雕塑，不朽的艺术，而且是历史的足迹，生活的缩影，民族的品牌，国家的名片。

中外酒器博物馆，系中国首位酒瓶文化学者、酒器收藏家、大世界基尼斯纪录创造者——李福民先生与曲阜明故城共同创建，于2005年5月28日开馆。

该馆以古今中外酒器收藏、研究、展示、交流为主。藏品时间跨度7000年，产地遍布100多个国家和地区，馆藏酒瓶酒具、字画印章等精品10000余件。为全国唯一，世界之最。

馆内设外国酒瓶展厅、古代酒瓶展厅、现代酒瓶展厅、儒家酒瓶展厅、名人名企酒瓶展厅。分为伟大领袖、百年小平、儒瓶系列、黑瓷系列、名家挥毫、田舍酒香、史河采贝、外域集珍等30个专题。集中华艺术酒瓶之大成，聚外国酒类包装之精华。

该馆除收藏展示酒瓶、酒具这一珍贵的人类文化成果外，还设有中外酒器交流中心、中外酒瓶文化研究所，定期举办酒文化研讨会、酒类藏品交流会，为广大游客、酒类企业与酒文化爱好者提供观赏与交流的平台。

(三)香港茶具博物馆

香港茶具博物馆于1984年1月建立，是香港艺术馆的分馆，位于香港公园内，主要展览各种中国茶具文物，全馆共有2层展馆，分为6个展区。茶具博物馆始建于1846年，是域多利兵房三军司令的官邸，俗称旗杆屋。1981年开始成为收藏及展览各款茶具的文物馆。后来经过一番修建，1983年底正式向游客开放，展出不少中国古董茶具，当中包括明、清及民初时期制造的江苏宜兴茶具，更附有茶具生产过程的说明。1995年，茶具文物馆还增建新翼别馆，名为罗桂祥茶艺馆。新翼主要展示香港著名茶具文物收藏家——罗桂祥先生捐赠的展品，是个值得一去的好地方。除了展览，茶具博物馆也定期举办不少茶艺活动、陶艺示范及讲座，以推广中国品茗文化及陶瓷艺术，吸引了各地游客前往观赏，成为香港主要的观光景点。

二、少数民族食器

不同的民族，他们的饮食器具各具特点，并与饮食风情密切相关。如蒙古族传统的饮食结构为肉乳结合，在生活中往往就地取材，以木、皮等作为饮食用具，如木碗、木匙、木模、木桶、木杵、虎忽勒等。藏族民间使用的传统炊具多为土陶器，常见的陶器有“括码”，还有用来煮“土巴”(粥)、面团的双耳肚罐——美括，热饭、热菜、保暖用的火炉——乍码，盛青稞酒的缸，烙饼用的“帕浪”，盛酥油茶用的“括地”等。在炊具中使用一种鼓风用具——风囊，用铁质风管和皮囊组成。酥油桶是藏族人民的生活必需品，用红桦木或红松制作。傣族地区由于地产竹子，便用此为原料制作各种饮食器具，如竹碗、竹盘、竹勺、竹筒等。

三、食器景观

(一)“天下第一碗”

自古以来，“碗”就暗含着“福、禄、寿、禧、财”的寓意，既是饮食文化的载体，又是民众丰衣足食的象征。

“天下第一碗”位于南通经济技术开发区星湖街区中心广场，由江苏炜赋集团建设开发有限公司打造，从 2009 年 9 月开工至 2010 年 1 月建造完成，历时 5 个多月。碗口直径达 218 厘米，汉白玉材质。“巨碗”碗体周边雕刻着南通市市树——广玉兰，以玉兰花为题象征着南通人一种开路先锋、奋发向上的精神以及高洁的人格，同时也反映了南通十年育树、百年育人的教育根基；碗口部分镶嵌的金边勾勒出“苏通大桥”“长寿之乡”“海安花鼓”“狼山名胜”“濠河风光”等来集中体现南通的地域文化。

(二)天下第一玉石火锅

2009 年 9 月 28 日，“天下第一玉石火锅”亮相沈阳大东副食商场，这不是传统意义上的铜制火锅。玉石火锅高 1.8 米，直径 1.2 米，锅盖直径 1.4

米，周长 4.4 米，重 3.85 吨，由辽宁岫岩鑫华玉器厂制作。它晶莹剔透，白绿相间，形态逼真，造型经典，雕刻生动，纹样精细。最巧妙的是锅中分出了 8 个等分的格子，可以同时烹制不同风味的汤类。当日，由 8 位中国烹饪大师调制的百种食用菌火锅汤免费供市民品尝。

（三）"天下第一勺"

世界上最大的勺子有多大？2009 年 9 月 27 日，一根长 4 米，重达 2 吨的汤勺亮相长沙"中国湘菜博物馆"，引来市民拍照留念。这把巨勺材质为房山玉，整玉先由机械切割，再经手工打磨而成，被称为"天下第一勺"。

此前，我国已知最大的勺子在江西景德镇，陶瓷做的，长 0.8 米。而落户长沙的"天下第一勺"抢了景德镇汤勺的"头把交椅"，这只汤勺长 4.06 米，宽 1.218 米，高 1.118 米，重达 2 吨。勺子材质为房山玉，是一块整玉经过机械切割，再经手工打磨而成，勺子做工精细，勺内刻有梅花，手柄上雕刻有祥云，收藏价值很高。

四、食器旅游商品

饮食器具不但是我国特色，而且承载着中华民族几千年的文化，可以作为特色的旅游商品进行开发，以带动该地区的旅游发展。

第五节　户外旅游炉具和炊具的选择

炉具和炊具是野外宿营时的关键装备，怎样选购和使用户外炉具和炊具是一个大家都关注的话题。炉具和炊具主要是三大件：燃料、炉具和锅。

一、炉具的选择

选择炉具最大的考量有重量、高度、温度、燃料的燃烧能力等。最好选用声誉较好的炉具，它须易点火，易操作，持续火力长，即使是在寒冷、潮湿或强风的环境中，也能方便使用。炉具按使用燃料的不同可分为瓦斯炉和燃油炉两种，但也有油、气两用的；按用途可分为低山炉和高山炉两种。

瓦斯炉是最方便携带，也最容易操作的炉具。瓦斯炉使用的瓦斯罐并不都完全相容，EPI（英制）瓦斯罐按重量不同分为四种，罐的颜色为绿色；

PRIMUS(瑞典制)瓦斯罐按重量不同分为两种,但是有一些 PRIMUS 的旧型炉具用一种打洞瓦斯罐,与 CAMPING GAZ(法制)的旧型炉头一样,使用相同的瓦斯罐,罐的颜色,大瓦斯罐为黄色,小瓦斯罐为铁灰色;CAMPING GAZ(法制)瓦斯罐按用途分为高山用和低山用两种,依重量不同各有两种。此外,还有使用打洞瓦斯罐的旧型炉具,不管旧型或新型,瓦斯罐颜色皆为蓝色;ALPS(韩制)只有一个型号,瓦斯罐颜色为蓝色。

瓦斯炉使用虽然简单、方便,但是燃料比较贵。在使用炉具的经验较为成熟与丰富之后,可以试试燃油炉,一来可以省点钱,二来可以增加自己的经验和见识。燃油炉的种类主要有以下几种:

COLEMAN PEAK-1(美制):常见的型号有 508、440、400A。

MSR(美制):常见的型号有 XGK-2、INTERNATIONAL WHISPERLITE-600。

OPTIMUS(瑞典制):常见的有 123.8R、111.00。

PHOEBUS(奥地利制):725、625。

炉具的保存、携带和使用技巧:

(1)保存。用过的炉具,一定要用干的毛巾或者手纸仔细擦拭干净,用封口塑料袋密封装好,这样可以避免灰尘堵住炉具的通气管道,也避免到了高寒地带时通气系统被冻住。如果不幸发生这两种情况,用体温或者是其他工作正常的炉具烘烤,先让炉具受热,然后用力吹气,一般这样都可以让炉具的通气系统恢复正常。如果这样的努力失败了,可能必须使用专门的工具(有些炉具会附带一些通针)。

(2)携带。用塑料袋把炉具装好以后,要放在专门的炉具袋里,这样可以避免机械碰撞造成对炉具的物理损伤。如果不注意这个步骤,有可能会发现在需要用炉具的时候,炉具气量调节阀门上的塑料不见了,或者炉具的卡口变形了,或者放锅的支架弯曲了等灾难性的变化。还有,最好把炉具随身携带,放在随身的包里或者衣服口袋里,方便取用也避免损坏。

(3)使用。使用炉具时,一定要先关闭炉具的气量调节阀门;要在帐篷外进行瓦斯罐或燃油罐的连接;连接好以后一定要检查是否漏气,如果漏气的话,可能会引发火灾事故;点火时要注意,用电子点火开关点火时先打开阀门,微微放出燃气再按电子点火开关点火;没有电子打火而用明火点燃时应该先将明火放置在炉具喷气口,再打开阀门微微放出燃气点火;一般使用炉具是在帐篷的门廊里,如果在帐篷里使用的话,最好在一个塑料或者金属的托盘上放置炉具,这样可以让炉具容易保持平稳状态,也可以避免万一锅里的水溢出时不会让整个帐篷受“水灾”的祸害；一般帐篷里应该准备一块干毛巾，当然，如果有大量的手纸也可以。

二、燃料的选择

户外炉具使用的燃料按化学成分的不同分为三类：液态瓦斯（包括甲烷、乙烷、丙烷、丁烷等）；燃油（如 White Gas、Coleman Fuel、Unleaded Gas 等）；醇类（乙醇，也就是我们常说的酒精）。一般户外用液态瓦斯和燃油的较多，因为这两种燃料的热值较高。

（1）购买。现在国内普通的户外店都有液态瓦斯罐出售，如果你到外地进行户外活动，最好是联系好在当地的户外店购买燃料，这样可以避免携带这样的物品乘坐长途交通工具。

（2）携带。在 20 世纪 90 年代初，户外运动在中国刚刚兴起的时候，只有在北京才能买到专门用于高山寒冷地带的高山燃料。在携带这种燃料旅行时，一定要用软的东西把燃料罐相互分隔开，避免因为交通工具的颠簸而造成燃料罐之间的剧烈碰撞，而且装燃料的容器一定要用填充物塞满，不要让罐子之间有碰撞的机会。

（3）使用。因为燃料是跟炉具一起的，在介绍炉具使用时已详述。

三、锅的选择

一般户外运动用的锅都比较轻，便于携带和运输，所以现在基本上用直径 20—30 厘米的铝锅，现在市面上一般有这种套锅出售。当然，也可以在超市里买一般的铝锅。有些游客在登山使用自制的吊锅系统。所谓吊锅，顾名思义，就是把锅、炉头和燃料罐连在一起做成一个吊锅系统挂在帐篷顶上。为此，你需要再买一个口大底小的敞口锅，在敞口锅的底部中央打一个大孔，可以让炉头的颈部穿过，连接的时候，让这个敞口锅夹在燃料罐和炉头之间，再在敞口锅的上部边沿按均匀间隔打三个孔，用三根细金属丝一端分别穿过这些孔并固定好，另一端结在一起，用一把小铁锁挂在帐篷顶上，然后再把烹饪锅放在炉头的支架上。这样一个系统的好处是，煮水做饭的时候帐篷里的空间不会受影响，走了一天路的腿可以舒服地伸展开，炉具的稳固性也得到极大的提高，不小心打翻锅的机会大大减少，在帐篷里做饭更加安全、舒适。

四、使用炉具和炊具的注意事项

使用瓦斯炉的时候，最好不要把瓦斯罐直接放在雪地上，低温对一些质量不是特别好的瓦斯的燃烧性能有一些影响，最好是在雪地上放一个隔热的东西，哪怕是一个纸质的笔记本。

使用燃油炉时，要注意燃油瓶注油不要太满，七八分满就够了；把燃油罐盖子旋紧后，先打气 5—7 下，检查是否漏油；预热盘里注油不要太多，千万不要溢出；在高海拔地区，由于空气压力比较小，相应地，燃油罐的气压不要太高；有可能的话，预热的时候用酒精，这样可以让你的炉具寿命更长些；最好不要用汽车用油，因为汽车用油含有很多的添加剂，而且挥发性过强，处理不当会引起火灾甚至爆炸。

在使用炉具时可能会发生各种各样的意外，最常见的就是失火。为了避免失火，在点火前一定要检查燃料罐和炉头连接好以后是否漏气，另外使用吊锅系统也可以大大减少碰倒正在燃烧状态的炉具系统的可能性。如果你使用的不是吊锅系统，那么应尽量让睡袋、羽绒衣物、抓绒衣物这类易燃物远离正在工作的炉具系统。另外养成良好的帐篷生活习惯和防范失火的意识也很关键。

第九章　旅游筵宴啖新意

第一节　筵宴的特点和种类

一、筵宴的概念

筵宴是指人们为了某种社交目的，以一定规格的酒菜食品和礼仪来款待客人的聚餐方式。筵宴通常又被人们称为“筵席”或“宴会”，除此之外，还有“宴席”“酒席”“酒宴”“燕饮”“会饮”等不同的称谓，这些称谓的含义大体相同，但严格说来，“筵席”与“宴会”还是有一定的区别。

在我国，“筵席”的本意最早是古代铺地的坐具。古人习惯席地而坐，为了卫生，就铺着席子坐，包括饮食时也是坐在地上的。《周礼·春官·司几筵》记载：“司几筵掌五几、五席之名物，辨其用，与其位。”唐代学者贾公彦疏证云：“凡敷席之法，初在地者一重即谓之筵，重在上者即谓之席。”狭义的“席”一般用蒲草编制，呈长方形，置于筵（竹席）上，是为了防潮而垫在身下的，故可铺几重。《礼记·礼器》说，“天子之席五重”，而诸侯用三重，大夫两重。贫苦人家可以无席铺垫，但对于贵族来说，居必有席，否则就是违礼。

从晋开始，跪坐的礼节观念逐渐淡薄，坐姿随心。到南北朝，高型坐具出现。入唐后，席地起居的习惯逐步有所改变。不仅椅凳多见，高形桌案也开始出现，但跪坐仍存在。唐代处于交替时段。宋代，桌椅开始真正进入人们的生活。

古书上所说的“几”是一种矮小的案子，古人用来搁置物品和倚凭身体之用。“五几”则是指玉、雕、彤、漆、素等五种不同质地的几物。“五席”则是指莞席、藻席、次席、蒲席、熊席等五种席子。筵，一般用蒲苇等粗料编成;席一般用细料编成。筵与席的摆设方式是筵下席上、筵长席短、筵粗席细。在奴隶社会、封建社会有一套严格的等级制度,筵、席、几必须按照地位与官阶的高低来摆设,如天子之席五重,设玉几;诸侯之席三重,设雕几。人们将食品菜肴放在席前的几上,席地而食,这就形成了古代的筵席,后来筵席逐渐演变成了"具有一定规格质量的一整套酒水菜品"。

宴会是因习俗或社交礼仪需要而举行的宴饮聚会,又称燕会、酒会,是社交与饮食结合的一种形式。人们通过宴会,不仅获得饮食艺术的享受,而且可增进人际间的交往。宴会上的一整套菜肴席面称为筵席,由于筵席是宴会的核心,因而人们习惯上常将这两个词视为同义词。

"宴会"从字义上看,"宴"同"燕",和乐貌。"宴会"也称作"燕会""热会""醵会",是指宴饮的聚会。由此看来,"筵席"与"宴会"的区别在于前者强调内容,也更具体,而后者更注重形式和聚会的氛围,其含义也比较广。尽管有这些细微区别,通常人们还是将这两个词等同起来使用。为了便于理解,今天人们也把"筵席"与"宴会"合称为宴席或筵宴。

二、筵宴的特点

筵宴不同于日常饮食的一般聚餐,它具有聚餐性、规格性、社交性、礼仪性、艺术性等特点。

(一)聚餐式

从形式上讲,筵宴是多人聚集在一起,边吃边交流的进餐方式。人数根据需要可多可少,有十来人的,也有几百人、几千人甚至上万人的。进餐有围在桌子周围的,也有站立的、可以在餐厅内自由走动的;有在室内的,也有在室外的。正规的筵宴,赴宴者有主要宾客、随行人员、陪客和主人。主人是筵宴的东道主,主要宾客是筵宴的中心人物,随行人员是伴随主宾而来的客人,陪客是主人请来陪伴客人的人。中国传统筵宴习惯于 8 人、10 人,或者 12 人一桌,其中以 10 人一桌的形式为主,象征着"十全十美"的吉祥寓意。至于桌面,通常以大圆桌居多,这又意味着"团团圆圆""和和美美"。

(二)规格化

从内容上讲,筵宴是按照一定规格质量和程序组配起来的一整套食品。它要求全桌食品配套,应时当令,制作精美,调配均衡,食具雅丽,仪程井然,服务周到热情。冷碟、热炒、大菜、甜品、汤品、饭菜、主食、点心、水果、酒水等等，均按一定质量和比例，分类组合，前后衔接，依次推进整桌席面上的菜点。在色泽、味型、质地、形状、营养以及盛装餐具方面，力求丰富多彩，并因人、因事、因筵宴档次科学设定。与此同时，在筵宴场景的装饰上，在筵宴节奏的掌握上，在接待人员的选用上，在服务程序的配合上都有严格的规格。

（三）社交性

从作用上讲，筵宴是交际、庆祝、纪念等社交活动的一种方式。筵宴既可以怡神甘口，强身健体，满足口腹之欲，又能够启迪思维，陶冶情操，给人以精神上的欢愉。尤其在社会交际方面，筵宴可以聚会宾朋，敦亲睦谊；可以纪念节日，欢庆盛典；可以洽谈事务，开展公关；可以活跃市场，繁荣经济。所以《礼记》有云："酒食所以合欢也。"实际上，人们也常在品尝佳肴饮琼浆、促膝谈心交朋友的过程中，疏通关系，增进了解，加深情谊，解决一些在别的场合不容易解决的问题，从而实现社交的目的。

（四）礼仪性

中国筵宴又是礼席、仪席。古代许多大宴，都有钟鼓奏乐、诗歌答奉、仕女献舞和艺人助兴。现代筵宴在继承过程中仍保留了许多健康、合理的礼节与仪式，崇尚"尊重、谦恭、礼让"的核心主旨并没有变。如发送请柬，车马迎宾，门前恭候，问安致意，献烟敬茶，专人陪伴；入席彼此让座，斟酒杯盏高举，布菜"请"字当先，退席"谢"字出口；还有仪容的修饰，衣冠的整洁，表情的谦恭，谈吐的文雅，气氛的融洽，相处的真诚；以及餐室布置，台面点缀，上菜程序，菜品命名；还有嘘寒问暖，尊老爱幼，女士优先，照顾伤残等等都是礼仪的表现。此外，对于一些重大的筵宴还要注意尊重主宾所在国家或民族的风俗习惯及宗教感情。从某种意义上来说，一次宴请聚餐活动，实际上也是一次礼仪会演活动。

（五）艺术性

筵宴的艺术性体现在多个方面，其中有席单的设计艺术、菜点食品的组配艺术、原料的加工艺术、盛器与食品的配合艺术、冷拼雕刻的造型与装饰艺术、餐室美化和台面点缀艺术、服务的语言艺术技巧、着装艺术等多个方面的内容。古往今来，我国筵宴场面典雅而隆重，菜品丰富而精美，充分体现了中华饮食的博大精深。

三、筵宴的种类

自古至今，中国出现了难以计数的筵宴，其种类和名品繁多，并且始终处于变化之中（表 9-1）。

表 9-1 筵宴分类一览表

划分依据		筵 宴 举 例
以所使用的原料划分	以头菜或主菜的原料划分	燕窝席、鱼翅席、海参席、熊掌席、三蛇席、鲍鱼席、鱼肚席等
	以烹制的原料类型（一大类原料为主）划分	素菜席、菌笋席、花果席、山珍席、海味席、水鲜席等
	以主要用料（一种原料为主）划分	全羊席、全猪席、全牛席、全鸭席、全鸡席、豆腐席、刀鱼席、全鱼席、蛇宴、蟹宴、饺子宴等
	以名特原料划分	长江三鲜宴、长白山珍宴、三头宴、黄河金鲤宴、广州三蛇宴、昆明鸡土从宴等
	以八珍划分	草八珍席、禽八珍席、山八珍席、水八珍席等
	以原料等级、档次划分	特级宴席、高级宴席、中级宴席、普通宴席等
以风味特色划分	以地方风味划分	川菜席、鲁菜席、粤菜席、淮扬席、京菜席、湘菜席等
	以民族风味划分	汉席、满席、满汉席、维吾尔族风味宴席、朝鲜族风味宴席、蒙古族全羊席、朝鲜族狗肉宴、白族乳扇宴等
	以补体养生内容划分	彭祖养生宴、延年益寿宴、如皋长寿宴等
	以时令季节划分	春令宴席、夏季宴席、秋令宴席、冬令宴席、端午宴、中秋宴、除夕宴等
以历史文化划分	以风景名胜划分	春江花月筵、长安八景宴、洞庭君山宴、羊城八景宴、西湖十景宴等
	以文化名城划分	洛阳水席、荆州楚菜席、开封宋菜席、成都田席等
	以文化人名划分	明代洪武宴、乾隆御宴、东坡宴、宫保席、谭家席、大千席等

续 表

划分依据		宴席举例
以历史文化划分	以仿古宴席划分	西安的“仿唐宴”，杭州的“仿宋宴”，北京的“仿膳菜”，曲阜的“孔府宴”，南京的“随园菜”，扬州的“红楼宴”，徐州的“金瓶梅宴”，山东的“齐民大宴”等
	以成语、历史典故划分	八仙过海席、项羽鸿门宴、醉翁亭宴等
	以良好的愿望划分	万寿无疆宴、龙凤呈祥席等
	以席面布置划分	孔雀开屏席、万紫千红席、百鸟朝凤席、返璞归真席等
	借用数字划分	双六席（六碟六盘）、三八席（八碟八盘八大碗）、三蒸九扣席、四喜四全席、四六席、五子登科席（五种山珍组成）、五福捧寿席、六六大顺席、七星席、八八席、八仙过海席（八种海味组成）、九九上寿席、十大碗席等、三扣九蒸席、川菜十字席、吴中第一席、江淮第一宴等
	以设宴的目的划分	盛世庆功宴、花甲大宴、百岁盛宴等

（一）以筵宴的性质及举办者为依据进行分类

1. 国宴

国宴是指国家元首、政府首脑以国家和政府的名义为国家庆典或款待国宾及其他贵宾而举行的筵宴。它是所有筵宴中规格和档次最高、礼仪最隆重的。唐朝的闻喜宴、宋朝的春秋大宴以及清朝的定鼎宴、千叟宴等都是国宴，都有隆重的礼仪。当今的国宴也非常注重礼仪的隆重、陈设的庄严、菜点和服务的高水平。国宴场所通常要悬挂国旗、国徽，设主宾席，按宾主身份排列席次和座次，请柬、菜单、座席卡都标有国徽；开宴前，主宾要致辞、祝酒，奏国歌等；国宴菜单则根据宴请对象的具体情况精心制定，并且用精湛的烹饪技艺制作成菜，处处体现高规格与高档次。

2. 家宴

家宴是指人们在家中以个人的名义款待亲友及其他宾客而举行的筵宴。它追求轻松愉快、自在随意的气氛，不太拘于严格的礼仪，馔肴的烹制主要根据进餐者的意愿、口味爱好等进行，品种和数量没有统一的模式，丰俭由人。清朝李渔曾谈到他对家宴的感受：“若夫家庭小饮与燕闲独酌，其为乐也，全在天机逗露之中，形迹消忘之内。有饮宴之实事，无酬酢之虚文。睹儿女笑啼，认作斑斓之舞；听妻孥劝诫，若闻金缕之歌。”

3. 公宴

公宴则介于国宴与家宴之间。它是地方政府及社会各机构、团体等以相应的名义为各种各样的公事款待相关宾客而举行的筵宴。其规格、礼仪等基本上都低于国宴，但仍然十分注重规格、仪式，非常讲究馔肴的丰盛。

(二)按筵宴的菜式组成划分

1. 中式宴

中式宴的菜品以传统的中国菜肴及地方风味为主，所用的酒水餐具以中国生产的为主，在餐厅的环境布置，台面设计，餐具、筷子的摆放等方面，富有中国浓郁的民族特色，在服务的礼节礼仪及程序等方面按中国传统的方式进行。中式宴是我国最为常见的一种筵宴类型。

2. 西式宴

西式宴的菜品以欧美菜式为主，所用的酒水、餐具以欧美生产的为主，筵宴厅堂的环境布局与风格、台面设计、餐具用品，所使用刀、叉等餐具均突出西洋格调，餐桌一般多为长方形桌。在服务礼节礼仪及程序等方面按西方人的生活习惯及服务方式进行。目前西式宴在我国一些涉外酒店、驻华使馆及高档餐厅等较为流行，西式宴根据菜式与服务方式不同，又可分为法式、意大利式、英式、美式、俄式宴等，目前日式宴、韩式宴也在我国逐渐兴起，均可被纳入西式宴或外国宴的范畴。

3. 中西合璧宴

中西合璧宴是中式宴与西式宴两种形式相结合的一种筵宴。筵宴的菜品既有中国菜肴又有西餐的菜肴，所用酒水以中式酒水为主，也用一些欧美较流行的酒水，如拿破仑 xo、人头马、威士忌等酒水，所用的餐具及用具，既有中式的，也有西式的，如筷子、刀、叉均可提供，在服务礼节礼仪及程序上根据中、西菜品的不同其方法也不一样。因为中西合璧宴在菜品的结构、服务等方面与中式宴、西式宴有所不同，给人一种新奇、多变的感觉，现各地常常采用中西合璧宴形式来招待客人，深受宾客的欢迎。

(三)按筵宴的举办目的划分

1. 商务宴

商务宴主要是各类企事业单位之间，为了增进相互了解，加强沟通与合作，交流商业信息，从而达成共识和协议而举行的筵宴，这种筵宴特点是价格比较高，在菜单设计、餐厅环境布置、上菜程序等方面均根据宾主共同偏好和特点进行精心设计，由于宾主之间往往边吃边谈，饮宴的时间相对较长，所以要控制好上菜的速度和节奏。

2. 婚宴

婚宴是人们在举行婚礼时为宴请前来祝贺的亲朋好友而举办的筵宴。设计婚宴时应在环境布置、台面设计、菜品制作等方面突出喜庆吉祥的气氛，还要考虑各民族不同的生活和风俗习惯。

3. 寿宴

寿宴也称生日宴，是人们为纪念出生日和祝愿健康长寿举办的筵宴。寿宴在餐厅环境布置、菜品命名及选择方面应以生日者的需要为主，要突出健康长寿之意。要按当地的风俗习惯来设计筵宴的程序及各种仪式，满足生日者和参宴者的精神需求和生理需求。

4. 迎送宴

迎送宴指主人为了欢迎或欢送亲朋好友而举办的筵宴。筵宴菜肴设计一般根据宾主饮食爱好而设定，筵宴环境布置要突出热情喜庆的气氛，体现主人对宾客的尊敬与重视，围绕宾主之间友谊、祝愿和思念等主题来设计。

5. 纪念宴

纪念宴主要指人们为纪念重大事件或与自己密切相关的人、事而举办的筵宴。这类筵宴在餐厅环境布置上要突出纪念对象的标志，如照片、实物、音乐等，以烘托思念、缅怀的气氛；在菜单设计及餐具运用上要表现出怀旧及纪念的主题。

(四)按筵宴的历史渊源划分

按筵宴的渊源划分，可分为仿唐宴、孔府宴、红楼宴、随园宴、满汉宴等，这类筵宴又称仿古筵宴，就是将古代较具特色的一些筵宴注入现代文化而产生的筵宴。这类筵宴继承了我国历代筵宴的形式、筵宴的礼仪、筵宴菜品制作的优点及精华，并对其进行改进、提高和创新，这样不但继承和弘扬了中华的饮食文化，丰富了我国筵宴的花色品种，而且进一步满足了餐饮市场需求，创造良好的社会效益和经济效益，深受海内外人们的欢迎与青睐。[1]

第二节 旅游筵宴开发

中国的筵宴历来是人们进行交往、团聚欢叙、增进友谊、联络感情的一种社交活动，被人们称为“菜品的组合艺术”，是烹调技术的集中展示，是饮食文明程度的生动体现，显示了我国人民自古以来崇尚礼仪、殷勤好客的风尚，是创造烹调美学的表现手法。随着我国旅游业的迅速发展，旅游筵宴的开发越来越引起各级政府和餐饮团体的高度重视。

一、旅游筵宴开发的原则

（一）目的性原则

筵宴作为一种特殊的社会交际工具，被广泛应用于社会生活、日常人际交往和国家政治与外事交往活动中。人们举筵设宴，都有一定的目的动机和各种各样的需求。为此，旅游筵宴开发必须具有目的性。要根据不同筵宴的任务要求，确定与之相适合的开发创新点和总目标，确定具体创新的分级目标，如成本与价格目标、菜点数量目标、质量目标、风味目标、营养目标、操作目标等，从而形成筵宴开发的目标体系。

（二）整体性原则

筵宴是一个由多种要素有机组成的系统。在开发时，要统筹规划，既要使各组成部分开发创新优化，更要使整体开发创新优化。既要考虑局部与整体之间的相互影响，也要考虑整桌筵宴与烹饪、服务等客观条件的相互作用，还要考虑整体设计方案与宾客的主观需求和接受程度。

（三）针对性原则

不同的筵宴主题，不同的宴饮群体，其需求是不尽相同的。因此，旅游筵宴开发就要适应情况变化，具体筵宴具体分析，使每一个开发创新都更具有针对性，让开发创新的价值充分显现出来。

---

① 周妙林:《宴会设计与运作管理》,东南大学出版社 2009 年版,第 139—143 页。

(四)多样化原则

筵宴的形式会因人、因时、因地而异,显现需求的多样化,因而旅游筵宴开发创新要适合各种不同的需求而开发创新出各种各样的形式。它的最高准则是围绕主题展示丰富性,围绕风味特色展示多样性。

(五)效益性原则

旅游筵宴开发必须在充分考虑满足顾客需求的前提下,实现创新筵宴经济效益与社会效益的最大化。筵宴经营效益的基础在筵宴菜单,筵宴菜单的关键在开发创新。因为餐饮企业的筵宴价格集中体现在筵宴菜品价格上,筵宴经营成本则集中反映在筵宴菜品成本上。因此,筵宴菜单开发是控制筵宴成本的首要环节。又因为筵宴菜单是直接面向顾客的,顾客对筵宴价格的理解是基于对筵宴菜单价格的理解。所以,要让顾客能够接受筵宴菜单,也就是接受筵宴,并产生"物有所值"甚至是"物超所值"的印象,顾客就会成为创新筵宴消费的常客,创新筵宴的经营自然会兴旺起来,效益随之会好起来。所以,从这个意义上说,筵宴菜单开发创新对确保筵宴经营的效益性,具有特别重要的意义。[①]

二、旅游筵宴开发的要求

(一)突出地方风味特色

从目前受消费者欢迎的旅游筵宴来看,都是以突出地方风味特色为主要特征。因此要使改革和创新后的筵宴得到认可,能受到游客普遍的好评,并保持旺盛的生命力,就必须突出地方风味特色。旅游筵宴的开发也要提倡"八仙过海,各显其能",在实践中不断去粗取精,总结经验推陈出新,创立自己的名牌菜、看家菜,坚持以特色取胜,多方位地为满足客人的需求服务。

(二)配膳合理,讲究营养

设计营养平衡的旅游筵宴,反映了现在和不久的将来人们对旅游筵宴质量的一种需求。我国人民的饮食由"温饱型"向"营养型"过渡,随着科学

---

① 丁应林:《宴会设计与管理》,中国纺织出版社2008年版,第115页。

技术的不断发展和人民物质生活的不断提高，膳食的营养价值如何将成为衡量筵宴质量的一条重要标准。最近国内有关专家提出“大力开展各种人群正常营养需求研究和中餐菜谱营养成分电算化研究，加快菜点在出售时的营养成分标注工作，科学指导群众就餐”。要通过新闻媒介和学术讲座，宣传普及营养知识，举办厨师营养知识强化班，理论联系实际，求教于这方面的专家学者，聘请他们到饭店当营养顾问，以推动饭店从营养合理搭配，膳食平衡的角度设计筵宴。如何根据不同层次、不同类型、不同时令、不同消费者的营养摄入量，设计组合膳食结构合理，低糖、低盐、低脂肪，集特色、营养、文化、趣味为一体的筵宴，无疑是一件相当有意义和有价值的工作。

（三）减少浪费，提高质量

随着我国反腐败斗争的不断深入，酒筵不正常的消费过热现象，逐步得到抑制，餐饮市场出现公平竞争的势头，旅游筵宴以个人、工薪阶层消费为主。在开发旅游筵宴时要根据本地的实际情况，因人因需设计，避免浪费，面向大众开拓市场。设计筵宴菜单，要围绕提高筵宴质量为中心内容，研究区别不同的消费对象所应提供的菜品数量、分量。在保证质量的前提下，从实际出发，制定高、中、低不同价位和档次的筵宴菜单，适当降低筵宴的销售起点，方便客人选择。另一方面，要针对大型宴会烹调时间集中、上菜节奏紧凑的特点，从实际出发，在不影响风味特色的基础上，研究筵宴菜（点）的组合和合理配置，研究改进大型筵宴菜品的工艺流程和制作方法，缩短开席时的烹调时间，制定筵宴的操作规程，以提高筵宴菜品的质量，加强成本管理，提高原料的综合利用率，使客人收到物美价廉的满意效果，在实践中不断探索和总结经验。另外，要为客人“吃不了兜着走”提供服务，筵宴结束后，提醒说服客人并主动帮助客人打包，以减少浪费。

（四）讲究美食美器

古语云：美食不如美器。这句话说得很有道理。美食必须与美器配合，已成为衡量菜品质量的一个重要标准。“惟是宜碗者碗，宜盘者盘，宜大者大，宜小者小，参错其间，方觉生色。若板板于十碗八盘之说，便嫌笨俗。”（《随园食单·器具须知》）筵宴上用的餐具器皿，要以菜品为中心，讲究美食美器，既要讲究统一协调，风格一致，又应充分发挥器皿的衬托作用，在设计菜单的同时要设计和菜品相对应的餐具，加强筵宴精美的菜品与餐具的巧妙配合的设计研究。我国的餐具种类繁多，除通常用的瓷器和玻璃器皿外，还有竹器、漆器、陶器、铜器、银器、象形餐具等等，还可以根据需要定制餐具，都可以在筵宴上有选择的运用。此外，从筵宴的服务来看，许多服务项目、服务技艺和服务礼仪，也都是通过餐具来表现的。因此，古往今来，人们都重视餐具，研制餐具，广泛利用餐具，使它的实用价值和装饰价值都得到完美的体现。社会越进步，烹调技术越发达，餐具就越精美。从另一方面，餐具又促进筵宴的改革创新和发展，筵宴的档次越高，对餐具的要求也越高；餐具越精美，筵宴的审美价值也越高。

(五)营造环境文化氛围

菜肴讲究色香味，筵宴环境要美化，就和商品要包装、人要讲究穿着服装一样，都是为了美化人民生活。要努力营造优美、整洁、典雅的环境以提高筵宴的文化品位。把具有浓郁的地方风味的精品佳肴与灿烂的区域历史文化结合起来，使客人不但在物质上而且在精神上得到“赏心悦目”美的享受。

筵宴餐厅是传播饮食文化重要的窗口。餐厅的设计和美化应根据不同地区、不同时间、不同客人、不同需要，在餐厅的装潢设计，厅名的拟定，匾额、字画、楹联的布置等方面营造出不同的餐饮环境。筵宴的整体效果，有激发诗情、启迪文思的作用。近年来，筵宴环境的美化越来越受到人们的关注，进而发展成为一种重要的营销策略。

旅游筵宴开发设计涉及的面很广，除了上面谈到的以外，还应包括把我国的食文化、酒文化、茶文化融合于筵宴之中，弘扬中国饮食文明新风；名菜、名点的继承和创新，烹饪原料的开发利用，新科技、新工艺的学习和引进，厨房设备的更新和配置，烹饪人才技术和文化素质的培养提高等方面的内容。要结合当地的旅游餐饮市场的实际情况具体分析，针对亟待解决的问题，突出重点，逐步深入，在广泛的交流和相互借鉴的过程中不断改革、创新。

第三节　旅游宴筵实例

一、船宴

所谓船宴，是指人们在游船上举办的筵宴。人们在品味船宴上的美食时，一般都在游览湖光山色，或者观赏龙舟竞渡。因此，船宴也是一种游乐与饮食相结合的筵宴形式，就广义而言也是一种游宴。但由于在历史上船宴有着突出的地位、很高的知名度，人们习惯于将船宴从游宴中分离出来，把它看作一种独立的与游宴并列的筵宴形式。即在水中船上举办的筵宴为船宴，在陆地上风景名胜处举办的筵宴为游宴。花蕊夫人《宫词》描绘了后蜀主孟昶举办船宴的情形，其一言："春日龙池小宴开，岸边亭子号流杯。沉檀刻作神仙女，对捧金杯水上来。"其二言："厨船进食簇时新，侍坐无非列近臣。日午殿头宣索脍，隔花催唤打鱼人。"其三言："半夜游船载内家，水门红蜡一行斜。圣人止在宫中饮，宣使池头旋折花。"从诗中可见，孟昶常不分昼夜地在御池中举办船宴，由专门的厨船制作馔肴，所用原料则是新捕捞的鲜活鱼类，佐餐助兴的是梨园弟子悠扬的乐曲和令人倾倒的动人舞姿。

(一)无锡太湖船宴

碧波荡漾太湖水，悠悠流淌古运河。泛舟游太湖，船家都备有精美的湖肴供应，由于它与饭馆里的菜做法截然不同，渐渐形成著名的太湖船菜。船菜讲究"味真"，每一道菜都是原汁原味，特别新鲜。太湖船菜还有一个特点，就是主菜之后，几道素菜特别时鲜嫩爽，如惠山青蚕豆、冬笋菜心、香菇豆腐等。清末民初有四只大型画舫的船菜最为著名，分别由姓王、杨、谢、蒋的四个老板经营，并各有自己的名菜，如王家的八宝鸭、杨家的西瓜鸡、蒋家的蟹粉鱼翅、谢家的荷叶粉蒸肉，都是为食客所津津乐道的佳肴，其中杨家的莘香号画舫所供船菜特别出名。

太湖船菜亦称为"水上筵席"。它伴随着太湖、运河水上旅游的迅猛发展而形成，有近百年历史，具有浓郁的江南水乡特色。太湖船菜以太湖中盛产的白鱼、白虾、银鱼、蟹等为主料，配以相应的副食、作料，用炒、煎、焖、蒸、氽、炸烹饪方式，精细加工制作而成，具有绚丽素雅、酥嫩鲜甜、色香味俱全的特点。太湖船菜的另一特色是季节性：春天，原盅甲鱼、掌上明珠、银鱼炒蛋、清蒸太湖刀鱼、翁公鱼炖蛋；夏天，酒醉呛虾、糖醋鳜鱼、奶白鲫鱼汤；秋天，梁溪脆鳝、炒蟹粉、田螺酿肉、雪花斗蟹、太湖白虾、糟油白鱼；冬令，三丝银鱼羹、清炒虾仁、翡翠大王、太湖云吞、鸡汤湖鲜……四时不同，八节各异。还有各种太湖船点，如红枣银耳莲子羹、银鱼馄饨等。

近年来，为满足中外游客口味需求，太湖船菜经营者培训了一支支等级厨师队伍，从质量、花色、品种上提高了太湖船菜的档次。他们曾有幸接待了邓小平、江泽民、李鹏等许多党和国家领导人和外国元首及外宾，在太湖船菜上享有良好的声誉和企业知名度。

(二)苏州船宴

据史料记载,唐朝时,苏州有游春赏景之风。白居易修建七里山塘,乘船赏景之风更盛。达官贵人,骚人墨客乃至富贵乡绅,都以驾舟流连于水乡之上,诗酒相酬为风雅之举。这样渐渐形成了船宴。由于船一般较小,烹调设备亦受限制,故而船宴菜不贵于多而贵于精。以"精、洁、雅、俏"为特色,烹调方法以"炖、焖、煨、焐"为主,讲究原汁原味,汤清而不寡,汁稠而不腻,肉酥烂脱骨而不失其形。明清时代,船菜船点发展到高峰,苏州、扬州等地风行的"船宴"渐渐传播开来。清人笔记《桐桥倚棹录》记录当年苏州船宴的情景:画舫的船制甚宽,艄舱有灶,酒茗肴馔,任客所指。宴舱栏楹桌椅,竞尚大理石,以紫檀红木镶嵌。门窗又多雕刻黑漆粉地书画。陈设有自鸣钟、镜屏、瓶花,位置务精。茗碗、唾壶以及杯箸肴馔,无不精洁。游宴时,歌女弹琴弄弦,清曲助兴;船行景移之中,两岸茉莉花、珠兰花浓香扑鼻,酒尚没有醉人,花香先已令人陶醉,夜宴开始,船头羊灯高悬,灯火通明;船内凫壶劝客,行令猜枚,纵情行乐,迨至酒阑人散,剩下一堤烟月斜照。

近年来,苏州环古城风貌带进行了改造,为了让中外游客尽情观赏"东方威尼斯"的水上风光,水城巴士客运公司推出了环城水上游。2009 年 11 月 29 日,在苏州水城巴士环城河旅游龙舟内,由水城巴士客运公司和大鸿运酒店联合推出的船菜正式"起航"。据介绍,为了完美体现苏州船菜的特色,大鸿运精心研究后,以姑苏河鲜、时令蔬菜等原汁原味的苏帮菜唱大戏,开出了鸿运百姓宴、才子佳人宴、水城商贾宴、姑苏状元宴、吴王宫廷宴等多种档次的船菜。由苏帮菜大厨上船,在船行过程中当场烹制出一道道大菜。

(三)扬州船宴

扬州地处长江运河交汇之处,扬州船宴有着悠久的历史背景和良好的发展基础。扬州的船宴,与苏州的不同,筵席设在画舫里,厨房则设在后面一条名叫"沙飞"的船上。"沙飞"上面载有炊具和多种烹调原料,还有厨师及其副手,菜肴是从"沙飞"传递到"画舫"上的。《扬州画舫录》有这样的记述:"画舫在前,酒船在后。橹篙相应,放乎中流。传餐有声,炊烟渐上……谓之行庖。"《扬州画舫录》记述:扬州曾有一条名叫"红桥烂"的船,船头设置了可以煮肉的锅碗瓢盆,从码头开船后客人可以点肉吃,船老板就把肉下锅，船开到红桥时肉正好煮好，客人看遍了风光，肚子恰巧也饿了，正好大快朵颐。

扬州的船宴在瘦西湖里进行，烟波浩渺中人们心情愉快，更能充分地享受淮扬名菜名点之美。朱彝尊在其《虹桥》诗中也曾赞道："春芜小雨满城隈，茅屋疏篱两岸开；行到红桥转深曲，绿杨如荠酒船来。"

（四）秦淮船宴

旧时秦淮河上的小画舫是供游览观景之用的，配备一些茶水和简单的小吃，十分平民化。好在河中还有许多玲珑的小船，穿梭叫卖各种秦淮小吃，如豆腐花、索粉、烤肉串……可以组成名副其实的小吃宴。当时秦淮沿岸的"老南京"把时令风味小吃编成顺口溜："腊八粥、豌豆糕，荷叶乌饭炒元宵；糖粥藕、糖芋苗，桂花酒酿小元宵；豆沙条、马蹄糕，松子茶糕满街跑；茶叶蛋、鸭肠汤，五香驴肉老卤干；热老菱、糖山芋，冰糖葫芦熟荸荠；花香藕、炒米糖，百合绿豆清热汤。"而大型画舫则多数是供富豪们玩赏娱乐，辅以豪华的船宴。有请名厨上船"烩菜"的，也有在沿岸各名店订菜送到船上去的。筵席种类有燕翅双烤席、鱼翅烤鸭席、鱼翅席、海参带烤席。如燕翅双烤席一般有四冷、四热、八大、八小、二对点，近 30 个菜肴，其大件菜有一品官燕、白汁排翅、烤方、烤鸭、卷筒鳜鱼等。鱼翅烤鸭席也有近 20 个品种。如今流传的许多秦淮风味菜肴，如彩色鱼夹、桂花干贝、芙蓉鸡排等便是当年秦淮船宴所创制出来的。秦淮船宴的顾客多为消遣，所以大多吃得很少，因此制作特别强调精细，注重造型和色彩的调和，口味宜清淡，船上游客中文人颇多，菜名也要求高雅别致。船宴的这些风格已发展为南京菜的主要特色。除热菜席，还有冷餐席、甜食席、小吃席等。其上菜程序也因环境变化，不一定依照固有的章法。秦淮船宴在民国初发展到极致，民国中后期，船菜的制作随灯船画舫的萧条而停止。

秦淮船宴有着丰富的历史文化内涵。虽然它诞生在纸醉金迷、香脂艳粉的时代，然而作为一种饮食文化，在今日的秦淮文化旅游中仍具有很大的开发价值。

二、"西湖十景"宴

西湖十景，天下闻名。到杭州旅游，不仅可以驱车、泛舟欣赏闻名遐迩的西湖十景，还可以带着余兴到天香楼菜馆，品尝色、香、味、形俱全的"西湖十景"全席宴。早在 20 世纪 50 年代，有一次周恩来总理在西湖"楼外楼"

宴请外宾，曾对厨师说过，“西湖十景”应该搬上餐桌，把游览天堂胜景的美感，与品尝西湖名菜佳肴的情趣结合起来，使中外游客在天堂留下更加深刻的印象，这是一件发扬中华民族传统文化的大好事。当年，杭州饮食业曾遵照周总理嘱咐，组织名厨潜心研制。但是，由于种种原因，“西湖十景”全席宴始终未能问世。1985 年杭州市烹饪协会成立，第一件事就是研制“西湖十景”，完成周总理遗愿。经过一年多的努力，“西湖十景”终于在“天香楼”菜馆诞生。

新研制成的“西湖十景”全席宴，构思新颖，意境清新，从冷盘开始，一盘一个景，一景一个样，让人目不暇接、美不胜收。

“苏堤春晓”，菜中象征春晓的 10 只春鸟，是拿 10 只鹌鹑用杭州传统的叫花鸡制法做成，用绍兴老酒裹荷叶青泥煨熟。10 只飞鸟围绕着用鹿蹄筋摆成的“苏堤春晓”，不仅造型新颖，而且香酥有味。“曲院风荷”，借鉴广东名菜茅台鸡的制法，以鱼翅用茅台酒焖烧，做成一片片散发着酒曲幽香的荷叶。“断桥残雪”，避开一断一残不吉利的写实表现，以蛋清菜汁蒸芙蓉铺底，摆上用蛋糕刻的古桥，火腿切片铺成的堤岸……“西湖十景”席中既有美食的享受，又有诗意气氛的配合。“雷峰夕照”就采用了“雷峰塔倒，白娘娘脱逃”的民间传说，使其情趣迭生。上席时，忽然，餐厅灯光全灭，只见一服务员手托燃着三股青蓝色火光映着用爆鳝段搭成的雷峰塔，飘然而至，向众人道：“这是小青为白蛇娘娘报仇的三昧真火，传说她就是用三昧真火把雷峰塔吹倒的。”当客人吃倒“雷峰塔”，消灭了法海藏身的以蟹黄蛋卷制作的螃蟹后，突然餐厅灯光复明，服务员答谢道：“雷峰塔倒，白蛇娘娘得救，这里有在座诸位的功劳，谢谢了。”大家这才如梦初醒，恰似游历了神话幻境。“十景”宴中的甜点心，汇集人间珍品，使全席达到高潮。“柳浪闻莺”中的黄莺、“平湖秋月”中的白兔都用面食做成，形象逼真，奶香味美，令人一饱口福。而“南屏晚钟”，人手一客装在南瓜形瓷具里的冰糖燕窝，美味真品，使“西湖十景”更令人难忘。

“西湖十景”不仅显示了美的艺术造型，而且还融入了厨师的刀功、雕技、装盘等技艺，炸炒熘爆煨诸般烹饪技巧，同时，全席还做到了冷盘热炒搭配有序，真正做到了色、香、味、形四者皆佳。

三、“长安八景”宴

“长安八景”宴，顾名思义，是用各种高档原材料将古长安八大景观再造于餐盘形成的集食用、观赏于一体的文化宴席。这是西安饭庄独家创制的“精品”，是饭庄名厨智慧的结晶。众所周知，长安历史上曾有八处风光旖旎的美景——雁塔晨钟、华岳仙掌、太白积雪、灞柳风雪、骊山晚照、草堂烟雾、曲江流饮、咸阳古渡。由于种种原因，这些美景或已绝迹，或失去了往日的风采。西安饭庄的厨师们发挥想象力，用鲜虾、墨鱼、蹄筋、松仁、甲鱼等原材料将这些美景重现于餐盘，或仿胜境形象于其中，或寓掌故传说于佳肴，既可使宾客恍若重游于古长安胜迹，增加宴席的气氛，又可使宾客品尝到陕菜独有的风味。

“雁塔晨钟”为冷拼八围，以鲜艳的色彩、精巧的构思、磅礴的气势烘托出宴席的气氛，置身其中，雁塔钟声似已隐隐入耳，道出了主人对贵宾的不尽欢迎之情。

“华岳仙掌”又名鲍汁驼掌，选用上好的驼掌来比喻传说中拯救万民、托山引水的河神巨手，以逼真的造型突现西岳华山的奇险。

“太白积雪”是在西安饭庄名菜“红油牛筋”基础上创新的一道名菜，选用上好的炝发牛筋精制而成，食之清利爽口，观之晶莹剔透，宛如太白山终年不消的皑皑白雪。

“灞柳风雪”选用新鲜的墨鱼为原料，经滑炒而成，因而又名滑炒墨鱼花，成菜柳絮飞扬，如雪漫舞，因古人依灞水折柳送别，以表友谊天长地久而得名。

“骊山晚照”是以名菜香煎银鳕鱼为基础的创新之作，层次分明，清爽利口，用香煎的银鳕鱼将诗人笔下“入暮晴霞红一片”的美景尽收盘中。

“草堂烟雾”以六种素菜制作而成，着力表现传说中草堂寺的清烟淡雾及其东临沣水、南望圭峰的田园美景，经过现代厨艺多道工序，将氤氲升腾之意表现得淋漓尽致。

“曲江流饮”是一款上乘的火爆汤菜，又名口蘑桃仁氽双脆，以上好的鸡肫、鸭肫为主料用高汤烧制而成，造型逼真，汤清味美，古代曲江的美景跃然而出。

“咸阳古渡”以龙虾满足汤、虾排爆炒炸制而成，一菜两吃，松软鲜嫩，“渭水贯都，以象天汉；横桥南渡，以法牵牛”的美景尽收眼底。

“长安八景”宴在陕菜的发展中独具意义，它不仅是古长安八大景观在美食文化中的再现，更是对陕菜体系的充实和丰富、创新和发展。不但彰显了陕菜的“大雅”，而且还将现代人的饮食风尚与悠久的长安历史文化融会贯通、完美融合，成为西安饭庄振兴陕菜道路上的又一个里程碑。

四、运河文化风情宴

运河文化风情宴以挖掘传统历史文化为内涵，借鉴和吸收南北大菜之精华，结合当地的饮食习惯，本着“精菜细做，细菜精做，精菜妙做”的原则，勇于创新，反复实践，终于隆重开宴。

运河文化风情宴餐厅以清康熙、乾隆沿运河南下视察，途经山东阳谷历史文献资料为依据，设计为清朝宫廷布局，宴会厅四壁悬挂的是京杭大运河沿岸景点、菜品及康熙、乾隆下江南的经典故事。餐桌采用的是宽3米、长30米的长条桌，全部采用高档青花瓷餐具。餐桌中央为微缩了的京杭大运河景观，运河两岸则是临清至阳谷段的名胜古迹，景点错落有致，绿茵垂柳映照河面，小桥流水潺潺而流，鱼虾嬉戏，岸边垂钓，交相辉映，充满了温馨、休闲与自然的味道，给人以赏心悦目、美不胜收之感。进餐时，八位身着宫廷服装的服务员，迈着轻盈的步伐，用娴熟、大方、规范的礼仪，提供及时快捷、体贴入微的服务。每道菜品都配有历史与文化典故，让宾客充分体验到“色、香、味、形、器、艺、养、文”的境界与饮食文化的博大精深。

菜单设计为一凉拼，八大菜，双面点，双小吃，一汤，一果盘。八道大菜都是匠心独具、精雕细刻而成。如“御液一品翅”：鱼翅虽为海中珍品，但本身不具有特殊的鲜味，就要采取本味不足后味补的方法，用上好的顶汤，加入时令菜心、金华火腿，将发制好的鱼翅蒸制而成。该菜具有火候十足、汤鲜味醇、清香滑嫩的特点。“八珍妙龄鸽”用六两重家庭饲养的雏鸽，以阳谷布袋鸡的工艺，去骨后辅以鹿筋、干鱿鱼、瑶柱、虾仁、鸽蛋、香菇，再配以名贵的虫草和枸杞，加入高汤，调好口味，长时间蒸制而成，具有启坛香味扑鼻、肉软烂、馅料糯香、回味绵长的特点。此外还有洪福齐天、玉带龙骨、一品夫人、挂剑台、滋补运河甲鱼、古阿贡梨等菜品，每道菜品都如嘉宾和领导所要求的那样：“一道菜就是一朵花，一桌菜就是一幅画。”

运河文化风情宴是一幅大气磅礴、蔚为壮观的美丽画卷，成为山东省阳谷县阳谷宾馆又一道亮丽的风景线，从而为阳谷宾馆这一金字招牌增辉添彩。

五、哈尼族长街宴

长街宴是哈尼族的一种传统习俗，每到“昂玛突”节来临，哈尼人会在山寨里摆上酒席，一起欢度节日。在摆酒庆祝时，百来张桌子排在一起，恰似一条长龙,“长街宴”也因此而得名。

昂玛突节是哈尼族人民祭护寨神、拜龙求雨的节日,也是作为庄稼人的哈尼族人们最盛大的节日。节日当天一早,村中的龙头——哈尼族中德高望重的老人摆好祭桌,宰杀无杂毛的龙猪,敬请“龙神”和大家一起共度佳节。祭龙完毕,龙头就把猪肉切成无数块分给那些无儿无女的孤寡老人。祭完龙猪后,寨子里各家各户开始宰杀自己亲手饲养的大肥猪,霎时猪叫声、男女老少的欢闹声,汇成一部五谷丰登的奏鸣曲。猪宰好后,各家各户开始煮饭、炒菜忙个不停。煮饭要用黄糯米,鸡蛋要煮成红、黄、绿三种颜色,红色代表太阳,黄色代表月亮,绿色代表大地。据说,这是哈尼人历代祖先崇拜人与自然和谐留下的条规。

饭、菜准备好后,哈尼人不是独个、独家享用,而是将准备好的菜肴、美酒抬到指定的大街上摆起来,就这样桌连桌一家接着一家摆,酒宴越摆越长,宴席锣鼓喧天热闹非常,人们穿着节日盛装,扶老携幼从四面八方汇集赴长街宴。入宴的人越来越多,有时宴席长达上千米,人数多达上万。入席时,龙头主持人坐首席,其他人按照年龄层次、男女性别、兴趣爱好自愿组合同桌而坐。各家各户端来的酒菜,必须经龙头过目或品尝方可上桌。一旦从质量、数量上得到龙头的赏识,这户人家便在众人面前以此为豪,反之就觉得自己脸上不光彩。随后,龙头将各家各户送来的菜肴每张桌上都扒出一点,酒是用一个大罐子倒在一起让众人分享,哈尼人把这种酒宴幽默地称为“吃百家饭,品百家菜,喝百家酒”。这种混合宴席,展示了哈尼民族大团结的和谐景象。

一切准备就绪,龙头宣布长街宴吃喝开始。他率领赴宴人高举酒杯,祈祷龙神保佑,祝愿来年风调雨顺。席间,凡参加宴会的人,第一筷须夹桌子中央切成小块的龙猪肉吃下去,这样表示对龙神的尊敬,然后开始任意品尝其他酒菜。更有趣的是,长街宴地不分南北、人不分老幼,只要有缘相会大家都是朋友,游人如果遇上摆长街宴,热情好客的哈尼人就会起身让座拉你入席,盛情款待。来的都是客,全凭嘴一张,摆开长宴桌,坐在十六方,相逢开口笑,友谊胜兄长。每年的长街宴人们总是慕名而来,入宴的人越来越多。席间,宾主一起喝酒、一起吃菜,共同举杯祝福,一派欢声笑语喜气和谐。酒足饭饱之后,老年人借着酒兴,搬出各种乐器尽情弹奏,青年男女则随着乐声翩翩起舞。整个宴会一直持续到夜幕降临。散宴时,龙头敲起鼓,人们尾随其身后绕席走到一棵龙树下,众人口中念念有词,示意送龙回家,保佑来年风调雨顺,长街宴上庆丰收。入夜酒席散去,有情有义的青年男女相约跑进茅草丛中、竹林深处唱歌跳舞,谈情说爱,憧憬着未来的美好生活。

昂玛突节长街宴,揭示了哈尼族人民在耕作文化中对水的认识和对龙的崇拜,同时也反映了哈尼族人民勤劳朴实、团结互助的传统美德。数百米的长龙及山珍野味,每年吸引着同乡异族和国外慕名而来的客人。不论谁,只要你愿意,都可以融入这浩浩龙宴中,坐在哈尼人家的宴桌上,去体验哈尼古老的文化风情。

第十章　多彩食俗如诗画

第一节　饮食民俗文化的内涵

一、民俗和饮食民俗

（一）民俗

“民俗”从字面意思解释，即“民之风俗”，“民”是“俗”的表现空间，“风”是俗的“表现内容”。东汉许慎的《说文解字》中认为：“民，众萌也。众，多也。萌，草芽也。”《周礼》曰：“俗者，习也。上所化曰风，下所习曰俗。”也就是说，由上层社会倡导，大家仿效而形成的社会风尚就叫作“风”，而在民众中历代沿袭，共同遵守的习惯则叫作“俗”。然而，《汉书・地理志》却曰：“凡民函五常之性，而其刚柔缓急，音声不同，系水土之风气，故谓之风；好恶取舍，动静亡常，随君上之情欲，故谓之俗。”也就是说，由自然条件不同而形成的风尚、习俗叫作“风”；由社会环境不同而形成的风尚、习俗叫作“俗”。以上两种解释中，前者主要是从文治教化的角度出发，就风俗形成的社会动力而言的，而后者则从自然和社会两个方面对风俗的发生做出了解释，两者是互相包容，而非矛盾。① 由此看来，中国古代的民俗泛指民众的风尚、习俗。

现代意义上的民俗，是指某个国家、地区或民族在社会发展过程中所创造的广泛流传于民间的各种风俗和习惯，是人们日常生活中眼见可及、耳闻有声、触之有形的文化形式。民俗文化包含着丰富的社会和生活内

① 徐杰舜：《汉族风俗史》（第1卷），学林出版社2004年版，第3—4页。

容，诸如节庆活动、生、婚、寿、葬、餐饮、日常起居、风味名吃、民间艺术、信仰、地方特产等，都可囊括在民俗范畴之内。

(二)饮食民俗

饮食民俗是人类饮食文化中的社会性规定和约定俗成的社会行为，它是诸多风俗中最活跃、最持久、最有特色、最具群众性和生命力的一个重要分支。历代的风物志、风俗志、风土志、风俗画、地方志、行业志，以及正史、野史、笔记小说与文学艺术作品中，对此均有生动的反映。它是构成中国饮食文化的基本要素，对中华民族心理和性格的形成有着潜移默化的巨大影响。

饮食民俗随着人类社会的产生而产生，伴随着经济文化的发展而发展，伴随着科技的进步而进步。它的形成和发展主要由环境、历史、经济、政治、文化诸多方面因素所决定。从元谋人时代茹毛饮血、北京猿人时代火炙石燔，到山顶洞人时代捕捞鱼虾，再到河姆渡时代试种五谷，以及现代的诸多菜品菜样和饮食的礼制讲究，这些都是一个从无到有、从初级到高级的发展过程。

二、饮食民俗的种类

饮食民俗的内容繁杂广泛，归纳起来大致包括三个方面：一是属于物质系统的，如食物的种类、食法及其来历，不同地区和民族的饮食结构，日常饮食、节令饮食、仪礼饮食的特殊讲究等以及食物生产交易方面的习俗；二是属于行为系统的，如岁时节令方面的饮食民俗、家族和亲族方面的饮食习俗、人生礼仪方面的饮食习俗等；三是属于观念系统的，如信仰方面的饮食民俗等。为了便于学习，我们将中国饮食民俗分为居家日常饮食习俗、年节饮食习俗、人生仪礼食俗、宗教信仰食俗、饮食市场食俗、地方风情食俗、少数民族食俗等既有联系又各成体系的类型。

(一)居家日常饮食习俗

家庭的饮食习惯。每个家庭的三餐调配、四季食谱、祖传名菜、养生方法、口味偏好等，均与各自不同的经济来源、文化素质、家风家教和生活惯制相关。从餐制看，由于多数家庭秉承“日出而作，日落而息”的古训，还不习惯夜生活，故而一日三餐为全国通制，当然也有例外。从膳食结构看，从古至今我国家庭基本上沿袭“三多三少”的传统，即主副食组合中，谷食多，菜食少；菜食用料中，蔬菜多，肉品少；肉品选用上，猪肉多，其他少。这与我国的农业生产模式和中医“得谷吉昌”理论有关，以植物性食料为主体，是中国居家饮膳的突出特征之一。

我国自古便有妇女主持家中饮食的传统，这一状况现今并无多大改变，只是由于绝大多数主妇参加了工作和协助务农，将“专厨”变成“兼厨”而已。主妇值厨一般只抓三件事：采购、定食谱、掌勺，扮演的是“厨师长”的角色。而家庭其他成员，则在主妇指挥下，干着力所能及的辅助活。这种协同，能充分利用各成员的空闲时间，相应减轻主妇的负担，还可互相照应，嘘寒问暖，增强情感的交流。

家庭饮食，历来注重洁净。厨房常扫，灶台勤抹，盘碗多洗，饭菜卫生，并且大都养成良好的饮食习惯，极少出现食物中毒的情况。家庭饮膳，还很注意应时当令，主辅调配，粗料细作，综合利用；三盘两碟，分量尽管不多，却很精细。不少能干的主妇还擅长调制方便小菜，随食随取，经济实惠。有些经济宽裕的大家庭，更不乏祖传的风味名食，这都是上几辈人的杰作，百年相传，以其浓郁的亲情加深着成员对家庭的眷恋。

家庭聚餐有一种轻松自由的气氛。大家辛苦做，快活吃，爱坐哪里坐哪里，想吃什么吃什么，丝毫不受繁文缛节的束缚。家庭聚餐彼此有谦让的心态，成员到齐才开饭，不挑不拣不抱怨。你推我让，好一点的食品多数分给老人和孩子，洋溢着暖烘烘、热融融的骨肉之情。

（二）年节饮食习俗

即年节期间饮食方面具有传统文化色彩的风俗，主要包括节庆食品和饮宴风尚。年节饮食习俗的涵盖面广，类型众多。如以时代划分的有传统节庆食俗和现代节庆食俗；以民族划分的有汉族节庆食俗和少数民族节庆食俗；以季节划分的有春令、夏令、秋令、冬令节庆食俗；以性质划分的有历法推定食俗、农事调适食俗、宗教起源食俗、祖灵祭祀食俗、历史纪念食俗、民族传说食俗、社交娱乐食俗等。

（三）人生仪礼食俗

人生仪礼又称个人生活仪礼，它是指人的一生中，在不同生活与年龄的重要阶段，所举行的不同仪式和礼节。在人生仪礼活动中逐渐形成了一系列饮食习俗。我国的人生仪礼食俗主要有诞生礼食俗（如三朝酒、满月酒、周岁宴、亲家宴等）、成年礼食俗（开蒙酒、割礼宴、庆十岁、冠礼席和笄礼席等）、婚嫁礼食俗、寿庆礼、丧葬礼等。人生仪礼食俗的基本特点是：遍邀至亲好友参加，宾客必备盛礼祝贺或悼念，主家循例大张宴席。人生仪礼食俗寓礼于仪、寓教于食。

（四）宗教信仰食俗

宗教信仰食俗，即在原始宗教或现代宗教的制约下所形成的食禁、食性、食礼与食规。它们在行动上多有某种手段或仪式，在语言文字上多有某种语汇或戒律，在心理上多有某种支配精神意识的神秘力量；其突出表现便是允许吃什么和不准吃什么，什么时候吃或不吃，以什么名义和按什么方式吃，并且对于这些“清规”都能运用宗教经典或神话传说进行有理有据的解释。不同的宗教信仰，有着不同的饮食风俗。

（五）餐饮市场食俗

餐饮市场食俗系指饮食品的生产与销售、餐饮的接待和服务、餐饮业的经营及管理、地方风味的成因与特色等方面的风情世象和行为规范，其中包括餐馆食俗、饭庄食俗、茶坊食俗、食摊食俗等。这是中国饮食文化的一个重要方面，有着长达数十年的食俗积淀。

餐饮市场是菜点的生产、销售场所，主要包括供应酒食的酒店、饭铺、茶楼、食摊，以及同时提供食宿的宾馆、旅社、驿站及旅店。它们是在一定的历史阶段（原始社会末期）才出现的，为的是满足流动人口和城镇居民的饮食要求。餐饮市场虽然隶属于商业，但又不同于一般的商业，它具有四个鲜明的特征：一是它同时提供物质生产劳动和服务性劳动，经营服务过程与消费过程统一，具有加工生产、商品销售和消费服务三大职能，且常与交通运输业、旅游观光业和休闲娱乐业结合；二是它主要依靠手工操作，单件或小批量生产，花色品种繁多，季节性分明，经常形成许多风味流派，技术性和传承性强，具有手工作坊的属性；三是它注重经营之道，常以名料、名菜、名点、名席、名师、名店作为竞争的手段，讲究服务程式和接待礼仪，地方色彩与民族色彩鲜明，常以食街、食肆的形式出现，是城市繁华的标志之一；四是饮食市场上的菜点是商品，存在着价值与使用价值，须用货币交换来体现，故而极为重视档次、调理、风味和服务，强调经济效益和社会效益。凡此种种，便决定了饮食市场食俗不仅要以地方风味和地方风情作为灵魂，还染上了浓郁的商品经济色彩，要在竞争中求生存，在创新上求发展，在特色的“形象”上大做文章。

餐饮市场食俗的主要表现，一是醒目的行业标志，如酒招、行话、工装；二是经营的竞争手段，如网点相对集中，经营分级划类，延长营业时间，深入街巷里弄，承揽服务项目，重视接待礼仪；三是突出六名（料、菜、点、席、师、店）和一优（优质服务），以产品质量和服务质量取胜；四是以地方风味作旗帜，如用“六名一优”烘托，用店堂装饰陪衬，用乡土人情渲染，等等。

（六）地方风情食俗

地方风情食俗是受经济、地理、风土物产、历史变迁和文化传承的影响，在较大的自然区划（或行政区划）内形成的宏观饮食习惯。依据我国行政区划的沿革与现状，这种食俗可以大体分成六个大片。这六个片区是：东北地区食俗，含黑龙江、吉林、辽宁三省；华北地区食俗，含北京、天津、内蒙古、河北、河南、山东、山西七省（区、市）；西北地区食俗，含陕西、甘肃、宁夏、青海、新疆五省（区）；华东地区食俗，含上海、江苏、浙江、安徽、江西五省（市）；华中南地区食俗，含湖北、湖南、广西、广东、福建、台湾、海南、香港、澳门等九省（区）；华西地区食俗，含重庆、四川、云南、贵州、西藏五省（区、市）。这些地区的乡土食俗除了受到经济、地理影响外，还常受当地的文化气质与美学风格的熏陶。从前者看，我国有黄河流域麦畜作饮食文化、长江流域稻鱼作饮食文化、辽河流域豆粱作饮食文化、珠江流域薯芋作饮食文化、蒙新青藏牧区肉乳作饮食文化、云贵桂粤山区虫菌作饮食文化、东南沿海滩涂海鲜作饮食文化、西北边陲雪原野味作饮食文化等。从后者看，有中原大地的雄壮之美、北方草原的粗犷之美、江南水乡的优雅之美、华中湖区的清秀之美、西南边陲的质朴之美、华南沃土的华丽之美等。凡此种种，与六大区的食俗均有一定的对应关系。将它们联系起来，有助于加深对各种食俗的理解和认识。

（七）少数民族食俗

少数民族食俗指各有传承或祖训，特别讲究忌讳，分别流传在55个少数民族内部的特殊食俗。其始因有的是民族起源和英雄传说的影响，有的是生产方式和生活方式的限定，有的是信仰膜拜和礼俗品德的熏染，有的是文化艺术和心理感情的积淀，还有的是以上诸方面综合作用的产物。在众多食俗中，这一食俗最为复杂又最具特色。

三、饮食民俗的特征和功能

(一)饮食民俗的特征

1. 集体性和社会性

饮食民俗并不是个别人或少数人的习俗,而是社会上、集体中绝大多数人共同的习俗。尽管在饮食民俗的演变过程中,一些饮食民俗新内容最初表现在少数人身上,但只有当这些内容被大多数人模仿接受之后才能被称为民俗。

2. 地域性和民族性

常言道"十里不同风,百里不同俗",讲的就是民俗的地区差异性,不同的地域会有不同的饮食民俗。民族是具有共同语言、共同地域、共同经济生活、共同文化、共同心理特征的民众共同体,是民俗的载体。往往具有共同或相近习俗的人群组成民族。换言之,不同的民族有不同的饮食民俗,我们往往是以民族为单位来了解饮食民俗。当然,人口众多的民族,由于地域差异等原因,其内部的风俗习惯差异也是明显的。

3. 传承性和播布性

传承性是说饮食民俗一旦形成便会世代相袭,不会因改朝换代或社会的变革而立即中断。正因为这一特性,一些古老的饮食民俗得以延续下来。播布性是说一定地域、一定民族的饮食民俗会随着不同地域不同民族的相互往来而向外扩散。因此,在一些相邻的民族或相近的地域单位之间会有一些相似的饮食民俗。

4. 稳定性和变异性

饮食民俗是被绝大多数人遵从的饮食习惯,一旦形成就有较强的稳定性,往往核心的东西多少年不变或变化很小。即使是一些落后的不合理的饮食习俗,由于在民间根深蒂固,改变起来也很困难。当然,任何饮食民俗都不是绝对不变的,随着社会的发展和时代的变迁以及与外界的交流,饮食民俗也会在潜移默化中发生改变。这种变异往往是先从少数人做起,逐渐被周围的人认可,是一个相对缓慢的过程。

(二)饮食民俗的功能

1. 凝聚功能

文化具有凝聚力,这种凝聚力存在于同一种文化的人之中。饮食民俗作为文化的一部分,也具有凝聚力。信仰或崇拜同一神灵的人们之间,具有很强的凝聚力。如祭祀灶神,将祭同一灶神的若干家庭凝聚起来;祭祀祖先,加强了该家族各支子孙之间的凝聚力。

2.纪念功能

如端午节吃粽子是为了纪念屈原,寒食节吃凉食是为了纪念介子推等。

3.教育功能

丰富多彩的食俗事象,不仅可以传授生产技能与生活知识(如采集食料、制作炊具、学习烹调、料理家务),还可以帮助后代了解社会、了解世界,学会生存的本领,能够在社会上自立、自强。通过食俗活动的潜移默化进行传统教育,还能增强民族自豪感和民族自信心,形成良好的民族心理和民族性格。我国许多少数民族团结互助、豪爽待客的民风,在很大程度上都与食俗的长久熏陶有关。

4.实用功能

饮食民俗的实用功能,指它在日常生活中对社会生产、生活所能起到的较直接的作用。如婚礼中的聘礼需要食物;结婚宴席,生子报喜送红蛋等。

5.娱乐功能

许多食俗都与社交、欢聚、游乐、竞技相结合,带有浓厚的娱乐性。特别是年节文化食俗、人生仪礼食俗、公关礼仪食俗和少数民族食俗,多以社群形式出现,表现了健康向上的审美观念,洋溢着活泼欢快的情调,从中可以获取乐趣,调节个人的物质生活与精神生活。

四、影响饮食民俗的因素

(一)地理环境

饮食民俗的形成和发展与人们生活的地理环境有着密不可分的关系。地域和气候不同,农副产品的种类、品性不同,食性和食趣自然也不同。“东辣西酸,南甜北咸”大致概括了我国不同地域的饮食特点。这既反映了气候、土壤对人们饮食习惯和口味的影响,同时也说明了饮食调理是人们适应自然环境的重要手段。

(二)经济条件

食俗的形成和变异也受到社会生产发展状况的制约。我国北方以种植小麦为主,南方以种植水稻为主,故形成了“北面南米”的格局。秦岭—淮河以北适宜种植小麦、玉米等耐旱作物,人们日常生活中的主要食品以面制品为主,馒头、包子、花卷、饺子、烙饼、锅贴等,都离不开面粉。南方盛产稻米,风味食品大都用米制成,米粉、糕团、粽子、汤圆、油堆、糍粑、沙糕等都是米制品,粥和饭的品种繁多。

(三)传统文化

传统文化对饮食文化的形成和发展具有深刻影响,在不同地域的饮食民俗及风味食品中都蕴藏着一个民族的信仰、心理、性格、审美情趣、历史文化等内涵。《礼记·曲礼》记载:“共食不饱,共饭不泽手。”又如《周礼·春官·大宗伯》说:“以乡燕(宴)之礼,亲四方之宾客。”“以饮食之礼,亲宗族兄弟。”《左传·成公十二年》说:“飨以训恭俭,燕以示慈惠。”这些礼仪体现了餐食的卫生要求和谦恭礼让的人际关系以及中国人对饮食的重视。元宵节吃元宵,端午节吃粽子,中秋节吃月饼,重阳节吃重阳糕,腊八节吃腊八粥,祭灶吃灶糖,春节吃年糕,没有哪个节庆不以吃喝为特色。这些饮食文化成为文化传承的主要代表。从婚丧喜庆到喜怒哀乐,莫不以吃喝为高潮,吃喝成为中国人团结群体、整合关系的润滑剂和增凝剂。

中餐菜肴注重色、香、味、形、器、名等整体效果,讲究调和之美。在饮食方式上采用筷子和共餐制,这些反映了我国古代哲学中“和”这个范畴对民族饮食思想的影响。天有五行,人有五脏,食有五味,人是通过“养”获得天地之气,吃什么,不吃什么,都要遵照阴阳搭配的原则。

(四)文化交流

民族之间、区域之间的文化交流,大大丰富和影响着我国的饮食民俗。《尚书·旅獒》中就指出:“四夷咸宾,无有远迩,毕献方物,惟服食器用。”文化交流首先从引进食物开始,三千多年前周武王时,西南少数民族就以茶作为贡品,输送到中原。自从汉代张骞出使西域,打通西域与中原交通,西域的葡萄、石榴、核桃、黄瓜、蚕豆、香菜、胡萝卜、葱、蒜等瓜果蔬菜源源不断地输入中国,成为百姓日常喜爱的食品。

维吾尔族的“烤羊肉串”、傣族的“竹筒饭”、满族的“萨其玛”等食品,如今已成为各民族都认同和欢迎的食品;信奉伊斯兰教的各民族之清真菜、清真小吃、清真糕点等，更是遍及我国大江南北；北方少数民族食用的茶叶、豆腐、麻花等也是长期文化交流的结果。近现代中西方文化交流日渐频繁，不仅带来了蛋糕、奶油、牛排、面包等西式菜点，还带来了西方一些先进的烹饪设施、饮食方式，这些无疑也为中国古老的饮食文化注入了新的活力。

（五）科技的进步

在原始社会，由于生产力低下和科学技术落后，人们完全依赖自然，过着茹毛饮血的饮食生活，“烹饪”是人类学会用火以后开始的。随着科学技术的进步，食物品种增多及各种炊具的出现，烹饪方法由少到多，技艺由简单到复杂，促进了饮食文化的发展。现代科学技术和交通的迅速发展，在促进各地饮食文化交流的同时，也促使各地饮食文化的自然背景发生很大变化。20 世纪 80 年代，地处华北平原的北京市冬季蔬菜品种少，因此价格低廉、易储存的大白菜成为当年北京居民饭桌上的“当家菜”。每年一到初冬，千家万户齐出动，买菜、晾菜、储菜，构成了一幅繁忙而有致的风俗画。如今随着冬季大棚蔬菜栽培技术的出现，曾经的“当家菜”已成为“平常菜”，白菜和其他各种蔬菜瓜果一起摆上市场柜台，丰富了老百姓的餐桌。

（六）宗教信仰

宗教信仰对饮食文化具有较大影响，主要表现在教义的规定和有关宗教习俗方面。佛教不食荤腥，伊斯兰教不食猪肉，还有宰杀牲口的各种规定，这些都使得这些民族和教民在食物的选择和烹调中有所不为。我国大部分民族的佛教是茹素的，这种茹素的饮食风俗大大推动了我国蔬菜、瓜果类的栽培，以及豆制品、面筋制品技术的发展，并且开创了我国饮食文化中净素菜烹饪的一大流派。古刹大多在名山，而名山大都有好茶好水，这对我国种茶、制茶、品茶的习俗也有所促进。此外，我国汉族地区曾广泛流传吃“腊八粥”，这也与佛祖释迦牟尼的传说有关。

此外，不少食俗是从原始的信仰崇拜演变而来的。如蒙古族尚白，以马奶为贵；高山族造船后举行“抛船”盛典，宴请工匠和村民；水族供奉司雨的“霞神”完毕后，大伙才能分享祭品；还有穆斯林过“斋月”，广州商人正月请“春酒”，厨师八月十三朝拜“詹王”等食俗。

（七）政治影响

饮食民俗还时常受到政治形势的影响，尤其是当权者的好恶和施政方针的影响。唐朝皇帝姓李，由于避讳字与鲤同音，下令禁止捕食鲤鱼，加上唐王朝崇奉道教，视鲤鱼为神仙的坐骑，故而唐人多不食鲤鱼，唐代也极少见鲤鱼。许多时令节庆的饮食风俗，起因往往带有浓郁的政治色彩。①

第二节　饮食民俗文化的旅游开发

如今旅游业已进入大众旅游的时代，传统的旅游产品已经不能满足旅游者的需求。饮食民俗文化作为旅游资源的一部分具有不可替代性，它能够满足旅游者的多种需要，促进旅游地的经济发展，在旅游产业中具有重要的作用。

一、饮食民俗文化在旅游中的地位和作用

(一)饮食民俗文化是独特的旅游资源

民俗文化作为透视社会的“广角镜”，以鲜明的地域特征成为最具特色的旅游资源。饮食民俗旅游的特色不仅体现在主食、菜肴、饮料等饮食的构成因素上，还有地方的菜系和食物代表，如粤菜、苏菜等，令人神往。此外，各地的饮食习惯和用餐规矩也是各不相同，这也让旅游者心生好奇。这种民俗文化现象，以其丰富的内容、浓厚的地方色彩、鲜明的民族特色，吸引着大量的国内外游客，构成我国民俗旅游开发的丰厚资源，具有极高的旅游价值。当然，并不是所有的饮食民俗事项都是旅游资源，只有那些风格鲜明、独特、奇异的风俗习惯，才可能唤起异国他乡民众的游兴。

(二)旅游有助于饮食民俗的交融与发展

旅游是人们在不同地区之间的暂时流动。旅游同时也是一种文化交流，国内外的旅游者都感兴趣于旅游地民族的民间文化、风土人情、礼俗风尚，对于饮食更不例外。旅游者要了解一地的风俗，自然会加以传播，使民俗的知名度得到提高；另一方面，由于旅游业的开发，可以挖掘出许多不受人注意的饮食民俗，进而拓展各地饮食的内容，丰富了各民族的饮食文化。这不仅让旅游者尽兴，而且让当地人民受益。

---

① 余永霞：《中国民俗旅游》，华中科技大学出版社 2011 年版，第 27—30 页。

（三）了解饮食民俗是做好旅游接待的重要前提

应该说旅游与饮食民俗之间有着特殊的关系。对游人来说，饮食民俗令他们向往，他们渴望了解或体验目的地的有关饮食民俗；对旅游开发商来说，饮食民俗资源是他们开发的对象；而对于旅游接待一方来说，饮食民俗知识是他们必须具备的。

旅游接待者一方面要熟悉本地的饮食民俗，以便回答游客随时可能提出的有关问题。因为许多游客把了解目的地的风土人情作为旅游的重要目的，所以很可能就当地的风土人情提出这样那样的问题。如果接待人员一问三不知，必然会令游人失望。另一方面，要了解主要客源地的有关饮食民俗。旅游者必然是外来者，或者来自国内的其他地区，或者来自国外。不同地区、不同民族、不同国度的游客对旅游服务会有不同的要求，而要求的不同很大程度是由他们各自不同的生活习惯、思维习惯所决定，或者说是由他们所在地不同的习俗所造成。作为接待者，要使自己的服务令游客满意，一个重要的前提是要了解客源地的有关饮食民俗。只有熟悉客人的背景饮食民俗，才可能了解游客的需求特点；只有知道客人的需求，才可能提供有针对性的服务，从而给客人提供意想不到的个性化服务，收到非常好的效果，这是保证和提高服务质量最有效的途径。

饮食服务是旅游接待中非常重要的内容。来自不同地区、不同民族、不同国度的游客在饮食习惯上往往有很大差异，要为客人提供满意的饮品和食品，就必须掌握客源地的饮食特点，了解那里的人们喜欢什么、不喜欢什么、忌讳什么，因而熟悉饮食方面的不同习俗是绝对必要的。

饮食民俗文化作为现代旅游文化中的一部分，在很大程度上充实了现代旅游的文化内涵，对增强现代旅游的发展后劲起着巨大的推动和促进作用，在发展现代旅游中具有独特的价值和巨大的潜力。

二、饮食民俗旅游资源的特点

（一）地域性

由于地域的不同，使得饮食民俗旅游资源在不同的地区各有千秋，从而以不同的方式展示不同地域的独特民俗文化。地域性特征作为饮食民俗旅游资源的一个重要特点，不但为饮食民俗旅游提供了巨大的空间，而且也恰恰反映了其独特性。如宁夏地处游牧文化和农耕文化的交汇地带，加上汉族和回族的饮食特色，在各种烹调技法上独具一格，形成了与众不同的宁夏清真风味，宁夏回族传统的美食主要有油香、八宝饭、小吃羊羔肉、撒子、八宝盖碗茶，还有涮羊肉、黄河鲤鱼、锅盔、燕面揉揉、荞麦饸饹、硬面干烙子、手抓羊肉、米黄子、黄民揭羊脖、羊肉枸杞芽、拌凉面皮等，品种多样，独具宁夏回族特色。

(二)民族性

我国的民族众多，饮食民俗的历史久远。每个民族在其发展的过程中，也渐渐地形成了带有本民族烙印的饮食民俗。汉民族作为一个主流民族，其饮食文化特点是将“天人合一”的儒家思想注入饮食文化中，特别强调通过食疗来达到身体内在的平衡，并且极其讲究饭食的色、香、味、形，无论是从视觉上还是从味觉上，都追求一种美的享受，这也是中国菜遍布世界的主要原因。除了汉族，其他的少数民族在饮食的发展上也各具特色。如人口最多的少数民族壮族喜欢吃糯食、鱼生；瑶族喜欢吃冷食，如竹筒饭、肉鲊、鸟鲊；蒙古族的手抓羊肉、炒面、马奶酒；维吾尔族的烤肉和馕，还有著名的烤全羊；回族的粉汤、油香。

(三)群众性

饮食民俗旅游资源是由人类群体创造的，并世代相袭的生产、生活的风俗习惯，个人的行为习惯是构不成民俗的。民俗旅游资源的群众性，可以作为调查民俗资源的规模，为其是否构成群众性的民俗，是否具有开发价值及其开发形式等提供相关依据。

(四)原真性

原真性，或称为原始性、传统性、古朴性、朴实性、真实性、确实性、可靠性、原生性，主要有原始的、原创的、第一手的、非复制、非仿造等意思。有些饮食民俗旅游资源保存着世代相袭的生产或生活内容，及传统的生活氛围，见证了某个历史时期的文化事象。生产、生活的真实包括了传统的手工艺、宗教信仰、节庆礼仪等非物质形态要素的实证性，是我们需要珍视的文化财富，对饮食民俗旅游资源的调查、评价具有重要意义。[①]

---

① 周灵：《基于国标的民俗旅游资源分类与评价体系重构》，福建师范大学硕士学位论文 2015 年，第 14—15 页。

(五)传播性

饮食民俗在时间概念上是传承的,同时在空间上也是在向周围扩散的。这种表现在时空上的扩散有的时候是自发性的,如人口的流动、贸易的往来带来饮食文化的传播交流,有的时候则是带有目的性的,如受旅游活动影响。我们在这里讲的是饮食作为一种地方特产而被旅游者有目的地从旅游地带回其居住地,如新疆“阿布拉”的馕经常作为一种特产被旅游者带回居住地作为礼品馈赠亲友,这种礼品在传播的同时也起到了饮食文化的固化作用。正如春天里花儿的种子,只有更广泛的传播才能保持物种顽强的生命力。

三、饮食民俗旅游开发模式

(一)节庆活动模式

饮食节庆会展往往会将当地人们的饮食民俗都表现出来,游人在这个活动中能够更加全面、直接地了解和感受到该地的饮食民俗文化。为此,各地纷纷举行啤酒节、老酒节、苹果节、葡萄节等节庆活动,以期利用此类模式做好饮食民俗文化旅游经济的文章。

(二)饮食民俗博物馆模式

饮食民俗博物馆是一种专题性民俗博物馆。其主要模式有四种:实物型、体验型、演艺型、科技型。实物型模式主要是通过静态形式展示当地饮食民俗文化的物品。体验型模式通过开展趣味性强的饮食民俗活动,吸引游客参与其中,增加游客的体验感,并从参与中深刻了解当地的饮食民俗文化。演艺型模式主要是将饮食民俗文化舞台化,通过编写剧本将其搬到舞台上直观动态地展示给游客。

东莞饮食风俗博物馆以东莞饮食风俗为主题,收藏和展示具有东莞饮食风俗特色的文物,借以研究东莞饮食发展趋势、倡导饮食行业行为规范、引领东莞饮食健康发展。博物馆分两大部分,一部分展示了五千年以来东莞人民的劳动方式、烹饪器具、美食和餐具,另一部分则展现了东莞各镇区的饮食特色、传统节日、红白喜事的饮食风俗和东莞饮食文化的发展趋势。展览从东莞饮食风俗的起源开始,以景观展示东莞地形地貌、农耕情景、旧时厨房;以模型展示东莞美食;以图片展示饮食风俗、时节饮食、婚嫁寿诞的饮食和饮茶风俗等。它翔实地讲述了东莞饮食文化的悠久历史，清晰地告诉广大参观者东莞是珠三角饮食文化的最早发祥地之一。

东莞饮食风俗博物馆占地面积近923平方米，投资300余万元，拥有文物1800余件，计划添置至4000余件，收藏了从新石器时代到20世纪80年代间的文物，是广大群众和学者了解、研究东莞饮食文化、岭南饮食文化乃至中华饮食文化不可多得的窗口。

（三）民俗厨艺展演模式

民俗厨艺展演是指在旅游景区、酒店现场观赏、参与的各种厨艺节目、表演、仪式等活动。根据展演的场地可分为室内型、实景型、广场型、参与型等。如，2006年成立的中华厨艺绝技表演团，先后多次应邀参加了各地政府、行业组织和餐饮企业举办的美食节、美食展、盛事庆典等活动，表演的节目有“空中抛勺炒菜”“骑单车头顶刀削面”“九十米一根萝卜丝”“80秒快速杀鸡炒鸡丁”“蒙眼拉面”“豆腐雕”“大刀面”“手擀金丝面”“气球上切肉丝”等，以直观可见的方式展示了中华美食的独特魅力，弘扬和传播了中华饮食文化。

再如，2016年3月18日至4月1日，一年一度的“豫园中国日（节）第十届民俗厨艺大观”活动期间，来自京、津、沪、浙、苏、皖、闽、粤、川等9省市的近130余款特色小吃云集豫园，让食客们足不出“沪”，“吃”遍全国。中外游客观赏了“扬州双绝”千层油糕和翡翠烧卖的现场制作过程，感受国家级非遗扬州富春茶点制作技艺；浙江省非遗“丁莲芳千张包”以优质千张将纯净腿肉、名贵开洋、干贝、芝麻等裹成3厘米见方三角棱柱形包子，吸引游客大快朵颐；安徽省非遗“八公山卤水鸡汁豆腐脑”经“浸泡、磨浆、挤浆、煮浆、点膏、蹲脑”等多道工序制作而成；皮酥香浓的“八公山绿豆饼”以及形似蟠桃的“潮汕鲎粿”等都让人在品尝名特小吃的同时，领略博大精深的中华美食文化。

四、饮食民俗文化旅游开发对策

（一）树立饮食民俗文化资源观

民以食为天，数千年来，饮食散发着艺术的美感。在旅游业中，饮食不仅要为旅游者提供基本的生理需要，还应该满足旅游者更高层次上的需求。饮食民俗文化资源是重要的旅游资源，其开发与其他旅游资源相比，投入相对比较少，而回报率却较高，且可以不断创新利用。所以，绝不应该把饮食民俗文化摆在其他资源附属的或可有可无的地位，要提高认识，树立饮食民俗文化资源观，对饮食文化资源的旅游开发给予足够的重视。

（二）加强政府指导，重视饮食民俗文化研究

政府在饮食民俗文化旅游资源的开发中也起着非常重要的作用，它可以通过法律规范、宏观控制、政策导向、资金投入等措施引导饮食民俗文化的发展。同时，还要组织有关部门、专家学者对饮食民俗文化进行深入的调查研究，广泛搜集有关的民间传说、神话故事等资料，并加工、整合这些资料，使之与旅游活动恰当地结合起来，让游客边听、边看、边尝、边思，使游客乐在其中，这样既弘扬了饮食民俗文化，又提高了旅游地区的综合吸引力，增加了经济收入。

（三）突出地方特色，符合当今世界饮食的潮流

饮食民俗文化资源的开发要突出当地的特色，赋予当地独特的文化。唯其地方特色鲜明、乡土气息浓郁，它才有唯我独有、唯我独优的生命力。但是在讲究特色的同时也不能忽略当今世界的潮流。“返璞归真”和“营养健康”是当今世界饮食文化的时尚，所以饮食民俗文化的开发应突出民族饮食朴实无华的农家风味、田园风味的特点。使用当地原汁原味的材料，用民间的加工和烹制方法，提供浓郁的民族风情的就餐环境，渗入民族文化的意境，形成特殊材料的文化艺术饮食产品。既要体现当地民族的风土人情，又要愉悦四方来客的身心，将饮食民俗文化提高到一个较高的层次。此外，饮食民俗是在长期的历史发展过程中形成的，并随着历史的发展而发展，既有历史的继承性，又是时代的产物，需要根据现代人的需求创新。饮食民俗文化的开发必须注意到这一点，做到推陈出新，才能引人入胜，长久不衰。

（四）加强饮食民俗文化的宣传促销

随着旅游者需求的不断提高，旅游的宣传就不能只停留在对旅游景区、旅游线路的宣传上。应该把饮食民俗文化的宣传也列在日程上，把它放在与旅游景点、旅游线路一样的位置上进行宣传。在各地各类旅游节庆中，可以把饮食民俗文化当作一种富有特色的人文景观和促销项目，借机推上旅游市场，它不仅可以推动旅游业的发展，还是维持旅游可持续发展的重要途径之一。要大力开发饮食民俗文化资源，以满足旅游者的需求为

出发点，使饮食民俗文化在旅游开发中得到健康、稳定、协调的发展，以促进饮食民俗文化和旅游的共同发展。

第三节　民族传统节日食俗与旅游

在中国，节日和饮食是联系在一起的，这是民间狂欢最基本的形式，同时，也是民间信仰活动集中和"合法"展示的场合。在饮食民俗中，有关节日的食俗表现最丰富，也最具有民族特色。

一、春节食俗与旅游

春节是中国民间最隆重、最热闹的一个传统节日，它代表着喜庆、希望和合家团圆。随着假日制度的改革，人民群众生活水平的提高，旅游环境和旅游观念的变化，近年来春节旅游不断升温，并渐渐从时尚变成一种生活态度，人们不再局限于传统在家过年，越来越多的人选择春节行走在路上，"年味儿"和"旅行"已经成为春节的两大关键词。

此外，我国春节文化在世界各地日益升温，在全球引发更加广泛、更加深入的关注和参与。近年来，中国经济的加速发展，国力的大幅提升为世界瞩目，春节也成为中国发展的文化符号，海内外传媒纷纷描述："中国春节随国力提升"，"属于世界的中国年"，"春节——走向世界的'中国名片'"，"中国式欢乐感染世界，春节热成全球'中国热'缩影"，"中国春节在海外已不仅是华人的'狂欢节'"，"中国春节在海外赢得'市场'"，"'中国春节'成多国时尚"，"全球跃动中国红，春节走向海外已是全人类的事"，"中国春节，喜遍全球"，"春节展示中国文化软实力"。由此可见，春节正成为中国向世界展示形象和让世界了解中国的一个重要窗口。

中国人的春节离不开"吃"，春节旅游当然要体验一番异地的饮食风俗。比如，按中国民间的传统习俗，年夜饭的吃食很有讲究，不同地区的饮食习惯各异，通常离不开馄饨、饺子、元宵、年糕、长面等。在北方地区除夕夜，十二点钟声一敲，许多人家就开始吃饺子了，因为此时正是子时，取其"更岁交子"、新旧交替之意。而饺子形如元宝，取其"招财进宝""财源广进"之意。所以，饺子深受人们青睐，成为年夜饭里必不可少的主打食品。而长面，也称"长寿面"，寓意长寿百年。

南方地区的年夜饭多是吃年糕。"糕"与"高"谐音，象征来年生活、事业步步高升，升官发财交好运。新年吃饭，炒青菜是家家必备的盘中餐，表示“亲亲热热”；家家必吃豆芽菜，因黄豆芽形同“如意”，寓意“如意吉祥”；每顿须有大鱼，但切忌一次吃光，表示“富贵有余（鱼）”。其他的如吃芋头（年年有余）、吃枣（春来早）、吃杏仁（幸福来）、吃豆腐（全家福）、吃年糕（年年高升）等各地有各地的饮食习惯。如四川、重庆地区的人春节第一餐要吃汤圆，用自制的汤圆粉或市场上出售的干汤圆粉制成各种馅心的汤圆，润甜可口。湖南春节第一餐要吃“年糕”，意为“一年更比一年好”，而小部分湖南的苗族人民，春节第一餐吃的是甜酒和粽子，寓意着“生活甜蜜，五谷丰登”。湖北有的地方春节第一餐喝鸡汤，象征“清泰平安”，此外家中的主要劳动力还要吃鸡爪，寄意“新年抓财”；年轻的学子要吃鸡翅膀，寓意能展翅高飞；当家人则吃鸡骨头，有“出人头地”之意。荆州、沙市一带，春节第一餐要吃鸡蛋，意谓“实实在在，吉祥如意”；如遇客人，要吃两个煮得很嫩，可透过蛋白见蛋黄的“荷包蛋”，意即“银包金，金缠银，得金得银”。

二、清明节食俗与旅游

清明节是我国的传统节日，许多景区看重这一点，将更多的民俗、文化特色融入旅游活动中，让游客在游览景色的同时感受华夏文化。

（一）介休绵山与清明节

历史上的绵山，曾被唐高祖封为“古老神奇大道之山”。现在的绵山上也有许多景点，诸如唐营、石寨、正果寺之类，但最著名的是半山之上的介子推塑像。

据《史记》载，晋献公晚年，昏庸无能，听信宠姬骊姬的话，欲立骊姬之子奚齐为君，逼得太子申生自缢，逼得公子重耳逃亡，一逃就是 19 年。在这 19 年间，介子推始终跟随着重耳，出谋划策，忠贞不渝，并在重耳饥饿时，割股啖君，很让重耳感动。后来，重耳返国，做了国君，当年跟随他流亡的人纷纷争功邀宠，乱作一团，只有介子推一个，实践自己“功不禄”的理想，携母来到绵山，过起了隐居生活。事后，有人向晋文公提起介子推，晋文公才感到内疚，亲自到绵山去找介子推。不料，介子推不肯下山。晋文公听信了别人的话（也许就是别有用心），索性放火烧山，欲逼介子推出山。又不料介子推仍然不肯出山，竟然和母亲抱着一棵老柳树，“士甘焚死不封侯”。晋文公无奈，只好将绵山作为介子推的祭园，并规定在介子推焚死这天，全国不许生火，只许吃寒食，“以示吾过”，以示纪念。从此，代代相传，就有了寒食节。唐代诗人卢仝为此写下了“四海同寒食，千秋为一人”的名句。

据说，晋文公二年（前635），晋文公又到绵山祭拜介子推，意外发现，去年烧死的那棵老柳树竟然复活了，柳条青青。想起介子推让他做清明国君的话，感慨之余，他封那棵老柳树为“清明柳”，并定这一天为清明节。到了后来，人们把寒食和清明放在一起过，成了中华民族传统的祭祀亡者的节日，历经两千多年而不废。

（二）清明节食俗

清明节的主要活动是寒食、扫墓，其次有农夫春耕、文人踏青、仕女郊游、儿童戴柳，以及斗鸡、拔河、打马球、荡秋千、放风筝等文体活动，亲近大自然。在饮食方面则是吃冷菜、喝凉粥，用面粉和枣泥制成“枣锢飞燕”插在门楣（名“子推燕”），互相赠送“画卵”（绘有彩色图画的鸡蛋），并举行野宴，品尝青粳饭、桃花粥、子推饼、醴酪、馓子、糗粉、冬凌粥等节令食品。现今清明习俗依然，但亦有变化：一是不再“寒食”“禁火”；二是清明及其前三天和后四天，主要是上坟扫墓；三是野宴多以“春游”的形式进行，时间上与扫墓错开；四是宴谱多为方便食品，如香肠、烧鸡、咸蛋、面包、啤酒、饮料之类。

三、端午节食俗与旅游

（一）端午节的起源和传说

农历五月五日端午节，是夏季里最重要的一个节日。一般传统的说法，都认为端午节源自纪念屈原的活动。然而，许多盛行于世的端午习俗，历史却比屈原的传说还要悠久。有学者据此推测，端午节或许另有起源。

其中一种说法是：端午节源于对恶日的禁忌。端午时值农历五月，正是仲夏疫疠流行的季节，俗称“恶月”。所以《夏小正》上说：“（五月）蓄兰，菽糜。”（蓄：积、聚。菽：采集。糜：蓄糜。）《大戴礼》上说：“蓄兰，为沐浴也。”沐浴的目的在于清洁，以禳除毒气，这是针对五月这个恶月所采取的积极的预防措施。在这期间的一切行事，也以安息静养为原则。《礼记·月令》：“仲夏，阴阳争，死生分，君子斋戒；止声色，节嗜欲。”同时，五月也有许多的禁忌。据应劭的《风俗通》“释忌篇”记载，汉朝就有“五月到官，至免不迁”“五月盖屋，令人头秃”的俗谚。而五月五日更是恶日之尤，除了忌

“曝床荐席”外，甚至有“不举五月子”的谚语。《史记·孟尝君列传》记载，孟尝君生于五月五日，他的父亲田婴打算把他丢弃。因为田婴相信“五月子者，长与户齐，将不利其父母”。这个恶日的忌深植民心，直到现在，还可以从许多端午节的习俗找出禳毒避疫的成分。

端午起源的学说由闻一多先生提出。闻一多在《端午考》一文中指出：端午节最重要的两项活动——竞渡和吃粽子，都和龙有关。他首先引了吴均的《续齐谐记》中的一段文字：屈原五月五日投汨罗而死，楚人哀之。每至此日，竹筒贮米，投水祭之。汉建武中，长沙欧回，白日忽见一人，自称闾大夫，谓曰：“君当见祭，甚善。但常所遗，苦蛟龙所窃。今若有惠，可以楝树叶塞其上，以五彩丝缚之。此二物，蛟龙所惮也。”回依其言。世人作粽，并带五色丝及楝叶，皆汨罗之遗风也。

同时，闻一多又举了几个文献上的例子来支持他的学说。这些记载也都显示，端午的起源和龙有着密切的关系。闻一多据此推测，端午可能最初只是长江下游吴越民族的节日。自古相传，吴越是断发文身之国。至于断发文身的目的是“像龙子”，以避免伤害。《汉书·地理志下》应劭注：“（越人）常在水中，故断其发，文其身，以像龙子，故不见伤害也。”闻一多的结论是，端午应是个以龙为图腾的民族举行图腾祭的日子，也就是说，端午是一个龙的节日。

这些说法固然解释了某些特定的现象，但若将其中任何一说视为端午的单一起源，则未免有以偏概全的遗憾。与其如此，还不如说，恶日及龙图腾，都是端午可能的源头。在历史发展的过程中，它们互相融合，直到屈原传说的加入，为它们添上了新的动力，端午才从此茁壮而成为一个重要的节日。

（二）端午各地食俗

端午节的食俗除了人们所共知的吃粽子外，我国各地还有丰富多彩的习惯食俗。

吃黄鳝。我国江汉平原每逢端午节时，除粽子外还必食黄鳝。黄鳝又名鳝鱼、长鱼等。端午时节的黄鳝，圆肥丰满，肉味鲜美，营养丰富，不仅食味好，还具有滋补功能。因此，民间有“端午黄鳝赛人参”之说。

吃“面扇子”。甘肃省民勤县一带，端午节这天都蒸“面扇子”。面扇子是用发面蒸制，呈扇形，有五层，每层撒上辗细的熟胡椒粉，表面捏成各种花纹，染上颜色，十分好看。这种食俗据说是由端午节制扇、卖扇、赠扇的风俗演变而来的。

吃茶蛋。江西南昌地区，端午节除吃粽子外，还要煮茶蛋和盐水蛋吃。蛋分鸡蛋、鸭蛋、鹅蛋等。蛋壳涂上红色，用五颜六色的网袋装着，挂在小孩子的脖子上，意谓祝福孩子"逢凶化吉，平安无事"。

吃大蒜蛋。河南、浙江等省农村每逢端午节这天，家里的主妇起得特别早，将事先准备好的大蒜和鸡蛋放在一起煮，供一家早餐食用。有的地方，还在煮大蒜和鸡蛋时放几片艾叶，早餐食大蒜、鸡蛋、烙油馍。这种食法据说可以避"五毒"，有益健康。

吃"打糕"。端午节是吉林省延边朝鲜族人民隆重的节日。端午这天，按习俗惯例举行盛大的祭典活动。人们饮酒跳舞，尽情玩乐，还举办传统的摔跤比赛。这一天最有代表性的食品是清香的打糕。打糕，就是用艾蒿与糯米饭，放置用独木凿成的大木槽里，用长柄木槌打制而成的糯米糕。这种食品很有民族特色，增添了节日的气氛。

吃"煎堆"。福建晋江地区，端午节除了吃粽子外，家家户户还要吃"煎堆"。所谓煎堆，就是用面粉、米粉或番薯粉和其他配料调成浓糊状物，下油锅煎成一大片。这是由过去的"煎堆补天"的传说演变而来的。相传古时闽南一带在端午节之前是雨季，阴雨连绵不止，民间说"天公穿了洞"，要"补天"。端午节吃了"煎堆"后雨便停止，人说把天补好了。苏东坡所言的"一板煎饼补天穿"，就是这种习俗的沿袭。

吃薄饼。在浙江温州地区，端午节除了吃粽子以外，家家还有吃薄饼的习俗。薄饼是采用精白面粉调成糊状，在又大又平的铁煎盆中，烤成一张张形似圆月、薄如绢帛的半透明饼，然后用绿豆芽、韭菜、肉丝、蛋丝、香菇等作馅，卷成圆筒状，一口咬去，可品尝到多种味道。

此外，江西萍乡一带端午节吃包子、蒸蒜，山东泰安吃薄饼卷鸡蛋，河南汲县一带吃油果，我国许多地方还流行端午食"五黄"的习俗，如雄黄酒、黄豆、黄瓜、皮蛋黄、黄鳝；不过，雄黄酒有毒，如今少有人饮了。

(三)端午节旅游

1."粽子大王"五芳斋成为全国工业旅游景点

嘉兴五芳斋粽子是获国家质检总局国家地理标志(原产地)注册的产品，"五芳斋"商标是国家工商行政管理总局商标局(简称国家商标局)认定的中国驰名商标。五芳斋在传承民族饮食文化的基础上不断创新，对明清两代极具盛名的"嘉湖细点"的制作工艺进行了现代化改造，现已形成以粽子为主导，集传统糕点、卤味制品、米制品、肉食品、蛋制品、酒、调味品等为一体的系列产品。位于嘉兴秀洲区的五芳斋产业园是全国工业旅游景点。

五芳斋号称“江南粽子大王”，到目前已有80多年历史。以糯而不烂、肥而不腻、肉嫩味美、咸甜适中著称。五芳斋粽子选料讲究，通过配料、调味、包扎、蒸煮等多道工序精制而成。目前，作为中国最大的粽子产销企业嘉兴五芳斋的粽子年产量超过1亿只，品种也已发展到近百个，分为礼品类、家常类、出口类三大系列，主要有大肉粽、豆沙粽、蛋黄粽、栗子粽、火腿粽、血糯粽等。另外，公司发挥品牌优势，开发了中式点心系列、卤味制品系列等一百多个品种，其中五芳斋汤圆、八宝饭、月饼、咸鸭蛋、卤牛肉、卤鱼、酱鸭等深受市场欢迎。

2. 上海朱家角端午节推出“品粽子”特色旅游线路

为了让上海市民和各地游客体验传统节日的风俗、乐趣，2009年5月上海旅游集散中心推出了“品粽子”“观龙船”等特色旅游线路。上海周边古镇“朱家角一日游”成为端午品粽的好去处。朱家角的柴窑粽精选珠圆玉润的有机糯米、优质箬叶，选用上等馅料，采用传统工艺手工包制而成。使用传统的特大“老虎灶”作为烧制工具，以稻草和木柴作燃料，保留了粽子特有的清香。

3. 汨罗江旅游

汨罗旅游资源丰富，其中千年古祠屈子祠是全国重点文物保护单位、全国青少年爱国主义教育基地。屈子祠汨罗江景区是国家级重点风景名胜区，是湘楚文化旅游黄金线上的重要景点。2005年，“汨罗江畔端午节”被公示为国家级非物质文化遗产。龙舟文化因其广泛传播和深远影响，已成为全世界人民共同拥有的精神财富。2009年10月，联合国教科文组织保护非物质文化遗产政府间委员会第四次会议批准了“中国端午节”为世界非物质文化遗产，汨罗市的“汨罗江畔端午习俗”为其主要组成部分。这是湖南省首个入选世界非遗的项目。此外，任弼时纪念馆是国家4A级景区、全国重点文物保护单位、全国爱国主义教育基地、全国红色旅游经典景区。江泽民、胡锦涛等党和国家领导人都曾莅临该馆，并留下墨宝。该馆已与毛泽东、刘少奇、彭德怀、贺龙等老一辈无产阶级革命家的纪念馆建立了长期合作关系，以实现客源共享、优势互补。

四、中秋节食俗与旅游

中秋佳节暑热已消，天高云淡，花果飘香，是合家团圆、赏月品茗、分食月饼的良辰吉日，也是出游的好时机。中秋节旅游除了领略祖国的大好河山之外，还应感受旅游目的地的中秋节食俗。

(一)中秋节之各地食俗

我国城乡群众过中秋都有吃月饼的习俗，俗话有："八月十五月正圆，中秋月饼香又甜。"月饼最初是用来祭奉月神的祭品，"月饼"一词，最早见于南宋吴自牧的《梦粱录》中，那时，它也只是像菱花饼一样的饼形食品。后来人们逐渐把中秋赏月与品尝月饼结合在一起，是家人团圆的象征。

中国地缘广大，人口众多，风俗各异，中秋节的食俗也是多种多样，并带有浓厚的地方特色。福建人有中秋吃鸭子的习俗，因此时正是鸭子最肥壮的季节。福建人用福建盛产的槟榔芋和鸭子一起烧，叫槟榔芋烧鸭，味道非常好。

南京人中秋除爱吃月饼外，必吃金陵名菜桂花鸭。"桂花鸭"于桂子飘香之时应市，肥而不腻，味美可口。酒后则必食一小糖芋头，浇以桂浆，美不待言。"桂浆"，取名自屈原《楚辞·少司命》"援北方闭兮酌桂浆"。桂浆，一名糖桂花，中秋前后采摘，用糖及酸梅腌制而成。江南妇女手巧，把诗中的咏物变为桌上佳肴。南京人合家赏月称"庆团圆"，团坐聚饮叫"圆月"，出游街市称"走月"。杭州的莼菜鲈鱼烩之所以成为中秋家宴上的菜肴，不仅仅是因为这一时节的莼菜鲈鱼好吃，更是因为晋代张翰借思念家乡的"莼菜、鲈鱼"，弃官返回故里的史实，这一故事不仅成为千古美谈，还使莼菜成为思乡的象征。

除吃月饼外，四川人也在中秋节杀鸭子，吃麻饼、蜜饼等。在川西地区，烟熏鸭子是中秋节必备佳品，因此时当年生鸭已长大，肥瘦适宜。师傅选当年生的仔鸭，宰杀后褪尽羽毛，开膛取出内脏，洗净后，去翅尖、鸭脚，加盐码味腌渍一夜后，入沸水中略烫至皮紧，捞出抹干水分，置熏炉中，用稻草烟熏至呈茶色，出炉放入卤锅中卤熟，食时改刀装盘，色泽金红、肉质细嫩、烟香浓郁的烟熏鸭即成。制作烟熏鸭，卤水的调制极为重要。卤水要用老卤，每次卤时加入适量的香料、食盐、糖色，卤制时要用重物将鸭子全部压入卤水中。卤制时间一般以 20 分钟左右为宜，时间过长鸭肉质老，影响质量和口感。

潮汕中秋美食品种颇多，这与潮汕人过中秋节的文化内涵、潮汕地气候、农事生产有很大关系。主要可分为三大类：一是糕饼类，潮汕各地月饼有甜的、咸的、荤的、什料的、多味的等，此外面饼、软糕、云片糕均为中秋节糕饼，为潮汕人送亲戚之佳品，可说潮汕人送月饼是睦亲的习俗；二是潮汕中秋节季，天高气爽正是水果成熟之时，柚、柿、阳桃、菠萝、石榴、橄榄、香蕉等也是潮汕人中秋的另一类美食；三是农产的芋头、南瓜，潮汕人用其制作芋泥、瓜浆。其中，中秋月饼是潮汕人一年一度的传统食品，过中秋节，没有一个潮汕人不品尝一下月饼的滋味。芋头、糍粑等也是潮汕人中秋必吃的。

高雄县饲养水鸭的风气很盛。中秋节前后正是水鸭最嫩的时候，美浓地区的客家人往往于中秋节宰食水鸭公加菜，成为当地中秋的特色。宜兰地区中秋节除了吃月饼外，还吃一种叫“菜饼”的食物。菜饼以面粉为材料，中间抹上黑糖烘焙而成。台南地区则有在中秋节吃麻薯的习俗。近年来，台湾的中秋节又发展出一种新的活动——烤肉。此外，台湾一食品公司根据消费层次的不同需求和中秋节期间暑气未消的特点，推出全新概念的中秋雪月饼。雪月饼就是冰淇淋月饼，清凉降温，口感滑爽，内馅分三种口味——香槟甜心、夏威夷派对、维也纳咖啡。此款月饼还全面采用日式精致包装——具有保温作用的保力龙包装盒，保证雪月饼在一定时间内不融化。

(二)少数民族中秋节食俗

我国有二十多个少数民族过中秋节，但节俗各异。壮族习惯于在河中的竹排房上用米饼拜月，少女在水面放花灯，以测一生的幸福，并演唱优美的《请月姑》民歌。

朝鲜族则用木杆和松枝高搭“望月架”，先请老人上架探月，然后点燃望月架，敲长鼓，吹洞箫，一起合跳《农家乐舞》。

仡佬族在节前的“虎日”，全寨合宰一头公牛，将牛心留到中秋夜祭祖灵，迎新谷，他们称为“八月节”。

侗族则在这时让青年人郊游、欢会，称为“赶坪节”。第一天是芦笙会，第二天对歌。小伙子都要化妆，向心上人表达情意。

傣族是对空鸣放火枪，然后围坐饮酒，品尝狗肉汤锅、猪肉干巴、腌蛋和干黄鳝，谈笑望月。

黎族称中秋节为“八月会”或“调声节”。届时各集镇举行歌舞聚会，每村由一“调声头”(即领队)率领男女青年参加。人员聚齐后，大家互赠月饼、香糕、甜粑、花巾、彩扇和背心，成群结队，热闹非凡。入夜便聚集在火旁，烤食野味，痛饮米酒，开展盛大的调声对歌演唱，未婚青年趁机挑寻未来的伴侣。

(三)听月饼故事,品(做)美味月饼

中秋节旅游少不了聆听月饼的传说与典故,同时还可品尝月饼或学做月饼。据胶东在线网报道,2006 年中秋节前夕,南宁王府井百货举办了一场吃月饼大赛,比赛谁在 3 分钟内吃的月饼最多,吸引了众多月饼爱好者争先报名。2007 年离中秋节还有 20 多天,一场吃月饼大赛也提前在青岛上演。2007 年 9 月 17 日,"第七届天府食品博览会暨中国月饼节"举行了"首届成都吃月饼大赛"。重达 408 公斤的"月饼王"在沙湾会展中心切开,让广大市民免费品尝,"万人提前过中秋"活动掀起高潮。"吃月饼大赛"分为吃月饼赛和品月饼赛两部分。2008 年 9 月 10 日,水之园杯"更高更快更强闯六关"大赛在上海嘉定菊园新区文化活动中心广场举行。主办方将各种体育健身活动融入中秋佳节的各项传统习俗中,比如摘月饼、吃月饼和掰月饼,比的是谁更高、更快和更强,望月、嫦娥奔月、垒月饼则比的是谁更柔、更稳和更巧。2009 年 10 月 3 日(中秋节),烟台山景区举办的千人品尝月饼活动,吸引了众多市民的目光。游人和市民在游览烟台山风景区的同时,争相分食两个直径 0.8 米,厚 0.08 米的巨型月饼。该月饼表面绘有龙凤呈祥图案,使用了 20 斤小麦粉、12 斤糖浆、6 斤花生油、20 斤各类果脯果仁,集 10 多位经验丰富的面点师,历经 6 小时烘焙而成。

在中秋之际,能亲手为家人设计一款专属月饼,更能表达自己的心意。若到东莞旅游,可以前往"圣心"月饼的制造基地——东莞市圣心食品有限公司,参观国内第一条全自动月饼、糕点生产线及日本进口的全新面包自动生产线,并可亲手设计制造糕点及月饼。当然还能参观"圣心糕点博物馆",了解中国的糕点发展史。

五、重阳节食俗与旅游

农历九月初九是我国传统的重阳节,亦称重九节。古人把"九"作为阳数,故而又有"重阳"之称。重阳节正巧二九相连,日月并应。"九九"又与"久久"同音,故古人认为此日是个宜于长久的吉利日子。民间向来有重阳登高的习俗,唐代王维的"遥知兄弟登高处,遍插茱萸少一人"就形象地道出重阳登高的情形。随着社会的发展和变迁,如何过重阳也衍生出不少方法,出游就是广为人们接受的方式之一。在金秋送爽、丹桂飘香的重阳佳节,登高远游,了解我国丰富多彩的重阳饮食风俗。

(一)重阳节食俗

吃重阳糕。重阳糕是重阳节的主要吃食之一。我国南北各地此种食俗十分兴盛。吃重阳糕的食俗约始于唐代。因重阳糕最初是用菊花为原料制成,故最早就称“菊花糕”,别称“狮蛮糕”。而“重阳糕”正式得名是在南宋。重阳食糕主要与重阳登高有密切联系,其次与佛教也有牵连,寓意吉祥、希望子孙后代步步登高。现在各地人吃的重阳糕,都带有浓郁的地方食俗色彩,如陕西人吃的是花馍糕,甘肃人吃的是枣糕馍,山东济南人食黄米糕,浙江人做的糯米九层糕,天津人吃的黄米盆糕,台湾人流行吃红枣软糕和马拉糕,苏北人吃糯米菱形糕,苏南人吃白面酒曲合制的方形蜂糕,等等,反映了各地人不同的食风。

饮菊花酒。重阳佳节我国民间有饮菊花酒的习俗。在古代,菊花酒被看作重阳必饮的祛灾祈福的“吉祥酒”。汉、魏以后民间就有自制的菊花酒,《西京杂记》卷三载:“菊花舒时,并采茎叶,杂黍米酿之。至来年九月九日始熟,就饮焉。故谓之菊花酒。”又言:“菊花酒,服之轻身耐老,令人长寿。”《本草纲目》里说:“菊花酒,治头风,明耳目,去痿痹,消百病。用甘菊花煎汁,同曲、米酿酒饮用。”酿造菊花酒的时候还可以加入枸杞、地黄、当归等中草药,更具有滋补功效。重阳酿酒、赏酒之俗在民间持续传承,山东滕州、临沂、日照等地,在近现代仍多在重阳酿菊花酒,当地谣谚有“九月九,九重阳,菊花做酒满缸香”。

吃糍粑。在我国西南地区,重阳节还有一种吃糍粑的习俗。糍粑分为软甜、硬咸两种。其做法是将洗净的糯米下到开水锅里,一滚即捞,上笼蒸熟再放臼里捣烂,揉搓成团即可。食用时,把芝麻炒熟,捣成细末,把糍粑团搓成条,揪成小块,拌上芝麻白糖,其味香甜可口,称为“软糍粑”,温食最佳。硬糍粑又称“油糍粑”,做法是将糯米蒸熟后不捣烂,放在案上揉成团,擀扁后放些食盐和花椒粉做成“馅心”,再卷条切片,放油锅里炸制。油糍粑上呈树年轮状花纹,红黄美观,咸麻香脆,回味无穷。少数民族地区还做植物糍粑,如艾叶糍等,更是别有风味。

食蟹。重阳佳节正值九月,秋菊飘香,正是美啖螃蟹的大好季节。此时蟹膏黄肥厚、肉质细嫩,滋味特别鲜美,大有“蟹味上桌百味淡”之说。怪不得古人有“不到庐山辜负目,不食螃蟹辜负腹”之叹。蟹的食用方法颇多,可整只蒸、煮,也可以剔壳取肉,然后炒、煎、炸、爆,也可以作羹、馅、丸。南京人喜食蟹黄包子,宁波人嗜食醉蟹,津京冀一带爱吃酱蟹,苏州人喜欢在蟹肉里加上蜜或糖,做成“蜜蟹”“糖蟹”,而闽粤人则钟爱煮蟹。著名蟹肴也颇多,如安徽的“屯溪醉蟹”“玉版蟹”,温州的“五味煎蟹”,扬州的“清炖蟹粉狮子头”,江苏的“蟹黄鳖裙”,天津的“蟹黄白菜”,湖州的“炊鸳鸯膏蟹”,广州的“蒸大红膏蟹”,山东的“蟹黄鱼翅”,杭州的“蟹酿橙”“炒蟹粉”,无锡的“雪花蟹斗”等。

吃柿子。重阳节我国各地还有吃柿子的习俗。相传朱元璋带领农民起义军经过河北涉县,三日未食,饥饿难忍,幸而正逢金秋,当地树上结满的柿子解救了他们。后来他做了皇帝,仍不忘柿树之恩,曾脱下红袍披在柿树上,并下旨曰:“封柿为凌霜侯,令天下人在重阳节均食柿子,以示纪念。”柿子含有较多的淀粉,可以代粮充饥。古书上有“五谷不登,百姓倚柿而生”的记述。所以柿子树有“铁杆庄稼”之誉。在民间,柿子象征着丰盛与吉祥,人们把柿子赠送给新婚夫妇,作为永结同心、白头偕老、事事如意的祝福。

吃辣萝卜汤。山东昌邑北部地区有重阳节吃辣萝卜汤的习俗,有谚语道:“喝了萝卜汤,全家不遭殃。”鄄城民间称重阳节为财神生日,家家烙焦饼祭财神。

吃荞面熬羊肉。重阳节在陕北正是收割的季节,人们白天在地里收割、打场,晚上月上树梢,则喜爱享用荞面熬羊肉,待吃过晚饭后,人们三三两两地走出家门,爬上附近山头,点上火光,谈天说地,待鸡叫才回家。夜里登山,许多人都摘几把野菊花,回家插在女儿的头上,以之避邪。

吃重阳米果。在福建莆仙,人们沿袭旧俗,要蒸九层重阳米果。将优质晚米用清水淘洗,浸泡 2 小时,捞出沥干,掺水磨成稀浆,加入明矾(用水溶解)搅拌,加红板糖(掺水熬成糖浓液),而后置蒸笼于锅上,铺上洁净炊布,然后分九次,舀入米果浆,蒸熟出笼,米果面抹上花生油。此米果分九层重叠,可以揭开,切成菱角,四边层次分明,呈半透明体,食之甜软适口,又不粘牙,堪称重阳敬老的最佳礼馔。

打糯米粑粑、推豆腐。黔东北土家族较为重视重阳节,过节须打糯米粑粑,推豆腐,祭“家虎”,有“重阳不打粑,老虎要咬妈;重阳不推豆腐,老虎要咬屁股”的说法。

喝金银花茶。在滇西的一些乡村,重阳节时老人们都会聚到一起,掺入在七月间收获的金银花泡茶喝。那是特别的饮品,尽管那些茶与金银花都是滇西山间随处可采的东西,却被端到了重阳节的餐桌上,成为招待客人的上品茶饮,问题不在于金银花茶的药用,而是有一个植根于滇西山乡的传说在起着至关重要的作用。

(二)重阳节旅游

“尘世难逢开口笑,菊花须插满头归。但将酩酊酬佳节,不作登临恨落晖。”这是唐代诗人杜牧在《九月齐山登高》中的诗句。登高、吃糕、赏菊是传统重阳节的内容。而今,重阳有了新名字叫“老人节”,形式上也已经披挂上时代的新衣。2005 年 10 月 22 日,金秋气爽,由搜狐网与北京文艺台共同主办、易游旅行社协办的第二届“九九重阳登山节,盛世金秋千叟宴”以崭新的形式,为近 300 个家庭的老人与子女带来一个健康、快乐的重阳节。“登高节”,尽享天伦之乐;“千叟宴”,伴精彩杂技歌舞;在龙脉温泉宫,体验惬意养生。600 余名游客乘兴而来,满意而归,第二届“千叟宴”圆满结束。2009 年 10 月 18 日,岭南最大的私家园林中山詹园为迎接老人节的到来,晚上首次筵开 101 席,广邀附近村民及游客共计千余人,一同品尝大型的重阳益寿千叟宴。据业内人士分析,随着国庆节后出游价格大幅度的下降与重阳节的到来,长者游将成为节后的主要客群,而年轻游客孝顺老人请父母出游,更将为“银发游”推波助澜。

第四节 婚嫁食俗旅游资源

我国各地民间婚俗,都离不开饮食活动的内容,从恋爱相亲到赠送聘礼,从姑娘出嫁到催妆迎亲,从举办婚礼到三朝回门,“吃”贯穿婚嫁过程的始终。

一、婚嫁食俗的特点

从时间看,婚嫁礼食俗持续很长,从择偶开始到回门为止,一般都需两三年,如果能举行“花烛重圆宴”,那就有六十多年。其间的各个阶段,都有名目众多的饮食礼俗。如相亲有“相亲宴”“换盅酒”,定亲还有“下财礼宴”“传红酒”,定亲有“追节礼”“花园酒”和嫁女前夕的“姑娘宴”“花枝会”“女儿酒”“花棚酒”“倒箱会”“花夜宴”,迎娶当天有“催妆宴”“改辫宴”“求骨宴”“发轿酒”“告祖席”“千年饭”“木雁礼”和“宴全村”,洞房坐福有“暖房宴”“馆饭”“贺郎席”“洞房十二碗”“吃结房圆”和“吃子孙饽饽”,新婚次日有“新亲宴”和“新妇宴”,回门有“会郎宴”和“回门酒”,新婚 10 天有“十朝饭”,新婚一月有“满月会亲席”,等等。民间早就有“无宴不成婚”“无酒不嫁女"之说。

从形式看，各民族的婚嫁礼食俗也百花齐放，各有自己的特色。如，哈尼族是一个鸡蛋一瓶酒提亲，东乡族则由厨师陪伴新郎上门，侗族娶媳妇是吃腌制十多年的酸草鱼，蒙古族却是让新姑爷去啃难啃的羊喉结等。这些食俗反映出各民族的婚姻观与生活审美观，有着积极向上的意义。婚嫁礼食俗大多幽默、诙谐、欢腾、火爆，有"不闹不发""大闹大发"之说。

从内容看，婚席菜品数量应为双数，最好是扣八、扣十，如四喜四全席、六六大顺席、八八大发席、十全十美席之类。菜名宜用吉语，如"鸳鸯戏水"(双鲫鱼水杨)、"鹊度银桥"(鹌鹑蛋炒绿豆芽)、"凤入罗帏"(网油烤母鸡)、"早生贵子"(红枣莲子桂圆花生羹)，以烘托喜庆的气氛，寄寓着美好的祝愿。餐具应选用红色、金色的圆盘、圆碗，用红桌布和红漆筷，配红色果酒；忌讳摔破餐具、茶具、酒具或锅具。水果宜上干果，如核桃、花生、桂圆、红枣，或者是鲜果中的石榴、西瓜、杨梅、蜜桃，这都是庆婚的吉庆食品。忌上梨(与"离"同音)与橘子(要一瓣瓣分开)。

二、畲族婚嫁食俗——考厨师和调新郎

畲族是一个古老的民族，散居在我国东南部福建、浙江、江西、广东、安徽省境内。畲族的居住、饮食、服饰、民歌、舞蹈、婚嫁等风情习俗，具有鲜明的民族特色，特别是畲族婚俗最富有情趣。畲族在送彩礼时，有一个仪式叫"考赤郎"。赤郎就是指送彩礼这天男家带去女方做菜的厨师。

送彩礼这天，新郎的叔伯带着歌手、厨师来到女方家中，奉上彩礼之后，带来的厨师要到女方家中厨房去做菜，"考赤郎"便开始了。女方将厨房用具全部收掉，厨师在厨房中先唱，唱一样东西女方给一样东西，厨师要唱 40 多句才能将所有用具凑齐。接着厨师开始涮锅，但女方早派人在一旁捣乱，不让厨师顺利完成涮锅，有的还将东西扔进锅中，给厨师添乱。厨师要想尽办法，快速将锅涮好，只要涮好锅放上肉，女方就不能捣乱了。但他们会很快在烧火上面给厨师设置障碍，在灶膛里淋上水，塞进湿柴，因此厨师要先准备好煤油、蜡烛等引火之物。只要肉放进了锅中，灶火点燃，厨师便算过关了。

结婚那天，招待客人的宴席一开始是空的，要新郎唱一样，女方才会端上一样。大家都是静静地等待新郎的歌声，新郎唱一句，厨师和一句。一唱一和，筷子、酒、菜就会应声而来。这就叫作"调新郎"。宴席结束，新郎还要一样样唱，唱一样，厨师来将桌子上的东西收去一样，直至全部收完。

新娘在离开娘家前，还要吃“千斤饭”。大家在桌子上放两把筷子、一碗饭，新娘一手拿一把筷子，交叉着递给站在身后的哥哥，哥哥接过筷子，从新娘腋下将筷子放回桌上。新娘接着低头衔三口饭，将其吐在桌上的手帕中，由哥哥收起放在新娘的口袋里，让她带到夫家去。据说，这三口娘家饭，年年能养一头千斤的大肥猪，所以叫“千斤饭”。

三、傣族婚嫁食俗——卖鸡肉找对象

傣族青年男女谈恋爱的方式很多，傣族盛行一种叫“串卜少”的活动。即未婚的小伙子在节日或集会等场合，寻找未婚姑娘谈情说爱。这种活动一般都在泼水节、赛龙船、赶摆等时节进行，男女青年载歌载舞，从傍晚开始，直至深夜结束。

另外，还有一种“卖鸡肉”的形式更为奇特，每逢节日到来的时候，西双版纳的傣族姑娘们便把自己家的肥鸡杀了清炖。如果来买鸡肉的小伙子是姑娘不如意的，姑娘会加倍要钱。要是姑娘看上了年轻的小伙子，姑娘就会含羞低下头，躲避小伙子的目光。如果小伙子有意，两人就端着鸡肉，搬起凳子，走进安静的树林里，互相倾吐爱慕之情。

四、苗族婚嫁食俗——撵脚酒与排家饭

在姑娘出嫁的这一天，女方家把同族兄弟姐妹或亲戚一同邀去新郎家，这叫吃“撵脚酒”，意为随新娘去新郎家做客。新郎家把这些客人尊称为“正客”而奉为上宾，而把自己的亲戚称为“副客”。新郎家对“正客”招待倍加殷勤、周到，一般都要留宿 3—5 晚；而“副客”住上 1 晚以后，第二天就各自回家了。“副客”并不因主人厚彼薄此而闹意见，反而认为这种有“级别”的接待方式是天经地义的。

客人在新郎家做客时，第二天要由新郎家同宗兄弟轮流请客人吃饭，这叫吃“排家饭”。这种仪式保留了苗族原始氏族公社的遗风。它体现了苗族的好客和兄弟间团结友好、互相帮助、亲密无间的真挚感情。兄弟们虽然花费了一些钱米，可是并不觉得这是“上当吃亏”或是“额外负担”，反而认为是一种应尽的职责和义务，常常为有这样的机会感到开心和荣耀。

跟随新娘来的“正客”中的青年后生在吃饭时，总有新郎族中的姑娘“伺候”。姑娘们很有心计，对自己中意的小伙子，她们总是“关怀备至”，总是抓准火候，往往在客人快要吃饱饭时猛然往其碗中添上一大碗肥肉或米

饭，使客人防不胜防，有口难咽。饭和菜倒入碗后，不能倒掉，只得硬着头皮将饭菜吃光。如果实在吃不下，便当众出丑，在宾客的哄笑声中，小伙子满面羞容，老老实实地将剩下的饭或菜用手巾包回去。这以后，小伙子就声名狼藉，尔后找对象时十有八九要碰“钉子”。因而苗族青年小伙子做客吃饭时，眼睛滴溜四转像耍流星一般，时时提防着，生怕遭到姑娘们好意的“暗算”。当然，一些聪明伶俐的小伙子，对这种场合司空见惯，应付自如，因而处之泰然，往往总是在女方刚要往自己碗里倒菜或饭的那一刹那间，机灵地一把抓住姑娘的手，使姑娘的“阴谋”失败。尔后，小伙子放下饭碗，姑娘也不再添饭菜，二人坐下唱歌，盘歌比输赢，谁输罚谁吃；如果双方不输不赢，则二人共同吃。如果碰巧二人均未有对象，也会因这一小插曲订终身。

五、黎族婚俗中的“槟榔婚姻”

农历三月初三是黎族的传统节日，每年这个节日，黎族同胞都会穿上美丽的黎族服装，载歌载舞庆祝自己的节日。黎族是我国十三个人口超百万的民族之一，他们是海南岛的最早居民，世世代代集中居住在海南岛。黎族文化历史悠久，其中婚俗文化古时曾影响过当地的汉族。直至今日，海南岛许多地方乡村中仍然流行着“槟榔婚姻”。

黎族婚俗中的“槟榔婚姻”，是从谈情说爱开始的。黎族人家女儿进入少女时期，父母就会在较偏的槟榔山坡上为女儿建造一座“寮房”（即茅草房，汉人俗称为“寮房”）。晚上，女儿就去“寮房”睡觉。其实，是去那里谈情说爱。黎人谈情说爱，都喜欢唱槟榔情歌，如男子唱：“月上东边泛出光，与妹对歌哥心慌，今昏（今晚的意思）阿妹如有意，吃口槟榔作嘴红。”“吃口槟榔作嘴红”此句道明了槟榔是婚姻的信物。女子应唱道：“月上东边月牙光，与妹对歌哥勿慌，哥想唱歌哥就唱，月牙圆了嚼槟榔。”“槟榔树下静又静，影下只有哥与妹，妹看哥来哥看妹，不知乜（miē）时吃妹饭。”“槟榔树下并不静，情人手拉槟榔妹，要拉就拉妹紧些，想吃妹饭送槟榔。”年轻人谈得差不多了，就会告诉父母，父母再请媒婆上门说婚。“想吃妹饭送槟榔”就是带着槟榔上门说媒的意思。也就是屈大均在《广东新语》里说的：“琼（海南）俗嫁娶，尤以槟榔之多寡为辞。”

媒婆首次上门提亲，一定要带槟榔，如果女方父母打开槟榔盒，取了槟榔，表示答应了此门亲事。媒婆回复男家后，再选佳日上门订婚。订婚时，槟榔要提得多，女方收了槟榔后，要散给村里人吃。意在告诉村里人，他家的女儿订婚了。汉人把这一婚俗称为“把槟榔”。

到结婚时，仍然要带槟榔。除了男方带的槟榔外，女方也要备上足够的槟榔，以槟榔来款待各方前来喝酒道喜的宾客。《正德琼台志》中就有这样的记载：“亲宾来往非槟榔不为礼。”举行婚礼时，新郎新娘拜父母，用品也是槟榔。新人会双手捧着槟榔，双腿跪地，敬请父母吃槟榔，以示敬意。

婚后，新郎去拜见岳父岳母，也要备槟榔，见面第一件事就是给岳父岳母敬上槟榔。对前来相见的岳父家长辈亲人，新郎也要一一捧敬槟榔。新娘每次返往娘家或夫家（古时女子嫁后，不生孩子前，一般都住在娘家，逢年过节或夫家有大事，才回夫家），更要备足槟榔。从进村起，见村里人就要请人吃槟榔，以表敬意。夫家村里人吃了新娘的槟榔，知道新娘已是自己村中的一员。新娘家乡的村里人吃了新娘的槟榔，清楚她已成为别人的新娘。新娘每次返往娘家或夫家，同样要给父母捧敬槟榔。一个小小的槟榔，在婚姻中就这样给人温馨，并传递着无数的信息。

槟榔与婚姻这种有趣的习俗文化，如果是用现代语言来表达，那就是既文明又温馨。正因为这样，“槟榔婚姻”的习俗，在不少黎村及汉区，至今仍然在流传着。

第十一章　饮食节事新常态

第一节　饮食节事的概念和特点

一、节事的定义

从字面意思来看,“节事”是由“节”和“事”形成的一个组合概念,“节”指春节、中秋节、情人节等传统的、外来的以及创新的各种节日,“事”指奥运会、世界杯、世博会、广交会等具有多种目的性的特殊事件和集会。“节事”是节日、赛事、庆典等具有特色的活动或非日常发生的特殊事件的总称,主要形式包括节日、庆典、重大的市民活动、文化演出、重要的体育赛事、社团活动、会议、贸易展览和产品推介会等。各类节事活动遍布于社会生活的各个方面,并且组织形式丰富多彩,既有普通的、经常性的活动,例如会议、展览会等,也有特殊、独特的活动,比如婚礼、政治庆典。但不管怎样,无处不在的节事活动已经成为一个迅速增长的产业。

国际著名节事研究专家 Getz 把事先经过策划的事件(Planned Events)分为以下八种基本类型。

(1)文化庆典,包括节日、狂欢节、宗教事件、大型展演、历史纪念活动等。

(2)文化娱乐事件,主要包括音乐会、文艺展览、受奖仪式和其他表演。

(3)会展及商贸活动,如会议、展览会、博览会、广告促销、募捐/筹资活动等。

(4)体育赛事,职业比赛、业余竞赛和商业性体育活动。

(5)教育科学活动,如研讨班、专题学术会议等。

(6)休闲活动,包括演唱会、娱乐事件等。

(7)政治/政府事件,包括就职典礼、授权/授勋仪式、群众集会等。

(8)私人事件,包括个人典礼、社交事件等。[①]

二、饮食节事的特点

饮食节事是指以饮食为主题的节事,主要命名方式有美食节、美食文化节、美食旅游节等,也可以用"某某饮食文化节"、小吃节、展销会、博览会、厨艺展等形式来命名,还有的以具体餐饮产品和种类命名,例如龙虾节、啤酒节、面食节等。另外,饮食节事的命名还有地域大小之别,如广州国际美食节、盱眙国际龙虾节等。

饮食节事一般具有以下特点:

(一)文化性

饮食节事活动不仅包括饮食文化,而且还包括了服务文化、环境文化、营养文化等诸多内容。如"孔府菜美食节",其菜肴中就有许多典故,有人称赞它是"诗礼文化入肴馔"。还有"红楼菜美食节""东坡菜美食节""仿唐菜美食节""运河菜美食节"等都少不了"文化"二字。即使地方菜肴美食节、民族风味美食节也有地方文化、民族文化贯穿始终。美食节的服务、环境布置都是审美文化包装的。

(二)地方性

中国地大物博,东西南北饮食习惯各不相同,饮食节事活动一般紧贴地方饮食习惯,以展示地方烹饪技艺、特色美食、文化等为目的。一些节事活动的举办地,为广大公众所熟悉,如面食美食节,这些节事活动以"节事活动品牌代言城市"的形象来定义这些举办地。一些节事活动历史悠久,长久以来满足了地方居民的需要。民族节日更是有其独特的地方性,节事活动的地方色彩更为浓厚,如云南的长街宴,历史悠久,极具地方特色。

(三)时限性

饮食节事活动一般有季节和时间的限制,都是在某一事先计划好的时段内进行的。当然,饮食节事活动的时间不是随意决定的,往往要根据当

---

① 王春雷、赵中华:《2009 中国节庆产业发展年度报告》,天津大学出版社 2010 年版,第 20 页。

地的气候、交通情况、接待能力、主题内涵、经费落实、策划组织需要的时间等条件，从实际情况出发来确定。

（四）广泛性

一般的饮食节事活动，是广大群众都可以参与的一项群体性文化活动。餐饮工作者往往带着任务参与活动，市民、食客们往往对节事活动怀有较强的好奇心，他们希望能够大饱口福并感受活动热闹的氛围。

（五）多样性

饮食节事是一个内涵非常广泛的集合概念，任何与饮食相关的事物经过开发都可成为节事活动。包括有名菜、名点、名宴的展示和评选、各类专业的饮食竞技评比、美食摄影大赛、面向市民和游客的烹调艺术表演及互动节目、品牌食品、饮食用具展销以及创新食品的现场制作销售，各种烹饪比赛和美食精品展览以及节庆商品的促销等一系列的活动。为了适应时代发展需求，美食节活动内容一届比一届丰富，不断赋予更多的文化内容，如体现民风民俗的文艺演出、书法比赛等相关文化活动。

（六）灵活性

基于一个城市的大型美食节由主会场和分会场组成，分会场扩展到各区、酒店以及旅游景点或景区。饮食节事活动的内容既可以是独立的、专项型的，可以是专门为吸引顾客的特色厨艺表演和美食展销；同时也可以同其他活动相结合，采取复合型的形式，例如融入论坛、文艺演出、游乐性活动等。

（七）综合性

美食节的综合性，首先表现在美食节活动内容的综合性上，美食节是集中表现地方特色如民俗、美食、文化、历史等的最佳载体。其次，表现在组织活动部门的综合性上，美食节是一项涉及餐饮、商贸、娱乐、交通、卫生、医疗、安全、城管、文化、旅游等多个部门的系统工程。此外，还表现在功能的综合性上，美食节具有旅游、经济、庆典、区域形象塑造等多种功能。

第二节　饮食节事与旅游的关系

一、饮食节事在旅游中的作用

(一)饮食节事能够引发旅游动机

饮食节事活动作为旅游目的地吸引物,能使旅游者产生外出旅游的动机,并采取了实际行动前往目的地旅游。当参与饮食节事活动是游客前来旅游的第一位动机时,则其成了目的地的核心吸引物。一场高质量、高档次、独特且富有内涵以及内容丰富的饮食节事往往能给旅游者留下美好印象,促使其下一次旅游动机的形成。

(二)饮食节事是重要的旅游资源

饮食节庆活动以其特殊的形式和多姿多彩的内容吸引着众多旅游者,它可以作为独立性的旅游吸引物或附属性的旅游吸引物。接待地通过在特定时间举办饮食节事,挖掘和开发本地独具特色的饮食文化,可以将处在附属地位的饮食文化资源变成主体资源。以饮食节庆活动为主体设计的旅游产品,是最具参与性和娱乐性的旅游项目。

(三)饮食节事活动有利于塑造旅游地的形象

饮食节事活动彰显的举办地的特色文化和艺术魅力,是吸引视线、凝聚人气的重要手段,其轰动性效应和规模化发展有利于树立目的地的旅游形象,从而提高旅游目的地的知名度和影响力。它是旅游目的地对外开展宣传营销的重要形式。同时,通过举办饮食节事活动,可促使旅游地的环境不断改善,使旅游地在游客心中的形象不断提升。如城市绿化面积的增大,档次的提高,市政管理的加强,城市的形象标志逐步形成,景区的软、硬件环境得到改善等。例如,青岛通过青岛国际啤酒节,展示了城市魅力,提高了城市的国际影响力,促进了城市的发展。

(四)饮食节事活动影响旅游者的满意度

“食”是旅游活动中的基本要素,是完成旅游活动的必要基础。饮食节事活动的开发将从属于旅游形式的饮食行为转变为主体的旅游形式，是参与性较强的旅游活动。节事期间提供各式各样、风格迥异的美食，正好满足了旅游者品尝不同民族、不同地区、不同风味美食的需求，并在享用的过程中得到极大的心理满足。这种满足正是旅游者在享用佳肴之时真正获得的精神享受，包括与其他游客交流分享过程所留下的美好回忆等。饮食节事在创新发展过程中，结合了食、游、购、娱等内容，渐渐脱离了简单地以品尝和观看烹饪比赛为主的低级阶段，发展为注重饮食文化体验的审美阶段，旅游者参加美食节饮食节事的过程，就是一次完整、丰富的旅游体验过程。为此，饮食节事可以说是目的地提供的专项旅游产品。作为旅游产品，饮食节事提供的活动内容的丰富程度以及质量的高低，对旅游者的旅游体验质量起着至关重要的作用，从而直接影响旅游者参与的满意度。①

二、旅游业对饮食节事的影响

（一）旅游业推动饮食节事的发展

旅游业的发展为饮食节事举办地带来了大量的游客，游客作为饮食节事参与者的重要组成部分，对饮食节事的发展和进步起着举足轻重的作用。正是由于旅游流的存在，饮食节事的作用进一步显现，并实现饮食节事的持续、健康、稳定发展。

（二）旅游开发有助于保护和传承传统饮食节事

旅游开发保护是传统节事保护的重要模式之一，也是影响力比较大的民族文化保护模式。这种模式的主要特征和保护的机制是：采用集中展示和表演的方式，通过经济杠杆的运动诱发、激励旅游点及周边地区社会成员学习和传承民族文化的积极性，从而达到重新模塑民族文化、传承民族文化、发展民族文化的目的，实现利用经济杠杆原理保护民族文化的初衷。首先，旅游开发有助于传统饮食节事的复兴，它能使某些传统饮食节日形成更大的影响力，也能使一些原本已经消失的节日被重新发掘出来。其次，旅游开发能够丰富传统饮食节日的文化内涵，增强了民众保护和传承传统饮食节日的自觉性。

当然，旅游开发是一把双刃剑，其在传统节事之保护和传承的进程中

---

① 林慧：《饮食类节庆的旅游开发研究》，华侨大学硕士学位论文 2014 年，第 27 页。

发挥着重要积极作用的同时，也不可避免地引发了一些消极影响。美国著名学者弗克斯曾经就说过："旅游业像一把火，它可以煮熟你的饭，也可烧掉你的屋。"①

第三节　饮食节事的旅游开发

一、饮食节事旅游开发的原则

(一)文化性原则

文化性是饮食节事最重要的特征，它是真正吸引旅游者的深层次因素。没有文化支撑的饮食节事活动只会是纯粹的吃喝节。要想提升饮食节庆产品的旅游魅力，在开发过程中，最值得挖掘的是文化，只有以文化为核心，游客愉悦和审美的多层次心理需要才能获得满足。将文化元素融入饮食节事中，从而更好地突显饮食节事的地方性、民族性和独特性，同时利用各种宣传渠道加强地方饮食文化宣传，使其真正成为地方特色的旅游资源。

(二)生态性原则

饮食节事策划应兼顾经济效益、社会效益和生态效益，这样才有利于当地的可持续发展。应立足全局，着眼未来，面向世界，使饮食节事活动成为连续的系列活动，每次的策划都能为今后的发展留下进一步扩展的空间。生态原则要求加强旅游者、当地居民、旅游经营管理者等的环境意识，使饮食节事对环境的负面影响减到最低限度，饮食节事能为环境保护提供资金，对旅游者和当地社区等能起到环境教育作用，当地居民能参与饮食节事开发和管理并分享其经济利益。

(三)创新性原则

创新性是饮食节事旅游开发成功的基石，是时代发展的必然要求。创

---

① 吴波、田维民：《论旅游开发对保护和传承传统节日的影响》，《贵州师范大学学报(社会科学版)》2012 年第 2 期，第 25—30 页。

意思想的独特，表现手法的独特，传播方式的独特，营销主张的独特，个性鲜明与众不同，才能出奇制胜。应利用本地的独特资源，开发出具有个性和特色的饮食节庆活动，突出本地区的鲜明个性与魅力。

（四）市场导向原则

饮食节事来源于传统的民俗文化与时令节庆，在市场经济生活的氛围中，已经蒙上了一层浓厚的市场化色彩，不再局限与满足于当地社区群众自娱自乐的参与，吸引更多的外地游客参与成为饮食节事的举办目标之一，也是塑造其鲜明的区域（旅游）形象、取得良好经济效益的必要途径。因此，开发策划哪一种饮食节事，举办哪些旅游活动，绝不能仅仅考虑旅游资源本身，要以市场为导向来确定，根据客源市场的需求来进行饮食节事产品的策划与开发。

（五）体验化原则

满足游客的体验需求，使活动更具生动性和参与性是饮食节事的关键。饮食节事的内容与形式要从游客体验需求出发，力求丰富和满足游客的娱乐体验、审美体验、学习体验、寻求新奇体验、追求时尚体验等。

（六）系统性原则

饮食节事的策划开发是一项系统工程，涉及不同部门、不同节事要素。为了保证饮食节事的系统性和完整性，应根据资源的条件和特点，进行统一规划，系统开发，合理布局，打造各具特色的游览体验活动，为游客提供食、住、游、购、娱为一体的一站式服务。同时，饮食节事的成功举办，离不开政府、企业、非政府组织以及当地居民和游客在内的多个利益相关者的协调与配合。因而，在饮食节事的策划组织和经营管理过程中，应平衡好各方的利益分配，多汲取民众的意见和建议，构建一个包括政府，餐饮、食品等相关企业，节庆、饮食等相关协会，当地居民和游客在内的多方利益相关者之间全方位的合作体系。

二、饮食节事旅游的运作模式

（一）寻求大型企业赞助商

饮食节事筹备初期首先要解决资金筹集问题。饮食节事主要的资金投入可以是政府商务部门和旅游部门，也可以是企业、行业协会。大型企业有能力成为饮食节事的赞助商，应当鼓励本地区有实力的国际型酒店、大型旅行社参与饮食节事的举办，尤其是国际型酒店。饮食本身就是酒店业的服务范围，实现从协助举办到投入资金这个角色转变，政府一方面要加强企业赞助商的信心，另一方面要放宽政策，给予必要的政策扶持和优惠。

（二）鼓励企业参与办节

解决资金问题之后，就进入了饮食节事的策划与实施阶段。饮食节事的宣传、接待、旅游业务、文体表演等可以交由专业性的办节机构完成这些工作。要挖掘更多的旅行社参与饮食节事活动。从人流方面来说，旅行社可以给饮食节事带来人流，给饮食节事增添人气；从旅游产品上来说，饮食节事可以作为旅行社开发旅游产品的一个角度。如游故宫结合品尝以谭家菜为代表的宫廷菜，游牛街清真寺品清真菜，游北京胡同尝北京小吃等。

（三）发挥行业协会的作用

成功案例表明，行业协会在协调政府和企业方面有着积极的作用。首先，饮食节事涉及事务多，如果让组织者亲自去寻找协助单位，如旅行社、酒店等，必然会浪费大量的时间和财力。而让行业协会作为旅行社、旅游景点、各个酒店与节庆组织者之间的桥梁，促进节事活动组织者与企业间信息的沟通，可以节省人力、物力与财力。其次，行业协会可以根据行业的总体发展，总结节事旅游的经验教训，为政府、节庆策划公司献计献策，避免节事旅游开发重复等问题。再次，行业协会可以规范和自律行业内的主体行为，规范节事公司的经营管理，有利于节事活动市场化运作走向正轨。因此，在举办饮食节事时要重视并发挥行业协会的积极作用。如邀请相关行业参与饮食节事活动举办；请求相关行业协会帮助查找、联系承办企业；在饮食节事举办中，对行业协会成员给予优惠活动，并通过邀请其负责人参加开幕式等方式对其进行宣传。

第四节 现代饮食节事活动

一、美食节

(一)举办美食节的目的和意义

美食节是一种以制作、展示、推广、品尝美味食品为主要内容而刻意创造,或利用旧的节日或有纪念意义的事件赋予美食含义而形成或创造的节日。

节日,通常是指纪念的日子,也是传统的庆祝或祭祀的日子。既然是节日,就包含着庆典或喜庆的概念。古往今来,无论是东方人还是西方人,对节日都有着一种特殊的感情。美食节就是利用人们这种对节日的感情,借美食节的机会进行美食促销的。举办美食节具有重要的经济价值和社会意义。

1.增加经济效益,塑造餐饮企业形象

对于举办者和餐饮经营者而言,美食节是一种美食的营销、展示活动,是树立和提升品牌的重要而有效的手段之一,同时还能够增加食品销售与经济效益。

餐饮经营中定期举办美食节活动,对塑造餐饮企业形象,体现企业精神有重要作用。当前,许多企业希望通过各种途径来体现企业精神,形成自己的企业文化。因为企业精神对企业的长期发展,获得顾客的认可,带动企业的全面健康发展具有积极作用。通过美食节等活动来体现和展示自己的企业文化、企业精神,具有直观性、具体性等优点。

2.适应市场变化需求,满足客人求新心理

对于餐饮消费者而言,美食节是一种了解美食、品尝美食的全民活动,可以丰富自身的饮食生活。

在当今开放的年代,人们的消费观念也在不断地更新,对餐饮消费的需求,已不再满足传统的单一的就餐方式,而是在追求不断变化的消费形式。由于餐饮市场竞争越来越激烈,餐饮经营者为了满足人们的各种消费需求及竞争的需要,就要不断地推出各种美食节活动以适应市场变化发展的趋势。

举办美食节活动，顺应了消费者的意愿和社会的发展，在菜品上不断出新，在经营上立意新颖。美食节活动在菜品质量上有更高的要求，就是在正常一日三餐的经营中来点新鲜感，满足消费者喜新厌旧的进食心理。美食节活动的场地布置，也使在就餐的环境氛围上产生了新的特色。

3. 产生良好的社会效应

尽管美食节活动是某个地区的餐饮行业或企业的经营促销形式，但对于所在区域来讲，它丰富了当地人民的饮食文化生活，给地区的饮食文化带来又一道新的风景，使许多集团、公司、企业社交关系增添了新的雅趣，同时也有利于国外民众对我国餐饮市场的进一步了解；使来华的旅游者享受到他们慕名已久的中国饮食外，还可以欣赏到具有中国特色的饮食文化情趣等。许多仿古宴美食节，是从历史文化中挖掘出来，重新整理和编排的，它使中外客人不仅品尝到古之风韵，还了解了中国古代的历史、文化等，并对该美食文化的传播产生极其深远的影响。

美食节常常与旅游相结合，通过组织各种美食制作、展示活动，吸引当地百姓以及国内外游客来参观、品尝具有地方风味的美食，扩大举办地和举办单位的影响力，树立品牌、提升知名度，促进地方旅游业和餐饮业的发展，宣传地方美食文化，丰富百姓饮食文化生活。

(二)美食节的等级与规模

1. 全国性美食节

如全国性美食节，由中国烹饪协会、太原市人民政府共同举办，江南集团承办的“2003 中国・太原国际面食节”；由中国烹饪协会、江苏省经贸委、淮安市人民政府联合举办的“中国・淮安・淮扬菜美食文化节”；由中国饭店协会、重庆市人民政府共同举办的“第四届中国美食节”；由中烹协、中旅协、宁波市人民政府联手举办的“2003 中国(宁波)国际海鲜美食节”……这类美食节由于由上而下的重视，无论在宣传、招商、管理以及卫生等各个环节往往都做得相当出色，具有较为广泛的社会影响力和较高的社会满意度，对于改善举办城市的投资环境，提高城市知名度起着积极的作用。

2. 地方性美食节

地方性美食节有北京市海淀区人民政府主办，海淀区商委、海淀区饮协联合举办的“首届中关村国际美食节”，福建省龙岩市举办的“首届汀州客家美食节”以及原先由盱眙县举办，后来升格为江苏省政府举办的“中国龙虾节”等诸多美食节。

3. 企业性美食节

早些年星级酒店举办美食节的频率常常以年计，但近几年却不同，许多大酒店几乎每月都有新主题。2013年“萧山经典老底子菜美食节”后，杭州开元名都大酒店5月推出“绍兴经典菜美食节”；6月的“淳安经典菜美食节”、7月“宁波经典菜美食节”等系列美食节轮候。杭州温德姆至尊豪廷大酒店也表示，其豪廷西餐厅前不久的东南亚美食节，把越南大虾、泰国咖喱蟹、印尼烤鸡翅等东南亚美食一网打尽。浓厚的香料气息，妖娆妩媚的舞蹈，东南亚厨师现场烹饪菜品，制造出刺激的酸辣美味现场。此外，还有酒店推出了澳大利亚美食节、海鲜主题美食节、牛肉美食节等。

二、中国厨师节

“中国厨师节”活动始于1991年，由杨朝升、叶述先、朱刚发起创办。最初由济南、杭州、上海等全国十二大城市参加，名为“全国十二城市厨师联谊节”，这个名称一直沿用到1998年在上海举办的厨师节。1999年，从第九届开始更名为“中国厨师节”。2000年，第十届中国厨师节的规模和档次得到了进一步的发展。2003年，中国厨师节被正式列入国务院批准的餐饮行业振兴计划中的重大活动之一。2004年经联合国非政府组织同意，每年10月20日正式定为世界厨师日。截至2016年，中国厨师节已经在不同的城市成功举办了26届。

表11-1　历届中国厨师节举办情况一览表

届　次	举办时间	举办城市	备　注
一	1991年10月20—26日	山东省济南市	名为“全国十二城市厨师联谊节”
二	1992年10月20—26日	江苏省南京市	
三、四	1994年10月20—26日	湖南省长沙市	由于全国性体制改革和全国第三届烹饪大赛，第三届、第四届合办
五	1995年10月20—26日	浙江省杭州市	将原“十二城市厨师联谊节”更名为“全国大中城市联谊厨师节”
六	1996年10月20—26日	安徽省合肥市	

续 表

届 次	举办时间	举办城市	备 注
七	1997年10月20—26日	福建省福州市	
八	1998年10月21—24日	上海市	上海市黄浦区政府、市烹饪协会主办,上海杏花楼集团承办
九	1999年10月26—29日	天津市	由原来民办公助的厨师联谊节改为政府主办,把原“全国大中城市联谊厨师节”更名为“全国厨师节”
十	2000年9月26—29日	广东省广州市	
十一	2001年5月24—28日	陕西省西安市	
十二	2002年10月25—27日	四川省成都市	
十三	2003年10月15—18日	江西省南昌市	此届厨师节活动正式列入商务部振兴餐饮业的重大活动,并更名为“中国厨师节”
十四	2004年10月20—23日	福建省福州市	“劲霸调味品杯”第十四届中国厨师节暨中国海峡两岸美食节
十五	2005年10月18—20日	湖北省武汉市	第十五届中国厨师节暨第七届武汉(国际)美食文化节
十六	2006年10月20日	广东省佛山市顺德区	
十七	2007年10月19—31日	广西壮族自治区南宁市	第十七届中国厨师节暨2007南宁·东南亚国际旅游美食节
十八	2008年10月17—20日	北京市	
十九	2009年10月18—20日	江苏省扬州市	
二十	2010年9月11—13日	新疆维吾尔自治区乌鲁木齐市	第二十届中国厨师节暨首届中国清真美食节
二十一	2011年10月18日	云南省昆明市	第二十一届中国厨师节暨首届滇池泛亚国际美食节
二十二	2012年10月20—23日	河南开封市	

续 表

届　次	举办时间	举办城市	备　　注
二十三	2013 年 10 月 19—21 日	湖南省长沙市	
二十四	2014 年 5 月 30 日—6 月 1 日	山东省烟台市	
二十五	2015 年 9 月 10—12 日	广东省广州市	
二十六	2016 年 10 月 20—23 日	陕西省渭南市	

三、全国烹饪技术比赛

全国烹饪技术比赛，是以提高厨师技术水准为目的而举行的技术交流活动。从 1983 年开始，每五年举办一次。全国烹饪技能竞赛目前已举办七届，已成为我国餐饮业最具权威性和影响力的一项重大赛事。

（一）第一届全国烹饪技术比赛

1983 年 11 月 7 日，新中国成立以来的首次全国烹饪名师技术表演鉴定会即第一届全国烹饪技术比赛在首都北京召开，历时 8 天。来自全国 28 个省、自治区、直辖市的 83 位技术精湛的顶级厨师、点心师大显身手，烹调献艺，展示了中华各地精美绝伦的名菜名点。

大会在人民大会堂举行，为各地选手准备的原料在 3000 种以上，几乎汇集了全国各地的水陆特产、山珍海味。

参加表演的 83 位名厨师，是从全国百万名厨师中经激烈角逐筛选出来的佼佼者。他们表演的菜点，既有传统名菜，也有地方风味，代表了全国各地区各民族的菜肴佳品。

评议委员会经认真品尝鉴定，以投票方式评出全国最佳厨师 10 名、最佳点心师 5 名；优秀厨师 12 名、优秀点心师 3 名；冷荤拼盘制作工艺优秀奖 7 名。此外，还有 53 人获大会颁发的技术表演奖。

（二）第二届全国烹饪技术比赛

第二届全国烹饪技术比赛于 1988 年 5 月 9 日至 18 日在北京国际饭店举行。由原商业部、国家旅游局和中国烹饪协会等 8 个单位联合主办。组队参加比赛的除台湾省外，有 30 个省、自治区、直辖市及中直机关、国家机关、解放军、铁路系统共34个代表队，200名选手。比赛分热菜、点心和冷荤拼盘3个项目。选手既可参加单项比赛，也可参加三项全能比赛。

（三）第三届全国烹饪技术比赛

第三届全国烹饪技术比赛于1994年10月在北京举行，由国内贸易部、国家旅游局、中华全国总工会和中国烹饪协会等九个部门联合主办。共2100余人参加了本届比赛，参赛品种多达5000余款。本届比赛首次规定参赛品种必须标明主要营养成分，并作为评判的一项标准。尽管做法尚不够完善，但是它在引导人们讲究饮食营养与膳食平衡方面，迈出了可喜的一步。

（四）第四届全国烹饪技术比赛

第四届全国烹饪技术比赛于1999年10月在北京举行。本届比赛由国内贸易部、国家旅游局、劳动和社会保障部、中国烹饪协会等部门联合主办。大赛相继在西安、杭州、石家庄、武汉进行了清真赛、个人赛、快餐（套餐）赛，在北京进行了团体赛和大众筵席赛，在杭州召开了第三届中国烹饪学术研讨会，在武汉举办了第三届中国餐旅商品（技术）交易会，在北京进行了烹饪特技表演。

获得全国比赛中式烹调、中式面点、餐厅服务三个工种第一名的选手，由国家劳动和社会保障部授予“全国技术能手”称号；获得全国个人比赛总成绩前30名的选手，由大赛组委会授予“第四届全国烹饪技术比赛最佳厨师（面点师、餐厅服务员）”称号，并按照劳动和社会保障部有关规定对前30名选手认定技师资格。

（五）第五届全国烹饪技术比赛

第五届全国烹饪技术比赛由中国商业联合会、中央直属机关事务管理局、国务院机关事务管理局、解放军总后勤部军需部、中国民用航空协会、中国烹饪协会等十二个部门联合主办。因受“非典”疫情的影响，比赛由原定的2003年5月开始，延期至2003年9月举行。先后进行了哈尔滨、昆明、徐州、广州、武汉、西安、杭州、石家庄、南京、拉萨等10个赛区的12场比赛，相继完成了7场个人赛和快餐、西餐、清真烹饪、职业院校、民航系统5场专项赛。2004年4月13日，团体赛和个人赛总决赛在北京举行，历经4天，于4月16日圆满结束。

获得个人总决赛各个工种前3名选手和西餐赛的1名选手，由国家劳动和社会保障部授予"全国技术能手"称号;获得个人总决赛前 10 名的选手,由中国商业联合会和中国烹饪协会授予"中国烹饪(餐饮服务)名师"的称号;获得个人总决赛前 50 名的选手,由比赛组委会授予"第五届全国烹饪技术比赛最佳厨师(面点师、餐厅服务员)"称号,并按照劳动和社会保障部的规定晋升一个职业资格等级;其余参加个人赛总决赛的选手,由比赛组委会授予"第五届全国烹饪技术比赛优秀厨师(面点师、餐厅服务员)"称号。

(六)第六届全国烹饪技能竞赛

由中国商业联合会、中国就业培训技术指导中心、中国烹饪协会等 13 家单位共同组织主办的"第六届全国烹饪技能大赛",被确定为国家级技能竞赛项目,正式纳入"2008 全国职业技能竞赛系列活动"中。

本届竞赛时间为 2008 年 5 月至 2009 年 4 月。竞赛分两个阶段进行。第一阶段以省(地区)为赛区,自 2008 年 5 月 26 日至 2009 年 4 月初,陆续在安徽、江苏、广东、西藏、新疆、内蒙古、陕西、黑龙江、湖南、湖北、山东、北京、上海、天津、中直机关、国家机关、解放军等全国 28 个赛区完成,以组队(4 名选手为一参赛队)的形式为主参赛,在计团队成绩的同时,分别按中餐热菜、面点、冷拼、食品雕刻与西餐烹调、西餐面点及餐厅服务项目计算个人成绩,按一定比例分设金、银、铜奖。

第二阶段比赛暨总决赛于 2009 年 4 月 22—23 日在北京军区华北厨艺楼进行,以个人形式参赛,设置中式烹调师、中式面点师、西式烹调师、西式面点师、餐厅服务员 5 个职业项目。参加总决赛的 230 位参赛选手除了参加技能比赛外,还统一参加理论考试。本次比赛授予 93 人"第六届全国烹饪技能竞赛最佳厨师",89 人"第六届全国烹饪技能竞赛优秀厨师",16 人"第六届全国烹饪技能竞赛最佳服务师",15 人"第六届全国烹饪技能竞赛优秀服务师"荣誉称号。

(七)第七届全国烹饪技能竞赛

根据《人力资源和社会保障部关于做好 2013 年职业技能竞赛工作的通知》(人社部函〔2013〕70 号)相关安排,经中国烹饪协会、中国就业培训技术指导中心、中国财贸轻纺烟草工会全国委员会、共青团中央城市青年工作部、中国商业联合会研究,定于 2013 年联合举办第七届全国烹饪技能竞赛。

竞赛分两个阶段进行。第一阶段为分赛区比赛,以省级区域为单元设置区域分赛区，同时以餐饮业态及特产原料、专项技法等主题设置清真、西餐、海鲜等专项分赛区；第二阶段为总决赛，各分赛区依一定比例选拔产生参赛选手 200 名，按项目参加 2014 年初在北京举行的总决赛。

赛项设置：依据国家职业工种名录和相关标准，结合餐饮行业实际情况，本届竞赛设置中餐热菜、中餐面点、冷拼雕饰、西餐烹调、西餐面点、餐厅服务 6 项个人项目。

比赛内容：第一阶段分区赛，各赛项均按各职业的国家职业技能标准（国家职业资格三级）要求进行专业技能比赛；第二阶段总决赛，各赛项均采取专业理论考试和技能比赛两部分相结合的形式，理论考试成绩、技能比赛成绩分别以 30％、70％的比例计入总成绩。

四、亚洲食学论坛

（一）论坛背景

亚洲食学论坛是亚洲范围内最高水平的美食文化推广与食物历史研究论坛，旨在推广美食文化价值、提升美食品牌建设、引领美食生活品质，发展生态的美食产学研环境。本论坛通过高端文化研究与美食产业落地项目相结合的方式，架起了企业家与政府部门、专家学者、媒体及社会各界联系与沟通的桥梁。

（二）历届论坛

2011 年以来，成功举办“留住祖先餐桌的记忆：2011 杭州·亚洲食学论坛”“调和文化、科技和产业：2012 曼谷·亚洲食学论坛”“健康与文明：2013 绍兴·亚洲食学论坛”“丝绸之路饮食文明：2014 西安·亚洲食学论坛”四届年会。

2011 年 8 月 17—20 日，以“留住祖先餐桌记忆”为主题的 2011 杭州亚洲食学论坛在中国杭州第一世界大酒店（五星）隆重召开。本次论坛在中华人民共和国文化部非遗司、泰国文化部非物质文化遗产委员会指导下，由北京大学、浙江工商大学、泰国朱拉隆功大学主办，中国饮食文化研究所、中国杭帮菜博物馆（筹）承办。本次论坛汇集近百位中国大陆代表以及来自 25 个国家和地区的海外代表。

2012 年 8 月 22—24 日，以“调和文化、科技和产业”为主题的 2012 曼谷亚洲食学论坛在泰国曼谷皇后大酒店（五星）召开。泰王储诗琳通公主担任大会泰方主席，赵荣光教授担任中方主席。该论坛由泰国排名第一的朱拉隆功大学和中国浙江工商大学联合主办，共有来自中国、泰国、美国、英国、挪威、伊朗、印度尼西亚、印度、不丹、老挝、缅甸、马来西亚、菲律宾、新加坡、韩国、日本等 18 个国家的学者发表学术报告，200 多位与会者列席会议。

2013 年 10 月 25—27 日，由绍兴市人民政府、浙江工商大学、浙江农业商贸职业学院主办的 2013 年亚洲食学国际论坛在绍兴市召开。本次论坛汇集 100 多位中国大陆代表以及来自 15 个国家和地区的海外代表。与会代表提交论文近百篇。这些论文围绕食品理论与评述、食品安全与营养、食品历史与传承、中外饮食与交流以及饮食遗产与观光这五个方面进行广泛、深入、系统、全面的探讨。

由浙江工商大学、陕西省餐饮业商会主办，陕西省商贸市场商会、浙江工商大学中国饮食文化研究所承办的主题为“丝绸之路饮食文明”第四届亚洲食学论坛于 2014 年 11 月 8—10 日在中国西安举办。本届论坛汇集了来自世界各地的 200 多位顶级食学专家，紧扣习近平总书记关于“一带一路”的倡议，围绕丝绸之路上的饮食文明文化研究，就“食文化与食科学”“食料、食品与食器”“区域饮食与文化交流”“陕西餐饮文化发展”等议题进行深度的学术剖析。

2015 年 10 月 16—18 日，由山东省曲阜市人民政府、浙江工商大学主办，曲阜尼山文化旅游投资发展有限公司承办的第五届亚洲食学论坛开幕式在曲阜举行。本届论坛以“夫礼之初，始诸饮食”为主题，共设“食礼仪与食文化”“食典章、食制度的形成与传播”“亚洲饮食文化遗产研究”“中华饮食思想的现时代价值”等 12 个分论坛。来自中国、日本、韩国、美国、法国、意大利、比利时、瑞士、丹麦、俄罗斯、泰国、印度、塔吉克斯坦等国家和地区的 200 余名食学专家在论坛上发表和交流食学前沿学术成果。

2016 年 12 月，以“饮食文化的交流——过去、现在与将来”为主题的第六届亚洲食学论坛将在日本京都举办。本次论坛由立命馆大学(日)、国立民族学博物馆(日)、浙江工商大学主办，由公益财团法人味之素食文化中心协办，围绕国际饮食文化交流，通过交流的视野来揭示亚洲饮食文化的原动力。

第十二章　博物馆里的饮食密码

第一节　饮食文化博物馆的种类和功能

一、博物馆的定义

1974年，在第十一届国际博物馆协会上通过的《国际博物馆协会会章》指出："博物馆是一个不追求赢利、为社会发展服务的、公开的永久性机构，对人类和人类环境见证物进行研究、采集、保存、传播，特别是为研究、教育和游览的目的提供展览。"

我国文化部在《博物馆管理办法》中对博物馆定义为："收藏、保护、研究、展示人类活动和自然环境的见证物，经过文物行政部门审核，相关行政部门批准许可取得法人资格，向公众开放的非营利性社会服务机构。"

随着社会文化、科学技术的发展，博物馆的数量和种类越来越多。根据其规模和等级可以分为国家博物馆和地方博物馆；根据展示内容的主题和范围可分为综合博物馆、专业博物馆和专题博物馆；根据展示方式可以分为传统封闭式博物馆（大部分传统博物馆都属此类）和开放式博物馆（如民俗民居博物馆等）；根据展示内容主题还可分为综合博物馆、考古与历史博物馆、自然博物馆、科技与产业博物馆、艺术博物馆（包括美术馆）、整治博物馆、社会博物馆、文化教育博物馆、民族博物馆、人物博物馆、收藏博物馆等。①

根据隶属关系可以分为文化文物系统博物馆和其他博物馆。文化文物系统博物馆是指由文化文物主管部门管理的博物馆。其他博物馆是指

① 张凌云：《旅游景区管理》，旅游教育出版社2009年版，第50页。

由文化文物主管部门以外的政府部门、大专院校、科研院所、行业或者企业集团以及公民个人等主体设立的博物馆，此类博物馆从横向隶属关系上来看，广泛地分散在科技、教育、体育、公安、民政、民族、农业、军事、新闻出版、国土资源、银行等系统以及企事业单位、社会组织之中。另外，在国家鼓励"个人、法人或其他组织设立博物馆"的政策引导下，营利性社会力量建立的博物馆（如中国保利集团设立的博物馆）和个人博物馆（如马未都建立的观复博物馆）等非国有博物馆的影响亦越来越大，已经成为我国博物馆的新兴力量。①

随着信息时代的到来以及博物馆的发展，为了便于专家、学者、文物博物馆爱好者、旅游者从网上快捷检索到自己所需类型的博物馆，可将博物馆类型划分为历史类博物馆，艺术类博物馆，自然、科学类博物馆，综合类博物馆，专题性博物馆，陵墓类博物馆，名人类博物馆，民族、民俗类博物馆，纪念性博物馆，遗址类博物馆等 10 类。② 另外，还有所谓的网上博物馆、数字博物馆、虚拟博物馆等，如我国目前唯一的大型网上马铃薯博物馆（网址：http://www.xisen.com.cn/bowuguan/）展示马铃薯的历史起源、种植、育种、品种、美食养生相关的资料、图片、文字等。

博物馆是现代社会的"名片"。它作为一个地域社会发展的缩影，是传达地域理想、推销地域形象的平台，是展现丰富多元性的地域文化的窗口，更是地域社会日臻进步的象征。随着我国文博事业的不断深入发展，越来越多的博物馆逐渐认识到利用博物馆的丰富资源、开发旅游文化产品、吸引广大群众走进博物馆是谋求发展的迫切任务。

二、饮食文化博物馆的种类

从展示内容的主题和范围看，饮食文化博物馆属于专题博物馆，它是收藏、研究、展示饮食文化这一专门领域的博物馆，其主题突出、个性鲜明、文化底蕴深厚。在一个地理或行政区域内，饮食文化专题博物馆更能突出地域文化特色，在展示区域文化、吸引观众方面，具有独特的优势。

饮食文化博物馆的种类也很多，按照国家和行政区划品种可分为中国饮食文化博物馆和外国饮食文化博物馆，中国饮食文化博物馆可分为河北

① 刘世锦：《中国文化遗产事业发展报告 2009》，社会科学文献出版社 2009 年版，第 111 页。

② 艾进：《中国城市遗址类博物馆开发模式研究——以成都武侯祠博物馆和成都金沙遗址博物馆为例》，西南财经大学出版社 2011 年版，第 40—41 页。

饮食文化博物馆、山东饮食文化博物馆等；按照地域特征和农业生产布局，可分为黄河流域饮食文化博物馆、长江流域饮食文化博物馆、辽河流域饮食文化博物馆、珠江流域饮食文化博物馆、蒙新青藏牧区饮食文化博物馆、滇黔桂粤山区饮食文化博物馆、东南沿海饮食文化博物馆、西北边陲林饮食文化博物馆等；按照食馔品种和构成要素可分为菜肴文化博物馆、小吃文化博物馆、面食文化博物馆、快餐文化博物馆、药膳文化博物馆、茶文化博物馆、酒文化博物馆、乳文化博物馆、盐文化博物馆、糖文化博物馆、酱文化博物馆、食器文化博物馆、厨房文化博物馆等。此外，还有一些博物馆里设有饮食文化展览，如日本民族学专门性博物馆等。

(一)菜肴文化博物馆

菜肴文化博物馆，如淮扬菜博物馆、川菜博物馆、鲁菜博物馆、中国皇家菜博物馆、中国杭帮菜博物馆、中国吉菜文化博物馆、柳州菜博物馆、中国太湖农家菜文化美食展览馆、中国泡菜博物馆等。

(二)酒文化博物馆

酒文化博物馆，如贵州酒文化博物馆、古井酒文化博物馆、桂林三花酒文化博物馆、富裕老窖白酒文化博物馆、红星二锅头博物馆、包河酒博馆、西域酒文化博物馆等。

(三)茶文化博物馆

茶文化博物馆，如世界茶文化博物馆(四川省雅安市名山县蒙顶山)、江南茶文化博物馆(苏州)、中国茶叶博物馆(杭州)、谢裕大茶叶博物馆(黄山市徽州区)、宁波茶文化博物院、贵州茶文化生态博物馆、天福茶博物院、湖南省茶叶博物馆、云南茶文化博物馆(云南省博物馆普洱茶馆)、青岛崂山茶博物馆、香港茶博物馆、中国茉莉花茶博物馆(横县)等。

(四)食器文化博物馆

食器文化博物馆，如筷子文化博物馆、酒器文化博物馆、茶具文化博物馆、火锅博物馆、中外酒瓶博物馆等。

(五)食材文化博物馆

食材文化博物馆，如中国辣椒文化博物馆、中国菇菌博物馆、中国鸭文化博物馆、中国鸡文化博物馆、但氏豆腐博物館、松露博物馆、香蕉博物馆、马铃薯博物馆、红薯博物馆等。

三、饮食文化博物馆的功能

博物馆是集收集、研究、传播、保护、展览于一身的公开性、公益性机构。饮食文化博物馆的功能，主要有收集保护功能、科学研究功能和社会服务功能，此外还有旅游服务、国际交流的功能。

（一）收藏保护功能

中华饮食文化源远流长，灿烂辉煌，留下了大量精美、珍贵的文物、遗存。建立中国饮食文化博物馆，能有效保护中华饮食文化遗产，全面挖掘和传承中华优秀饮食文化遗产。

（二）科学研究功能

博物馆也可称为是一个高层次学术研究所，以展示学术成果和藏品研究的形式，提高博物馆学术水平。饮食文化博物馆的建立，推动了中外学术界对中国饮食文化学术交流，使中华饮食文化学者在世界饮食文化研究领域取得应有的话语权。

（三）社会服务功能

社会的主体是公众，公众创造了饮食文化遗产，也应当是享用的主体。博物馆的社会服务功能是藏品职能的表现，也是博物馆科研功能的体现。饮食文化博物馆通过征集、研究、保存和陈列的形式，在为大众提供饮食文化审美的同时，还肩负着对社会公众进行革命传统、爱国主义、国际主义教育的使命。博物馆的这种社会服务功能，有助于弘扬民族文化，培养民族自豪感；有利于普及饮食科学文化知识，提高全民健康水平。

（四）旅游服务功能

饮食文化博物馆是一项重要的人文旅游资源，其丰富的馆藏文物是人类进化和文明的写照，漫长的历史进程使其具有丰厚内涵，旅游者可以通过它看到一个民族（国家）或整个人类社会的成长历程，了解当时社会的方方面面。

(五)国际交流功能

饮食文化博物馆作为公共空间承载饮食文化的同时,也便于中国饮食文化内容的传播,有助于加强中国饮食文化同世界各国饮食文化的交流。

第二节　饮食文化博物馆与旅游的关系

一、饮食文化博物馆在旅游中的价值

(一)社会价值

随着饮食文化博物馆与旅游业的交融,其教育对象已扩展为全国各地乃至世界各地的旅游者,它已成为博物馆旅游的重要组成部分。饮食文化博物馆不仅展示与饮食相关的各种实物,也展示饮食方面的非物质文化,如饮食风俗、烹饪技艺等。通过各种固定和交流展览,让世界更了解当地的饮食文化。在博物馆与旅游共同发展的今天,各种饮食文化博物馆也将成为推动文化旅游发展的动力,在旅游业中实现了自己的社会价值。

(二)资源价值

博物馆是深厚的文化缩影,是立体的"百科全书",具有观赏性、可游览性、可吸引性等诸多特征,可为旅游业提供一种软性的文化类旅游资源,在旅游市场具有普适性。首先,饮食文化博物馆可为游客提供与饮食有关的各种展览资源。其丰富的馆藏文物、史料、菜模等都是人类饮食文明发展的写照,旅游者可以通过它看到一个地区、一个民族(国家),甚至整个人类饮食文化发展的历程。唐纳德·霍恩在其所著《伟大的博物馆》一书中说:"有些博物馆藏品已成了圣物,旅游便是其一种新的朝圣形式。"[①]其次是饮食文化博物馆的环境和设施资源。随着国民经济的蓬勃发展,国家对博物馆事业越来越重视,投入越来越大。因为博物馆是供人们游览观光和学习接受教育的地方,所以不管是新建的还是历史文化遗产,博物馆大多环境优美、设施一流。凡到过博物馆的游客都会被博物馆的环境和设施深深

① 燕妮·赫利曼:《博物馆与旅游:文化与消费》,《中国博物馆》1999年第3期,第24—27页。

吸引。

(三)经济价值

饮食文化博物馆和其他博物馆一样,也是可以直接带来经济回报的,这突出表现为其在旅游方面所具有的经济价值。一是门票收入,这是博物馆在旅游中所能实现的最直接的经济价值;二是博物馆的广告价值也是不可忽视的,相对于单纯的广告而言,其对公众的影响更具有渗透性和持久性;三是旅游业是以流星雨资源为核心的产业,旅游产品有吸引力才会促使游客去旅行游览。博物馆的唯一性、不可移动性和不可再生性的特点,不仅给旅游业带来了明显的经济效益,还促进了其所在城市经济的发展,在社会中实现了它的经济价值。此外,大多数博物馆是历史文化实物遗存的管理者和信息的拥有者。博物馆开发的旅游纪念品带着地方特色、文化个性和艺术品位,在提高旅游的经济效益的同时提高旅游的社会效益。①

饮食文化博物馆作为旅游观光的景点,越来越受到世人的关注。其品质的高低、吸引力的大小,直接影响到旅游活动的规模、客流量及与此相关的旅游消费。因此,合理开发、利用和保护饮食文化博物馆,充分发挥其吸引游客的功能,对一个国家和地区旅游业的发展关系极大。充分发挥吸引游客的功能,是饮食文化博物馆融入旅游市场的前提。

二、旅游促进饮食文化博物馆的发展

(一)旅游是饮食文化博物馆发挥作用的重要平台

旅游业的发展不但弥补了饮食文化博物馆观众不足的缺陷,而且能使饮食文化博物馆走出象牙塔,广泛深入文化旅游群体中,真正实现人与物的结合,真正实现博物馆本身业务水平的提高。

(二)旅游业为博物馆带来了客源

博物馆的一个核心功能就是展示,如果没有观众就不能称为博物馆,博物馆也就没有存在的价值。只有争取更多的观众,才能完成博物馆文化信息传播和教育的使命。旅游业可以为博物馆带来客源,为博物馆的发展筹集资金。旅游业推动了博物馆的现代化和国际化,同时旅游市场的发展

① 刘若楠:《论博物馆的旅游价值》,《博物馆研究》2009 年第 3 期,第 8—13 页。

也是博物馆创新的导向。现代博物馆的发展，既是人类自我反思的产物，也在一定程度上受到了蓬勃发展的旅游业的推动，是旅游需求拉动的结果。

总之，随着世界经济的发展、人们观念的更新和对文化生活的渴求，各国旅游业的发展，都迫切要求作为国家文化、文明窗口的博物馆的参与。这种要求随着旅游市场的扩大而越发强烈。旅游业的繁荣，促进了博物馆事业的发展，而博物馆的大发展，又给旅游业增添了文化品位。

第三节　饮食文化博物馆的旅游开发

一、饮食文化博物馆旅游的特点

饮食文化博物馆旅游是以饮食文化博物馆及其衍生物为吸引物，利用一定的资金、技术将博物馆潜在的资源优势转化为现实的旅游产品优势，吸引游客以观光、游览、休闲、娱乐、教育、审美、研究、品味等为目的的各种旅游活动的总称。饮食文化博物馆旅游具有如下特点：

（一）独特性和唯一性

饮食文化博物馆独具地方性，类型和内容十分丰富。其中的藏品无论是哪个级别的，都是唯一的，这种唯一性既决定了该博物馆旅游的独特性和垄断性（即作为博物馆的遗产是不可替代的），也符合博物馆旅游可持续发展的要求。饮食文化博物馆旅游不能以破坏遗产为代价，要求既实现代内公平，又实现代际公平。

（二）公益性和经济性

饮食文化博物馆和其他博物馆一样，是为社会及社会发展服务的公益性机构，因此饮食文化博物馆旅游也带有极高的社会公益性。这不但表现在大多数饮食文化博物馆都是由政府开办或资助的，而且大多数博物馆免费或低价位向公众特别是向青少年开放，但是随着社会的发展，出于经济目的建立的饮食文化博物馆也越来越多，这代表了博物馆的一个发展方向，如中国皇家菜博物馆、包河酒博物馆等各自拥有一套完整的运营体系和营利模式。

(三)知识教育性

博物馆是民众开展终身教育的场所,饮食文化博物馆旅游的过程就是了解饮食文化、解读历史、陶冶情操、净化心灵的过程。游客可以从中获得丰富的科学文化知识,培养和发展各种兴趣,陶冶文学和艺术修养。博物馆启迪民众的作用是其他爱国主义教育形式所无法比拟的。因此,博物馆常常被作为国家文明程度的标志。博物馆旅游的开展有利于提高民族文化素质,对促进社会精神文明建设,构建和谐社会具有潜移默化、不可替代的作用。

(四)高品位性

博物馆是一种高品位的旅游资源,它使得旅游活动从纯粹的娱乐升华为高层次的精神文化享受。这弥补了现阶段旅游产品品位不高、缺乏深度的缺陷。饮食文化博物馆所展示的都是一个国家、民族、地区独特的饮食文化,很多是国宝和世界遗产。博物馆旅游的高品位也决定了游客的体验不仅受到博物馆解说系统的影响,而且受到旅游者历史文化知识和艺术修养、审美情趣、道德情操的影响,博物馆旅游对旅游从业人员和旅游者的要求都比较高。

(五)季节性不明显

饮食文化博物馆一年四季都适宜旅游,既可以在旅游淡季弥补旅游吸引物的不足,又可以在旅游旺季起到分流的作用。但博物馆设有一些临时展览,这在一定程度上使得参观人数带有季节性的波动。①

二、开发饮食文化博物馆旅游的原则

(一)以市场为导向

开发饮食文化博物馆旅游必须进行市场调查,以市场为导向。通过对收集到的资料进行相关分析,可以得到较为可靠丰富的信息资源:一是游客的反馈;二是游客的需求与建议。这里有直接的信息,也有间接的信息,只要认真研究,就能举一反三,为饮食文化博物馆的旅游工作打开新局面。

---

① 张晓萍、李伟:《旅游人类学》,南开大学出版社 2008 年版,第 227—229 页。

(二)以特色树品牌

将饮食文化博物馆作为旅游产品,必须根据其藏品和经营的特色,树立品牌意识。目前,许多饮食类博物馆在陈列展览上,特别是历史文物的陈列展览上,无论是在主题、内容、展品,甚至在展出形式上都有太多的相似性或近似性,缺乏自己的特色,观众参观后兴趣索然。此外,在抓特色的同时,还要加强饮食类博物馆之间的横向联络,发挥博物馆群体优势,可以联合举办大型专题展、特色展,还可以与教育部门联合举办暑期夏令营,积极开辟学生市场,推出饮食文化博物馆修学游,把饮食文化博物馆真正办成青少年饮食文化知识教育的基地。

(三)开发与保护并重

《中华人民共和国文物保护法》提出“保护为主,抢救第一,合理利用,加强管理”的文物工作方针,这也是饮食文化博物馆保护文物的根本原则。保护和保管好饮食文物和非物质文化遗产,是饮食文化博物馆工作的根本任务。保护和保管文物包括防盗、防霉、防火、防丢失、防破坏等各个方面。文物因为存世时间长,又具有脆弱性,博物馆应该充分利用传统方法科学地结合现代技术,使文物得到全方位的保护。[①]

三、饮食文化博物馆旅游的开发模式

(一)饮食文化博物馆参观游览

传统静态展示方式只是利用展台、展柜、展板等对产品进行陈列展览,参观者按照展厅的设计路线进行参观,参观过程没有自主选择性,与展品之间缺乏互动交流,游客对参观的内容和方式是一个被动接受的过程。借助投影、幻灯、声像等高科技手段设计的动态展示方式,使展品与游客进行交流,既能丰富参观者的参观方式,还能不断刺激参观者的兴奋点,使游客始终处于兴奋状态,提高参观活动的参观质量。

博物馆在藏品展示的基础上可开设一些体验性、参与性的项目,如游客在中国杭帮菜博物馆可以自己动手磨豆浆、做茶果;在日本的杯面博物馆,可自制个性杯面,增强游客的亲身体验。这类体验性项目,使游客乐在

① 张建宏:《博物馆旅游开发的三个原则》,《中国旅游报》2007 年 8 月 20 日第 7 版。

其中、学在其中，获得更大的满足感。

(二)饮食文化博物馆与旅游景区联合

饮食文化博物馆是人文旅游资源，在旅游景区规划建设博物馆，一方面，景区通过饮食文化博物馆的渗透，提高文化内涵和品位，另一方面，饮食文化博物馆通过景区得以宣传，打造带有博物馆文化色彩的旅游风景区，使博物馆景区化。如，中国杭帮菜博物馆坐落在南宋皇城大遗址旁的江洋畈生态公园。南临钱塘江，北傍莲花峰，西连虎跑，东靠玉皇山、八卦田。博物馆毗邻西湖，与钱塘江风景串联成片，周边空气清新，人称天然氧吧。

沈阳华夏饮食文化博物馆坐落于郁郁葱葱的棋盘山国际旅游风景区，建成于2002年，原址在沈阳市中山公园内，于2005年迁于棋盘山国际旅游风景区。全园占地面积为287亩，建筑面积4000平方米，由中国烹饪大师李春祥创办，是世界上第一家研究饮食文化的专题性博物馆。

(三)在酒店里建饮食文化博物馆

在这类开发模式中，不但酒店的装饰装潢、经营理念体现文化特色，而且酒店有专门的展览馆或博物馆。它所陈列的物品不是简单的装饰品，而是具有很高文物价值的古董。酒店兴建博物馆，是企业“软实力”的体现，既提高了酒店的文化品位，增强了酒店的文化内涵，有利于企业文化的形成，又彰显了企业的社会责任感，加强了社会公众对企业的信赖，有利于企业的长远发展。如，位于北京的中国皇家菜博物馆、全聚德博物馆、北京直隶会馆，天津的利顺德大饭店博物馆，上海的和平饭店内博物馆等。

(四)在饮食文化博物馆里开发餐饮

博物馆餐饮开发是指博物馆通过开设特色餐厅、茶吧、酒吧、咖啡吧等形式，拓展业务。这种发展方式不同于主题餐厅、主题酒吧等形式，它是把餐厅、酒吧等作为博物馆的一种经营业务，作为博物馆经营的一部分，其主要目的是增加博物馆经营收入；而主题性餐厅和酒吧更多的是一种对博物馆文化的渲染，其收入并不一定是博物馆的收入，只是借助博物馆文化来打造一种文化氛围。博物馆餐饮的开发方式可以有两种：一是博物馆自设餐厅，博物馆直接经营、自负盈亏；二是博物馆通过出租营业地点或授权许可经营等形式，将餐饮经营权交给餐饮服务公司，博物馆只收取租费或授权许可经营费。[①]

四、开发饮食文化博物馆旅游的基本策略

(一)确立目标市场

饮食文化博物馆客源市场是指在一定条件下愿意购买饮食文化博物馆旅游这一旅游产品的现实和潜在的人群结合体。对饮食文化博物馆而言,可以说每一个社会公众都可以成为其观众,都是其服务对象。但是对某一个饮食文化博物馆而言,如果把所有社会公众确定为服务对象,那么其最终的效果并不会太理想。虽然饮食文化博物馆也提倡雅俗共赏,但事实上一个饮食文化博物馆要满足所有社会公众需求是不现实的,根据博物馆的具体条件、公众的类型和层次来确定服务的主体,才是明智的选择。因此饮食文化博物馆同企业组织一样也有自己的目标市场。

一般说来,饮食文化博物馆的观众大体上有三类:一是一般观众,他们在饮食文化博物馆观众中占很大数量,其构成也最复杂,以零散观众为主,集体观众占少部分。这些观众或者为了求知,或者为了欣赏,或者为了休憩而到饮食文化博物馆来,目的不尽相同,大多并不重复多次地到某一饮食文化博物馆。在参观过程中,他们往往也不求系统、详尽,而是喜欢多看看,一般的则观其大略,匆匆而过,甚至有慕名而来,专门参观某些展品,其他则不大注意。二是学生,包括小学生、中学生和大学生,这部分观众人数最多,一般占全部观众的一半左右。学生观众不但人数多,而且大部分是集体性参观,目的性强。教师为了配合课堂教学,定期组织学生到饮食文化博物馆,结合实物,进行现场讲解和观察,为课堂教学补充实物例证,增加感性知识,加深学生的理解,这种教学性参观很受学生欢迎。三是专业工作者,这部分观众数量虽不很多,但他们到饮食文化博物馆的目的明确,选择性强。这不是饮食文化博物馆旅游的主要客源目标。不同类型的饮食文化博物馆,观众构成也不一样。文化素养、经济状况的差异都与观众的不同构成有关。

---

① 韩爱霞:《我国博物馆旅游创新开发模式研究》,山东师范大学硕士学位论文 2009 年,第 41—51 页。

(二)加强展品征集

解放思想,拓宽思路,是解决展品征集问题的关键。一要做好专项征集,这是各级各类饮食博物馆获得藏品的主要方式和渠道。所以要进行扎实有效的实地调研,整理出科学的、翔实的、可靠的征集线索和图文资料。二要合理利用现有的馆藏资源,根据展览需要,在原馆藏品中选择展品,策划主题性展览,发挥实际作用。三要广泛接收捐赠,与收藏界的团体、个人尤其是广大民众深入交流,动员其将藏品无偿或有偿捐献,以扩展和丰富博物馆的藏品。四要认真开展以藏代借,积极探索为社会团体和个人收藏品提供免费存放业务,并约定其藏品可供馆方研究和展览使用,作为馆藏展品的重要补充。五要积极尝试以展代征的办法,在举办临时展览和专题展览的同时,对参展者作品(代表作或精品)进行收藏。

(三)做好陈列展示

陈列是博物馆职能中最原始的职能之一。一般博物馆都要把自己收藏的文物、标本,运用合适的设备,采取一定的形式摆设出来,供人参观、学习、研究,这一工作过程就是众所周知的陈列。饮食文化博物馆陈列是饮食文化博物馆旅游产品的核心组成部分,参观饮食文化博物馆陈列是旅游者的主要目的。陈列是否具有特色,分类是否合理,能否适应市场需求,是饮食文化博物馆旅游能否可持续发展的关键。在形成一个展览方案过程中,必须深挖每一件展品的内涵。

(四)注重传统技艺的活保护

饮食文化中的烹饪技艺具有非物质属性,其载体是人。若没有人去继承,传统烹饪技艺作为一种非物质文化遗产就会随之消亡。传统技艺具有人身依附性的特点,它离开了艺人就失去了生命和活力。因此,必须进行“活保护”,饮食文化博物馆应当担负起“传宗接代”的任务,或派人拜师学艺,或请烹饪大师进馆授徒,把传统技艺学到手,掌握在“自己人”手中,把这颗艺术的种子留在博物馆内生根发芽、繁衍生息,然后再结合博物馆在相关藏品、历史资料、理论研究等方面的优势,对其进行深入的研究。比如,让讲解员去学习和研究传统烹饪技艺,边学习边研究边讲解,可以借助事物之间的联系,采用比喻与联想等诱导手法,甚至还可以通过现场操作与演示,把相对抽象的、无形的饮食文化遗产变为生动具体的事物,增加展览的可看性和趣味性。另外,在博物馆内专设一区,从事有关饮食产品的生产、研究、演示也是可行的。

(五)做好旅游服务工作

从旅游服务所生产的消费品来看,其生产服务产品的过程也是提供服务的过程。尽管某些产品,如食品饮料,表面上为有形产品,但在为旅游者提供餐饮服务过程中,这些食品饮料同服务行为是不能割裂开来的。因此,开发饮食文化博物馆旅游,不但要有高质量的精品陈列作为旅游产品的物质载体,而且必须提供一流的服务。除延长开放时间,扩大宣传,编写旅游手册、旅游地图,增加休闲、娱乐、服务项目外,还应主动与旅游部门、宾馆等联系,吸引更多国内外旅游者参观博物馆,带动旅游业的发展。

(六)积极进行营销活动

采用广告、促销(如举办赠奖活动、特展、赠票、竞赛等)、公共活动(如召开记者招待会,举办研讨会、公益活动、节庆活动等)、人员推销(如到旅行社、学校、社区进行展示说明,咨询服务,人员调查等)、网络营销(如建立网上互动平台、数字博物馆)等方式推广自己,扩大饮食文化博物馆的知名度,也可以采用举办巡回展览的方式,在宣传自身的同时,解决游客与博物馆之间存在的时间与空间障碍问题。[①]

---

① 杜惠卿:《民俗博物馆发展需要关注的几个问题》,《文物世界》2009 年第 5 期,第 73—74 页。

参考文献

[1] 钟蕾,李杨.文化创意与旅游产品设计[M].北京:中国建筑工业出版社,2015.
[2] 北京大学旅游研究与规划中心.旅游规划与设计:民族文化旅游[M].北京:中国建筑工业出版社,2015.
[3] 张豫昆.滇菜特殊生态食材概览[M].昆明:云南人民出版社,2015.
[4] 史晓明.旅游产品设计经营实战手册[M].北京:中国旅游出版社,2015.
[5] 余悦,王柳芳.茶文化旅游概论[M].西安:世界图书西安出版公司,2014.
[6] 陈来生.旅游创意与专项策划[M].天津:南开大学出版社,2013.
[7] 袁健.旅游设计技术教程[M].北京:中国旅游出版社,2014.
[8] 陈士奇.汇聚茶文化旅游项目,展示多元化旅游资源[N].泉州晚报,2013-10-11(31).
[9] 金文姬,沈哲.海洋旅游产品开发[M].杭州:浙江大学出版社,2013.
[10] 陈瑛瑛.国外酒文化旅游模式分析及发展启示[J].中国酒,2013(6).
[11] 孙国学,赵丽丽.旅游产品策划与设计[M].北京:中国铁道出版社,2012.
[12] 张素娟,宋雪莉.旅游产品设计与操作[M].北京:化学工业出版社,2012.
[13] 中央电视台记录频道.舌尖上的中国[M].北京:光明日报出版社,2012.
[14] 郑剑顺.茶文化旅游设计[M].厦门:厦门大学出版社,2011.
[15] 周书云.基于旅游视角的美食节开发问题研究[J].中国商贸,2011(14).
[16] 艾进.中国城市遗址类博物馆开发模式研究——以成都武侯祠博物馆和成都金沙遗址博物馆为例[M].成都:西南财经大学出版社,2011.

[17] 冯卫英. 茶文化旅游资源研究:以环太湖地区为例[D]. 南京:南京农业大学,2011.

[18] 张玲龙. 基于旅游视角的美食节开发问题研究[J]. 消费导刊,2011(9).

[19] 叶昌建. 中国饮食文化[M]. 北京:北京理工大学出版社,2011.

[20] 李双莲. 湖北饮食文化旅游资源及其开发研究[D]. 武汉:华中师范大学,2011.

[21] 董帆,莫苛. 地理标志是一种重要的旅游资源[J]. 中国品牌,2011(7).

[22] 余永霞. 中国民俗旅游[M]. 武汉:华中科技大学出版社,2011.

[23] 单守庆. 名人饮食经[M]. 北京:中国书店,2011.

[24] 李晶. 从食器到刑具,从礼器到展物——探寻龙纹五耳鼎背后的故事[N]. 西安日报,2011-05-21(4).

[25] 周慧虹. 旅游餐饮质量令人忧[N]. 陕西日报,2010-05-31(7).

[26] 康丹. 成都旅游餐饮现状与提升策略研究[D]. 成都:四川师范大学,2010.

[27] 戴前虎. 对当前旅游名人开发热潮的反思[J]. 学习月刊,2010(18).

[28] 陈世才. 玩家创意:旅游产品的设计与创新[M]. 北京:北京理工大学出版社,2010.

[29] 冯玉珠. 饮食文化与旅游[M]. 北京:化学工业出版社,2010.

[30] 韩爱霞. 我国博物馆旅游创新开发模式研究[D]. 济南:山东师范大学,2009.

[31] 杜惠卿. 民俗博物馆发展需要关注的几个问题[J]. 文物世界,2009(5).

[32] 刘世锦. 中国文化遗产事业发展报告 2009[M]. 北京:社会科学文献出版社,2009.

[33] 安书芳. 地理标志产品的品牌保护与建设问题研究[D]. 扬州:扬州大学,2009.

[34] 杨柳. 中国餐饮产业竞争力研究[M]. 北京:经济科学出版社,2009.

[35] 张凌云. 旅游景区管理[M]. 北京:旅游教育出版社,2009.

[36] 姜培若. 酒店美食节的经营与运作[M]. 广州:广东旅游出版社,2009.

[37] 周妙林. 宴会设计与运作管理[M]. 南京:东南大学出版社,2009.

[38] 杜莉. 办好地方特色美食节,打造特色美食品牌[J]. 四川烹饪高等专科学校学报,2008(2).

[39] 龚维嘉. 旅游线路开发与设计[M]. 合肥:合肥工业大学出版社,2008.

[40] 盛金朋.论中国烹饪与旅游的联合发展[J].扬州大学烹饪学报,2008(2).
[41] 杨铭铎.餐饮概论[M].北京:科学出版社,2008.
[42] 朱世桂,房婉萍,张彩丽.我国茶文化旅游资源现状、特性及开发思路[J].安徽农业大学学报(社会科学版),2008(3).
[43] 樊玲,洪锋.浅议饮食文化旅游资源的开发[J].南宁职业技术学院学报,2007(1).
[44] 张慧荣.寻找汉字母国失落的历史记忆——从"料理作羹"、"茶料理"到日本料理[J].农业考古,2007(3).
[45] 高瑞芬.汉语菜点命名研究[D].呼和浩特:内蒙古大学,2007.
[46] 张建宏.博物馆旅游开发的三个原则[N].中国旅游报,2007-08-20.
[47] 王江.中国民间面塑艺术研究[D].石家庄:河北师范大学,2006.
[48] 周仁平.试论汉语菜肴命名中的修辞运筹与修辞造词[D].成都:四川大学,2005.
[49] 王玮.行业博物馆建设中存在的问题及对策[N].中国文物报,2004-12-03.
[50] 于萍.博物馆旅游发展研究——以苏南地区为例[D].苏州:苏州大学,2003.
[51] 李智.烹饪王国谈旅游[J].四川烹饪高等专科学校学报,2003(A1).
[52] 张国洪.中国文化旅游理论·战略·实践[M].天津:南开大学出版社,2001.
[53] 季鸿崑.中国烹饪技术体系的形成和发展[J].商业经济与管理,2000(5).
[54] 邵万宽.美食节策划与运作[M].沈阳:辽宁科学技术出版社,2000.
[55] 陈光新,王智元.中国筵席八百例[M].武汉:湖北科学技术出版社,1987.

后 记

光阴似箭，日月如梭，书稿一拖再拖，转眼又到了和编辑老师约定的交稿时间。虽然书稿中还有很多需要修改的地方，但我还是希望赶在年底前出版，以此献给即将过去的2016年。

2016年，是国家“十三五”的开局之年，是我国全面建成小康社会决胜阶段的开局之年，也是河北师范大学被省政府列为“双一流”建设一层次院校的开局之年，我为我们的国家、我们的学校感到骄傲和自豪。

2016年，我步入了知命之年。从孩童到中年，从小村到省城，从中职到大学，回想过往，那些很多的“在意”，慢慢地淡化为云烟，随风飘散。我的家乡是一个偏僻贫穷的小山村，那里群山环抱，古朴清幽，1984年以前还没有电，偶尔有一辆汽车进村，孩子们都跑去看。那里，祖祖辈辈吃的是粗茶淡饭，没有什么所谓的煎炒烹炸、美味大餐。可没想到的是，十年寒窗，一向学习还可以的我高考没成功，阴差阳错地被录取到省城的一所中专学习烹饪专业。一些乡亲听说我上的学是学做饭当厨师，那种不屑、藐视的眼神和语言，让我难受，也使我自卑到了极点。好在憨厚朴实的父母给了我勤劳朴素的品格，善良纯洁的心灵，执着坚韧的性格。我的刻苦，我的努力，我的坚持，还有亲朋好友和家人的支持，才使我有了今天的事业。

2016年，我从教30周年。在庆祝第32个教师节之际，我收到了学校颁发的荣誉证书，还被评为“教书育人”模范教师。30年前，我拿着报到证去石家庄市旅游学校，稀里糊涂地成了老师，走上了三尺讲台。1994年，我调入河北师范大学职业技术学院，成了一名大学老师，命运再一次眷顾了我。作为一名老师，繁忙与辛苦自不必说，困难有过，迷茫有过，困惑有过，动摇有过，但我仍在这里找到了一份做人的尊严和快乐。当学生们不断传来成长的喜讯，作为老师的我由衷为他们感到骄傲；几年、几十年过去，每逢节日，总有学生发来短信、微信，那声声祝福、句句问候，使我真切地感受到了学生对老师那份纯朴、炽热的感情，让我格外感动。

2016年，我和妻子彦卿告别了美丽易碎、经不起磕碰的瓷婚，步入了漂亮、洁净、顽固而坚硬的乳白石婚。23年前，我认识了漂亮大方、当时还在读大三的妻子，经过两年热恋，结为百年之好。我这人生于乡野，长于僻壤，个子不高，其貌不扬，木讷寡言，学养堪忧，少无书香弥漫，鲜有诗书浸润。可妻子不但不嫌弃，还常常夸我有风范。生活上关心，工作上鼓劲，感情上激励，增加了我的自信，成就了我的事业。妻子在省城的一所重点高中教书，平时工作忙，压力大，近年又做了两次手术，身体不太好，可她为了这个家，既坚持工作，又操持家务，相夫教子。21年相濡以沫，风雨同舟，妻子是我的"好老婆""好伙伴""好领导""好管家""贤内助"。

2016年，对儿子天翼来说也是关键的一年。因为明年高考，所以今年重要。好在儿子自幼勤奋好学，再加上家庭及各学段学校老师的教导，他一周岁识字，三周岁读报，五岁时四大名著读过三本；小学时作文见报，数奥获奖；上初中，二胡过十级，中考全市第九名。如今，儿子在河北衡水中学读高中，今年4月学校举办成人礼，7月参加北大学科营，8月参加全国化奥初赛荣获一等奖（河北省第五名），9月、10月两次复赛，以总分第三名的成绩成功入选河北省代表队，于11月底参加第30届中国化学奥林匹克（决赛）暨冬令营，获得银牌和北京大学2017年降至当地同科类一本线录取优惠资格。期盼儿子明年顺利进入北京大学，将来成为国家的有用之才。"天不负有心人，心有翼任飞翔。"儿子是我和妻子的骄傲，是我和妻子的幸福之源。

2016年，我的第18本书——《饮食文化旅游开发与设计》即将出版。这本书是我多年来对饮食文化、旅游管理教学与研究的一点粗浅认识，我愿意抛砖引玉，把它分享给读者，以拓展该领域研究的深度和广度。因为近年来在全面建成小康社会的背景下，饮食文化旅游日益得到重视和推广，不断成为带动旅游产业经济发展的新支点。

回想起来，自参加工作以来除了正常的教学、科研之外，业余时间多在"爬格子"，做"码字工"。从1990年到如今，我先后撰写了《中国热菜烹调法》《美食胜过化妆品》《中国冷菜烹调法》《烹调工艺学》《餐饮礼仪全攻略》《商务宴请攻略》《宴之道》《全国高等教育自学考试餐饮管理专业暨中国餐饮业职业经理人资格证书考试辅导丛书》《创新菜肴研发与经营》《饮食文化概论》《餐饮产品研发与创新》《烹饪原料》《烹调工艺实训教程》《饮食文化与旅游》《菜点创新》《烹饪概论》《烹饪学导论》等著作。这些书的写作不可能一蹴而就，它需要的是刻苦，需要的是时间。聚沙才能成塔，厚积以待薄发。这些年来，我常常白天埋头工作，晚上挑灯夜战，节假日、双休日加班加点已成了家常便饭。于是，陪妻子的时间少了，陪儿子的时间少了。

记得有一次，妻子晚上在学校上晚自习，我在家哄儿子睡，等他睡着了，我就悄悄跑到办公室学习。等我从办公室回到家时，看到儿子一个人坐在家门口的沙发上哭，当时我心都碎了。每每想起这些，内心就充满了对妻子和儿子的愧疚。

回首昨天，立足今天，畅想明天。五十年弹指一挥间，春华秋实路漫漫。在此书即将付梓之际，我要感谢父母的养育之恩，感谢领导同事、亲朋好友的支持、帮助和鼓励，感谢编辑老师的辛勤付出。并以此书作为一份知命之年的礼物送给自己，也送给我爱和爱我的妻子和儿子。

是为记。

冯玉珠

丙申年孟冬